U0613547
2022
[总第6卷]

定结年鉴

中共定结县委办公室　编

方志出版社
Publishing House of Local Records

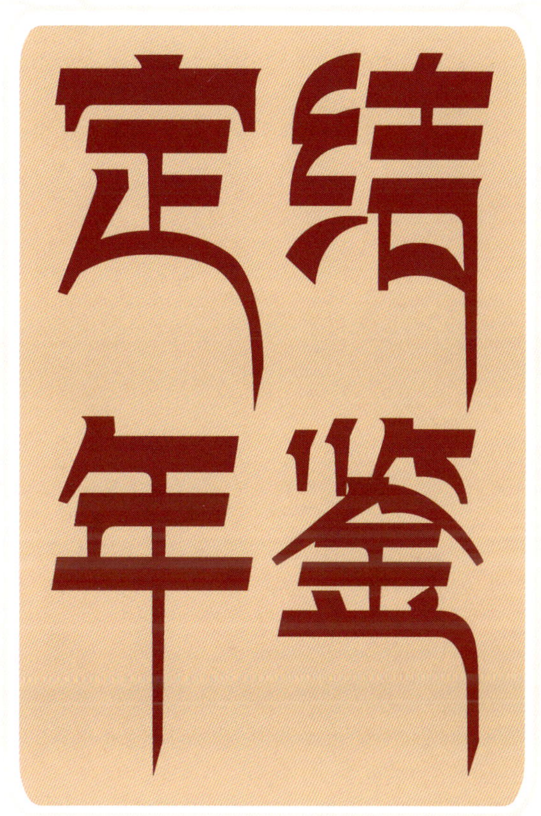

图书在版编目（CIP）数据

定结年鉴．2022 / 中共定结县委办公室编．—北京：
方志出版社，2022.12
ISBN 978-7-5144-5623-3

Ⅰ．①定… Ⅱ．①中… Ⅲ．①定结县－2022－年鉴
Ⅳ．①Z527.54

中国版本图书馆 CIP 数据核字（2022）第 252545 号

责任编辑：刘方圆
责任校对：刘玉霞
责任印制：梅中英
出 版 者：方志出版社
地　　址：北京市朝阳区潘家园东里 9 号（国家方志馆 4 层）
邮　　编：100021
网　　址：http://www.zgfzcb.cn
发　　行：方志出版社图书营销中心（010-67110500）
印　　刷：云南美嘉美印刷包装有限公司
开　　本：889 毫米 ×1194 毫米　1/16
印　　张：20.25
字　　数：588 千字
版　　次：2022 年 12 月第 1 版
印　　次：2022 年 12 月第 1 次印刷
定　　价：360.00 元

《定结年鉴（2022）》编纂委员会

《定结年鉴（2022）》编辑部

编辑说明

一、《定结年鉴》是由中共定结县委员会、定结县人民政府主办，县（区、中）直各单位以及各乡（镇）共同参与，中共定结县委办公室负责编纂的年度资料性文献，是具有权威性、综合性、实效性、资料性的工具书。《定结年鉴》自2017年起每年编辑出版一卷，《定结年鉴（2022）》为第6卷。

二、《定结年鉴（2022）》以马克思列宁主义、毛泽东思想、邓小平理论、“三个代表”重要思想、科学发展观、习近平新时代中国特色社会主义思想为指导，坚持辩证唯物主义和历史唯物主义的立场、观点和方法，全面、客观、系统地记述2021年定结县经济、政治、文化、社会等各方面发展变化情况和重大事件，为各行各业提供咨询服务，为续修地方志储备资料。

三、《定结年鉴（2022）》采用分类编辑法，设类目、分目、条目3个层次。条目为年鉴内容的基本单位，其标题用黑体字外加【 】表示。为方便读者检索，在正文后设置综合性主题索引，索引款目按首字汉语拼音字母顺序排列。

四、《定结年鉴（2022）》设特载、大事记、定结概览、中国共产党定结县委员会、定结县人民代表大会、定结县人民政府、中国人民政治协商会议定结县委员会、中国共产党定结县纪律检查委员会 定结县监察委员会、人民团体、军事、法治、经济管理、农业·水利、交通·通信、商贸旅游、城建·环保、教育·文化、卫生健康、社会生活、民族宗教事务、应急管理、乡（镇）概况、荣誉·人物、附录等。卷首设定结各行业发展成就和重要活动的彩色照片。

五、《定结年鉴（2022）》记述时间为2021年1月1日至2021年12月31日。凡在文中直书月、日的，均指2021年内的日期，书中涉及其他年份的时间均标明年份。

六、《定结年鉴（2022）》所刊数据，除国家统计部门正式公布之外，均由供稿单位提供并审核。由于来源、统计方法和口径的差异，不同稿件中不尽一致，引用时以定结县统计局资料为准。

七、《定结年鉴（2022）》文字、图片均由各乡（镇）、县（区、中）直各单位提供。

八、《定结年鉴（2022）》使用简体汉字，语体文，除附录收录的文件外，度、量、衡、计时、计数、标点符号均按照国家有关志书编纂的统一规定处理。全书所有数据均精确到小数点后两位。

数字定结

2021

◇ 土地面积：5834.55 平方千米

◇ 年末总人口：24987 人

◇ 地区生产总值：59690 万元

◇ 第一产业：11245 万元

◇ 第二产业：20638 万元

◇ 第三产业：27807 万元

◇ 粮油总产量：8964.01 吨

◇ 肉类产量：481.96 吨

◇ 奶类产量：960.75 吨

◇ 年末牲畜存栏：228785 头（只、匹）

◇ 工业总产值：1196 万元

◇ 农村经济总收入：42702.65 万元

◇ 地方公共财政预算收入：1276 万元

◇ 农林牧总产值：16045.52 万元

◇ 地方公共财政预算支出：72256 万元

◇ 年末各项存款余额：93831.5 万元

◇ 年末各项贷款余额：49841 万元

◇ 社会消费品零售总额：14700 万元

◇ 货运总量：7.81 万吨

◇ 客运总量：2.48 万人次

◇ 旅客周转量：830.2 万人千米

◇ 货物周转量：2225.8 万吨千米

◇ 全社会固定资产投资：30091 万元

◇ 接待旅游总人数：36300 人

◇ 旅游总收入：970.1 万元

◇ 人均生产总值：24000 元

◇ 农村居民人均可支配收入：11773 元

◇ 农林牧增加值：12118.94 万元

定结县各界庆祝中国共产党成立100周年暨西藏和平解放70周年

2021年7月2日，定结县举行“永远跟党走”定结县热烈庆祝中国共产党建党100周年暨西藏和平解放70周年文艺会演。图为军民同唱一首歌场景（县退役军人事务局　提供）

2021年7月5日，定结县庆祝中国共产党成立100周年暨“三优一先”表彰大会召开（县委宣传部　提供）

2021年12月4日，定结县举办“党的光辉照边疆　锦绣高原谱华章”西藏和平解放70周年成就展。图为县委书记陶明君（前排中）及县委副书记、县长次琼（前排右）同中小学生观看成就展览（县委宣传部　提供）

2021年7月3日，定结乡庆祝中国共产党成立100周年暨西藏和平解放70周年文艺演出活动现场

（定结乡人民政府　提供）

重要会议

2021年6月29—30日，中国共产党定结县第十次代表大会第一次全体会议召开。图为6月29日，大会开幕时场景（县委宣传部　提供）

2021年6月30日，中国共产党定结县第十届纪律检查委员会第一次全体会议召开（县委宣传部　提供）

2021年7月9日，政协第三届定结县委员会第一次会议第一次全体会议（开幕会）召开

（县政协办公室　提供）

2021年7月10日，定结县第十四届人民代表大会第一次会议召开（县人大常委会办公室　提供）

文体活动

2021年3月9日，陈塘镇初级中学新校落成暨开学典礼举行（县教育局　提供）

2021年4月15—28日，定结县举行喜迎建党100周年、西藏和平解放70周年、庆祝“五一”国际劳动节和“五四”青年节足球比赛。图为比赛开始前裁判员和双方运动员入场时合影

（县委宣传部　提供）

2021年9月30日，定结县迎国庆党政军警民联欢晚会举行（县委宣传部　提供）

2021年10月20—24日，定结县举行“珠峰谐韵”舞蹈比赛、产业大赛暨第二届职工运动会、第三届农牧民运动会。图为开幕式文艺表演现场（县委宣传部　提供）

平安定结

2021年12月16日，陈塘镇举行第九批全国民族团结进步示范乡镇授牌仪式（陈塘镇人民政府　提供）

2021年，县委统战部联合县财政局、县住房和城乡建设局、县自然资源局进行“寺庙财税监管”资产登记（县委统战部　提供）

2021年，日屋镇新冠肺炎疫情防控工作人员坚守边境线，严防新冠肺炎疫情从境外输入

（日屋镇人民政府　提供）

2021年12月29日，受南支槽影响，陈塘镇遭遇强降雪天气，导致陈塘镇辖区内遭受不同程度的雪灾，积雪达0.5米以上。图为陈塘镇党员突击队在清扫积雪（陈塘镇人民政府　提供）

对口援藏

2021年6月，长春市第七批援藏工作组被评为“定结县2020年度民族团结模范集体”。图为“定结县2020年度民族团结模范集体”代表合影留念（长春市第七批援藏工作组 提供）

2021年6月，长春市第七批援藏工作组联合吉林市中心医院援藏医疗团队开展边境巡诊活动

（长春市第七批援藏工作组　提供）

2021年6月，长春市第七批援藏工作组慰问对口帮扶建档立卡脱贫户

（长春市第七批援藏工作组　提供）

2021年7月，长春市第七批援藏工作组投资建设的陈塘镇夏尔巴第一村对外交流交往基地

（长春市第七批援藏工作组　提供）

乡村振兴

2021年4月12日，定结县举行2021年第一批“点对点”组织化跨省转移就业出征仪式

（县人力资源和社会保障局　提供）

2021年6月22日，定结县举行2021年专项现场招聘会（县人力资源和社会保障局　提供）

2021年7月24日，萨尔乡邀请萨尔边境派出所民警对全乡村科技特派员进行种植培训

（萨尔乡人民政府　提供）

2021年，实施边境地区小康村建设后的陈塘镇民居（县文化和旅游局　提供）

产业发展

2021年11月10日，市人民政府代市长卓锋（左一）在定结县江嘎镇阳光惠民加工专业合作社调研（县人民政府办公室　提供）

2021年11月29日，县委副书记、县人民政府县长次琼（前排右二）到陈塘镇调研藏鸡养殖（县人民政府办公室　提供）

2021年10月，陈塘镇夏尔巴人在采摘鸡爪谷
（县方志办　提供）

2021年10月3日，县级领导及10个乡（镇）党政负责人到定结县郭加乡康孔牦牛养殖专业合作社观摩交流
（郭加乡人民政府　提供）

生态文明建设

2021年5月16—17日，定结县交通运输局工作人员实地安排部署全县6家汽修店危险废弃物暂存间突出生态问题整改工作。图为工作人员对照工作台账对问题一一进行核实（县交通运输局　提供）

2021年，日屋管护站工作人员开展西藏珠穆朗玛峰国家级自然保护区日常监管工作（珠穆朗玛峰国家级自然保护区管理局定结管理分局　提供）

2021年9月23日，西藏珠穆朗玛峰国家级自然保护区定结县公益诉讼检察联络室挂牌仪式举行

（县人民检察院　提供）

社会民生

2021年6月3日，县委副书记、县人民政府县长贡嘎（右三）到江嘎镇慰问经济困难群众

（县人民政府　提供）

2021年9月22日，定结县举行为出席纪念西藏和平解放70周年仪式的中共中央代表团赠送纪念品发放仪式（县人民政府办公室　提供）

2021年10月14日，定结县开展全民健康体检暨在编僧尼健康体检工作
（县人民医院　提供）

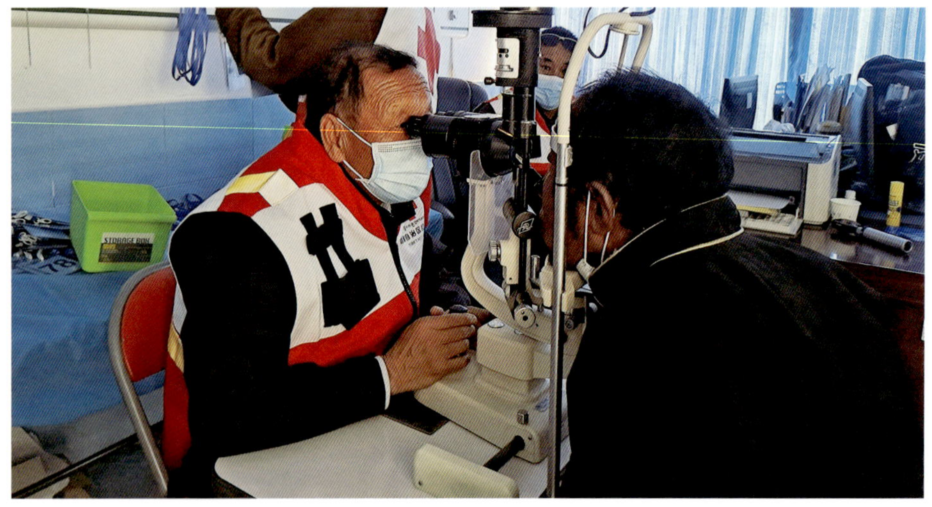

2021年11月22日，日喀则市红十字会专家组到定结县开展白内障免费筛查活动
（县卫生服务中心　提供）

2021年11月25日，定结县举行2021年度大学生座谈会。图为第三批高校毕业生创业启动资金及相关补助资金发放仪式（县人力资源和社会保障局　提供）

2021年，县民政局为残疾人创业者发放残疾人创业扶持资金2万元（县民政局　提供）

2021年，县民政局党支部开展党员志愿服务活动。图为为县特困人员集中供养服务中心的老年人洗脚

（县民政局　提供）

2021年，县文化广播影视服务站举行广播电视直播卫星设备免费发放仪式（县文化广播影视服务站　提供）

2021年，群众欢度藏历新年（县方志办　提供）

目录

特载

大事记

定结概览

中国共产党定结县委员会

定结县人民代表大会

定结县人民政府

中国人民政治协商会议定结县委员会

中国共产党定结县纪律检查委员会 定结县监察委员会

人民团体

军　事

法 治

经济管理

农业·水利

交通·通信

商贸旅游

城建·环保

教育·文化

卫生健康

社会生活

民族宗教事务

应急管理

乡（镇）概况

荣誉·人物

附　录

索　引

特载

定结宗格错（县方志办　提供）

中国共产党定结县第十届委员会第四次全体会议暨县委经济工作会议工作报告（节选）

（2022年2月22日）

定结县委书记　陶明君

县委十届四次全会暨县委经济工作会议，是在党的二十大即将召开的历史时刻，在全县上下深入学习贯彻党的十九届六中全会和自治区第十次党代会、区党委经济工作会议以及市委二届五次六次全会、市委经济工作会议精神的特殊时刻，在奋力建设团结富裕文明和谐美丽的社会主义现代化新定结的关键时刻，召开的一次十分重要的会议。

这次会议的主要任务是：坚持以习近平新时代中国特色社会主义思想为指导，深入贯彻落实习近平总书记关于西藏工作的重要论述和新时代党的治藏方略，贯彻落实党的十九届六中全会精神、中央经济工作会议精神、中央第七次西藏工作座谈会精神和习近平总书记视察西藏重要讲话精神，贯彻落实自治区第十次党代会、区党委经济工作会议、市委二届五次六次全会和市委经济工作会议精神，以迎接服务党的二十大胜利召开为主线，牢记领袖嘱托、践行初心使命，坚持以人民为中心的发展思想，坚持稳中求进工作总基调，立足新发展阶段，完整、准确、全面贯彻新发展理念，服务和融入新发展格局，坚持三个赋予、一个有利于，锚定“四件大事”、实现“四个确保”，围绕勇当“四个创建”“四个走在前列”排头兵，以“六大战略”“六大行动”为抓手，大力弘扬伟大建党精神和“老西藏精神、“两路”精神，奋力前行路、再战新征程，不断谱写长治久安和高质量发展新篇章，奋力建设团结富裕文明和谐美丽的社会主义现代化新定结。

一、脚踏实地，在执着求进中赢得可喜局面，以奋斗的姿态交出了高质量答卷

2021年是伟大光荣正确的中国共产党百年华诞，也是定结发展进程中承前启后、继往开来的一年，面对复杂严峻的发展形势和艰巨繁重的改革发展任务，在以习近平同志为核心的党中央的正确指引和区党委、市委的坚强领导下，我们立足新发展阶段，贯彻新发展理念，服务和融入新发展格局，聚焦“稳定、发展、生态、强边”四件大事，顽强拼搏、攻坚克难、砥砺奋进，解决了许多长期想解决而没有解决的难题，办成了许多过去想办而没有办成的大事，各项事业取得了显著成就，定结呈现出社会持续稳定、经济健康发展、人民安居乐业的良好局面。

——坚持政治引领不动摇，“两个确立”锤炼了新忠诚。深刻领悟“两个确立”的决定性意义，全面贯彻习近平新时代中国特色社会主义思想，坚持把做到“两个维护”作为最高政治原则和根本政治规矩，认真学习贯彻落实习近平总书记关于西藏工作的每个重要指示批示和党中央的重大决策部署，县委常委会以身作则，严格落实民主集中制、“三重一大”制度，健全完善议事规则、重大事项请示报告制度等，全面加强党的领导，不断增强“四个意识”、坚定“四个自信”、做到“两个维护”、捍卫“两个确立”，确保了党的路线方针政

策落地见效。始终把学懂弄通做实习近平新时代中国特色社会主义思想作为首要政治任务，以县委理论学习中心组学习会为龙头，扎实开展好党史学习教育和“政治标准要更高党性要求要更严组织纪律性要更强”专题教育，坚持学做结合、融会贯通，广大党员干部理想信念更加坚定、党性意识更加坚强。

——坚持底线思维不动摇，维护稳定筑牢了新屏障。坚持总体国家安全观，树牢忧患意识和底线思维，严防死守春节、藏历新年、全国“两会”、建党100周年、西藏和平解放70周年和党的十九届六中全会、自治区第十次党代会等关键节点，严格落实维稳工作责任和工作措施，主动出击、主动防范、主动治理，人民群众的生命财产安全得到有效保障，平安定结建设成效明显，全县社会大局持续和谐稳定。坚持以“13个到位”工作措施为遵循，健全完善党政军警民医联防联控工作方案预案，常态化开展疫情防控、边境管控巡逻巡查，提升边境疫情防控能力，抓好适宜人群疫苗接种，打造疫情防控“红色堡垒”，实现了“零确诊”“零感染”“零传播”“零输入”。依法依规管理宗教事务，严格落实“三个暂停”“一延迟”防控措施，坚持“十导”工作法，深入开展“遵行四条标准、争做先进僧尼”教育实践活动，宗教活动参与人数逐步减少，宗教领域和睦和顺和谐。不断铸牢中华民族共同体意识，深入开展爱国主义、新旧西藏对比教育和“五观”“两论”教育和结对认亲等主题活动，全面推广国家通用语言文字，全县各族干部群众和广大青少年“三个离不开”“五个认同”意识入脑入心，持续巩固全国民族团结进步示范市创建成果，陈塘镇成功创建全国第九批民族团结进步示范单位。

——坚持稳中求进不动摇，发展质量跃上了新台阶。坚持“三个赋予、一个有利于”，深入贯彻新发展理念，结合定结实际理清发展思路，统筹推进疫情防控和经济社会发展工作，全县经济发展稳中有进。2021年预计全年生产总值5.92亿元，地方一般公共预算收入1276万元，全社会固定资产投资3亿元，社会消费品零售总额1.47亿元；农村经济总量4.27亿元；农村居民人均可支配收入达11773元，增长16.3%。项目建设大干快上，成立定结县工程项目建设管理工作领导小组和办公室，强化项目审批监管，扎西岗、确布乡15个行政村基础设施建设项目全面竣工，吉隆普水库渠系配套干渠（一期）工程项目稳步推进，“十四五”规划和2035年远景目标纲要编制完成。城市面貌焕然一新，深入开展文明城市创建，实施美化亮化工程，城市生活更加宜居美好。优势产业不断发展壮大，不断转型升级有机种养加、文化旅游等特色产业，陈塘镇夏尔巴民俗非遗旅游景区入选西藏首批非遗旅游景区，琼孜乡牧村入选第三批全国乡村旅游重点村，深入挖掘合作社发展后劲，累计实现收入1.43亿元、人均分红8300元。改革开放全面扩大，不断深化“放管服”，市场主体达2671户，招商引资到位资金4295.82万元。援藏内涵不断丰富，投资1137万元实施援藏项目13个。

——坚持以人为本不动摇，民计民生呈现了新改善。始终坚持以人民为中心的发展思想，把各族群众对美好生活的向往作为奋斗目标，各族群众获得感、幸福感、安全感明显提升。坚持教育优先发展，全力推进素质教育，强化学生思政教育，改善办学条件，陈塘镇初级中学正式开学，13所村级幼儿园完成建设，学前毛入园率达89.4%，中小学入学率均为100%。健康定结加快推进，藏医院、妇幼保健院等项目落实有力，医疗保障业务“一站式服务、一窗口办理、一单制结算”全面完成，巡回诊疗+健康体检惠及群众14816人次。就业创业成绩喜人，转移就业“双创”暨大学生（中职生）就业动态清零行动成效明显，去年129名应届大学生就业率达100%，农牧民转移就业8360人，创收再次突破亿元大关。社会保障体系不断织密，群众生活水平、幸福指数大幅提升。乡村振兴统筹推进，健全完善防止返贫长效监测和帮扶机制，目前累计识别返贫致贫监测对象68户262人，整合资金8646.05万元重点实施产业发展等项目，发放脱贫户及边缘户小额信贷资金819.5万元。农牧业生产提质增效，粮食作物产量达1660.02万斤，牲畜出栏4.36万只（头、匹）。

——坚持绿色发展不动摇，生态环境呈现了新面貌。坚决贯彻落实习近平生态文明思想，牢固树立“两山”理念，严格落实环境保护党政同责、一岗双责，坚持生态保护第一，坚持山水林田湖草沙冰一体化保护和系统治理，实施33万亩退牧还草工程，建设退耕还林基本口粮田1655亩，沙化土地封禁保护区14万亩，防沙治沙7.1万亩，“五消除”补植补造4.4万株，义务植树2000亩，规划实施朋曲河、叶如藏布河流域生态环境治理工程，不断改善生态环境质量。突出环境问题有效解决，深入实施蓝天、碧水、净土保卫战，持续加强中央环保督察任务整改，深入开展人居环境整治、垃圾污水治理、村容村貌提升、厕所革命等行动，开展环境执法监管154次，行政处罚案件6起，处罚资金6.19万元。定点帮扶取得成效，制定《生态环境部定点帮扶西藏自治区定结县工作计划（2021—2025年）》，拓展帮扶支部共建，定结县监测业务用房及能力建设项目、定结县空气自动监测站建设项目正在积极开展前期，受赠空气自动监测设备2套，目前县城已安装完成并投入使用。

——坚持强边固边不动摇，边境建设迈出了新步伐。坚持屯兵与安民并举、固边和兴边并重，大力实施边境党建红色长廊工程，持续深化“五共五固”活动，深入实施兴边富民行动，投资1.13亿元的县城供暖、日屋供暖项目正在积极主动开展前期工作，继续一体推进非边乡镇和边境一线乡镇基础设施建设项目，加快补齐短板弱项，边境地区不断健康发展。持续深化“四讲四爱”群众教育实践活动，采取群众喜闻乐见的形式，深入开展爱国主义教育、红色教育、民族团结教育系列主题活动，扎实开展国防教育、普法教育进乡村、进学校、进寺庙、进课堂等活动，全力构建多位一体的边境群众思想教育体系，边境群众强边固防、守土固疆的责任感进一步树牢。

——坚持从严治党不动摇，党的建设展现了新气象。坚持党对一切工作的领导，认真贯彻落实党中央关于全面从严治党的战略部署，坚定不移将全面从严治党向纵深推进。党的建设持续加强，高标准完成乡镇、行政村换届选举各项工作任务，积极打造“边疆党旗红、心向党中央”党建品牌，制定《定结县机关党建“八抓八强”创建活动实施方案》《定结县党代表任期履职工作制度》，确保基层党建提质增效。树立正确选人用人导向，坚持能者上、庸者下、劣者汰，十届县委调整干部3批次182人，制定激励广大干部新时代担当作为十项措施，关心关爱老干部，干部干事创业精气神有效提振。工作作风明显好转，持续开展违反中央八项规定精神自查清理纠治工作，深入整治形式主义官僚主义、文山会海等问题，排查转化信教党员36名，扎实开展进一步改进作风狠抓落实“六大行动”，促使党员干部敢为、能为、有为。政治生态晴朗清明，正确运用监督执纪“四种形态”，坚持惩前毖后、治病救人的方针，严肃查处各类违纪违法行为，全年受理问题线索27件，运用“四种形态”教育挽救干部24人。

以上成绩的取得，是习近平新时代中国特色社会主义思想正确指引的结果，是以习近平同志为核心的党中央特殊关心关怀关爱的结果，是区党委和市委坚强领导的结果，是吉林省长春市无私援助的结果，是全县2.5万各族党员干部群众万众一心、团结拼搏的结果！在此，我代表县委，向全县各级党组织、广大党员干部群众和所有支持关心定结各项事业发展的社会各界人士，表示衷心的感谢并致以崇高的敬意！

政府工作报告（节选）

——2022年2月26日在定结县第十四届人民代表大会第2次会议上

定结县人民政府县长 次琼

2021年工作回顾

2021年是“十四五”开局之年，是建党100周年，是西藏和平解放70周年。在市委、市政府和县委的坚强领导下，在县人大的依法监督和政协民主监督下，在长春市的大力援助下，全县各族干部群众团结一心、齐心协力、勇往直前，较好地完成了全年主要目标任务。预计全年生产总值5.92亿元，地方一般公共预算收入1276万元，全社会固定资产投资3亿元，社会消费品零售总额达1.47亿元；农村经济总量4.27亿元；农村居民人均可支配收入达11773元，增长16.3%，社会大局保持稳定，为“十四五”开局奠定了坚实基础。

过去一年，我们主要做了以下九个方面工作：

一是坚持依法行政、依法治县，社会大局保持稳定。社会治理成效显著，坚持稳定压倒一切，时刻绷紧维护稳定这根弦，确保全县社会局势持续稳定、长期稳定、全面稳定。全年全县共立刑事案件32起，行政案件70起，治安案件24起，矛盾纠纷排查300余次，接待来信来访6件10人次，全部妥善解决，化解率100%；安全生产专项整治三年行动取得阶段性成果，第一次全国自然灾害风险普查顺利启动，扫黑除恶专项斗争取得决定性胜利；“雪亮工程”完成初步验收，平安定结建设取得良好成效。宗教领域和谐稳定，深入开展“遵行四条标准、争做先进僧尼”教育实践活动，完善各寺庙《寺规僧约》，稳慎推进宗教领域问题专项治理，扎实推进全县寺庙财税监管工作，确保了宗教和睦、佛事和顺、寺庙和谐。民族团结凝心聚力，大力推进民族团结进步创建活动，广泛开展国家通用语言文字推广和普及，陈塘镇列入第九批全国民族团结进步示范区示范单位，全县各族群众“三个离不开”“五个认同”更加牢固，持续铸牢中华民族共同体意识。疫情防控扎实有效，严格落实市委“十三个到位”工作要求，实现疫情防控“零输入、零传播、零感染、零确诊”。建立核酸检测实验室3处，完成核酸检测4.1万人次，新冠疫苗免费接种累计4.88万剂次，全县投入疫情防控资金2482.99万元，完成陈塘林琼塘卡医疗救治区建设。

二是坚持项目引领、补齐短板，基础设施不断改善。2021年开复工项目104个，新续建项目累计完成投资3亿元。投资1.17亿元的扎西岗乡、确布乡非边基础设施建设项目全面竣工，投资8299.26万元的定结县吉隆普水库渠系配套干渠（一期）工程项目稳步推进，全力实施农村饮水安全设施设备维修工程，不断提升农村饮水安全保障力度；公路通车里程达到515.57公里，乡镇、建制村通畅率100%和94%；4G网络在10个乡镇、70个行政村实现全覆盖，新建5G基站6座；供电保障率基本实现100%。

三是坚持夯实基础、提升内涵，乡村振兴有序实施。建立健全防返贫监测机制，排查出监测对象68户，消除风险12户，强化易地搬迁后续扶持，实现搬迁户就业456人，就业率99.8%；35个脱贫攻坚涉农整合资金项目稳步推进，县级以上示范社达24家，社员年人均收入达9500元，发放脱贫户及边缘户小额信贷资金819.5万元，兑现生态补偿岗位资金1350.47万元，兑现脱贫户勤劳致富“以奖代补”资金102.11万元。扎实推进人居环境综合整治，村居环境更优美。

四是坚持以保促稳、稳中求进，产业质效稳步提升。农牧业稳步发展，2020年高标准农田建设任务全面完成，推广高产创建基地建设0.15万亩，粮食作物产量达到1660.02万斤，经济作物产量达到843.2万斤，生产肉类661.51吨、奶类922.79吨；牲畜出栏4.36万只（头、匹），出栏率40%。旅游业较快增长，加快推进我县全域旅游规划编制，助力打造旅游环线，琼孜乡姆村成功列入第三批全国乡村旅游重点村，陈塘镇成功纳入了首批西藏自治区非遗旅游景区名单。全年接待游客3.63万人次、旅游综合收入970.1万元。招商引资持续发力，实施招商引资和民间投资项目14个，萨尔乡加油站基本建成；商贸流通批发、零售企业等市场主体户增加310家，全年电商线上线下销售总额达545.25万元。

五是坚持利民为本、兜牢底线，社会事业全面进步。就业更加稳定，应届高校毕业生129人全部实现就业，就业率100%；农牧民转移就业8449人，组织化转移就业6145人次，区外就业63人，创收1.05亿元，其中点对点组织化跨省“组团式”转移就业34人，创收42.78万元，全部超额完成目标任务。教育更加优质，投运13所村级幼儿园，国门学校陈塘镇初级中学正式投入使用，教育基础设施条件更加均衡完善；学前毛入园率达89.4%，中小学入学率均为100%；中小学教育教学成绩稳居全市前列，人民群众对教育的满意度大幅提升。医疗更加便捷，全县重点人群家庭医生协议签约率达100%；基本完成“互联网+医疗健康（健康云）”信息化工程，投入1505万元建成定结县藏医院、县妇幼保健站、传染科、琼孜乡卫生院改扩建等项目；开展全民健康体检和基层巡回诊疗服务13次，受益14816人次。文化更加普众，我县新时代文明实践中心（所、站）实现全覆盖；播出新闻稿件413条，区市两级采用率达80%以上；县艺术团演出68场次、各村文艺队开展演出700余场次，受众8万余人次。保障更加健全，城乡居民养老、医疗、生育保险等基本实现全民参保，完成医疗保障业务“一站式服务、一窗口办理、一单制结算”，结算支付城乡居民及职工医疗报销429.85万元、资助参保96.2万元、医疗救助26.9万元；创建全国示范型退役军人服务中心通过市级验收；发放健康茶60.88吨；食品药品市场专项检查40余次。援藏更加深化，投入1137万元实施发展教育、提升医疗能力以及促进人才交往交流交融等13个项目。

六是坚持保护优先、绿色发展，生态环境逐步向好。国土绿化成效明显，投入1500万元实施33万亩退牧还草工程，开展义务植树0.2万亩，积极推进防沙治沙，全县绿化面积不断扩大。环境保护扎实开展，“绿盾”专项整治工作基本完成，生活垃圾无害化处理正在推进，签订“门前三包责任”商铺218家；推进“林长制”、河（湖）长制工作，推行河（湖）长App信息化巡河工作。环境质量持续改善，全县环境空气优良率100%，叶如藏布河流域达Ⅱ类以上标准，集中式生活饮用水水质达到Ⅲ类标准限值，土壤质量总体稳定。

七是坚持常抓不懈、合力攻坚，强边固边推动有力。边境小康村道路、电力、通信、给排水、地下管网等基础设施建设稳步推进。新建“最后一公里”公路项目稳步推进，建立农村客运班线3条，投入运营客运车3辆；边境小康村建设项目全面竣工；实施县城供氧试点工程；兑现边民补助5689.32万元、护边员补助228万元，边境群众生产生活条件大幅改善。

八是坚持改革引领、开放带动，发展活力持续增强。政务服务全面提升，坚持深化“放管服”改革，政府服务事项网上办件9.41万件，录入电子证照0.14万件，位列全市第5名；推进“减证便民”专项工作，基本实现了企业和群众办事“只进一扇门”；组建项目管理机构，项目审批环节时限大幅缩减。营商环境持续优化，市场主体发展到2671户，同比增长14.73%，全面落实减税降费政策，累计新增减税降费297.8万元。国有企业稳妥发展，持续推动国企改革，扩大企业经营范围，拓宽经济收入渠道，实现国企健康发展。

九是坚持政治统领、依法履职，自身建设不断加强。政治建设更加过硬，严格落实中央八项规定及其实施细则精神，深入推进党史学习教育、“三更”专题教育；全年向县委提交研究事项82件，党的领导全面加强；落实落细全面从严治党主体责任，加强党风廉政建设和反腐败斗争。依法履职更加主动，自觉接受人大法律监督和政协民主监督，办理人大代表建议76件、政协委员提案94件，办复率100%；法治政府建设深入推进；乡镇主要负责同志履行经济责任情况审计有序进行；农村宅基地、易地扶贫搬迁、集体建设用地、集体土地确权发证率均为100%。作风建设更加有力，牢固树立过紧日子思想，大力规范、压减一般性和非急需、非刚性支出，兜牢了“三保”底线；自觉接受社会舆论监督，县长信箱反映事件及时得到解决，办结率100%；持续纠治“四风”，大力推动精文减会，为基层持续松绑减负。

此外，我们全面加强双拥、编译、气象、统计、档案、外事、法治、消防等各项工作，积极支持工会、共青团、妇联、残联等各项工作取得重大成绩。

各位代表！这些成绩的取得，是以习近平同志为核心的党中央举旗定向、领航掌舵的结果，是区党委政府、市委市政府和县委正确领导、科学决策的结果，是县人大、县政协有效监督支持、吉林省长春市无私援助和全县干部群众团结奋斗的结果。在此，我代表县人民政府，向全县各族人民，向人大代表、政协委员，向工商联、人民团体、解放军、武警官兵、政法干警、消防救援队伍、离退休干部和社会各界人士，表示诚挚的感谢！

在看到成绩的同时，我们也清醒地认识到，发展中存在一些问题和不足。主要是：维护稳定形势依然严峻；发展质量还需要提升；产业体系还不健全，融合发展还需发力；乡村振兴基础还比较薄弱，农村改革还需大力推进；公共服务存在短板；边境建设任务艰难；生态系统脆弱敏感，沙化治理任务艰巨；政府自身建设任重道远等。对此，我们将切实采取有力的措施加快解决。

大事记

定结宗格错（县方志办　提供）

1月

5日　定结县举行陈塘镇夏尔巴第一村易地搬迁户乔迁仪式，市政协副主席、县委书记李运生出席乔迁仪式并致辞，县级领导及相关部门领导参加乔迁仪式。夏尔巴第一村项目于2018年开工建设，累计投入资金2.67亿元，建设易地搬迁户民房80户。

7日　定结县召开驻日喀则市主城区离退休老干部座谈会，11日，定结县召开驻定结县离退休老干部座谈会，分别通报全县经济社会发展情况，征求离退休老干部对全县改革发展稳定工作的意见建议，看望慰问离退休老干部，送上“三大节日”（元旦、藏历新年、春节）的美好祝福。市政协副主席、县委书记李运生，县政协主席中扎西，县委常委、组织部部长、党校校长成海亮等县级领导先后参加2次座谈会。

9日　定结县举行首届中国人民警察节暨“双拥”工作文艺汇演，县公安局、定结边境管理大队警察参加表演，现场观众达500余人，市政协副主席、县委书记李运生观看演出并致辞。

12日　定结县召开村“两委”换届工作动员部署会，学习贯彻习近平总书记关于西藏工作的重要论述，关于农村基层党建的重要指示和新时代党的治藏方略，传达学习全国、自治区、全市村（社区）“两委”换届工作电视电话会议精神和自治区党委书记吴英杰对村（社区）“两委”换届工作的批示精神，安排部署全县村“两委”换届工作。市政协副主席、县委书记李运生，全市村（社区）“两委”换届工作第四指导检查组组长、共青团日喀则市委员会副书记巴桑顿珠出席会议并讲话，县委常委、组织部部长、党校校长成海亮主持会议，定结县村“两委”换届选举工作领导小组组长、常务副组长、副组长，各乡（镇）党委书记、副书记、组织委员，县直机关村“两委”换届工作领导小组成员单位、县村（社区）“两委”换届工作领导小组办公室工作人员参加会议。

25日　市政协副主席、县委书记李运生带领慰问组到郭加乡开展“三大节日”慰问活动，看望慰问困难党员、特困户、低保户、残疾人、流散僧尼、派出所民警、驻村工作队队员，共发放慰问金2.69万元。

29日　市政协副主席、县委书记李运生主持召开定结县委2020年度民主生活会，会议通报县委常委班子2019年度主题教育民主生活会整改措施落实情况、县委常委班子2020年度民主生活会征求意见建议情况，李运生代表县委常委班子作对照检查，并带头作个人对照检查，班子其他成员次琼、罗布、巴次、尼玛顿珠、徐正、成海亮、雷广军、葛德依次作对照检查发言，开展批评与自我批评。市纪委教育纪检组组长徐敏、市委组织部公务员考核科科长王海波到会指导，县政协主席中扎西、县人大常委会副主任王吉荣、县人民政府副县长莫向波和县委办公室、县纪委、县委组织部负责人、“两代表一委员”代表、基层党员群众代表、离退休老干部代表列席会议。

2月

5日　市政协副主席、县委书记李运生主持召开2021年县委理论学习中心组第一次（扩大）学习会，传达学习《国家主席习近平发表二〇二一年新年贺词》《中共中央纪委机关中共中央组织部国家监察委员会关于严肃换届纪律加强换届风气监督的通知》《中国共产党党员权利保障条例》《西藏自治区领导干部述学考学评学办法》，习近平总书记在全国政协新年茶话会上的讲话精神以及日喀则市委书记张延清在2021年全市干部大会上的讲话精神，县四套班子在家县级领导、县直各部门负责人参加学习会。

8日　定结县召开2020年度基层党组书记抓党建工作述职评议会，各乡（镇）党委书记、县直机关党工委书记围绕抓基层党建工作依次进行述职，在家县委常委逐一作点评，指出存在问题并提出整改建议。市政协副主席、县委书记、县委党的建设工作领导小组组长李运生主持会议并讲话，在家县委常委、县级领导出席会议，党的建设领导小组成员单位领导列席会议，市委组织部领导到会指导。

10日 市政协副主席、县委书记李运生及市村（社区）“两委”换届工作第四指导检查组组长、共青团日喀则市委员会副书记巴桑顿珠到江嘎镇江嘎村指导村“两委”换届选举工作，全县10个乡（镇）党委书记、组织委员、宣传委员、村党支部第一书记代表到江嘎镇江嘎村观摩学习村“两委”换届选举工作。

14日 江嘎镇曲米村易地搬迁宗热生态环境农民专业合作社举行2020年度分红仪式，共为206户曲米村群众分红49万元，平均每户2950元。市政协副主席、县委书记李运生等县级领导和各单位负责人出席分红仪式。

23日 受县委副书记、县人大常委会党组书记、主任巴桑委托，县人大常委会副主任多拉主持召开定结县人大常委会党组2020年度民主生活会，通报定结县人大常委会党组2019年民主生活会整改落实情况及2020年度民主生活会征求意见建议情况，多拉代表县人大常委会党组班子作对照检查，县人大常委会党组成员依次作对照检查，开展批评与自我批评。县纪委、县委组织部、县委督查室领导和“两代表一委员”代表列席会议。

是日 共青团定结县委员会举行“中国茅台·国之栋梁”“国务院国资委党费专项资助”助学金发放仪式，按照5000元/人的标准，共为14名经济困难家庭学生发放助学金7万元。

25日 定结县各单位、乡（镇）组织干部职工集中收看全国脱贫攻坚总结表彰大会实况转播，学习贯彻习近平总书记在全国脱贫攻坚总结表彰大会上的讲话精神。

26日 市政协副主席、县委书记李运生主持召开2021年县委理论学习中心组第二次（扩大）学习会暨“三更”专题教育推进会。

是月 定结县开通县乡客运专线，全县新增农村客运班线3条，即江嘎镇—萨尔乡—定结乡—多布扎乡—扎西岗乡—确布村—江嘎镇（环线）、江嘎镇—萨尔乡—日屋镇、江嘎镇—郭加乡，班线全长319.5千米，购买客运车辆3辆，投入资金64.65万元。

3月

1日 定结县召开2021年度大学生座谈会，掌握了解2021年应届毕业生就业意愿和需求，宣传解读大学生就业创业相关政策，为做好2021年高校毕业生就业工作提供针对性服务。县委常委、县人民政府副县长徐正出席会议并讲话，县委常委、组织部部长、党校校长成海亮主持会议，县委组织部、县人力资源和社会保障局、县教育局等部门负责人和60名应届毕业大学生参加座谈会。会上，应届、往届优秀大学毕业生代表进行交流发言，县人力资源和社会保障局为9名大学生发放一次性就业创业补贴和场地水电补贴46.3万元。

4日 县政协党组书记、主席中扎西主持召开政协定结县委员会党组2021年度落实全面从严治党主体责任部署会，传达学习《党委（党组）落实全面从严治党主体责任规定》，研究《政协第二届定结县委员会第八次会议临时党委、党支部组成人员建议名单》《中共政协定结县委员会党组2021年度落实全面从严治党主体责任工作方案》，安排部署2021年度县政协党组落实全面从严治党主体责任工作。

5日 市政协副主席、县委书记李运生主持召开2021年县委理论学习中心组第三次（扩大）学习会暨党史学习教育、“三更”专题教育学习会，传达学习共产党员网文章《实现中华民族伟大复兴是中华民族近代以来最伟大的梦想——2012年11月29日习近平在参观〈复兴之路〉展览时的讲话》、新华社文章《初心如磐向未来——写在党史学习教育启动之际》、《中国纪检监察报》文章《从百年党史看党的独特优势》等，集中观看党史专题讲座视频《中国共产党为会什么“能”》，县四套班子县级领导、县直各部门负责人参加学习会。

6—8日 县总工会、团县委、县妇联联合开展以“巾帼心向党、奋斗新征程”为主题的新时代文明实践活动之“三八”国际劳动妇女节系列庆祝活动，活动内容包括法治宣传、表彰先进、暖心慰问、红歌合唱等，共表彰“三八红旗手”7名、

“三八红旗集体”1个、“优秀妇女工作者”8名、“优秀妇女致富带头人”1名，投入活动资金3.5万元。市政协副主席、县委书记李运生，县委副书记、县人大常委会主任巴桑，县委副书记、县人民政府常务副县长次琼，县政协主席中扎西等领导出席表彰活动。

9日　定结县陈塘镇初级中学新校址落成暨开学典礼在陈塘镇夏尔巴第一村举行，县委副书记、县人大常委会主任巴桑出席仪式并为陈塘初级中学揭牌，县人民政府副县长次仁加布及陈塘镇、日屋镇、县教育局、县中学领导参加落成典礼。陈塘镇初级中学项目于2019年8月开工建设，2020年11月竣工，项目基础设施投资3003.55万元，总占地面积9688平方米，总建筑面积7319.86平方米；学校供暖设施投资423.48万元，县本级对学校设施设备投入120万元；学校共设6个班级，计划招生300人。

12日　市政协副主席、县委书记李运生主持召开2021年县委理论学习中心组第四次（扩大）学习会暨党史学习教育、“三更”专题教育学习会，传达学习《习近平给上海市新四军历史研究会百岁老战士们的回信》、习近平总书记在参加全国人大四次会议青海代表团审议时的重要讲话精神等，集中观看警示教育片《反腐追逃在西藏》，县四套班子在家县级领导、县直各部门负责人参加学习会。

13日　定结县举行2021年新兵入伍欢送仪式，县委副书记、县人民政府常务副县长次琼，县委常委、县人民武装部政委罗布等出席欢送仪式。

15日　市政协副主席、县委书记李运生主持召开“三更”专题教育第一次专题研讨会，会议围绕“加强党的政治建设，全面从严治党”主题开展交流研讨，集中观看警示教育片《贪欲引他人误入歧途》，县四套班子在家领导及县直各部门负责人参加学习会。

17日　定结县召开全县政法队伍教育整顿动员部署会议，传达学习中共中央、自治区、日喀则市三级政法队伍教育整顿动员部署会议文件精神，安排部署全县政法队伍教育整顿工作。市政协副主席、县委书记李运生出席会议并讲话，县委副书记、县人民政府常务副县长次琼主持会议，县委常委、政法委员会书记、县委国家安全委员会办公室主任、县公安局局长葛德及相关部门负责人、政法系统全体在编在岗人员参加会议。

18日　县委常委、纪委书记、监委主任巴次到陈塘镇，为陈塘镇党员干部、驻村工作队、村党支部第一书记、镇卫生院医护人员、镇中心小学教师上党风廉政建设专题党课，县政协副主席、陈塘镇党委书记曹向阳主持会议。

是日　定结县召开国民经济和社会发展第十四个五年规划纲要和二〇三五年远景目标纲要征求意见座谈会，听取《定结县国民经济和社会发展第十四个五年规划纲要和二〇三五年远景目标纲要》编制工作情况汇报，征求编制工作意见建议。在家县级领导、各乡（镇）负责人、县直部门负责人、“两代表一委员”代表共60人参加会议，市政协副主席、县委书记李运生主持座谈会。

22日　定结县公安局举行全县打击电信网络诈骗犯罪涉案资金集中仪式，2名被骗受害人返还涉案资金14万余元，抓获电信网络诈骗犯罪嫌疑人4人。

25日　中国共产党定结县第九届委员会第八次全体会议召开。市政协副主席、县委书记李运生代表县委常委会作题为《团结一心向前进担当作为勇争先坚决确保“十四五”谋好篇开好局起好步》的工作报告，县委副书记、县人民政府常务副县长次琼就《中共定结县委员会关于制定国民经济和社会发展第十四个五年规划以及二〇三五年远景目标的建议（讨论稿）》作说明，听取2020年度干部选拔任用工作情况专题报告，开展干部选拔任用民主评议。中共定结县委第九届委员会委员21人、候补委员1人出席会议；纪委委员6人，不是县委委员、候补委员的县级领导干部，各乡（镇）及县（自治区、中央）直属单位、驻地军警部队主要负责人共95人列席会议。

是日　中国共产党定结县第九届纪律检查委员会第六次全体会议召开。会议贯彻落实十九届中央纪委五次全会、九届自治区纪委六次全会和二届市纪委二次全会精神，回顾总结2020年全县纪检监察工作，安排部署2021年工作。

24—25日 定结县举办新进村“两委”班子成员业务能力提升培训班，培训内容涉及中央第七次西藏工作座谈会精神、基层党建业务知识、党风廉政建设政策法规、生态环境保护知识等，全县新进村“两委”班子成员共72人参加培训。县委常委、组织部部长、党校校长成海亮出席培训班结业式并讲话。

28日 定结县各机关单位、学校、村委会通过举行“升国旗、唱国歌”、文艺演出、社会治安综合治理宣传、新旧西藏对比宣传教育等多种形式，纪念西藏百万农奴解放62周年。

是日 县委政法委员会牵头县社会治安综合治理委员会成员单位在县城主要街道，通过各种形式开展纪念“3·28”西藏百万农奴解放纪念日宣传活动，共出动宣传人员138人，悬挂宣传横幅70条，张贴宣传海报65张，发放藏语、汉语宣传资料610类2980份。

29—30日 中国人民政治协商会议第二届定结县委员会第八次会议召开。县政协主席中扎西代表政协第二届定结县委员会向大会作县政协常务委员会工作报告，县政协副主席多布杰向大会作县政协第二届定结县委员会第七次会议以来提案工作情况报告，审议通过《政协第二届定结县委员会第八次会议常务委员会工作报告的决议》《政协第二届定结县委员会第八次会议常务委员会提案工作情况报告的决议》，听取《政协第二届定结县委员会第八次会议提案审查委员会关于政协二届八次会议提案审查情况的报告》。

3月29日至4月4日 定结县组织全县32名小学管理人员、学科教师、教研人员，开展为期7天的定结县所辖小学与日喀则市小学结对帮扶暨跟岗研修活动。

30—31日 定结县第十三届人民代表大会第八次会议召开，听取审议《定结县人民政府工作报告》《定结县国民经济和社会发展第十四个五年规划和二〇三五年远景目标纲要（草案）的报告》《定结县2020年国民经济和社会发展执行情况与2021年国民经济和社会发展计划的报告》《定结县人民政府关于2020年财政预算情况与2021年财政预算的报告》《定结县人民代表大会常务委员会工作报告》《定结县人民法院工作报告》《定结县人民检察院工作报告》，表决通过7个报告决议（草案）。

31日 定结县召开“四讲四爱”群众教育实践活动总结表彰大会，表彰2017—2020年来全县“四讲四爱”群众教育实践活动先进集体和优秀宣讲员，表彰“五比”竞赛中的优秀乡（镇）、村（居）和农牧民群众以及精神文明建设先进集体和先进个人。市政协副主席、县委书记李运生出席会议并讲话，县四套班子在家领导，县直各单位负责人、各乡（镇）负责人、受到表彰的先进集体和个人代表参加会议，县委常务副书记张万财主持会议。

是日 定结县政法系统召开党风廉政警示教育会，县委常委、纪委书记、监委主任巴次作廉政专题讲座，县委常委、政法委员会书记、国家安全委员会办公室主任、县公安局局长葛德，县人民法院院长拉巴扎西，县人民检察院检察长严恩祥及政法各单位全体干警参加会议。

是月 定结县为10个乡（镇）70个行政村发放电动自卸垃圾清运车72辆、垃圾压缩车4辆、垃圾箱184个，共投入资金503万元，实现全县70个行政村垃圾清运车辆全覆盖。

4月

2日 市政协副主席、县委书记李运生为全县政法队伍上教育整顿专题党课，县委常委、政法委员会书记、国家安全委员会办公室主任、县公安局局长葛德，县人民法院院长拉巴扎西、县人民检察院检察长严恩祥及政法各单位全体干警参加会议。

是日 市政协副主席、县委书记李运生主持召开“三更”专题教育第二专题和党史学习教育第一专题研讨会，传达学习《中共西藏自治区委员会办公厅西藏自治区人民政府办公厅关于印发〈西藏自治区生态环境保护督察工作实施细则〉的通知》等文件，围绕“加强党性修养，坚定理想信念，勇于担当作为”和“深刻铭记中国共产党百年奋斗的光辉历程”两个主题进行研讨发言，县四套班子在家领导和县直各单位领导参加会议。

6—8日 拉萨净云电子商务科技有限公司、西藏动力创新创业投资管理有限公司工作人员先后前往陈塘镇、日屋镇、江嘎镇、萨尔乡等地，为尚未就业的大学毕业生、致富能手、退役军人、乡村振兴专干、合作社负责人及村“两委”班子共260人进行电子商务知识培训。

9日 定结县组织机关干部职工、驻地部队官兵在江嘎镇次多村开展2021年义务植树活动，全县8个机关党总支、12个党委、153个党支部、2718名党员参加植树活动，共种植树苗4.5万株，面积达83.33公顷，县委副书记、县人大常委会主任巴桑，县委副书记、县人民政府常务副县长次琼等县级领导参加植树活动。

12日 定结县举行2021年第一批“点对点”组织化跨省转移就业出征仪式。全县赴广东省惠州市18名务工人员、赴江苏省扬州市16名务工人员由市人力资源和社会保障局集中培训后，统一输送至其他省市就业。市政协副主席、县委书记李运生出席仪式并讲话，县委常委、县人民政府副县长徐正主持出征仪式。

15日 定结县组织开展“全民国家安全教育日”宣传教育活动，全县党政军警民共800人参与宣传教育，共悬挂宣传横幅、张贴标语120条，发放各类宣传手册3000余份，受教育官兵、学生、干部、僧尼和农牧民群众达1200人。

15—28日 定结县总工会联合团县委、县妇联开展庆祝“五一”“五四”系列文体活动，举行足球、篮球、乒乓球、台球、拔河等体育比赛及文艺演出。

19日 市政协副主席、县委书记李运生主持召开县委理论学习中心组第九次学习会暨“三更”专题教育第三专题、党史学习教育第二专题研讨会，传达学习共产党员网文章《我们的传家宝——长征精神》、《人民日报》评论员文章《进一步总结党的历史经验——论扎实开展党史学习教育》，围绕“学党史悟光辉成就，深刻认识中国共产党为国家和民族作出的伟大贡献”“严守党的政治纪律和政治规矩以及反分裂斗争纪律”两个主题进行交流发言，开展党史学习教育第二次专题知识测试，县四套班子领导和县直各单位领导参加会议。

20日 定结县召开九届县委第十一轮巡察工作情况反馈会，县委巡察组向县人民检察院、县城市管理和综合执法局、县外事办公室、县审计局、县退役军人事务局、县行政审批和便民服务局、县市场监督管理局、县医疗保障局反馈巡察情况，被巡察单位负责人分别作表态发言，县委常委、纪委书记、监委主任巴次出席会议并作讲话，被巡察单位全体干部职工与九届县委第十一轮巡察一组、二组全体干部参加会议。

23日 市政协副主席、县委书记李运生主持召开县委理论学习中心组第十次（扩大）学习会暨党史学习教育第三专题研讨会，传达学习《“政治标准要更高，党性要求要更严，组织纪律性要更强”专题教育读本》部分内容、共产党员网文章《遵义会议精神永放光芒》、新华社评论员文章《学习历史是为了更好走向未来——论扎实推进党史学习教育》，观看党史教育片《党史故事100讲》第三讲，围绕“学党史悟信仰信念，深刻领会中国共产党成功推进革命、建设、改革的宝贵经验”主题进行研讨发言，县四套班子领导和县直各单位领导参加会议。

25日 县委副书记、县人民政府常务副县长次琼主持召开西藏自治区2020年脱贫攻坚成效考核反馈问题整改工作部署会议，安排部署相关整改工作，县脱贫攻坚指挥部各专项组负责人、相关部门负责人及县脱贫攻坚指挥部办公室全体干部职工参加会议。

是日 县委副书记、县人民政府常务副县长次琼主持召开全县政法队伍教育整顿工作第三次推进会，通报自治区政法队伍教育整顿驻点指导组在定结县开展驻点指导检查反馈情况，针对反馈提出的6项共性问题和8项个性问题，安排推进整改落实工作，全县政法系统各单位负责人参加会议。

26日 定结县召开教育系统党员干部廉政警示教育大会，县委常委、纪委书记、监委主任巴次作廉政教育讲座，县教育局全体干部职工及县中学校长、县完全小学校长、县幼儿园园长、各乡（镇）中心小学校长、副校长共60人参加会议。

是日 县委副书记、县人民政府常务副县长次琼主持召开定结县人民政府党组第六次理论学习中心组学习会议暨专题研讨会，传达学习习近平总书记4月20日在博鳌亚洲论坛年会上的主旨讲话、习近平总书记4月19日在清华大学考察调研时的重要讲话精神及《“政治标准要更高，党性要求要更严，组织纪律性要更强”专题教育读本》内容，围绕“学党史悟信仰信念，深刻领会中国共产党成功推进革命建设、改革的宝贵经验”党史学习教育专题、“坚决反对‘四风’，廉洁从业从政”“三更”专题教育进行交流研讨发言，县人民政府班子领导和县人民政府部门领导参加会议。

28日 《中共西藏自治区委员会西藏自治区人民政府关于表彰西藏自治区脱贫攻坚先进集体和先进个人的决定》发布，定结县脱贫攻坚指挥部办公室、江嘎镇人民政府被表彰为“西藏自治区脱贫攻坚先进集体”，定结县城市管理和综合执法局副局长付加辉、定结县陈塘镇比塘村党支部书记边珍、定结县扎西岗乡党委副书记索朗多吉、定结县琼孜乡哲圭村党支部第一书记巴桑欧珠、日喀则市定结县江嘎热网络科技文化产业发展公司法定代表人多杰被表彰为“西藏自治区脱贫攻坚先进个人”。

是日 全县10个乡（镇）相继召开第十次党员代表大会，选举产生新一届乡（镇）党委领导班子，市政协副主席、县委书记李运生到会指导中国共产党江嘎镇第十次党员代表大会，江嘎镇党员代表大会应到党员代表238人，实到党员代表198人。

28日至5月18日 定结县党史教育办公室对全县10个乡（镇）党委、54个县直机关党支部党史学习教育情况开展第二次专题督导，共发现反馈共性问题8条，涉及5个乡（镇）、12个县直机关党支部。

30日 定结县结合党史学习教育、“政治标准要更高，党性要求要更严，组织纪律性要更强”专题教育，组织县级党员干部赴日喀则市反腐倡廉教育基地参观学习，接受党风党纪和拒腐防变警示教育。参观结束后，全体党员领导干部举行重温入党誓词仪式，市政协副主席、县委书记李运生，县委副书记、县人民政府常务副县长次琼，县政协主席中扎西等领导参加教育活动。

5月

4—5日 自治区人民政府副主席、市委书记张延清到定结县，就新冠肺炎疫情常态化防控、巩固拓展脱贫攻坚成果、乡村振兴、县乡换届、边境地区小康村建设、党史学习教育等重点工作开展调研，代表市委、市人民政府向奋战在一线的广大干部群众表示感谢，勉励新任乡（镇）党委书记、乡（镇）长尽快适应角色，加强调查研究，摸清本乡（镇）实情，做到心中有数。市政协副主席、县委书记李运生，县委副书记、县人民政府县长贡嘎陪同调研。

8日 自治区红十字会驻琼孜乡楚纳村工作队邀请拉萨阳光医院专家和医务人员到楚纳村，开展爱心帮扶物资发放及医疗巡诊、妇女健康体检“温暖边疆行”活动，为全村62户群众发放价值6万元的物资和药品，为琼孜乡卫生院及辖区11个村卫生室发放蒸汽消毒器44台，自治区红十字会赈济救护部部长益西次仁等领导及楚纳村、哲圭村共188名群众参加活动。

12日 定结县举行党史学习教育“党在我心中”主题演讲比赛。活动涵盖全县10个乡（镇）党委、8个县机关党总支、154个党支部及边境派出所、驻军部队党员，来自全县各条战线的21名党员参赛，评选出一等奖1名、二等奖2名、三等奖3名、优秀奖6名。县委副书记、县人大常委会主任巴桑，县政协主席中扎西，县委常委、县人民政府副县长徐正出席演讲活动并为获奖者颁奖。

18—25日 定结县总工会组织全县村级工会委员会召开换届选举大会，64个村级工会委员会选举产生新一届工会班子成员。

21日 定结县召开政法队伍教育整顿“自查从宽，被查从严”政策宣讲解读会，县委常委、纪委书记马跃军围绕《关于全国政法队伍教育整顿期间适用“自查从宽，被查从严”政策的意见》《西藏政法队伍教育整顿“自查从宽，被查从严”政策实施细则》进行政策宣传解读，县委常委、统战部部长、县政协党组副书记尼玛顿珠主持会议，县人民法院院长拉巴扎西、县人民检察院检察长严恩祥及政法各部门全体干警参加会议。

23日 定结县在民族团结广场举行西藏和平解放70周年“升国旗、唱国歌”仪式，市政协副主席、县委书记李运生出席仪式并讲话，定结县四套班子领导、各族干部群众、僧尼代表、学生代表共500余人参加。

25日 市政协副主席、县委书记李运生和县委副书记高剑锋到县公安局、县人民法院、县人民检察院、县司法局，通过听取汇报、查阅资料、座谈交流、询问案件办理及案件卷宗审核评查等形式，对全县政法队伍教育整顿工作开展情况进行调研，了解政法部门“我为群众办实事”实践活动开展情况。

28日 中国少年先锋队定结县第一次代表大会召开，会议审议通过共青团县委书记次旦央宗作的题为《高举队旗跟党走建功立业在定结》的工作报告，审议通过《定结县第一届少工委工作报告的决议》，选举产生定结县第一届少先队工作委员会委员15名、定结县第一届少先队工作委员会主任2名、副主任3名。市政协副主席、县委书记李运生出席会议开幕会并致辞，县委常委、宣传部部长雷广军和县人大常委会副主任格桑扎西、县人民政府副县长丁丽敏出席会议，全县少先队员代表、少先队辅导员、各学校校长和相关单位少年儿童工作者共55人参加会议。

30日 定结县召开2020年度民族团结进步表彰大会，受表彰的民族团结模范集体和个人代表进行交流发言，市政协副主席、县委书记李运生出席会议并讲话，县委副书记、县人民政府常务副县长次琼主持会议，县委副书记高剑锋等在家县级领导及各单位、乡（镇）主要领导参加会议。会后开展“民族团结从我做起”签名活动。

31日 定结县在县人力资源和社会保障局办公楼前举行县乡村振兴局挂牌仪式，市政协副主席、县委书记李运生，县委常委、县人民政府常务副县长边巴普琼，县委常委、组织部部长、党校校长成海亮，县人民政府副县长、原县扶贫开发办公室主任次仁加布出席仪式并为县乡村振兴局揭牌，县脱贫攻坚指挥部12个专项组负责人、县脱贫攻坚指挥部办公室全体干部职工35人参加挂牌仪式。

6月

1日 团县委组织全县各学校少先队开展“争做新时代好队员——红领巾心向党”主题队日系列活动，活动内容包括表彰先进少先队员、开展集中入队仪式、举行文艺会演、观看主题云少先队队课等。

2日 定结县各单位在定结县民族团结一条街开展庆祝日喀则市第五个“民族团结进步日”系列宣传活动，41个机关企事业单位参加宣传，共发放民族团结宣传资料2300份。

4日 市委宣传部党史学习教育巡回宣讲组赴定结县开展宣讲活动，市委党校退休干部巴桑作党史学习教育宣讲，县级领导、各单位干部职工、江嘎镇宣讲员和农牧群众代表共100人聆听报告。

5日 定结县召开干部大会，宣布自治区党委决定：李运生不再担任定结县委书记职务，陶明君任定结县委书记；贡嘎不再担任定结县人民政府县长职务，次琼提名为定结县人民政府县长候选人。日喀则市委组织部部务委员刘川宣布自治区党委干部任免决定，市委副书记、常务副市长务宏出席大会，县四套班子领导、各乡（镇）党政主要负责人、县（自治区、中央）直属单位负责人、驻地军警部队负责人参加会议。

6日 日喀则市文化局“百名专家人才边境行”工作组到定结县江嘎镇曲米村指导工作，对村级文艺演出队进行手把手、点对点、面对面指导地培训，县委常委、宣传部部长雷广军陪同。

10日 定结县召开2021年度第二次信访工作联席会议，听取定结县2021年信访突出问题、矛盾纠纷排查情况汇报，安排部署下一阶段工作，县委书记陶明群出席会议并讲话，县四套班子在家领导、县直各部门领导参加会议。

是日 县委副书记、县人民政府县长候选人次琼主持召开新冠肺炎疫情防控工作推进会议，传达学习自治区、全市疫情防控工作会议精神，听取全县新冠肺炎疫情常态化防控工作汇报，通报市疫情防控第五督导组在定结县实地督导疫情防控工作时反馈的问题，安排部署下一阶段疫情防控工作。县委书记陶明君出席会议并讲话，县委副书记高剑锋等在家县级领导、县新冠肺炎疫情防控领导小组成员单位领导参加会议。

是日 县委书记陶明君主持召开定结县政法队伍教育整顿工作推进会，政法各部门领导围绕学习教育、顽瘴痼疾线索自查及整改、开展谈心谈话、“七查”工作开展、“我为群众办实事”实践活动等工作进行汇报，县委副书记高剑锋，政法系统副科级以上干部及县政法队伍教育整顿领导小组办公室干部参加会议。

11日 县委书记陶明君到县委组织部、县委宣传部调研组织人事工作和宣传思想工作，看望慰问宣传文化系统、组织系统干部，了解干部工作生活情况，听取相关工作情况汇报，县委常委、组织部部长、党校校长成海亮，县委常委、宣传部部长雷广军陪同调研。

13日 县委书记陶明君到县人大常委会调研人大工作，实地了解县人大常委会及县人大常委会办公室工作运行情况，听取2021年度人大换届选举工作筹备情况，县、乡（镇）人大机构组成及人员配备情况汇报，看望县人大常委会及县人大常委会办公室干部，县委副书记、县人大常委会主任巴桑陪同调研。

17日 县委副书记、县人大常委会主任巴桑主持召开定结县第十三届人民代表大会第八次会议代表意见建议交办会，共向11家承办单位交办定结县第十三届人大八次会议代表意见建议材料，县人民政府副县长莫向波就交办意见建议作承诺发言，县人大常委会在家副主任、11家承办单位领导及基层人大代表参加会议。

18日 县委副书记、县人民政府县长候选人次琼，县委常委、县人民政府常务副县长边巴普琼前往扎西岗乡、确布乡督导检查非边境地区基础设施建设项目，县发展和改革委员会、县住房和城乡建设局、扎西岗乡、确布乡领导陪同检查。

20—23日 定结县总工会、团县委、县妇联联合开展以“礼赞百年，与爱同行”为主题的送党史、送法律、送政策、送温暖、送医送药活动，共为30名生活困难工会会员、30名残疾儿童和30名生活困难妇女送上价值1.8万元的慰问品。

21—23日 定结县举办第四批村党支部书记暨驻村工作队提升业务能力培训班，县委常委、组织部部长、党校校长成海亮出席开班仪式并讲话，县委常委、纪委书记马跃军作廉政专题讲座，县委书记陶明君作题为《如何当好村党支部第一书记、驻村工作队队员》党课，全县10个乡（镇）村党支部第一书记、驻村工作队队员共64人参加培训。

22日 定结县举办2021年第一期专项现场招聘会，招聘会共有37家企业（单位）298个岗位，接待求职者550余人，收集应聘者简历246份。县委书记陶明君出席活动并致辞，县委常委、组织部部长、党校校长成海亮，县委常委、宣传部部长雷广军，县人民政府副县长、江嘎镇党委书记达娃次仁参加招聘活动。

是日 县委书记陶明君主持召开县委理论学习中心组第十三次（扩大）学习会暨“三更”专题教育学习会、党史学习教育第五专题研讨会，传达学习习近平总书记关于国家安全的重要论述，观看党史教育片《百炼成钢》第1—4集，开展党史知识测试和研讨交流发言，在家县级领导及县直部门负责人共64人参加会议。

24日 县委书记陶明君主持召开县委理论学习中心组第十四次（扩大）学习会暨党史学习教育第六专题研讨会，传达学习习近平在广西考察时的重要讲话和《习近平给〈文史哲〉编辑部全体编辑人员的回信》，观看党史学习教育片《学党史守初心担使命——感悟中国共产党的光辉历程》，围绕“学党史悟科学理论，系统掌握中国共产党推进马克思主义中国化形成的重大理论成果”主题开展交流研讨，在家县级领导及县直部门负责人共55人参加会议。

25日 定结县党史学习教育领导小组办公室组织开展党史学习教育知识竞赛，全县9个乡（镇）党委和7个县直机关党总支共54人参赛，定结乡党委获得一等奖，琼孜乡党委、扎西岗乡党委获得二等奖，江嘎镇党委、公安党总支、政法党总支获得三等奖。

25—26日 日喀则市援助尼泊尔的114.32吨生活物资分别经定结县陈塘口岸、日屋口岸采取“零接触”方式完成交接，生活物资包括大米、食用油、面粉、糌粑等。

27日 县委副书记、县人民政府党组书记、县长候选人次琼主持召开2021年第九次县人民政府党组会议，传达学习习近平总书记在青海考察时的重要讲话精神，研究《定结县人民政府五年工作报告（送审稿）》《定结县“十三五”预算执行情况和“十四五”预算草案报告（送审稿）》《定结县“十三五”期间国民经济和社会发展计划执行情况与“十四五”期间国民经济和社会发展计划草案报告（送审稿）》。

是日 县委书记陶明君，县委副书记、县人民政府县长候选人次琼到陈塘镇孔定玛黑金耳生产研究基地、游客集散中心、夏尔巴文化剧院、陈塘大酒店等地，实地调研产业发展工作，县委常委、县人民政府副县长花霞，县委常委、陈塘镇党委书记林立鹏陪同调研。

28日 县委书记陶明君带领县公安局、县城市管理和综合执法局、县市场监督管理局等相关单位负责人，对县城周边保洁卫生、绿化管护、庆祝氛围营造等工作进行督导检查，要求强化县城环境卫生工作，以良好的市容市貌迎接中国共产党成立100周年和西藏和平解放70周年，县委常委、县人民政府常务副县长边巴普琼，县委常委、宣传部部长雷广军陪同检查。

是日 县委书记陶明君主持召开中国共产党定结县第九届委员会第十次全体会议，审议通过《中国共产党定结县第九届委员会工作报告（草案）》《中国共产党定结县第九届纪律检查委员会工作报告（草案）》，酝酿《中国共产党定结县第十届委员会委员、候补委员、纪委委员候选人预备人选名单（草案）》。

是日 中国共产党定结县第十次代表大会预备会议在定结县大礼堂召开，县委副书记、县人民政府县长候选人次琼主持会议，168名代表参加会议。审议通过中国共产党定结县第十次代表大会主席团名单（草案）、中国共产党定结县第十次代表大会秘书长名单（草案）、中国共产党定结县第十次代表大会代表资格审查委员会名单（草案）、中国共产党定结县第十次代表大会议程（草案），县委书记陶明君就严肃换届纪律作讲话。

29—30日 中国共产党定结县第十次代表大会召开，参加会议代表176人，列席会议22人，市委换届会风会纪第四督导组成员参加会议，县委书记陶明君代表中共定结县第九届委员会作题为《百年逐梦启新征砥砺前行谱新篇奋力建设团结富裕文明和谐美丽的社会主义现代化新定结》的工作报告，县委常委、纪委书记马跃军代表中共定结县第九届纪律检查委员会作题为《推进全面从严治党强化监督执纪问责乘势而上开启纪检监察工作新征程谱写团结富裕文明和谐美丽定结新篇章》的工作报告。表决通过《中国共产党定结县第十次代表大会关于中共定结县第九届委员会工作报告的决议》《中国共产党定结县第十次代表大会关于中共定结县第九届纪律检查委员会工作报告的决议》，选举产生中国共产党定结县第十届委员会委员27名、中国共产党定结县第十届委员会候补委员5名、中国共产党定结县第十届纪律检查委员会委员11名。

30日 受中国共产党定结县第十次代表大会主席团的委托，陶明君主持召开中国共产党定结县第十届委员会第一次全体会议，县委委员、候补委员出席会议，不是县委委员、候补委员的县纪委委员列席会议。表决通过

《中国共产党定结县第十届委员会第一次全体会议选举办法》，表决通过总监票人、监票人名单，宣布会议总计票人、计票人名单，会议采取无记名投票方式选举陶明君、巴桑、次琼、高剑锋、尼玛顿珠、边巴普琼、成海亮、雷广军、葛德、花霞、马跃军、林立鹏为中共定结县第十届委员会常务委员会委员，选举巴桑、次琼、高剑锋为县委副书记，选举陶明君为县委书记。

是日 受中国共产党定结县第十次代表大会主席团的委托，马跃军主持召开中国共产党定结县第十届纪律检查委员会第一次全体会议，会议表决通过《中国共产党定结县第十届纪律检查委员会第一次全体会议选举办法》，选举产生县纪委常委、县纪委书记（马跃军）和县纪委副书记（德吉拉姆、陈乾韬）。

7月

1日 定结县组织县四套班子领导、县直各部门党员干部，在县大礼堂集中收看庆祝中国共产党成立100周年大会实况转播，各乡（镇）、各行政村也组织干部群众集中收看庆祝大会实况转播。

是日 县委书记陶明君带领在家县级领导分组开展“七一”慰问活动，为每位慰问对象送去党旗、国旗、党章、党徽及慰问金1000元，为党龄50年以上的老党员颁发“光荣在党50年”纪念章并赠送红色收音机，慰问活动共发放慰问金11.3万元。

2日 定结县“职工之家”启动仪式举行，县委副书记、县人大常委会主任巴桑主持仪式，县委书记陶明君出席仪式并讲话，在家县四套班县级领导及县直单位工会委员会、企事业工会委员会会员参加启动仪式。定结县“职工之家”设有健身房、休闲茶园、吸氧室、职工书屋、藏式活动室。

是日 县委书记陶明君主持召开县委理论学习中心组第十六次（扩大）学习会暨党史学习教育第八专题研讨会，传达学习习近平总书记在庆祝中国共产党成立100周年大会上的重要讲话和习近平总书记在青海考察期间的重要讲话精神，传达学习《中共西藏自治区委员会办公厅印发〈关于违反党的政治纪律行为的处分规定〉》等文件，开展党史知识测试，围绕习近平总书记重要讲话精神和“学党史悟‘两个维护’，自觉在思想上政治上行动上同党中央保持高度一致”主题开展研讨交流，县级领导和县直各部门负责人参加会议。

3日 县委书记陶明君前往县公安局，通过听取汇报、查阅资料、座谈交流等方式，了解定结县公安局指挥中心智能化系统覆盖及运行情况，检查指导政法队伍教育整顿工作，县委副书记高剑锋陪同检查。

4日 县委书记陶明君深入琼孜乡、萨尔乡调研，通过听取汇报、查阅资料、实地检查、召开座谈会等方式，检查指导各项工作开展情况，了解基层干部职工工作生活情况及存在的困难问题。

5日 定结县召开庆祝中国共产党成立100周年暨“三优一先”表彰大会，会上举行“新党员入党宣誓，老党员重温入党誓词”仪式，为党龄50年以上的老党员颁发“光荣在党50年”纪念章，对51名优秀共产党员、19名优秀党务工作者、30名优秀基层干部和30个先进基层党组织进行表彰，县委书记陶明君出席会议并讲话。县委副书记、县人大常委会主任巴桑主持会议，在家县级领导、“光荣在党50年”老党员代表、县直机关全体干部职工、江嘎镇干部职工、退休干部代表、获奖代表共200余人参加会议。

是日 县委副书记、县人民政府党组书记、县长候选人次琼主持召开定结县人民政府党组理论学习中心组第十一次学习会暨党史学习教育第八专题研讨会，传达学习习近平总书记在庆祝中国共产党成立100周年大会上的重要讲话精神、《中国共产党党徽党旗条例》，观看专题教育片《学党史、守初心、担使命，感悟中国共产党的光辉历程》，围绕“学党史悟‘两个维护’，自觉在思想上政治上行动上同党中央保持高度一致”主题开展研讨交流，县人民政府在家领导和县人民政府各部门领导参加学习会。

是日 县委书记陶明君深入扎西岗乡、多布扎乡、定结乡、郭加乡调研，通过听取汇报、查阅资料、实地检查、召开座谈会等方式，就基层党建、特色产业发展、转移就业、乡村振兴等工作进行调研，了解基层干部工作生活情况及存在的困难、问题，县委常委、组织部部长、党校校长成海亮陪同调研。

是日 定结县召开政法队伍教育整顿工作推进会，传达学习习近平总书记在庆祝中国共产党成立100周年大会上的重要讲话精神和《中央第十四督导组关于西藏自治区第一批政法队伍教育整顿的反馈意见》《关于中央第十四督导组反馈问题追责情况的通报》等文件精神，安排部署政法队伍教育整顿总结提升环节复查评估验收暨“回头看”工作。县委副书记高剑锋出席会议并讲话，县委常委、纪委书记马跃军、县人民法院院长候选人拉加、县人民检察院检察长严恩祥及政法部门副科级以上干部参加会议。

是日 县委副书记、县人大常委会主任巴桑主持召开定结县人大常委会第十三届人民代表大会常务委员会第三十四次会议，听取审议《定结县人大常委会工作报告（草案）》《定结县第十四届人大一次会议议程（草案）》《定结县第十四届人大一次会议主席团及秘书长名单（草案）》，审议通过《定结县第十四届人民代表大会常务委员会委员名单（草案）》，讨论确定《定结县第十四届人民代表大会代表资格审查报告（草案）》，接受李运生、贡嘎、徐正辞去日喀则市第二届人大代表职务的请求。县人大常委会副主任及县人大常委会成员参加会议，县人民法院、县人民检察院、县人民政府办公室、县监察委员会领导列席会议。

8日 定结县召开创建自治区级文明城市实地测评迎检工作安排部署会议，传达学习市委第六届全国文明城市创建工作总结表彰暨第七届全国文明城市创建工作动员部署会议精神，安排部署全县文明城市创建工作，县委书记陶明君出席会议并讲话，县四套班子在家领导、县精神文明建设指导委员会成员单位领导、宣传文化系统负责人参加会议，会议以电视电话会议形式开到乡（镇）一级。

是日 中国人民政治协商会议第三届定结县委员会第一次会议预备会议召开，会议应到委员90人，因事因病请假14人，实到委员76人，第三届县政协主席候选人中扎西主持会议，县委书记陶明君出席会议并讲话。会议审议通过《政协第三届定结县委员会第一次会议议程、日程（草案）》《政协第三届定结县委员会第一次会议主席团组成人员及大会秘书长建议名单（草案）》《政协第三届定结县委员会第一次会议提案审查委员会组成人员名单（草案）》《政协第三届定结县委员会第一次会议委员提案截止时间（草案）》。

是日 定结县举行重点建设项目领域“以工代训”开班仪式，县委常委、县人民政府副县长花霞出席仪式并讲话，扎西岗乡、确布乡、县人力资源和社会保障局、县发展和改革委员会领导及参训学员共130人参加开班仪式。“以工代训”时间为两个月，其间男性务工人员工资不低于5100元/月，女性务工人员工资不低于4800元/月。

9日 定结县召开全县“两会”党员大会，定结县第十四届人大代表、政协第三届定结县委员会委员中的全体党员参加会议，县委副书记、县人大常委会主任巴桑主持会议，县委书记陶明君出席会议并讲话。

是日 定结县第十四届人民代表大会第一次会议预备会议召开，会议应到代表128人，因事因病请假12人，实到代表116人，县委副书记、县人大常委会主任候选人巴桑主持会议。会议表决通过《定结县第十四届人民代表大会第一次会议代表资格审查报告（草案）》《定结县第十四届人民代表大会第一次会议议程（草案）》《定结县第十四届人民代表大会第一次会议主席团、秘书长名单（草案）》。

是日 定结县疾病预防控制中心生物安全二级病原微生物实验室通过市级初验，县委常委、县人民政府副县长花霞参加验收工作。实验室于5月20日开工建设，6月初完成主体改造和设施设备安装调试，累计投入建设资金272.02万元。

9—11日 中国人民政治协商会议第三届定结县委员会第

一次会议召开，会议应到委员90人，因事因病请假11人，实到委员79人。会议听取中扎西代表政协第二届定结县委员会常务委员会向大会作的《中国人民政治协商会议第二届定结县委员会常务委员会工作报告》、拉顿代表政协第二届定结县委员会常务委员会向大会作的《中国人民政治协商会议第二届定结县委员会常务委员会关于提案工作情况的报告》，审议通过《政协第三届定结县委员会第一次会议关于政协第二届定结县委员会常务委员会工作报告的决议》《政协第三届定结县委员会第一次会议政治决议》《政协第三届定结县委员会第一次会议提案审查委员会关于政协三届一次会议提案审查情况报告》，会议选举中扎西为政协第三届定结县委员会主席，选举次朗、拉顿、边巴仓决、陈正伟为政协第三届定结县委员会副主席，选举巴桑、旦增贡桑、旦增罗布、尼玛扎西、甲巴、边巴扎西、加央扎西、坚参、旺久、索朗次仁、班旦扎西、塔杰为政协第三届定结县委员会常务委员会委员。

10—12日 定结县第十四届人民代表大会第一次会议召开，会议应到代表128人，因事因病请假7人，实到代表121人，不是定结县第十四届人大代表的市二届人大代表、出席政协第三届定结县委员会第一次会议的县政协委员、不是定结县第十四届人大代表的县（自治区、中央）直属单位负责人列席会议。听取审议《定结县人民政府工作报告》《定结县人大常委会工作报告》《定结县人民法院工作报告》《定结县人民检察院五年工作报告》，表决通过《关于设立定结县第十四届人民代表大会法治财政科教委员会决定的决议（草案）》《定结县第十四届人民代表大会法治财政科教委员会组成人员人选的表决办法的决议（草案）》《定结县第十四人民代表大会法治财政科教委员会组成人员名单的决议（草案）》《定结县人民政府工作报告的决议（草案）》《定结县人民代表大会常务委员会工作报告的决议（草案）》《定结县人民法院工作报告的决议（草案）》《定结县人民检察院工作报告的决议（草案）》。会议以无记名投票方式选举巴桑为定结县人大常委会主任，巴桑（小）、热旦、陶忠新、格桑扎西为县人大常委会副主任，选举产生县人大常委会委员25名；选举次琼为定结县人民政府县长，边巴普琼、花霞（女）、莫向波、次仁顿珠、普琼、达娃次仁、丁丽敏（女）为定结县人民政府副县长，马跃军为定结县监察委员会主任，拉加为定结县人民法院院长，严恩祥为定结县人民检察院检察长。

10—12日 定结县委组织部在全县党员干部和农牧民党员中开展“送党旗、送国旗、送党徽、送党章”活动，共送出党旗1898面、国旗1898面、党徽5480枚、藏语版党章1448本、汉语版党章1279本。

11日 县政协主席中扎西主持召开中国人民政治协商会议第三届定结县委员会常务委员会第一次会议，会议应到常委17人，实到常委15人。审议通过《政协第三届定结县委员会关于设立专门委员会的决定（草案）》，听取县委组织部就政协第三届定结县委员会专门委员会主任、副主任、委员人选的说明，审议通过《政协第三届定结县委员会专门委员会主任、副主任、委员名单（草案）》。

12日 定结县召开县城驻地离退休老干部庆祝中国共产党成立100周年暨西藏和平解放70周年座谈会，通报全县经济社会发展情况，征求老干部对全县经济社会发展的意见建议，畅想定结美好明天，县委书记陶明君出席会议并讲话，部分县委班子成员和29名离退休老干部参加座谈会。

是日 县委副书记、县人大常委会主任巴桑主持召开定结县第十四届人民代表常务委员会第一次会议，审议通过《定结县第十四届人民代表大会常务委员会第一次会议议程（草案）》，听取县人民政府、县监察委员会提请的人事任免事项报告，依法任免30名政府职能部门负责人和县监察委员会副主任，举行颁发任命书暨新任命人员向宪法宣誓仪式。会议应到委员25人，实到委员24人。

14—15日 县委副书记、县人民政府县长次琼深入郭加乡、确布乡、扎西岗乡、多布扎乡、定结乡5个乡的中心小学，就学校人员编制、学生人数、校园管理、教育教学、基础设施建设等情况进行调研，县人民政府副县长丁丽敏和县教育局领导陪同调研。

15日　西藏珠峰华绿生态农业科技有限公司为陈塘镇捐赠有机肥30吨，县委常委、陈塘镇党委书记林立鹏，县人民政府副县长普琼参加捐赠仪式。

是日　定结县召开第二批“万名教师支教计划”援藏教师支教期满总结座谈会，听取吉林省第二批“万名教师支教计划”援藏团队工作成果汇报，总结“万名教师支教计划”援藏教师支教工作经验，县委副书记、县人民政府县长次琼主持会议，县政协主席中扎西、县人民政府副县长丁丽敏及县教育局领导、县中学领导、“万名教师支教计划”援藏教师共30人参加会议，县委书记陶明君出席会议并讲话。

16日　县委副书记、县人大常委会主任巴桑主持召开县人大常委会党组“政治标准要更高、党性要求要更严、组织纪律性要更强”专题教育民主生活会，巴桑代表县人大常委会党组班子作对照检查，班子成员依次作对照检查，开展批评与自我批评，县纪委、县委组织部、县委督查室、县人大常委会办公室负责人列席会议。

是日　自治区人民政府副主席、市委书记张延清先后到定结县陈塘镇林琼塘卡医疗救治点、日屋镇热布隆检查站、日屋镇医学隔离留观区、日屋镇牦牛养殖基地、琼孜乡哲圭村牛羊养殖合作社，就疫情防控、巩固拓展脱贫攻坚成果同乡村振兴有效衔接、地质灾害防治及学习贯彻习近平总书记在庆祝中国共产党成立100周年大会的重要讲话精神等重点工作开展调研，市政协副主席米玛多吉、县委书记陶明君和县委副书记、县人民政府县长次琼等陪同调研。

20日　县委副书记、县人民政府党组书记、县长次琼主持召开县人民政府党组“政治标准要更高、党性要求要更严、组织纪律性要更强”专题教育民主生活会和“领导干部报告个人有关事项”专题民主生活会，通报县人民政府党组“三更”专题教育民主生活会征求意见情况，次琼代表县人民政府党组班子作对照检查，县人民政府党组班子成员依次作对照检查，开展批评与自我批评，县人大常委会办公室、县人民政府办公室、县政协办公室、县纪委、县委组织部负责人和“两代表一委员”代表、党员群众代表、退休老干部代表列席会议。

21日　县委书记陶明君深入陈塘镇喜马拉雅黑金耳生产研究基地、日屋镇牦牛养殖基地，了解黑金耳市场营销及收入情况、日屋牦牛养殖基地养殖效益、技术指导情况，与相关负责人座谈交流，帮助解决产业发展过程中存在的困难问题，县委常委、陈塘镇党委书记林立鹏，县人民政府副县长普琼陪同调研。

是日　自治区宣讲团到定结县开展“学习宣传贯彻习近平总书记‘七一’重要讲话精神”专题宣讲报告会，自治区社会科学院马克思主义理论研究所所长、研究员郭克范作宣讲报告，县委副书记高剑锋主持报告会，县四套班子在家领导、县直各单位负责人、各乡（镇）干部职工、驻村工作队队员、村党支部第一书记、乡村振兴专干共200人聆听报告，会议以电视电话会议形式开到乡（镇）一级。

23日　县委书记陶明君到县人民武装部调研，通过召开座谈会、听取工作汇报等方式，实地了解“两室一库”等办公场所设施设备配备及民兵训练基地建设情况，县委副书记高剑锋陪同调研。

25日　定结县第七次全国人口普查领导小组办公室公布定结县第七次全国人口普查主要数据，全县常住人口20362人。其中，男性人口10611人，占52.11%；女性人口9751人，占47.89%。

29日　县委副书记高剑锋主持召开全县党史学习教育推进会，通报全县党史学习教育开展工作情况，萨尔乡和县公安局作经验交流发言，县直各单位主要负责人参加主会场会议，会议以电视电话会议形式开到乡（镇）一级，各乡（镇）在家党员干部、驻村（驻寺）干部、村党支部第一书记、乡村振兴专干、村“两委”班子参加分会场会议。

30日 定结县妇联发起“防汛抗洪，豫爱同行”募捐倡议，动员全县10个乡（镇）、70个行政村、县直单位爱心人士伸出援助之手，参与河南省妇女儿童基金会“豫爱同行，重建家园”公益项目，共募捐爱心基金36321元。

8月

1日 县委办公室党支部在县总工会“职工之家”活动室开展主题党日学习活动，县委书记陶明君以普通党员身份参加活动，并结合自身工作实际就如何做好新时代办公室工作为县委办公室党支部党员干部上党课，县委副书记高剑锋参加主题党日活动。

是日 西藏藏医药大学附属医院4名专家到陈塘镇开展“询医送药”义诊活动，义诊活动共接诊病人360余人，免费发放价值5万元的40余种藏药、20余种西药，发放藏药知识宣传材料300余份，受益群众达400余人。

2日 定结县召开各族各界人士庆祝中国共产党成立100周年暨西藏和平解放70周年座谈会，传达学习习近平总书记在庆祝中国共产党成立100周年大会上的重要讲话和习近平总书记在西藏考察工作时的重要讲话精神，畅谈建党百年成就，共话定结美好未来，县委常委、统战部部长尼玛顿珠主持座谈会，县委副书记、县人大常委会主任巴桑出席会议并讲话，全县宗教界代表、民营企业代表、各民族代表、党外知识分子代表及相关部门负责人共35人参加会议。

是日 定结县召开“三线一单”（生态保护红线、环境质量底线、资源利用上线和生态环境准入清单）细化编制工作现场调研座谈会，生态环境部环境工程中心副研究员邓赐洪介绍“三线一单”编制成果，相关单位及乡（镇）负责人作提问式发言，生态环境部环境工程中心工程技术人员分别讲解作答，县委常委、县人民政府常务副县长边巴普琼出席会议并讲话，县直相关单位负责人参加会议。

3日 县人民政府副县长莫向波主持召开全县防汛救灾和安全生产工作部署会，传达学习习近平总书记对防汛救灾工作的重要指示、李克强总理对防汛抗旱工作的重要批示精神、中共中央组织部《关于在防汛救灾中充分发挥基层党组织战斗堡垒作用和广大党员先锋模范作用的通知》等文件精神，通报定结县防汛抗旱指挥部办公室上半年防汛抗旱工作情况，安排部署下一步防汛抗旱工作和安全生产工作，县委常委、县人民政府常务副县长边巴普琼出席会议并讲话，县防汛抗旱指挥部成员单位、县安全生产委员会成员单位负责人及各乡（镇）负责人参加会议。

4日 定结县陈塘中学与长春市第六十八中学“空中课堂”项目对接座谈会在长春市第六十八中学举行，双方就项目达成一致共识。县委常委、县人民政府副县长顾明哲，定结县中学校长王永生，长春市朝阳区教育局党组书记、局长迟铭海，长春市朝阳区教育局副局长孙华利、李岩松，长春市朝阳区教育信息中心主任朱江涛，长春市第六十八中学校长李化昌参加座谈会。

5日 县委书记陶明君主持召开定结县委常委班子“政治标准要更高，党性要求要更严，组织纪律性要更强”专题教育民主生活会暨县委常委班子领导干部报告个人有关事项专题民主生活会，通报民主生活会征求意见建议情况及“两项法规”等个人有关事项政策规定学习研讨情况，陶明君代表县委常委班子作对照检查，并带头作个人对照检查发言，巴桑、次琼、高剑锋等班子成员依次作对照检查，开展批评与自我批评。县政协主席中扎西，县人大常委会副主任热旦，县委办公室、县纪委、县委组织部、县委党史研究室主要负责人及“两代表一委员”、离退休老干部代表列席会议，受市纪委监委、市委组织部委托，萨迦县纪委副书记、监委副主任单增念扎和萨迦县委组织部副部长郭会会到会指导。

是日 县委常委、县人民政府常务副县长边巴普琼主持召开国土空间总体规划（2020—2035）成果县级审查会，合肥工业大学设计院（集团）有限公司对定结县国土空间总体规划（2020—2035）初步成果作汇报，参会人员分别进行讨论发言，就规划提出意见建议，县自然资源局等22家县直单位、10个乡（镇）主要负责人参加会议。

6日　定结县组织召开定结县委理论学习中心组第十七次学习会暨学习贯彻习近平总书记“七一”重要讲话精神和习近平总书记在西藏考察时的重要讲话精神封闭式学习会，县委书记陶明君出席会议并作专题辅导报告，参会人员分组进行研讨交流，在家县级领导、县（自治区、中央）直属各单位负责人、各乡（镇）党委书记、乡（镇）长等86人参加会议。

9日　定结县举行国家通用语言“情景模拟对话”比赛，全县各乡（镇）10支参赛队共30人参加，评选出一等奖1个、二等奖1个、三等奖1个、优秀组织奖7个，县委书记陶明君及县委常委、组织部部长、党校校长成海亮出席活动并为获奖队颁奖。

11日　县委副书记、县人民政府县长次琼深入扎西岗乡、多布扎乡，开展吉隆普水利工程巡河工作，实地察看吉隆普水库、多布扎水库运行及吉隆普水库配套干渠建设情况，县人民政府副县长莫向波及县水利局领导陪同检查。

12日　定结县农业农村局、县农牧综合服务中心举行2021年重大动物疫情防控物资发放仪式，共为10个乡（镇）发放价值77万元的动物疫情防控物资，县人民政府副县长普琼参加发放仪式。

16日　县委书记陶明君深入县委国家安全委员会办公室、县公安局、县信访局、县新冠肺炎疫情防控领导小组办公室，就信访工作、安全生产工作、新冠肺炎疫情常态化防控工作进行调研，了解信访矛盾纠纷排查、疫情防控措施落实、疫情防控物资储备、维稳安保措施落实等情况，县委副书记高剑锋，县委常委、政法委员会书记、国家安全委员会办公室主任、县公安局局长葛德陪同调研。

18日　县委书记陶明君深入县卫生健康委员会、县卫生服务中心，看望慰问长期奋斗在医疗卫生事业一线的医护人员，并召开座谈会听取工作汇报，就下一阶段全县医疗卫生工作提出意见建议。

19日　庆祝西藏和平解放70周年大会在拉萨市布达拉宫广场举行，定结县各单位、乡（镇）、学校组织党员干部集中收看庆祝大会实况转播。

是日　县委副书记、县人民政府县长次琼对县城供水情况进行调研，实地查看水源地保护、水质及机井供水系统运行情况，并召开现场办公会专题研讨解决存在的问题，县委常委、县人民政府常务副县长边巴普琼，县人民政府副县长、江嘎镇党委书记达娃次仁与县发展和改革委员会、县住房和城乡建设局、县水利局、县城市管理和综合执法局领导陪同调研。

20—22日　定结县总工会、团县委、县妇联在西藏江嘎热网络科技文化产业发展有限公司、西藏峦庆建筑有限公司分别举行工会委员会、青年工作委员会、妇女委员会成立仪式，并组织开展相关选举工作，县委副书记高剑锋出席活动并为公司群团组织授牌。

22日　县委书记陶明君深入陈塘镇宣讲习近平总书记在庆祝中国共产党成立100周年大会上的重要讲话和在西藏考察时的重要讲话精神，并主持召开干部职工座谈会，听取陈塘镇重点工作汇报，了解急需解决的困难问题。

23日　以市委副书记、市人民政府常务副市长务宏为团长，市政协副主席李运生为副团长的市委第六宣讲慰问团一行到定结县开展宣讲慰问活动，宣传习近平总书记在西藏考察时的重要讲话精神和全国政协主席汪洋在庆祝西藏和平解放70周年大会上的讲话精神，发放习“建设美丽幸福西藏，共圆伟大复兴梦想”贺幛。是日，定结县在民族团结广场举行中共中央赠送贺幛发放仪式，县委书记陶明君，县委副书记、县人民政府县长次琼代表定结县接受贺幛，在家县级领导、县直各单位干部职工、驻地军警部队代表、离退休老干部代表、援藏干部代表、公安民警代表、医护人员代表、学校师生代表、村“两委”代表、“两代表一委员”代表、宗教界代表共500余人参加活动，市宣讲慰问团还前往县卫生服务中心、萨尔乡开展宣讲慰问。

24日　县委书记陶明君深入

陈塘镇帕布竹编合作社、日屋镇牦牛养殖基地、萨尔乡郭庆村匹林玛养殖农民专业合作社调研产业发展工作，县委常委、县人民政府副县长花霞，县委常委、陈塘镇党委书记林立鹏，县人大常委会副主任、萨尔乡党委书记陶忠新，县人民政府副县长普琼陪同调研。

25日 定结县琼孜乡姆村被文化和旅游部、国家发展和改革委员会列为第三批全国乡村旅游重点村。

是日 自治区党委副书记、拉萨市委书记严金海深入陈塘镇调研特色产业发展、生态环境保护、寺庙服务管理、边境村镇建设、旅游文化产业等情况，自治区人民政府副主席、日喀则市委书记张延清陪同调研。

25—26日 定结县举办村党支部书记学习贯彻习近平总书记“七一”重要讲话精神和习近平总书记在西藏考察时的重要讲话精神专题培训班，县委书记陶明君出席开班仪式并作动员讲话，全县10个乡（镇）61名村党支部书记参加培训。

26日 定结县召开2021年上半年经济运行情况通报暨经济工作部署会议，听取定结县2021上半年经济运行情况汇报，安排部署下一步经济工作，县委书记陶明君出席会议并讲话，县委副书记、县人民政府县长次琼主持会议，边巴普琼、顾明哲、莫向波、次仁顿珠、普琼、达娃次仁等县级领导及县委办公室、县人大常委会办公室、县政协办公室、县纪委监委、县委组织部、各乡（镇）人民政府、县人民政府各部门负责人参加会议。

是日 县委副书记、县人民政府县长次琼主持召开定结县第十届人民政府第一次廉政工作会议，传达学习贯彻国务院第四次廉政工作会议、自治区人民政府第四次廉政工作会议、日喀则市人民政府第一次廉政工作会议精神，安排部署定结县人民政府廉政工作，县人民政府领导边巴普琼、顾明哲、莫向波、次仁顿珠、普琼、达娃次仁及县人民政府部门负责人参加会议。

27日 中国共产党定结县第十届委员会第二次全体会议召开，会议由县委常委会主持，县委副书记、县人民政府县长次琼作《中共定结县委员会关于深入贯彻落实习近平总书记视察西藏重要讲话精神的实施方案（讨论稿）》的说明，县委书记陶明君代表县委常委会作题为《感恩关怀厚爱砥砺奋进前行奋力谱写定结长治久安和高质量发展新篇章》的工作报告。第十届县委委员（20人）、候补委员（2人）、纪委委员（6人），不是县委委员、候补委员的县级领导及各乡（镇）、县（自治区、中央）直属单位、驻地军警部队负责人、“两代表一委员”代表、退休老干部代表共102人参加会议。

是日 县委书记陶明君主持召开全县乡（镇）工作座谈会，盘点乡（镇）工作难点痛点，谋划商讨解决办法途径，安排部署下一步重点工作，高剑锋、尼玛顿珠、成海亮、顾明哲、葛德、花霞、马跃军、林立鹏等在家县级领导及各乡（镇）党委书记、乡（镇）长、相关部门负责人参加会议。

28日 定结县组织开展“万里奔波共巡河，美好家园同创建”主题巡河护河活动，县委书记陶明君等在家县级领导及县委办公室、县水利局工作人员共24人参加活动。

30日 县委书记陶明君深入江嘎镇人民政府、定结县惠农羊毛编织专业合作社、西藏定结三农蔬菜种养加工农民专业合作社、定结县卡佤尕布养殖农民专业合作社，围绕江嘎镇2021年重点工作、特色产业发展等进行调研，县人民政府副县长、江嘎镇党委书记达娃次仁陪同调研。

31日 县委书记陶明君到县完全小学，察看教学楼、住宿楼、学生食堂、实验室、舞蹈室、美术室、德育室等，调研学校师资队伍建设、教育教学、学校管理、食宿环境、校领导班子建设工作，在县教育局主持召开座谈会，听取全县教育工作及存在的困难问题汇报。

是月 定结县通过国家第三方专项评估组检查验收，全县完成1119户4413名建档立卡贫困户人口脱贫摘帽，贫困村、贫困人口、贫困发生率“全面清零”。

9月

1日 县委书记陶明君到萨

尔乡郭庆村、哈隆村、贡强桑旦曲布寺、曲果德庆林寺、定结哈隆苗圃农民专业合作社、定结县萨尔乡雪村苗圃培育专业合作社、定结县峦庆圣泉实业有限公司，就村居环境卫生整治、特色产业发展等工作进行调研。

4—10日 定结县组织驻拉萨市、日喀则市桑珠孜区离退休老干部开展以“游故地、话今昔，感党恩、促引领”为主题的故地重游活动，离退休老干部先后前往琼孜乡羌姆石窟、牧村土林、陈塘镇实地参观考察，感受定结县发生的巨大变化。

9日 自治区党委宣传部副部长罗军带领自治区宣讲团到定结县，举行学习贯彻习近平总书记考察西藏重要讲话精神专场宣讲报告会，罗军作题为《铭记领袖万般党恩，书写高原一片红》的宣讲报告，县委副书记、县人大常委会主任巴桑主持会议，在家县级领导、县直机关干部职工共100余人参加报告会。

10日 定结县召开庆祝第37个教师节暨2020—2021学年教育工作表彰大会，对30个教育先进集体和108名教育先进个人进行表彰，共发放奖励资金69.98万元，县委副书记、县人大常委会主任巴桑出席会议并讲话，在家县级领导、各乡（镇）党政主要领导、县直部门负责人、全县各中小学（幼儿园）校（园）长，受表彰的先进集体和先进个人及县教育局、县中学、县完全小学、县幼儿园、江嘎镇希望幼儿园全体教师、部分学生代表400余人参加会议。

是日 吉林省长春市人民检察院副检察长高林树到定结县人民检察院，就县人民检察院基础设施建设、信息化建设等工作进行调研，开展两地检察业务交流活动，市委副书记、市人民政府常务副市长务宏，市人民政府副市长、县委常务副书记张万财，日喀则市人民检察院副检察长次仁顿珠陪同调研。

是日 定结县驻军部队举行退役士兵向军旗告别仪式，县委副书记、县人大常委会主任巴桑，县政协主席中扎西，县委常委、县人民政府常务副县长边巴普琼，驻军某部、县退役军人事务局、江嘎镇领导参加活动。

15日 定结县委组织部为31名驻县城离退休老干部送去中共中央代表团赠送庆祝西藏和平解放70周年礼品，转达习近平总书记和中共中央对西藏自治区各族干部群众的关心关怀，县委常委、组织部部长、党校校长成海亮参加慰问活动。

是日 县委副书记、县人民政府县长次琼主持召开2021年全县上半年巩固拓展脱贫攻坚成果同乡村振兴有效衔接工作推进会暨涉农整合资金支出调度会，传达学习《西藏自治区财政衔接推进乡村振兴补助资金管理办法》等文件精神，总结2021年上半年巩固拓展脱贫攻坚成果同乡村振兴有效衔接工作，安排部署下一步相关工作，在家县级领导、各乡（镇）主要领导、县直部门负责人及县乡村振兴局全体干部职工参加会议。

16日 定结县社会治安综合治理委员会成员单位在县城主街道开展以“加强民族团结，共建平安定结”为主题的“9·16”平安西藏宣传日宣传活动，发放藏汉宣传资料5000余份，受教育群众达2400余人。

18日 定结县各单位开展以“奋进新时代，聚力强军梦”为主题的全民国防教育宣传活动，共发放宣传册1300余份、悬挂宣传横幅43条，出动宣传人员91人。

22日 县委副书记、县人民政府县长次琼到郭加乡，宣讲习近平总书记“七一”重要讲话和习近平总书记在西藏考察重要讲话精神，参加出席西藏和平解放70周年庆祝活动的中央代表团赠送纪念品发放仪式，将中共中央和习近平总书记对西藏自治区各族干部群众的亲切关怀送到群众手中。县委常委、组织部部长、党校校长成海亮参加礼品发放仪式。

是日 二届日喀则市委第二轮巡察暨第一次市县统筹巡察混合交叉一组巡察县委统战部、县教育（体育）局、县民族宗教事务局进驻动员会，二届日喀则市委第二轮巡察暨第一次市县统筹巡察混合交叉二组巡察县人力资源和社会保障局、县民政局、县退役军人事务局进驻动员会，十届县委第一轮巡察日屋镇鲁热村党支部、琼孜乡德卡村党支部进驻动员会分别召开。

26日 县委副书记、县人

民政府党组书记、县长次琼主持召开县人民政府党组理论学习中心组第十三次学习会议，传达学习习近平总书记在中央民族工作会议上的重要讲话精神、习近平总书记给全国高校黄大年式教师团队代表的回信、习近平总书记在陕西榆林考察时的重要讲话精神、县人民政府在家领导及县人民政府各部门领导参加会议。

27日 县委副书记、县人民政府县长次琼带领县卫生健康委员会工作人员前往日屋镇新冠肺炎疫情防控卡点，调研指导新冠肺炎疫情常态化防控工作，看望慰问设卡点执勤人员，了解设卡点执勤人员工作生活情况和后勤保障情况，县委常委、组织部部长、党校校长成海亮陪同调研。

28日 定结县开展“以深入实施质量提升行动，大力推进质量强国建设”为主题的2021年全国“质量月”宣传活动，20家县质量和标准化工作领导小组成员单位参加，共出动宣传人员37人，悬挂宣传横幅35条，发放宣传资料1500份，发放宣传物品600余份。

29日 定结县举行“两新”组织成立共青团工作委员会、妇女工作委员会仪式，县委副书记、县人大常委会主任巴桑和县人民政府副县长、江嘎镇党委书记达娃次仁出席仪式并为“两新”组织共青团工作委员会、妇女工作委员会授牌。

30日 定结县在驻地部队开展2021年迎国庆党政军警民联欢晚会，县四套班子领导、驻军部队官兵、公安民警代表、退役军人代表、群众代表共300余人观看演出。

是日 定结县召开政法系统“五大专项行动”动员部署会议，安排部署全县政法系统“五大专项行动”工作，决定在全县政法机关开展“法律大学习、执法大培训、作风大整顿、素质大提升、为民大服务”五大专项行动，解决政法干警中存在的法律意识淡薄、执法水平不高、纪律作风不硬、综合素质偏低、服务意识不强等问题。政法系统副科级以上干部参加会议。县委常委、政法委员会书记、国家安全委员会办公室主任、县公安局局长葛德出席会议并讲话。会议以电视电话会议形式开到乡（镇）一级，各乡（镇）政法委员参加分会场会议。

10月

1日 定结县各机关单位、乡（镇）、学校、村委会举行“升国旗，唱国歌”仪式，庆祝中华人民共和国成立72周年。

9日 定结县组织全县党员干部、农牧民群众、青少年学生收听收看纪念辛亥革命110周年大会直播。

是日 县委副书记、县人民政府县长次琼前往江嘎镇调研产业发展工作，次琼先后到西藏江嘎热网络科技文化产业发展有限公司、西藏定结江嘎三农蔬菜种养加工农民专业合作社、定结县宗热生态环境农民专业合作社、定结荣孔城市卫生服务有限公司、定结县肯达芭日藏式传统辣椒加工厂，了解公司运行、吸纳大学生就业、合作社分红情况及存在的困难问题。

10日 定结县总工会在全民健身活动中心举行国庆节、中秋节慰问品发放仪式，共向全县1311名工会会员发放价值39.33万元的国庆节、中秋节慰问品。

12日 县委常委、县人民政府常务副县长边巴普琼主持召开定结县第一次全国自然灾害综合风险普查工作推进会，传达学习自治区党委常委、自治区人民政府副主席白玛旺堆在自治区第一次全国自然灾害综合风险普查工作电视电话会议上的讲话精神及相关文件精神，通报各行业部门普查工作开展情况，安排部署下一步工作，县财政局、县自然资源局、县住房和城乡建设局、县交通运输局、县水利局、县统计局、县气象局等相关部门负责人参加会议。

14日 县委书记陶明君到县特困人员集中供养服务中心、老干部活动中心，看望慰问县特困人员集中供养服务中心老人和离退休老干部，代表县四套班子送去重阳节的节日问候，县政协主席中扎西，县委常委、组织部部长、党校校长成海亮陪同慰问。

15日 县委副书记、县人民政府党组书记、县长次琼主持召开县人民政府党组理论学习中心组第十四次学习会暨党史学习教育会，传达学习习近平总书记在纪念辛亥革命110周年大会上的重要讲话精神及《中共中央办公厅关于印发〈党委（党组）意识形态工作责任制实施办法〉的通知》《中共中央办公厅关于印发〈党委（党组）网络意识形态工作责任制实施细则〉的通知》《西藏自治区法制宣传教育条例》等文件精神，县人民政府领导及县人民政府各部门领导参加会议。

18日　定结县举行2021年度农牧民驾驶技能培训开训仪式，培训采取“送教上门”的方式进行，主要针对A2、B2、C1、C2准驾车型进行培训，分设11个培训点，其中县城1个、每个乡（镇）1个，县委书记陶明君出席仪式并讲话。

18—20日　定结县举行党建干部党务知识专题培训班，10个乡（镇）党委副书记、组织委员、党建专干、村党支部第一书记、乡村振兴专干、县直机关党支部党务工作者共80人参加培训，县委常委、组织部部长、党校校长成海亮出席结业式并讲话。

19日　定结县陈塘镇初级中学与长春市第六十八中学线上“空中课堂”远程教育合作正式启动，启动仪式在陈塘镇初级中学举行，长春市朝阳区教育局副局长孙华利、李岩松，长春市朝阳区信息技术中心主任朱江涛、长春市电化教育馆馆长安伟、长春市第六十八中学领导班子、定结县教育局领导、定结县中学校级领导班子参加启动仪式。

20日　定结县召开县妇联第四届第二次执行委员会会议，妇联执（常）委共15名委员出席会议。传达学习全国妇联十二届三次执委会、西藏自治区第十一届人民代表大会第四次会议、西藏自治区妇联第十五届五次执（常委）会议精神，表决通过《关于替补定结县妇联第四届执行委员会委员、常务委员组成人员的建议》，审议通过《关于定结县妇联四届二次执委会报告的决议（草案）》，对10户“最美家庭”、3户抗疫“最美家庭”进行表彰，县委副书记、县人大常委会主任巴桑出席会议并讲话。

20—24日　定结县“珠峰谐韵”舞蹈比赛、产业大赛暨第二届职工运动会、第三届农牧民运动会在县城民族团结广场举行，活动内容包括开幕式、农牧民运动会、职工运动会、舞蹈比赛、产业大赛、物资展销、闭幕式等，其间展销商品销售额达296万元（合作社132万元、其他领域164万元），参加产业大赛的有10个乡（镇）63家企业（农牧民合作社），县委书记陶明君，县委副书记、县人大常委会主任巴桑，县委副书记、县人民政府县长次琼等领导出席相关活动。

24—25日　定结县组织驻日喀则市主城区离退休老干部开展“重阳节”系列活动，县委书记陶明君，县委副书记、县人民政府县长次琼，县委常委、组织部部长、党校校长成海亮等县领导及驻日喀则市主城区离退休老干部共100余人参加。

25—31日　定结县组织40名村主要干部赴长春市委党校开展“感党恩、看发展、学先进”主题培训，培训采取“课堂授课+实地教学”的教学模式，实地参观长春市皓月集团、长春市鹿乡特色小镇、农安县合隆镇陈家店村、长春市规划馆、长影旧址博物馆等，重点学习长春市乡村振兴、基层党建、产业发展、乡村旅游、现代农业、农畜产业等方面的先进经验。

26日　县委副书记、县人大常委会主任巴桑组织带领部分自治区、市、县三级人大代表赴昌都市考察学习，考察组采取“走、看、听、问、记”的方式实地考察芒康县岗登酒业有限责任公司、西藏芒康县藏东珍宝酒业有限公司、类乌齐县芫根榨菜厂、西藏昌都日通藏医院，了解县、乡（镇）人大队伍建设、制度建设和基层代表履职情况，乡（镇）人大“代表之家”“代表小组”运行情况。

26—28日　县委常委、纪委书记、监委主任马跃军带领县总工会工作人员深入全县9个乡（镇）开展“送温暖”活动，共为129人农民工子女大学生发放慰问金11.34万元（自治区内考生交通费600元/人、自治区外考生交通费1000元/人）。

28日　县委书记陶明君到日屋镇新冠肺炎疫情防控检查点、日屋镇边境派出所翁波拉防控点、陈塘镇防火检查点、陈塘镇边境派出所顿樟执勤点，就当前新冠肺炎疫情常态化防控和森林防火工作进行调研指导，县人民政府副县长次仁顿珠陪同调研。

11月

1日 县委书记陶明君深入琼孜乡姆村岗巴羊养殖合作社、康吉藏毯编织农民专业合作社、羊毛加工合作社、牦牛养殖合作社，就产业发展情况进行调研，了解农牧民专业合作社运行情况，县委副书记、县人民政府县长次琼参加调研。

2—5日 县委书记陶明君和县委副书记、县人民政府县长次琼带队开展乡（镇）工作观摩学习活动，掌握了解各乡（镇）维护稳定、经济发展、党的建设、巩固拓展脱贫攻坚与乡村振兴、安全生产、民生改善、生态环保、农村专业合作组织发展、党史学习教育、“四讲四爱”群众教育实践活动等重点工作开展情况，挖掘推广先进典型，学习交流工作经验，各乡（镇）党委书记、乡（镇）长及相关部门负责人参加观摩学习。

9日 定结县应急管理局联合县消防救援大队、县公安局、县林业和草原局开展全国第30个“11·9”消防宣传日宣传活动，县委书记陶明君，县委副书记、县人大常委会主任巴桑，县委副书记、县人民政府县长次琼等领导到宣传点指导。

10—11日 市委副书记、市人民政府副市长、代理市长卓锋带领督导考核组到定结县，通过查阅资料、听取汇报、实地调研、座谈交流等方式，就定结县基层党建、党风廉政、维护稳定、乡村振兴、生态环保、新冠肺炎疫情常态化防控、项目建设等工作进行督导考核。

11日 定结县工会第三次代表大会召开，大会应到代表71人，因事因病请假20人，实到代表51人。县委书记陶明君出席会议并讲话，县总工会主席索朗作题为《竭心尽力服务维护职工权益》的工作报告，表决通过定结县总工会关于工会工作报告的决议和财务工作报告的决议，县委常委、统战部部长尼玛顿珠和县人大常委会副主任热旦、县政协副主席拉顿应邀出席会议。

是日 县委书记陶明君到县粮食公司、县发展和改革委员会（粮食和物资储备局）调研，询问了解全县粮油储备情况、县粮食公司经营管理情况，并召开座谈会安排部署二届日喀则市委专项提级巡察十一组反馈意见整改工作，县委组织部、县发展和改革委员会、县市场监督管理局负责人陪同调研。

15日 县委书记陶明君主持召开定结县委常委班子关于汲取帕珠严重违纪违法案件教训坚持全面从严治党专题民主生活会，传达学习《关于西藏自治区市场监督管理局原党组成员、副局长帕珠严重违纪违法案件的通报》，陶明君代表县委常委班子作对照检查，班子成员依次进行个人对照检查，开展批评与自我批评。县人大常委会副主任热旦、县人民政府副县长莫向波、县政协副主席拉顿，县委办公室、县纪委、县委组织部领导及“两代表一委员”代表、离退休老干部代表列席会议。萨迦县委机构编制委员会办公室主任李刚，萨迦县纪委常委、监委委员格桑央珍到会指导。

是日 县委书记陶明君主持召开县委理论学习中心组第二十一次学习会暨党的十九届六中全会精神专题学习会，传达学习《中国共产党第十九届中央委员会第六次全体会议公报》及自治区党委常委会（扩大）会议精神，围绕中共十九届六中全会精神作交流发言，在家县级领导、县直各单位负责人参加会议。

16日 县委书记陶明君主持召开中共定结县委员会全面依法治县委员会第一次会议，传达学习《法治中国建设规划（2020—2025）》《法治社会建设实施纲要（2020—2025）》及中共中央全面依法治国工作会议精神、自治区党委全面依法治藏委员会第一次二次会议精神、日喀则市委员会全面依法治市委员会第一次会议精神，审议通过《中共定结县委员会全面依法治县委员会工作规则》《中共定结县委员会全面依法治县委员会协调小组工作规则》《中共定结县委员会全面依法治县委员会办公室工作细则》，在家县级领导、县直各单位负责人参加会议。

是日 县委常委、县人民政府副县长花霞主持召开2021年根治欠薪冬季专项行动动员部署会暨信访工作推进会，传达学习上级文件精神，安排部署2021年根治欠薪冬季专项行动工作，县委副书记、县人民政府县长次琼出席会议并讲话。

17日 定结县召开2021年今冬明春安全生产和防灾减灾救灾安排部署会暨森林草原防灭火工作会议，传达学习习近平总书记关于安全生产的重要指示批示精神、李克强总理对森林草原防灭火工作的批示精神以及《西藏自治区人民政府关于2021年冬季至2022年春季森林草原防灭火的命令》等相关文件精神，总结全县前三季度安全生产、自然灾害防范和森林草原防灭火工作，安排部署下一步相关工作。县委副书记、县人民政府县长次琼出席会议并讲话，县委常委、县人民政府常务副县长边巴普琼主持会议，各乡（镇）及县安全生产委员会成员单位负责人参加会议。

是日 定结县政府召开2021年前三季度全县经济运行分析暨固定资产投资调度部署会议，传达学习陈永奇在自治区第三季度经济运行分析会上的讲话精神、卓锋在2021年前三季度全市经济运行分析暨固定资产投资调度会上的讲话精神，总结分析全县前三季度经济运行情况，安排部署下一步经济发展工作，县委副书记、县人民政府县长次琼出席会议并讲话，县委常委、县人民政府常务副县长边巴普琼主持会议，县人民政府副县长莫向波、次仁顿珠、丁丽敏，各乡（镇）负责人及县人民政府部门负责人参加会议。

18日 定结县举行“喝低氟健康砖茶，过幸福美好生活”健康茶发放仪式，为各乡（镇）发放健康茶60.88吨，惠及20295名群众，县委常委、县人民政府常务副县长边巴普琼及县民族宗教事务局、县商务局、江嘎镇负责人、群众代表共130人参加发放仪式。

19日 定结县召开2021年基层党建工作推进会，学习贯彻习近平总书记关于党的建设重要论述、全市基层党建工作座谈会精神，总结全县基层党建工作成绩，分析存在问题和短板，安排部署下一步工作，5个乡（镇）党委书记和4个县直机关党支部书记作交流发言，县委书记陶明君出席会议并讲话。县委副书记、县人大常委会主任巴桑，县委副书记、县人民政府县长次琼及在家县委常委出席会议，各乡（镇）党委书记、乡（镇）长、县直机关党支部书记参加会议。

21日 县委副书记、县人民政府县长次琼主持召开《定结县全域旅游发展规划》编制座谈会，调研组汇报在定结县调研情况与规划编制初步思路，县四套班子领导及各部门负责人出席会议并就规划编制提出意见建议。《定结县全域旅游发展规划》在2020年《西藏日喀则五县环珠峰全域旅游发展总体规划》编制工作的基础上，由定结县人民政府委托给云南省旅游规划研究院暨中国旅游研究院昆明分院实施。

22日 定结县举办“以青春之力描绘乡村振兴画卷——我的驻村故事”主题演讲比赛，10名驻村干部在演讲中讲述自己的驻村故事、驻村感悟、工作心得，县委书记陶明君，县委常委、宣传部部长雷广军，县人大常委会副主任巴桑，县政协副主席拉顿应邀担任评委并为获奖人员颁奖。

24日 生态环境部南京环境科学研究所纪委书记朱凤松带领工作组深入陈塘镇开展“支部共建”慰问帮扶活动，活动内容包括召开支部共建座谈会、向帮扶4个村党支部困难群众发放慰问物资、开展有机农业知识培训，生态环境部南京环境科学研究所党委有机中心支部与陈塘镇沃雪村党支部签订“党建促绿色发展结对共建”协议。县政协主席中扎西及陈塘镇领导陪同。

25日 定结县举行2021年第三批高校毕业生创业启动资金及相关补助资金发放仪式，共为15名高校毕业生兑现就业创业补贴资金91.4万元，为2名高校毕业生申请经营场地费、水电费补贴资金4.8万元。

是日 定结县人大常委会召开第十四届人民代表大会常务委员会第二次会议，传达学习习近平总书记给全国高校黄大年式教师团队代表的回信精神和习近平总书记在中央党校（国家行政学院）中青年干部培训班开班仪式上的重要讲话精神，听取审议定结县人民政府关于2021年度环境状况和环境保护目标完成情况报告、定结县人民法院2021年工作情况报告、定结县人民检察院2021年工作情况报告，审查和批准定结县人民政府关于提请

《定结县2021财政预算调整》的报告、定结县人民政府关于提请《定结县2021年盘活资金财政存量资金使用》的报告。县委副书记、县人大常委会主任巴桑主持会议，13名县人大常委会委员参加会议，县人民政府、县人民法院、县人民检察院、县人民政府办公室、县财政局、县监委负责人列席会议。

27日 定结县委组织部组织开展村“两委”干部学习国家通用语言文字知识测试工作，测试围绕村干部日常工作学习相关知识，通过笔试和口试相结合的方式检验村干部学习国家通用语言文字情况，全县107名村干部参加测试。

29日 县委副书记、县人民政府县长次琼深入陈塘镇宣讲中共十九届六中全会精神，就维护稳定、教育卫生、文化旅游、产业发展、基础设施建设、新冠肺炎疫情常态化防控等工作进行调研，县委常委、陈塘镇党委书记林立鹏陪同调研。

30日 中国共产主义青年团定结县第七次代表大会召开，团县委书记次旦央宗向大会作题为《不忘初心跟党走，牢记青春使命，奋发务实进取，勇于自我革命，团结带领广大团员青年为实现中华民族伟大复兴的中国梦努力奋斗》的工作报告，审议通过《共青团定结县第七次代表大会工作报告的决议》，选举共青团定结县第七届委员会委员23名、候补委员8名。县委副书记、县人大常委会主任巴桑和县委常委、宣传部部长雷广军出席大会开幕式、闭幕式并讲话，县人大常委会副主任热旦、县人民政府副县长次仁顿珠、县政协副主席拉顿应邀列席会议，来自全县各级团组织的70名优秀团干部、团员青年代表出席会议。

是月 陈塘夏尔巴民俗非物质文化遗产旅游景区被自治区文化厅、自治区旅游发展厅确定为首批自治区非物质文化遗产旅游景区。

12月

2日 定结县开展全员核酸检测应急演练，全县在各乡（镇）共设置采样点位37处，对辖区内干部群众、经商务工人员、中小学生、驻军部队官兵等采样15983人份，有效样本15983人份，检测结果全部为阴性。

4日 定结县开展“以习近平法治思想为指引，坚定不移走中国特色社会主义法治道路”主题宪法宣传周系列活动，县直各单位干部职工、中小学校师生和农牧群众代表共500余人参加现场活动，各乡（镇）、行政村同步举行系列活动。县委书记陶明君，县委副书记、县人民政府县长次琼，县委常委、县人民政府常务副县长边巴普琼，县委常委、组织部部长、党校校长成海亮，县委常委、宣传部部长雷广军等县四套班子领导出席活动。

6—9日 自治区农牧科学院驻琼孜乡羌姆村工作队协调相关单位，在琼孜乡举办琼孜乡“三区”农牧民实用技能培训班，西藏日喀则市农业技术推广服务中心高级农艺师边欧、江孜县农牧综合服务中心高级农艺师格桑措姆等参加培训班并授课，全乡11个行政村科技特派员、农牧民专业合作社负责人、科技明白人、致富带头人等90人参加培训。

9日 定结县委宣传部、定结县退役军人事务局牵头在驻地部队开展“法律文艺进军营”活动，县民间艺术团进行文艺表演，各司法部门开展法律宣传活动，县委常委、宣传部部长雷广军及县委常委、县人民政府副县长花霞参加活动。

11日 定结县中学应邀参加东北师范大学附属中学承办的以“长白之约”为主题的第十一届全国中学生校园诗会线上活动，定结县中学126名师生参加线上活动，共向承办方报送教师原创诗歌作品1首、学生原创诗歌作品1首，报送《请党放心，强国有我》学生诗词朗诵视频1个。

18日 县委书记陶明君深入日屋镇宣讲中共十九届六中全会、中国共产党西藏自治区第十次代表大会、日喀则市“两会”和二届市委五次全会精神，看望慰问基层干部群众，日屋镇全体干部职工，日屋镇各村村“两委”班子成员、驻村工作队队员、村党支部第一书记、农牧民群众代表共70人参加宣讲会。陶明君还深入萨尔乡、日屋镇、陈塘镇中心小学及陈塘镇卫生院，就基层教育卫生工作进行调研。

19日 市委副书记、常务副

市长务宏到定结县江嘎镇，宣讲中共十九届六中全会和中国共产党西藏自治区第十次代表大会精神，县四套班子在家领导，县直机关单位部分干部职工，江嘎镇全体干部职工，江嘎镇各村“两委”班子成员、驻村工作队队员、村党支部第一书记、农牧民群众代表共120人参加宣讲会，县委书记陶明君主持宣讲会。

21日　县委书记陶明君主持召开定结县委农村工作领导小组（县委实施乡村振兴战略领导小组）2021年第1次会议暨巩固脱贫攻坚成果同乡村振兴有效衔接考核工作部署会议，传达学习巩固脱贫攻坚成果同乡村振兴有效衔接相关文件，安排部署下一步迎检考核工作。县四套班子领导，各乡（镇）党政负责人及县委农村工作领导小组成员单位负责人参加会议。

23日　定结县召开2021年度普法责任制述职评议会议，江嘎镇、萨尔乡、郭加乡、县委统战部、县教育（体育）局、县公安局、县市场监督管理局7家普法责任单位围绕普法责任落实情况、特色亮点工作、存在问题和下一步努力方向等方面进行述职汇报，县委书记陶明君出席会议并讲话，有关县领导和部门负责人参加评议会。

23—31日　定结县组织40名村主要干部赴贵州省遵义市开展“感党恩、看发展、学先进”主题培训。

27—29日　县人民政府副县长丁丽敏带领县教育（体育）局、县文化和旅游局领导前往西藏自治区当雄县登山培训基地、当雄县羌塘文化旅游发展有限责任公司观摩学习，学习借鉴当雄县发展教育文旅事业的经验做法。

28日　定结县召开工程项目建设管理工作领导小组第一次全体会议，宣读《定结县工程项目建设管理工作领导小组办公室调训人员名单》《定结县工程项目建设管理工作领导小组办公室具体工作职责》，县委书记陶明君主持会议并讲话，县委常委、县人民政府常务副县长边巴普琼，县委常委、县人民政府副县长花霞及有关项目单位负责人参加会议。

定结概览

定结宗格错（县方志办　提供）

地 理

【地理位置】 定结县位于西藏自治区南部、日喀则市西南部、喜马拉雅山北麓，属边境县，地处北纬27°48'—28°48'、东经87°19'—88°20'，东连岗巴县，西接定日县，北靠萨迦县，南邻尼泊尔等国。定结县人民政府驻地江嘎镇海拔4280米，距日喀则市主城区230千米，距自治区首府拉萨市510千米。全县东西长108千米，南北宽103千米，面积5834.55平方千米，平均海拔约4400米，边境线长176千米。萨迦—日屋和吉隆—亚东2条边防公路纵横县境，叶如藏布、金龙河蜿蜒全境，汇归朋曲出境。

【地形地貌】 定结县位于喜马拉雅山脉中段北坡，属藏南山原湖盆谷地地貌的一部分，地势南北高，中间低，海拔5000米以上的山峰遍布全境，最高峰日玛拉峰海拔6730米，陈塘峡谷最低海拔2040米，相对高差近4700米。众多的山系、河流、湖泊、盆地等构成定结县自然地貌的基本骨架。中西部分布有以朋曲支流叶如藏布和金龙河为两条主线的河谷区，平均海拔4300—4400米，沿河两岸村落、人口、耕地、草场较为集中。东部为叶如藏布、金龙河的河源区和以措姆折林为中心的高原湖盆区，平均海拔约4500米，地势较为宽阔平坦。南部是喜马拉雅山脉主脊的高寒山区，海拔4700米以上，多为冰川和雪山。西南部是陈塘峡谷区，地处喜马拉雅山主脊南翼，是印度洋暖湿气流北上高原的重要通道，峡谷地势差异大，平均海拔2500米，多为原始森林。

【气候特征】 全县划为高原温带、高原亚寒带及高原寒带3个气候带，分8个气候区。定结县属高原内陆干燥气候，大部分地区四季不分明，日照充足，紫外线强，昼夜温差大，干燥少雨，多大风。主要农牧区年均日照时长，相对无霜期100天左右，牧草生长期短，陈塘林区相对无霜期200天左右。定结县年均日照时数3353.5小时，日照百分率75%。年均气温2.7℃，1月平均气温－7.4℃，极端最低气温－27℃，7月平均气温11.8℃，极端最高气温18℃。受高原气候和喜马拉雅雨带的影响，全县降雨量小，干湿季节分明，年平均降水318.8毫米，丰水年降水量大于474.3毫米，枯水年小于178.5毫米。年均降雪15.2天，降雪初日在9月上旬至11月上旬，降雪终日在5月中旬至6月中旬。年平均大风天气达230天，风向不确定，3月平均风速3.8米/秒，8月平均风速1.1米/秒，极端风速高达18—20米/秒。

2021年末的定结县城全景　　（定结县方志办　提供）

政区人口

【区划沿革】 定结意为“岩石从湖泊深处隆起”，以“定结喀钦宫”所在地的地势而得名。1960年1月7日，经国务院正式批准，撤销康巴宗，其辖区并入定结县，隶属日喀则专区，下辖金龙区、康巴区、塔杰区、萨尔区、定结区5个区。1961年，将定日县卡达区管辖的陈塘划归定结县。1962年10月，经国务院批准，从定结县划出康巴和塔杰区（民主改革前的康巴宗和孔马地区）成立岗巴县。同年，县人民政府驻地从定结区定结乡定结村迁至当时的萨尔区江嘎乡江嘎村，下辖金龙区、萨尔区、定结区3个区。1964年10月31日，经国务院批准，撤销岗巴县，其行政区域并入定结县，全县辖定结区、金龙区、康巴区、塔杰区、萨尔区5个区。1965年3月27日，经国务院批准，恢复岗巴县，以原岗巴县并入定结县的行政区域为其行政区域，全县辖金龙区、萨尔区、定结区3个区。1972年，设陈塘区，设德吉（日屋）区及日屋、桑卓2个人民公社。1988年6月，在西藏自治区撤区并乡工作中，对原有的5个区、17个乡（公社）、69个村和新划入的原萨迦县郭加乡进行调整，成立1个区、11个乡，其中县辖乡9个、县辖区1个、区辖乡2个。1999年6月，撤销定结县陈塘区的陈塘乡和藏嘎乡，成立陈塘镇；撤销江嘎乡，成立江嘎镇；撤销日屋乡，成立日屋镇。定结县行政区划历经多次撤销、合并的变迁，2008年6月，定结县原81个行政村撤销合并成11个行政村，确定为3个镇7个乡下辖70个行政村的建制。1972年，日屋口岸（包括陈塘镇、日屋镇）被国务院批准为国家二类陆路通商口岸，1986年正式对外开放，同时也是中国、尼泊尔签订备忘录对等开放的口岸。2012年1月14日，中国、尼泊尔双方签订《中华人民共和国政府和尼泊尔政府关于边境口岸及其管理制度的协定》，协定中确定中尼边境口岸的位置和类型，其中陈塘—吉玛塘卡、日屋—瓦隆琼果拉口岸为双边性口岸。2012年7月，中国人民政治协商会议定结县委员会成立。2012年11月，经日喀则地区行署批准，成立日屋口岸管理委员会。截至2021年末，定结县域内有1个国家二类陆路通商口岸——日屋、陈塘口岸。

自1959年西藏民主改革至1969年，定结县行政关系一直隶属日喀则专区行政公署管辖；1970年，撤销日喀则专区，改设日喀则地区后，定结县隶属日喀则地区行政公署管辖；2014年6月26日，国务院批准撤销日喀则地区，设立地级日喀则市，定结县隶属日喀则市管辖。

【人口变化】 定结县辖江嘎镇、日屋镇、陈塘镇、郭加乡、确布乡、扎西岗乡、多布扎乡、定结乡、琼孜乡、萨尔乡10个乡（镇）、70个行政村、45个自然村，2021年全县6937户、24987人，其中农村户籍人口20199人，人口出生率11.4‰，人口自然增长率6.7‰。定结县形成以藏族为主体的多元民族结构，除藏族外还有回族、汉族和夏尔巴人，全县总人口95%居住在农牧区。

自然资源

【国土资源】 定结县地域广阔，土地类型多样，有耕地、草原、林地、荒滩、湖泊、沼泽等。全县耕地面积2944.09公顷，草场353120公顷，林地184642.3公顷，湿地29381.44公顷。宜农土地主要分布于海拔4400米以下的叶如藏布及其支流河谷和坡麓洪冲积扇地区，其中以4000—4200米之间的地带分布最为集中，一般都临近居民点和水源。全县10个乡（镇）中宜农地分布广泛，江嘎镇、郭加乡、确布乡、扎西岗乡、萨尔乡、定结乡、琼孜乡面积占全县宜农土地面积的81.88%。宜林土地主要分布于海拔4400米以下的山地坡麓和河流谷地，除日屋镇外各乡（镇）都有分布，其中以陈塘镇面积最大。宜牧土地主要分布于海拔5200米以下的山地，在境内9个乡（镇）中皆有分布，其中日屋镇、多布扎乡、琼孜乡、扎西岗乡、定结乡、萨尔乡、确布乡、江嘎镇面积较大。

【水利资源】 定结县有叶如藏布和金龙河2条主要河流，分别发源于岗巴县和定结县金龙普，叶如藏布和金龙河年流量分别为5—50立方米每秒、3—25立方米每秒。另有嘎玛藏布和日屋藏布两条支流，还有面积达80余平方千米的多布扎咸水湖和定结乡季节性淡水湖。全县河流总长250千米，河网密度0.03千米/平方千米，年径流总量4.7亿立方米。定结县冰湖众多，分布广泛，主要分布在琼孜、萨尔、日屋、陈塘等乡（镇），琼孜乡有冰湖30余个，其中较大的5个，分别是皮达湖、龙巴萨巴湖、直习错、吉米错、印达普错。喜马拉雅山脉主脊线北翼大陆性冰川，为位于境内5500米以上高山的永久性冰雪带，是境内河流重要的水资源补给地。定结县地表水水质属

2021年定结县湿地风光　　（定结县方志办　提供）

微硬水，偏弱碱性。水质优良，含沙量小，生化指标达到国家饮用水标准，无色、无味、透明、无污染，适合人畜饮用和农田灌溉。同属岗巴曲登尼玛水源的朗普孜阿水源地，水质富含锌、硒、锂、钙、碘、偏硅酸等多种有益人体健康的微量元素，开发利用潜力较大。

【植物资源】 定结县位于喜马拉雅山脉中段，在西藏地区植被区系中，定结县除措姆折林（多布扎湖）为中心的高原湖盆区植被外，大多由朋曲的发源地区叶如藏布与金龙河2条河流为主线的河谷地区和朋曲下游出境处峡谷的植物类型所组成，具有喜马拉雅山南麓、喜马拉雅山山原地带的植物特征。定结县绝大部分区域在喜马拉雅山脉北麓和山原地带，植被类型简单，植物种类较少。植被以高山草原为主，河源和宽谷地带有成片的沼泽草甸植被，高山草甸发育较好。定结县朋曲流域下游植物分布在喜马拉雅山南麓，植物种类较丰富。陈塘镇一带海拔低至2040米，可种植冬小麦、冬青稞、玉米、荞麦和各种蔬菜。定结县属半农半牧区，农业主要集中在海拔4500米以下的朋曲谷地和湖盆边缘、喜马拉雅山南麓地带，种植上限一般为海拔4600米。县内种植的主要作物有青稞、油菜及土豆、元根、白菜等，喜马拉雅山脉南麓陈塘镇还可种植鸡爪谷、荠菜、葱、青椒、韭菜、西红柿、茄

陈塘镇特产——鸡爪谷　　（定结县方志办　提供）

子、四季豆、南瓜、黄瓜等。定结县主要药材有川贝母、胡黄连、灵芝菌、雪莲花、刺参、蒲公英、桃儿七、红景天、珠子参、参三七、黄芪、独一味、山莨菪等，主要树种有乔松、喜马拉雅冷杉、高山栎、糙皮桦、喜马拉雅红杉、圆柏、落叶松等。

【动物资源】 定结县有国家一级重点保护野生动物和自治区一级重点保护野生动物16种，有国家二级重点保护野生动物29种。境内有国家一级重点保护野生动物金猫、林麝、喜马拉雅麝、喜马拉雅塔尔羊、西藏盘羊、长尾猴、斑羚、雪豹等；国家二级重点保护野生动物熊猴、小熊猫、黑熊、豹猫、赤鹿、岩羊等。

【矿产资源】 定结县已知的矿藏有硼、食盐、水晶、瓷土、泥炭等。措姆折林湖（多布扎湖）有一定硼砂储藏，主要以粉末状为主、硼晶为辅，伴有食盐、磷等国家稀有矿种，具有一定开发潜力。定结县江嘎镇、萨尔乡瓷土储量较多，矿床成熟度较低，缺少规模开采经营，当地群众以自采为主，多用以与黏土搭配后装修粉饰房屋。定结县叶如藏布湿地及日屋镇、陈塘镇等盛产泥炭，泥炭被当地群众用来当作日常生活中的燃料。全县地处已经勘定的定日至岗巴油气带的核心地带，尤其是叶如藏布湿地、定结湖等盆源区域具有一定的找油前景。

非物质文化遗产

【陈塘夏尔巴歌舞】 陈塘夏尔巴人歌舞传承三百余年，其音乐曲调悠扬而文雅，舞蹈动作与尼泊尔、巴基斯坦的一些民间舞蹈极为相似。歌舞时有六弦琴、笛子、锣、鼓、钹等伴奏，开始时一般是一个人先唱、旁人附和，形式多为边歌边舞。整个音乐旋律别具一格，很多音符里出现半音上下，中慢两速，节奏稳定，给人优美动听的感受。陈塘夏尔巴歌舞的特点是舞蹈讲究手姿、脚法和腰身、臀部的摆动和弯曲；动作表现为脚蹭、踏，膝屈，身拧、摆、扬，肩抬、端、晃，手抬、晃、甩，眼跟手走。

【陈塘鸡爪谷酒酿制技术】 陈塘鸡爪谷酒是用定结县陈塘镇特有的鸡爪谷（藏语意为“芒恰的农作谷物”）为原料，通过最传统的酿制技术纯酿的原生态酒。

2021年，身着传统民族服装的夏尔巴人在表演夏尔巴歌舞　　（县文化和旅游局　提供）

制作一般方法是，将鸡爪谷晾干或烘干后，放入特质的木桶里捣碎，分离出鸡爪谷，通过夏尔巴原始火炉煮熟后，在竹条编制的竹席上滤干，撒上适量的酒曲，装到封闭的器皿内酿制4天，即可饮用。其特点清香可口，香气宜人，传统的鸡爪谷酒盛到特制的木桶里，用竹管（条件好的家庭在管子头部镶嵌银管）吸饮，独具特色。陈塘鸡爪谷酒酿制主要以传统家庭作坊为主。

【夏尔巴人服饰】 陈塘夏尔巴妇女服装与藏族女性基本一致，独特之处就体现在她们的帽子上。帽子由红色呢绒和彩色布条制成，帽顶插有杜鹃花和孔雀羽毛，帽檐饰有9枚银币并向上突起。帽角顶端均插有孔雀羽毛和鲜花，象征茂密森林里生活着包括美丽的孔雀的各种各样鸟类；边角上有红、黄、蓝3种颜色，象征着茂密的原始森林；上边的红色圆顶，象征着美丽的高原湖泊羊卓雍错；帽子两边白色的银丝条子，是珠穆朗玛峰的象征；帽子一端用银币镶的链条，是许多珍稀野生动物的代表；帽边到帽顶装饰着一串串珍珠，代表着滔滔不绝的雅鲁藏布江。帽顶象征清澈的湖泊，帽檐象征巍峨的高山，寓意为群山环抱着美丽的湖泊，帽顶上的杜鹃花和孔雀羽毛，是陈塘镇夏尔巴人与大自然和谐相处的象征。脖子上挂着由200余个银环连成的项链，胸前挂着6个银制的小串子，腰部系着银做的银带。夏尔巴族人喜欢戴耳环，未婚者戴银、玉和铜耳环，已婚者则大多戴金耳环，耳环上镶嵌各种颜色的宝石。夏尔巴男子所戴耳环比藏族男性耳环略小；妇女从小就要戴一个小型耳环，等到成年后再换成男方赠送的大金质耳环。此外，她们还喜欢戴戒指、银镯、玉镯等。夏尔巴人尤其喜欢佩戴金“嘎乌”（装饰品）。夏尔巴男人通常喜欢穿白色服装，里面穿衬衣，外面罩着一种用牛羊毛织成的叫“普都”的外套，下面是用白布或白绒布做成的紧腿裤，大多腰间挂一把“库尔奔”砍刀。

【夏尔巴人婚俗】 陈塘夏尔巴人的传统婚姻中，与藏族通婚的很少，更不用说与其他民族通婚。夏尔巴人基本上实行一夫一妻制。夏尔巴人的婚俗比较烦琐，传统婚姻有三种形式：第一种是指腹为婚；第二种是定娃娃亲；第三种是抢婚，夏尔巴以前有抢婚的习俗，随着时代的发展，抢婚的婚俗方式已经逐渐被淘汰。现今陈塘夏尔巴人婚姻方式主要有两种：一是两家从孕妇怀孕时订婚（俗话说的指腹为婚），若均为男孩或均为女孩，婚约自动解除，若为一男一女，从此两人青梅竹马；二是从婴儿时开始订婚（娃娃亲）。

【萨尔谐钦】 定结县萨尔谐钦舞起源清光绪九年（1883年），萨尔谐钦分为嘉庆和嘉琼两种，具有独特的风格和表演形式，集说、唱、舞三位一体，其舞蹈的基本动作有表演者“两步一跺”“一步一抬”“横蹉步”等约10种动作，组成圆形队形。在歌曲的唱法上，组成两组轮流歌唱或一起歌唱，共有13种唱法。表演具有浓厚的藏族气息，歌词内容丰富，既有古典文人诗作，又有民间歌谣，表演形式多样化，有歌有舞，歌曲的唱法上

2021年，身着盛装，喜悦欢歌的夏尔巴妇女

（县文化和旅游局　提供）

出现高低和声，而不是一味地齐唱；萨尔谐钦表演大部分有着相对规范的结构、曲式，各套中的调试、手势、旋律、节奏、速度都有一定之规；服饰有极浓厚的民族特色。

传统的萨尔谐钦舞表演一般需要4天时间，表演时女性穿戴的主要装饰为“巴珠”“加盖”“吉达”“口”与“锁吧拉姆”鞋，男性穿戴的主要装饰为“甲之不旭”和“索夏”帽、“卡玛”。

萨尔谐钦舞的“嘉庆”每隔一年举办一次大的演出，节日称“萨尔加玛”节，活动时间在藏历2月15日春耕之前选择黄道吉日举行。谐钦舞的“嘉琼”活动在每年藏历5月15日之前选择黄道吉日举行，又称“萨尔嘉琼”节日，表示风调雨顺、五谷丰登、社会和谐、生活美满、人与自然和谐相处，整个节日为期4天。

【定结乡通嘎节】 “通嘎”藏语意为“看见就高兴”，还有一种说法就是此时正是农作物春耕春播、接羔育幼全部结束，丰收在望之时，心里感到非常高兴，祈求全年有一个好收成，而后慢慢演变为通嘎节，相传已有上千年历史，为群众自发组织的活动。定结乡通嘎节最初起源于一种宗教节日，后来逐渐演变成当地民间传统节日，已在当地连续举办25年。每年夏季，定结乡当地群众都要定期举办通嘎节，影响范围逐渐扩大。通嘎节历史悠久，独具文化特色，是深受当地群众喜闻乐见的传统节日。每年节日，当地农牧民群众身着节日盛装，在空旷的田间尽情歌舞，跳着传统的“谐钦”和锅庄舞，唱着现代的流行乐曲，以祈求风调风顺、五谷丰登，生动地展现出当地群众热爱劳动、赞美生活的淳朴品质。

国民经济和社会发展概况

【综合指标】 2021年，全县完成国内生产总值59690万元，同比增长6.4%。其中，第一产业完成11245万元，同比增长2.7%；第二产业完成20638万元，同比增长0.2%；第三产业完成27807万元，同比增长13.1%。全社会固定资产投资完成30091万元，完成邮政业务收入78.89万元，完成电信业务收入1300万元，完成移动业务收入1100万元，固定电话用户4205户，使用率100%，移动电话用户19791户，使用率100%，互联网用户155户。全社会消费品零售总额1.47亿元，接待旅游3.63万人次，实现旅游收入970.1万元，同比增长6.85%。地方财政收入1276万元，同比下降27.3%，全年财政支出72256万元，年末居民储蓄存款余额24229.49万元。全年农村居民人均可支配收入11773元，实现城镇就业460人，城镇登记失业率控制在3%以内。

【项目建设】 2021年，全县开复工项目104个，新续建项目累计完成投资3亿元。投资1.17亿元的扎西岗乡、确布乡非边境地区基础设施建设项目竣工，投资8299.26万元的定结县吉隆普水库渠系配套干渠（一期）工程项目稳步推进，投资1505万元完成定结县藏医院、县妇幼保健站、县人民医院传染科、琼孜乡卫生院改扩建等项目，投资3757.6万元建成13所村级幼儿园。全年实施农牧业基本建设项目10个，总投资7298万元；实施教育领域基建项目8个，总投资2428万元。实施农村饮水安全设施设备维修工程、乡村基础设施建设工程，投资400万元改善边境地区通信信号建设，开展投资1.13亿元的县城供暖、日屋镇供暖项目前期工作，全年新建农村客运班线3条，全县公路通车里程达到515.57千米，乡（镇）、建制村通畅率分别为100%和94%；4G网络在10个乡（镇）、70个行政村实现全覆盖，新建5G基站6座；供电保障率基本实现100%。年内，长春市投入援藏资金1137万元，实施发展教育、提升医疗能力及促进人才交往交流交融等13个项目。

【农牧业】 全县耕地面积2944.09公顷，播种面积2860.43公顷。全年粮油总产量8964.01吨，经济作物产量4216吨，肉类产量661.51吨、奶类产量960.75吨、羊毛产量68.97吨、皮张产量28787张。年末牲畜存栏228785头（只、匹），牲畜出栏4.36万头（只、匹），出栏率40%。完成2020年高标准农田建设任务，推广高产创建基地建设101.07公顷，其中“喜马拉22号”66.67公顷、“藏青2000”34.4公顷；推广“山冬7号”26.67公顷，建立二级种子田“喜马拉22号”33.33公顷、“藏青2000”20公顷，大田推广1178.93公顷。全县储备调运化肥432吨、尿素259.2吨、二胺172.8吨、有机肥946吨、农药3.42吨。推广农作物种植机械化作业，实施深松整地作业46.67公顷。种粮农民一次性补贴覆盖9个乡（镇）3141户，全年共兑现补贴资金30.93万元。2021年，全县农村居民人均可支配收入11773元，其中工资性收入2190元、经营净收入5537元、转移净收入3650元、财产净收入396元。

【教育事业】 2021年，定结县义务教育阶段初中在校生800人，初中入学率为100%，巩固率为100%；小学在校生2126人，小学入学率为100%，巩固率为100%。全县有幼儿园30所，在园幼儿1105人，幼儿园覆盖率达100%，学前毛入园率达89.4%。深化教育体制改革，继续落实15年免费教育，巩固拓展“5个100%”成果，做好控辍保学，推进素质教育。通过乡（镇）支持、教育自筹等方式投资9.64万元，完成全县各级各类学校的校园监控系统建设，投资21万元完成校园一键式报警系统设备采购和安装工作。制定《定结县建档立卡及边缘户大学生资助政策细则》，全年对全县68名建档立卡脱贫家庭大学生兑现补助资金31.79万元，利用社会捐赠资金解决全县7名边缘户家庭大学生资助资金3.13万元。全年投资3591.2万元完成13所幼儿园建设与设备采购添置工作。是年，陈塘镇初级中学投入使用。全年20名毕业生考入其他省市西藏初中班和自治区重点初中，初中毕业生高中上线率达到62%，完成中等职业学校输送任务的92%。年内，对30个教育先进集体和108名教育先进个人进行表彰，共发放奖励资金69.98万元。

【医疗卫生】 2021年，全县有医疗预防保健机构12所，其中县人民医院、县疾病预防控制中心各1所，乡（镇）级中心卫生院3所，一般乡（镇）卫生院7所，有县、乡（镇）、村三级医疗单位医务人员285人。

基础设施建设 2021年投资215万元的县妇幼保健院、投资850万元的定结县藏医院、投资200万元的县人民医院感染科改扩建、投资240万元的琼孜乡卫生院竣工并完成终验。完成投资2000万元的日喀则市定结县日屋镇口岸医院建设项目、投资200万元的江嘎镇卫生院改扩建项目前置手续。

人才队伍建设 全年开展业务培训8次，落实各项培训资金7.9万元。落实村医奖励补助资金65.28万元，落实村医工资补贴124.3万元。

公共卫生 年内，全县报告乙、丙类传染病7种107例，报告发病率较上年同期下降56.91%，传染病报告率、报告及时率、准确率、报告卡填写完整率均达85%以上，完成全县21所小学、托幼机构新生预防接种证查验及补种工作。

健康扶贫 年内，定结县完成健康体检5776人，落实全民健康体检资金40.09万元。全县10个

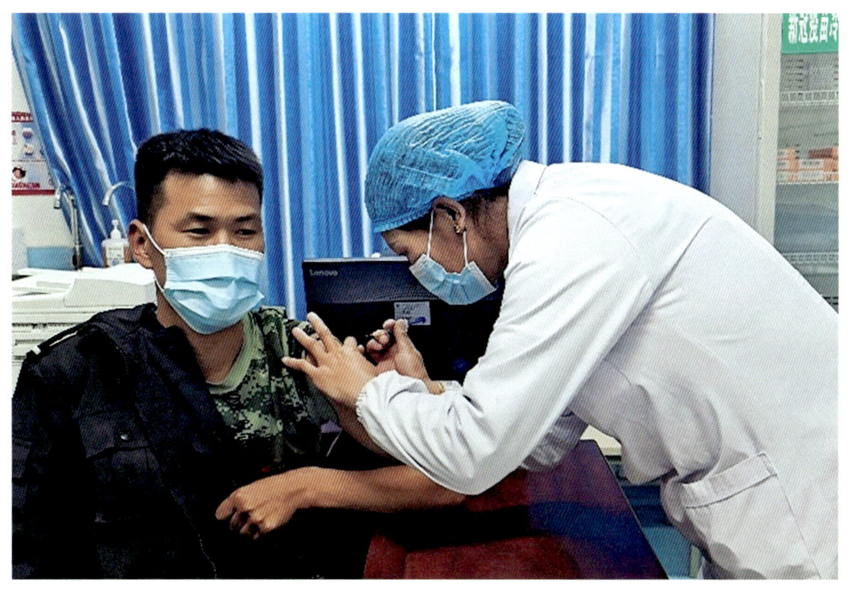

1月13日，定结县首次开展边防官兵、公安民警、医务人员等重点人群新冠疫苗接种工作 （县卫生服务中心 提供）

乡（镇）重点人群家庭医生签约服务协议1597户4895人，签约率达到100%。

新冠肺炎疫情防控　年内，投资860万元建设陈塘镇林琼唐卡医疗救治区，配备342万元的应急医疗设备。全县设立11个新冠疫苗接种点，全年累计接种新冠疫苗40084剂次，累计开展医务人员等重点人员核酸检测19235人次。

【社会保障】　2021年，全县应届高校毕业生129人全部实现就业，就业率100%；农牧民转移就业8449人，组织化转移就业6145人次，自治区外就业63人，创收1.05亿元，其中点对点组织化跨省“组团式”转移就业34人，创收42.78万元。实现城镇就业460人，城镇登记失业率控制在3%以内。城乡居民养老、医疗、生育保险等基本实现全民参保，完成医疗保障业务“一站式服务、一窗口办理、一单制结算”，结算支付城乡居民及职工医疗报销429.85万元、资助社保医疗保险参保96.2万元、医疗救助26.9万元。全县参加城镇失业保险812人；参加城乡居民养老保险10467人，城镇职工参加养老保险1303人，领取养老保险待遇1445人；参加城乡居民医疗保险19433人。年内，创建全国示范型退役军人服务中心通过市级验收，投资460万元建成残疾人综合用房项目，落实158户困难家庭社会救助资金121.7万元，兑现城乡低保补助资金59.9万元。

【乡村振兴】　推进脱贫攻坚成果同乡村振兴有效衔接，建立健全防返贫监测机制和结对帮扶机制，排查出监测对象68户，消除返贫风险12户。强化易地搬迁后续扶持，实现易地扶贫搬迁户就业456人，就业率达99.8%。推进实施35个脱贫攻坚涉农整合资金项目，全县共有县级以上农牧民专业合作社示范社24家，社员年人均收入达9500元，全年发放脱贫户及边缘户小额信贷资金819.5万元，兑现生态补偿岗位资金1350.47万元，兑现建档立卡脱贫户勤劳致富“以奖代补”资金102.11万元，兑现边民补助5689.32万元、护边员补助228万元。落实建档立卡脱贫人员医疗定额资助参保政策，2021年共资助参保4409人，资助金额961730元，救助人数373人，救助金额247411.41元，全县建档立卡脱困人员参保率达100%。实施兴边富民行动，整合资金8684.84万元重点实施产业发展、基础设施建设、人居环境整治、技能培训、乡村振兴示范村建设等项目，整合盘活财政存量资金5690.17万元用于稳定、发展、生态、强边工作及民生事业。

中国共产党定结县委员会

定结宗格错（县方志办 提供）

重要会议

【县委全体会议】 2021年，中共定结县委共召开5次全体会议、34次常委会会议、3次书记专题会议。

九届县委八次全体会议 3月25日，中国共产党定结县第九届委员会第八次全体会议召开，市政协副主席、县委书记李运生代表县委常委会作题为《团结一心向前进担当作为勇争先坚决确保“十四五”谋好篇开好局起好步》的工作报告，县委副书记、县人民政府常务副县长次琼就《中共定结县委员会关于制定国民经济和社会发展第十四个五年规划以及二〇三五年远景目标的建议（讨论稿）》作说明，会议听取2020年度干部选拔任用工作情况专题报告，开展干部选拔任用民主评议。中共定结县委第九届委员会委员21人、候补委员1人出席会议，纪委委员6人、不是县委委员、候补委员的县级领导干部，各乡（镇）及县（自治区、中央）直属单位、驻地军警部队主要负责人共95人列席会议。

九届县委十次全体会议 6月28日，县委书记陶明君主持召开中国共产党定结县第九届委员会第十次全体会议，审议通过《中国共产党定结县第九届委员会工作报告（草案）》《中国共产党定结县第九届纪律检查委员会工作报告（草案）》，酝酿《中国共产党定结县第十届委员会委员、候补委员、纪委委员候选人预备人选名单（草案）》。

十届县委一次全体会议 6月30日，受中国共产党定结县第十次代表大会主席团的委托，陶明君主持召开中国共产党定结县第十届委员会第一次全体会议，县委委员、候补委员出席会议，不是县委委员、候补委员的县纪委委员列席会议。表决通过《中国共产党定结县第十届委员会第一次全体会议选举办法》，表决通过总监票人、监票人名单，宣布会议总计票人、计票人名单，会议采取无记名投票方式选举陶明君、巴桑、次琼、高剑锋、尼玛顿珠、边巴普琼、成海亮、雷广军、葛德、花霞、马跃军、林立鹏为中共定结县第十届委员会常务委员会委员，选举巴桑、次琼、高剑锋为县委副书记，选举陶明君为县委书记。

十届县委二次全体会议 8月27日，中国共产党定结县第十届委员会第二次全体会议召开。会议由县委常委会主持，县委副书记、县人民政府县长次琼作《中共定结县委员会关于深入贯彻落实习近平总书记视察西藏重要讲话精神的实施方案（讨论稿）》的说明，县委书记陶明君

6月30日，中国共产党定结县第十届委员会第一次全体会议召开 （县委宣传部 提供）

代表县委常委会作题为《感恩关怀厚爱砥砺奋进前行奋力谱写定结长治久安和高质量发展新篇章》的工作报告。第十届县委委员（20人）、候补委员（2人）出席会议，纪委委员（6人）、非县委委员、候补委员的县级领导及各乡（镇）、县（自治区、中央）直属单位、驻地军警部队负责人、“两代表一委员”代表、退休老干部代表共102人列席会议。

【县委常委会会议】 2021年，第九届定结县委共召开14次常委会会会议。

2021年，第十届定结县委共召开20次常委会会议。

2021 年九届定结县委常委会会议一览表

表 1

九届县委 69 次常委会会议	会议时间	2021 年 3 月 3 日
	会议主持	市政协副主席、县委书记李运生
	参会人员	巴桑、次琼、尼玛顿珠、徐正、成海亮、雷广军参加会议，县领导中扎西、多拉、王吉荣、热旦、次仁加布、花霞、多布杰、拉顿、拉巴扎西、严恩祥及县直部门领导列席会议
	会议议题	传达学习习近平总书记重要讲话和相关文件精神，听取全县维护稳定工作、新冠肺炎疫情常态化防控工作汇报，研究《关于中央第十巡视组反馈意见的整改方案》《关于九届自治区第七、八轮巡视落实意识形态工作责任制监督检查反馈问题的整改落实方案》《中共定结县委党史学习教育和“政治标准要更高党性要求要更严组织纪律性要更强”专题教育工作领导小组名单》《关于购买 2021 年度元旦工会会员慰问品的请示》《关于 2020 年度村级组织班子成员、第三批村党组织第一书记、选派干部、乡村振兴专干考核情况相关事宜》《关于 2020 年度公务员年度考核情况相关事宜》《关于胡凯辞职的请示》
九届县委 70 次常委会会议	会议时间	2021 年 3 月 19 日
	会议主持	市政协副主席、县委书记李运生
	参会人员	巴桑、次琼、巴次、尼玛顿珠、徐正、成海亮、顾明哲、雷广军、葛德参加会议，县领导中扎西、王吉荣及相关部门领导列席会议
	会议议题	研究《关于成立定结县县乡（镇）领导班子换届工作领导小组的请示》《关于召开中国共产党定结县第十次代表大会相关事宜的请示》《关于召开定结县第十四届人民代表大会第一次会议相关事宜的请示》《关于召开中国人民政治协商会议第三届定结县委员会第一次会议相关事宜的请示》《关于从乡镇事业编制人员、优秀村党组织书记、到村任职过第一书记、驻村工作队员中选拔乡镇领导班子成员工作实施方案》《关于拉巴次仁申请调出的请示》
九届县委 71 次常委会会议	会议时间	2021 年 3 月 22 日
	会议主持	市政协副主席、县委书记李运生
	参会人员	巴桑、张万财、次琼、巴次、尼玛顿珠、徐正、成海亮、顾明哲、雷广军、葛德出席会议，县领导中扎西、多拉、巴顿、莫向波、索旺、多布杰、拉巴扎西、严恩祥、达瓦次仁及县直部门领导列席会议
	会议议题	传达学习习近平总书记重要讲话精神及相关文件精神，听取党建工作、宣传思想文化工作、中央第十轮巡视组反馈意见整改工作进展情况汇报，审议《李运生在中国共产党定结县第九届委员会第八次全体会议上的报告》《中共定结县委关于制定国民经济和社会发展第十四个五年规划以及二〇三五年远景目标的建议（讨论稿）》《2020 年定结县人民政府工作报告》《2020 年定结县人大常委会工作报告》《2020 年政协定结县委员会工作报告》《定结县纪委监委工作报告》

续表1

九届县委72次常委会会议	会议时间	2021年3月23日
	会议主持	市政协副主席、县委书记李运生
	参会人员	巴桑、张万财、次琼、巴次、尼玛顿珠、徐正、成海亮、顾明哲、雷广军出席会议，县领导中扎西、多拉、花霞、巴顿、莫向波、索旺、多布杰、拉巴扎西、严恩祥、达瓦次仁及县直部门领导列席会议
	会议议题	审议《定结县国民经济和社会发展第十四个五年规划和二〇三五年远景目标纲要》《定结县2020年国民经济和社会发展计划执行情况及2021年国民经济和社会发展计划报告》《定结县2020年财政预算执行情况与2021年财政预算报告》《2020年定结县人民法院工作报告》《2020年定结县人民检察院工作报告》，研究《关于成立定结县第十三届人民代表大会第八次会议筹备领导小组的请示》《关于定结县第十三届人民代表大会第八次会议相关事项的请示》《关于成立政协第二届定结县委员会第八次会议工作筹备领导小组的请示》《关于召开政协第二届定结县委员会第八次会议相关事项的请示》《关于2019年、2020年度村“两委”班子争先晋位考核奖励资金分配方案的请示》《关于2020年度县直机关党支部督导考核情况的请示》
九届县委73次常委会会议	会议时间	2021年4月1日
	会议主持	市政协副主席、县委书记李运生
	参会人员	巴桑、张万财、次琼、巴次、尼玛顿珠、徐正、成海亮、顾明哲、雷广军、葛德出席会议，县领导中扎西、多拉、王吉荣、巴桑、花霞、巴顿、索旺、拉顿、曹向阳、拉巴扎西、严恩祥、达瓦次仁及相关部门领导列席会议
	会议议题	研究《关于审核确定2021年县本级整合配套扶贫产业项目的请示》《关于表彰在10·25案件中表现突出人员的请示》《关于调整优化第十批驻村派驻单位的请示》
九届县委74次常委会会议	会议时间	2021年4月5日
	会议主持	市政协副主席、县委书记李运生
	参会人员	巴桑、次琼、巴次、徐正、雷广军、葛德出席会议，次仁加布、花霞、巴顿、严欢（县委办公室）、扎西（县人民政府办公室）、陈剑（县纪委监委）、普琼（县财政局）列席会议
	会议议题	听取开展违反中央八项规定精神问题自查清理纠治工作情况汇报，安排部署下一步工作
九届县委75次常委会会议	会议时间	2021年4月14日
	会议主持	市政协副主席、县委书记李运生
	参会人员	巴桑、张万财、次琼、巴次、尼玛顿珠、徐正、成海亮、顾明哲出席会议，县领导巴顿及相关部门领导列席会议
	会议议题	研究《关于开展2021年度“五一”国际劳动节、“五四”青年节系列活动的请示》《关于定结县政府投资400万元以下基建项目建设管理办法（试行）的请示》等事宜
九届县委76次常委会会议	会议时间	2021年4月27日
	会议主持	市政协副主席、县委书记李运生
	参会人员	巴桑、次琼、巴次、尼玛顿珠、徐正、成海亮、顾明哲、雷广军出席会议，县领导中扎西、多拉、热旦、次仁加布、莫向波、拉顿、曹向阳、拉巴扎西、达瓦次仁及相关部门领导列席会议
	会议议题	研究《关于2021年财政收支预算安排的请示》《关于陈塘口岸土地永久征用资金兑现的请示》《2020年度定结县民族团结进步模范集体、模范个人拟表彰名单》《关于给予次旺相关处分的请示》《中国共产党定结县第十次代表大会代表候选人名单》《定结县第十四届人民代表大会代表候选人名单》《中国人民政治协商会议第三届定结县委员会委员候选人名单》事宜，研究有关人事事宜

续表1

九届县委77次常委会会议	会议时间	2021年5月11日
	会议主持	市政协副主席、县委书记李运生
	参会人员	巴桑、次琼、尼玛顿珠、边巴普琼、徐正、成海亮、雷广军、马跃军出席会议，县领导中扎西、多拉、莫向波、达瓦次仁及县直部门领导列席会议
	会议议题	传达学习《中共中央办公厅关于印发〈党委（党组）网络意识形态工作责任制实施细则〉的通知》《中共西藏自治区委员会党的建设工作领导小组办公室关于印发〈西藏自治区落实全面从严治党主体责任考核办法（试行）〉的通知》《中共西藏自治区纪律检查委员会〈关于四起违反中央八项规定精神典型案例的通报〉》和《关于贺黎明、次仁顿珠、帕珠严重违纪违法案件的通报》，听取定结县经济运行情况汇报、干部队伍建设工作汇报、全面从严治党和党风廉政建设工作汇报、统战民族宗教工作汇报、政法队伍教育整顿工作汇报、安全生产工作汇报、生态环保工作汇报和疫情防控工作汇报
九届县委79次常委会会议	会议时间	2021年6月15日
	会议主持	县委书记陶明君
	参会人员	巴桑、次琼、高剑锋、尼玛顿珠、边巴普琼、成海亮、顾明哲、雷广军、花霞、林立鹏出席会议，县领导中扎西及岳玉龙（县委办公室）、吴江涛（县纪委监委）、杨浩（县委组织部）、索朗加布（县乡领导班子换届工作领导小组办公室）、次仁顿珠（县公安局）列席会议
	会议议题	传达学习习近平总书记重要讲话精神及相关文件精神，研究《定结县公安局党委关于申请对葛德主动说明问题作出处理的请示》《定结县公安局党委关于申请对达娃次仁主动说明问题作出处理的请示》《县委组织部关于巴桑旦增病假的请示》《县委组织部关于中国共产党定结县第十次代表大会初步人选推荐的请示》《县委组织部关于中国共产党定结县第十届委员会、第十届纪律检查委员会人事安排的请示》《县委组织部关于定结县人大、政府、政协领导成员和法院院长、检察院检察长、监察委员会主任、副主任人事安排的请示》
九届县委80次常委会会议	会议时间	2021年6月17日
	会议主持	县委书记陶明君
	参会人员	巴桑、次琼、高剑锋、尼玛顿珠、边巴普琼、成海亮、顾明哲、雷广军、花霞、林立鹏出席会议，县领导中扎西、莫向波、次仁顿珠及县直部门领导列席会议
	会议议题	传达学习习近平总书记重要讲话及相关文件精神，听取定结县政法队伍教育整顿工作、党史学习教育、“政治标准要更高党性要求要更严组织纪律性要更强”专题教育工作、新冠肺炎疫情常态化防控督导发现问题整改工作、信访矛盾纠纷化解工作、安全生产专项整治工作情况汇报，审议《中共定结县委关于在“政治标准要更高党性要求要更严组织纪律性要更强”专题教育期间深入开展警示教育和自查整改活动情况的报告》，研究《定结县人大常委会党组关于成立定结县第十四届人民代表大会第一次会议筹备领导小组的请示》《定结县人大常委会党组关于定结县第十四届人民代表大会第一次相关事项的请示》《中共政协定结县委员会党组关于成立政协第三届定结县委员会第一次会议工作筹备领导小组的请示》《中共政协定结县委员会党组关于政协第三届定结县委员会第一次会议相关事项的请示》《县人民政府党组关于调整定结县人民政府党组成员分工的请示》《县人民政府党组关于解决全县生态文明示范创建工作及编制生态规划费用的请示》《县人民政府党组关于提交次仁普芝退休的请示》《县人民政府党组关于解决应对印度尼泊尔疫情暴发林琼唐卡医疗救治区工作生活和物资保障设备采购资金的请示》《县人民政府党组关于解决陈塘镇林琼唐卡医疗救治区改造、核酸检测（方舱）实验室建设及医疗设备采购资金的请示》《县人民政府党组关于解决民兵武器弹药仓库新建项目缺口经费的请示》《县人民政府党组关于解决确布乡新建便民服务大厅和职工之家、维修院内硬化等项目资金的请示》《定结县关于中国共产党成立100周年和西藏和平解放70周年“党的光辉照边疆边疆人民心向党”主题系列庆祝活动方案》《县委组织部（老干部局）关于2021年第四批离退休老干部赴云南省疗养活动方案》《县委组织部（党校）关于组织县乡村干部赴浙江大学培训工作方案》《县委组织部关于党组织清理规范的请示》《县人民法院党组书记、副书记任免职的请示》

续表1

九届县委 81 次常委会会议	会议时间	2021 年 6 月 22 日
	会议主持	县委书记陶明君
	参会人员	巴桑、高剑锋、尼玛顿珠、边巴普琼、成海亮、雷广军、马跃军出席会议，县领导中扎西、拉加、严恩祥及相关部门领导列席会议
	会议议题	听取《政法队伍教育整顿自治区派驻日喀则市指导组反馈意见情况汇报》，研究《县委组织部关于推荐市级“三优一先”人选的请示》，安排部署下一步工作
九届县委 82 次常委会会议	会议时间	2021 年 6 月 28 日
	会议主持	县委书记陶明君
	参会人员	次琼、高剑锋、尼玛顿珠、边巴普琼、成海亮、雷广军、花霞、马跃军、林立鹏出席会议，县领导中扎西、巴桑、拉加、严恩祥及相关部门领导列席会议
	会议议题	传达学习习近平总书记重要讲话及相关文件精神，审议《中国共产党定结县第九届委员会工作报告（草案）》《中国共产党定结县第九届纪律检查委员会工作报告（草案）》《定结县人民代表大会第十三届常务委员会工作报告（草案）》《定结县人民政府五年工作报告（草案）》《中国人民政治协商会议第二届定结县委员会常务委员会工作报告（草案）》《定结县人民法院五年工作报告（草案）》《定结县人民检察院五年工作报告（草案）》《中国共产党定结县第十次代表大会筹备工作情况报告》《定结县关于党费收缴、使用、管理情况的报告》，研究《定结县“三优一先”拟推荐人选的请示》《定结县符合公务员法提前退休人员的请示》《定结县第十四届人民代表大会常务委员会委员候选人（草案）》《中国人民政治协商会议第三届定结县委员会委员候选人（草案）》《定结县第十四届人民代表大会法制财政科教委员会组成人员候选人（草案）》《中国人民政治协商会议第三届定结县委员会提案经济法制委员会组成人员候选人（草案）》《中国共产党定结县第九届委员会第十次全体会议相关事宜》《中国共产党定结县第十次代表大会列席人员名单（草案）》《中国共产党定结县第十次代表大会代表资格审查委员会名单（草案）》《中国共产党定结县第十次代表大会主席团、秘书长名单（草案）》等事宜

2021 年十届定结县委常委会会议一览表

表 2

十届县委 1 次常委会会议	会议时间	2021 年 7 月 13 日
	会议主持	县委书记陶明君
	参会人员	巴桑、次琼、高剑锋、尼玛顿珠、边巴普琼、成海亮、雷广军、花霞、马跃军出席会议，县领导中扎西、多拉、巴桑、热旦、格桑扎西、莫向波、普琼、达娃次仁、丁丽敏、次朗、拉顿、严恩祥及县直部门领导列席会议
	会议议题	传达学习习近平总书记重要讲话和相关文件精神，听取维护稳定、党史学习教育和“三更”专题教育、农牧民转移就业、新冠肺炎疫情常态化防控工作开展情况汇报，研究《定结县学习宣传贯彻落实习近平总书记在庆祝中国共产党成立 100 周年大会重要讲话精神的实施方案》《定结县县级领导干部包乡（镇）村、联系学校、寺庙、宗教界人士、党外人士、文物保护单位及河湖工作制度》《关于贡嘎病假的请示》《关于尼玛顿珠、成海亮、雷广军、葛德 4 名干部任职的请示》《中共定结县第十届委员会常务委员会委员工作分工》《关于定结县人大常务委员会主任副主任分工的请示》《关于定结县人民政府县长、副县长分工的请示》《关于政协定结县第三届委员会主席、副主席分工的请示》

续表2

<table>
<tr><td rowspan="4">十届县委2次常委会会议</td><td>会议时间</td><td>2021年8月4日</td></tr>
<tr><td>会议主持</td><td>县委书记陶明君</td></tr>
<tr><td>参会人员</td><td>巴桑、次琼、高剑锋、尼玛顿珠、边巴普琼、成海亮、雷广军、葛德、花霞、马跃军出席会议，县领导次仁顿珠、达娃次仁、多布杰、边巴仓决、拉加及县直部门领导列席会议</td></tr>
<tr><td>会议议题</td><td>传达学习习近平总书记重要讲话和相关文件精神，听取定结县庆祝西藏和平解放70周年维稳安保工作、新冠肺炎疫情常态化防控工作、县纪委监委联合督查工作汇报和高剑锋、成海亮、雷广军维稳带班值班领导责任落实不到位的检讨说明，研究《中共定结县委全委会议事决策规则》《中共定结县委常委会议事规则》《中共定结县委员会书记办公会议事规则》《定结县党政机关重大事项请示报告制度》《中共定结县委员会全面依法治县委员会2021年工作要点》《定结县肇事肇祸等严重精神障碍患者摸排管控专项工作方案》《定结县总工会关于改扩建多布扎乡“共享职工之家”项目资金的请示》《关于定结县干部职工“泡病号”专项整治工作的请示》《关于曲培因学请假的请示》</td></tr>
<tr><td rowspan="4">十届县委3次常委会会议</td><td>会议时间</td><td>2021年8月10日</td></tr>
<tr><td>会议主持</td><td>县委书记陶明君</td></tr>
<tr><td>参会人员</td><td>巴桑、次琼、高剑锋、尼玛顿珠、边巴普琼、成海亮、葛德、花霞、马跃军出席会议，县领导中扎西、热旦、陶忠新、莫向波、多布杰、次朗、拉顿、拉加及县直部门领导列席会议</td></tr>
<tr><td>会议议题</td><td>传达学习习近平总书记重要讲话和相关文件精神，听取定结县2021年上半年经济运行情况、新冠肺炎疫情常态化防控工作、信访工作汇报，研究《关于调整、设立县委全面深化改革委员会、县委全面依法治县委员会等委员会（领导小组）相关事宜》《中共定结县委员会巡察工作实施办法（试行）》《中共定结县委员会巡察工作领导小组工作规则（试行）》《关于建立县委巡察工作协调配合机制的意见》《定结县人民政府党组关于调整充实定结县全面推行河（湖）长制领导小组的请示》《定结县人民政府党组关于调整充实定结县食品安全委员会的请示》《定结县人民政府党组关于调整充实定结县安全生产委员会成员的请示》《定结县人民政府党组关于向毗邻尼泊尔边境地区援助抗疫医疗、生活物资采购相关事宜的请示》《定结县人民政府党组关于申请微调2021年度中央财政生态效益补偿资金分配兑现的请示》《定结县人民政府党组关于申请边境小康村民房建设结余资金用于我县国道219沿线村庄民房附属工程的请示》《定结县人民政府党组关于统筹使用边境小康村基础设施建设资金的请示》《定结县人民政府党组关于疫情防控执勤点人员补助标准的请示》《定结县人民政府党组关于定结县2021年农牧民职业技能培训的请示》《定结县人民政府党组关于县融媒体中心等3家单位招聘公益性岗位工作人员及县检察院招聘聘用制书记员的请示》《定结县人民政府党组关于聘任古桑等7名人员为卫生系列初级专业技术职务的请示》《关于定结县迎接“921”专项筹备工作方案》《定结县2021年软弱涣散基层党组织县级领导干部挂点督办整顿方案》《关于定结县2021年第二批干部拟调入、调出的请示》</td></tr>
<tr><td rowspan="4">十届县委4次常委会会议</td><td>会议时间</td><td>2021年8月18日</td></tr>
<tr><td>会议主持</td><td>县委书记陶明君</td></tr>
<tr><td>参会人员</td><td>巴桑、次琼、高剑锋、边巴普琼、成海亮、顾明哲、雷广军、葛德、花霞、马跃军出席会议，县领导中扎西、陶忠新、次仁顿珠、达娃次仁、多布杰及县直部门领导列席会议</td></tr>
<tr><td>会议议题</td><td>传达学习习近平总书记重要讲话和相关文件精神，听取全县督查工作、安全生产工作、国土空间总体规划工作和产业发展工作情况汇报，研究《中共定结县人大常委会党组关于调整充实县人大常委会党组成员分工的请示》《中共政协定结县委员会党组关于调整政协党组书记、副书记、党组成员的请示》《中共定结县人民政府党组关于定结县建档立卡及边缘户大学生资助政策细则的请示》《中共定结县人民政府党组关于定结县农村公路管理养护体制改革方案的请示》《定结县民族团结进步模范区创建实施方案（2021—2025年）》《定结县“迎大庆、送温暖，讲党恩、爱核心，办实事、聚人心”主题活动方案》《中国共产党定结县代表大会代表任期履职工作制度（试行）》《关于索朗曲宗等4名第一书记岗位调整的请示》《关于定结县2021年离退休老干部故地重游的请示》，并安排部署下一步工作</td></tr>
</table>

续表2

十届县委5次常委会会议	会议时间	2021年8月24日
	会议主持	县委书记陶明君
	参会人员	次琼、高剑锋、边巴普琼、顾明哲、葛德、花霞、马跃军出席会议，县领导陶忠新、普琼、次仁顿珠、次朗、拉顿及县直部门领导列席会议
	会议议题	传达学习习近平总书记重要讲话和相关会议文件精神，研究《中国共产党定结县第十届委员会第二次全体会议工作报告（讨论稿）》《中国共产党定结县委员会关于深入贯彻落实习近平总书记视察西藏重要讲话精神的实施方案（讨论稿）》，安排部署筹备十届县委二次全会相关工作，研究《定结县贯彻落实〈西藏自治区中长期青年发展计划（2018—2025）的实施方案〉》《定结县公安局关于解决“民警之家”相关设备款项的请示》，安排部署下一步工作
十届县委6次常委会会议	会议时间	2021年9月1日
	会议主持	县委书记陶明君
	参会人员	次琼、高剑锋、尼玛顿珠、成海亮、顾明哲、花霞、林立鹏出席会议，县领导中扎西、陶忠新、莫向波、次仁顿珠、达娃次仁、次朗、拉顿、拉加及县直部门领导列席会议
	会议议题	传达学习习近平总书记重要讲话和相关会议文件精神，听取全县党史学习教育、干部队伍建设工作、援藏工作、新冠肺炎疫情常态化防控工作情况汇报，研究《中共定结县委宣传部关于表彰2021年度“五星乡（镇）”“五星村”“五星户”的请示》《定结县关于贯彻落实〈中国共产党宣传工作条例〉的若干举措》《定结县意识形态工作责任制实施细则（试行）》《定结县党委（党组）理论学习中心组学习巡听旁听办法（试行）》《关于成立定结县受援工作领导小组的请示》《关于审议组织中学生赴吉林省参加夏令营活动方案的请示》《关于审议组织村主干赴吉林省长春市培训学习方案的请示》《定结县西藏和平解放70周年庆祝活动领导小组办公室关于纪念品接受发放工作实施方案的请示》《关于开办定结讲堂的请示》《关于调整充实中共定结县委党的建设领导小组的请示》《关于调整充实中共定结县直机关工作委员会班子成员的请示》《关于调整充实中共定结县非公有制经济组织和社会组织工作委员会班子成员的请示》《关于蒋新庭等8名干部任职的请示》，安排部署下一步工作
十届县委7次常委会会议	会议时间	2021年10月14日
	会议主持	县委书记陶明君
	参会人员	巴桑、次琼、尼玛顿珠、边巴普琼、成海亮、葛德、马跃军出席会议，县领导中扎西、多拉、达娃次仁、丁丽敏、次朗、拉加及县直部门领导列席会议
	会议议题	传达学习习近平总书记重要讲话和相关会议文件精神，安排部署生态环境部定点帮扶定结县工作，研究《定结县总工会关于开展2021年度干部职工疗休养活动的请示》《关于制定中共定结县委员会巡察工作五年规划（2021—2025年）的请示》《定结县人民政府党组关于〈审定调整县人民政府党组书记、副书记、成员分〉的请示》《定结县人民政府党组关于审定〈办理定结县区域生态环境检测中心办公用房及空气自动监测站建设项目用地〉的请示》《定结县人民政府党组关于审定〈定结县关于构建现代化环境治理体系的实施方案〉的请示》《定结县人民政府党组关于审定〈定结县民族团结进步模范区创建实施方案（2021—2025年）〉的请示》《定结县人民政府党组关于审定〈定结县公务接待管理办法〉的请示》《定结县人民政府党组关于审定〈确巴等2名人员申请提前退休〉的请示》等事宜，安排部署近期重点工作

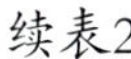
续表2

十届县委8次常委会会议	会议时间	2021年10月18日
	会议主持	县委书记陶明君
	参会人员	次琼、边巴普琼、成海亮、顾明哲、雷广军、葛德、马跃军出席会议，县领导多拉、巴桑、莫向波、次仁顿珠、丁丽敏、多布杰、拉加及县直部门领导列席会议
	会议议题	传达学习习近平总书记重要讲话和相关会议文件精神，听取生态环境部定点帮扶定结县项目需求情况汇报，安排部署下一阶段工作，研究《定结县人民政府党组关于审定〈西藏日喀则市定结县差旅费管理办法〉的请示》《定结县人民政府党组关于审定〈定结县政府投资建设项目工作管理办法（试行）〉的请示》《定结县人民政府党组关于审定〈措姆折林公司签订旅游车辆租赁协议〉的请示》《定结县人民政府党组关于审定〈解决琼孜乡、萨尔乡、日屋镇边境派出所超占用地〉的请示》《定结县人民政府党组关于审定〈确布乡公安派出所建设项目用地〉的请示》《定结县人民政府党组关于审定〈公安局交警大队和应急物资储备库建设项目用地〉的请示》《定结县人民政府党组关于审定〈扎西岗乡扎西岗村农村社区综合服务站（农村幸福院）建设项目用地〉的请示》《定结县人民政府党组关于审定〈援藏项目多年期项目一年实施及一次性设计分年度实施〉的请示》《定结县关于贯彻落实日喀则市民生实事的实施意见（征求意见稿）》《定结县委组织部关于违规违纪发展党员处理工作的请示》《定结县委组织部关于钟强辞职的请示》《定结县委组织部关于高文俊辞职的请示》《定结县委组织部关于米玛卓玛申请病假的请示》
十届县委9次常委会会议	会议时间	2021年10月19日
	会议主持	县委书记陶明君
	参会人员	巴桑、次琼、边巴普琼、成海亮、顾明哲、雷广军、葛德、马跃军出席会议，县领导巴桑、热旦、普琼、多布杰、拉加及县直部门领导列席会议
	会议议题	传达学习习近平总书记重要讲话和相关会议文件精神，听取全县统计工作、乡村振兴工作开展情况汇报，安排部署下一步工作，研究《定结县"珠峰谐韵"舞蹈比赛、产业大赛暨第二届职工运动会、第三届农牧民运动会实施方案》《定结县纪检监察片区协作联动工作机制实施办法（试行）》《定结县人民政府党组关于审定〈定结县关于进一步加强和规范统计工作的实施方案〉的请示》《定结县人民政府党组关于审定〈西藏日喀则市定结县关于"三房"管理实施方案〉的请示》《定结县人民政府党组关于审定〈措姆折林农村客运有限责任公司增加经营范围〉的请示》《定结县人民政府党组关于审定〈措姆折林公司扶贫开发分公司风险补偿基金账户余额退回国家金库及注销账户〉的请示》《定结县人民政府党组关于审定〈措姆折林酒店（原长春大厦）租赁〉的请示》《定结县人民政府党组关于审定〈调整2021年陈塘林琼塘卡医疗救治区医疗设备及办公设备购置相关资金出处〉的请示》《定结县人民政府党组关于审定〈调整陈塘镇林琼塘卡医疗救治区建设资金来源〉的请示》《定结县人民政府党组关于审定〈变更定结县苗木基地建设项目〉的请示》《定结县人民政府党组关于审定〈定结县五金店铺集中搬迁江嘎村综合维修服务合作社实施方案〉的请示》
十届县委10次常委会会议	会议时间	2021年10月29日
	会议主持	县委书记陶明君
	参会人员	次琼、高剑锋、尼玛顿珠、边巴普琼、成海亮、雷广军、葛德、马跃军出席会议，县领导巴桑、次仁顿珠、丁丽敏、多布杰、陈正伟、严恩祥及县直部门领导列席会议
	会议议题	传达学习习近平总书记重要讲话和相关会议文件精神，听取定结县党史学习教育、文明城市创建工作开展情况汇报，安排部署下一步工作，研究《定结县人民政府党组关于审定〈陈塘镇夏尔巴歌舞传习基地招商引资暨招租〉的请示》《定结县人民政府党组关于审定〈定结县疫情防控各卡点执勤人员伙食补助标准〉的请示》《定结县人民政府党组关于审定〈定结县委农村工作领导小组（县委实施乡村振兴战略领导小组）〉的请示》《定结县人民政府党组关于审定〈县广播电视台聘请第三方维修维护中央广播电视无线数字覆盖系统运行〉的请示》《定结县委组织部关于调整干部职工作息时间的请示》《西藏自治区定结县赴吉林省长春市开展援藏回访活动实施方案》《吉林省长春市西藏自治区定结县深化对口援藏战略合作协议》《定结县委组织部关于2021年拟调出人员的请示》

续表2

十届县委11次常委会会议	会议时间	2021年11月9日
	会议主持	县委书记陶明君
	参会人员	巴桑、次琼、尼玛顿珠、边巴普琼、成海亮、雷广军、葛德、花霞出席会议，县领导中扎西、多拉、巴桑、陶忠新、拉顿、边巴仓决、陈正伟及县直部门领导列席会议
	会议议题	传达学习习近平总书记重要讲话，自治区、市领导讲话和相关会议文件精神，听取定结县安全生产、新时代文明实践、新冠肺炎疫情常态化防控、信访工作开展情况汇报，安排部署下一阶段工作，研究《定结县人民政府党组关于审定多布扎乡边境派出所建设项目用地的请示》《定结县人民政府党组关于审定郭加乡边境派出所建设项目用地的请示》《定结县人民政府党组关于审定定结县民族艺术团排练场所建设项目用地的请示》《定结县人民政府党组关于审定郭加乡中心小学厕所改建项目用地的请示》
十届县委12次常委会会议	会议时间	2021年11月16日
	会议主持	县委书记陶明君
	参会人员	巴桑、次琼、边巴普琼、成海亮、雷广军、葛德、花霞、马跃军出席会议，县领导中扎西、陶忠新、莫向波、次仁顿珠、多布杰、拉顿、边巴仓决、陈正伟、严恩祥及县直部门领导列席会议
	会议议题	传达学习习近平总书记重要讲话，自治区、市领导讲话和相关会议文件精神，听取定结县网络安全和信息化、大学生创业就业工作开展情况汇报，安排部署下一阶段工作，研究《关于通报表扬2021年度定结县“先进双联户”创建活动先进集体、“先进双联户”和拟推荐“先进双联户”创建活动市级先进集体、“先进双联户”的请示》
十届县委13次常委会会议	会议时间	2021年11月18日
	会议主持	县委书记陶明君
	参会人员	巴桑、次琼、尼玛顿珠、边巴普琼、成海亮、雷广军、花霞、马跃军出席会议，县领导巴桑、热旦、陶忠新、次仁顿珠、达娃次仁、多布杰、拉顿、边巴仓决、陈正伟、严恩祥及县直部门领导列席会议
	会议议题	传达学习习近平总书记重要讲话和相关会议文件精神，听取定结县人大常委会、政协定结县委员会2021年组织外出考察学习情况、县委组织部（党校）2021年组织干部培训考察学习情况、粮食安全工作、基层党建工作情况汇报，安排部署下一阶段工作，研究《定结县关于〈二届日喀则市委专项提级巡察十一组关于定结县涉粮问题专项巡察反馈意见〉的整改方案》《县委组织部关于干部免职的请示》
十届县委14次常委会会议	会议时间	2021年11月24日
	会议主持	县委书记陶明君
	参会人员	巴桑、次琼、边巴普琼、成海亮、顾明哲、葛德、花霞、马跃军出席会议，县领导巴桑、热旦、莫向波、达娃次仁、丁丽敏、拉顿、陈正伟、严恩祥及县直部门领导列席会议
	会议议题	传达学习习近平总书记重要讲话和相关会议文件精神，听取定结县前三季度经济运行情况、统战工作、常态化扫黑除恶暨四大领域行业整治工作开展情况汇报，安排部署下一步工作研究《定结县人民政府党组关于审定〈自然资源局关于申请解决9个乡镇开展地质灾害危险性评估及测量工作经费〉的请示》《定结县人民政府党组关于审定〈定结县2021年财政预算调整方案〉的请示》《定结县人民政府党组关于审定〈定结县2021年盘活财政存量资金使用方案〉的请示》《定结县人民政府党组关于审定〈林业和草原局关于定结县全面推行林长制实施方案〉的请示》《定结县人民政府党组关于审定〈乡村振兴局关于2012年至2020年扶贫项目资产确权登记和移交〉的请示》

续表2

十届县委15次常委会会议	会议时间	2021年12月3日
	会议主持	县委书记陶明君
	参会人员	次琼、边巴普琼、成海亮、顾明哲、雷广军、葛德、花霞、马跃军、林立鹏出席会议，县领导陶忠新、达娃次仁、拉顿、边巴仓决、陈正伟及县直部门领导列席会议
	会议议题	传达学习习近平总书记重要讲话和相关会议文件精神，听取定结县2021年党风廉政建设和反腐败斗争工作汇报，安排部署下一步工作，研究《定结县人民政府党组关于审定〈定结县日屋镇口岸医院建设项目用地〉的请示》《定结县人民政府党组关于审定〈定结县草原有害生物防治物资站建设项目用地〉的请示》《定结县人民政府党组关于审定〈定结县公路段拟建公路应急储备中心项目用地〉的请示》《定结县人民政府党组关于审定〈扩增措姆折林创业投资有限责任公司经营范围〉的请示》《定结县人民政府党组关于审定〈定结县城、陈塘镇环卫及垃圾填埋场移交县措姆折林公司运营管理〉的请示》《定结县人民政府党组关于审定〈定结县“河湖长+检察长+警长”协作机制的实施方案〉的请示》《定结县人民政府党组关于审定〈成立定结县水利工程质量与安全监督站〉的请示》《定结县人民政府党组关于审定〈定结县措姆折林农村客运有限责任公司招聘1名董事长总经理和1名财务工作人员〉的请示》《定结县人民政府党组关于审定〈聘任索朗央金等14名干部为基层专业技术人员试用期满考核定职初级专业技术职务〉的请示》《定结县人民政府党组关于审定〈定结县2019年、2020年度招商引资考核扶持资金分配方案〉的请示》《定结县人民政府党组关于审定〈编制定结县全域旅游发展规划〉的请示》
十届县委17次常委会会议	会议时间	2021年12月17日
	会议主持	县委书记陶明君
	参会人员	边巴普琼、成海亮、雷广军、葛德、花霞、马跃军、林立鹏出席会议，县领导中扎西、巴桑、热旦、陶忠新、莫向波、丁丽敏、次朗、拉顿、边巴仓决、陈正伟、严恩祥及县直部门领导列席会议
	会议议题	传达学习习近平总书记重要讲话，自治区、市领导讲话和相关会议文件精神，听取定结县人大常委会党组、县人民政府党组、政协定结县委员会党组、县人民法院党组、县人民检察院党组工作开展情况汇报，安排部署下一阶段工作，研究《县委组织部关于组织第二期村主干赴区外培训学习的方案》《县委组织部关于向部分人员发放健康包的请示》《县委组织部关于2021年拟调入调出人员的请示》
十届县委19次常委会会议	会议时间	2021年12月22日
	会议主持	县委书记陶明君
	参会人员	尼玛顿珠、边巴普琼、成海亮、雷广军、葛德、花霞、林立鹏出席会议，县领导中扎西、多拉、巴桑、莫向波、达娃次仁、次朗、严恩祥及县直部门领导列席会议
	会议议题	传达学习习近平总书记重要讲话精神，听取定结县全面深化改革、全面从严治党、乡村振兴、县公安局党委、县教育局党组、县农业农村局党组、县卫生健康委员会党组工作开展情况汇报，安排部署下一阶段工作，研究《定结县人民政府党组关于审定〈定结县国家粮食仓库2020年清查报告〉的请示》《定结县人民政府党组关于审定〈巩固拓展脱贫攻坚成果同乡村振兴有效衔接实施方案〉的请示》《定结县总工会关于购买2022年度“春节、藏历新年”干部职工慰问品的请示》《定结县总工会关于添置确布乡共享职工之家设备资金的请示》《县委组织部关于成立县委人才工作领导小组的请示》《县委组织部关于长期病假人员的请示》

续表2

<table>
<tr><td rowspan="4">十届县委20次常委会会议</td><td>会议时间</td><td>2021年12月28日</td></tr>
<tr><td>会议主持</td><td>县委书记陶明君</td></tr>
<tr><td>参会人员</td><td>尼玛顿珠、边巴普琼、成海亮、葛德、花霞、林立鹏出席会议，县领导多拉、达娃次仁、次朗、拉顿、边巴仓决、陈正伟、严恩祥及县直部门领导列席会议</td></tr>
<tr><td>会议议题</td><td>传达学习习近平总书记重要讲话，自治区、市领导讲话和相关会议文件精神，听取定结县关于中央第七次西藏工作座谈会精神 进一步推进定结长治久安和高质量发展实施意见的贯彻落实情况、定结县委党校工作开展情况汇报，安排部署下一阶段工作，研究《定结县人民政府党组关于审定〈办理定结县贡强桑旦曲布寺用地批复〉的请示》《定结县人民政府党组关于审定〈办理定结县曲果德庆林寺用地批复〉的请示》《定结县人民政府党组关于解决8个项目超占用地面积的请示》《定结县人民政府党组关于审定〈县城公有住房维修方案〉的请示》《定结县人民政府党组〈定结县2022年元旦春节藏历新年“三大节日”期间慰问活动方案〉的请示》《定结县人民政府党组关于提交〈2016年至2021年度扶贫产业项目分类定向〉的请示》《定结县贯彻落实〈法治中国建设规划（2020—2025年）〉的实施方案》和《定结县贯彻落实〈法治社会建设实施纲要（2020—2025年）〉的实施方案》《定结县关于开展“思想大解放、问题大摸底、作风大转变、能力大提升、为民大服务、工作大落实”专项活动的实施方案》《定结县干部管理工作制度》《关于进一步加强和改进驻村干部管理的实施办法》《定结县机关党建“八抓八强”创建活动实施方案》《县委组织部关于病假人员的请示》《县委组织部关于调入人员的请示》</td></tr>
</table>

【县委重要工作会议】 4月18日，市政协副主席、县委书记李运生主持召开书记专题会议，听取县委第十一轮巡察一组关于巡察县人民检察院、县外事办公室、县城市管理和综合执法局、县审计局工作情况汇报，听取县委第十一轮巡察二组关于巡察县退役军人事务局、县行政审批和便民服务局、县医疗保障局、县市场监督管理局工作情况汇报。县委领导巴桑、张万财、次琼、巴次、尼玛顿珠、徐正、成海亮、顾明哲、雷广军及县委办公室、县委巡察工作领导小组办公室、县委组织部、巡察一组、巡察二组领导出席会议。

5月6日，市政协副主席、县委书记李运生主持召开定结县新冠肺炎疫情防控领导小组会议，传达自治区人民政府副主席、市委书记张延清和自治区新冠肺炎疫情防控检查工作组督导检查定结县疫情防控工作情况，安排部署下一阶段工作。县领导次琼、尼玛顿珠、徐正、成海亮、雷广军、马跃军、巴桑、热旦、陶忠新、次仁加布、莫向波、索旺、拉顿、曹向阳、拉巴扎西、严恩祥、达瓦次仁，陈塘镇、日屋镇及县直部门领导负责人出席会议。

11月1日，县委书记陶明君主持召开书记专题会议，听取琼孜乡关于“定结县岗巴羊规模化养殖分社”运营情况的汇报，安排部署下一阶段工作。县委副书记、县人民政府县长次琼及琼孜乡、县委办公室、县农业农村局、县乡村振兴局领导参加会议。

全面深化改革

【概　况】 2021年，中共定结县委根据人事变动实际，调整充实县委全面深化改革委员会等委员会（领导小组），印发《中共定结县委员会关于调整、设立县委全面深化改革委员会等委员会（领导小组）的通知》，进一步明确主要职责和工作任务。年内，县委常委会会议、县委理论学习中心组学习会学习贯彻习近平总书记关于全面深化改革的重要指示精神3次，重点学习贯彻落实习近平总书记关于深化改革的一系列新思想、新观点、新论述。县委书记履行全面深化改革第一责任人责任，主持召开县委常委会会议、县委全面深化改革委员会（领导小组）会议听取深化改革工作汇报，安排部署改革工作，推动改革事项落实。

【社会治理体制改革】 完善党政军警民协调联动、“两边一线”管控、干部驻村驻寺、城乡网格化管理、“先进双联户”创建评选、矛盾纠纷排查调处、涉诉涉访等机制，落实维稳工作责任和工作措施，全县社会大局持续和谐稳定。健全完善党政军警民医联防联控工作方案预案，构建县、乡（镇）、村三级工作责任体系，在日屋、陈塘边境一线设立17个执勤点，完成林琼塘卡救治区发热门诊楼、隔离医学观察楼、方舱医院楼、生活物资保障区改造，建成供氧站、方舱医院和3处核酸检测实验室。坚持“十导”工作法，开展“遵行四条标准、争做先进僧尼”教育实践活动，健全完善寺庙《寺规僧约》，扎实推进“两个规划”培训，积极引导宗教与社会主义社会相适应。做好全国市域社会治理现代化试点工作，本级财政投入资金944.3万元实施“雪亮工程”，建立县委政法委员会社会治安综合治理中心，全天候开展视频巡查。落实信访“八化”机制，执行领导包案和带头接访、约访、下访等工作制度，持续开展矛盾纠纷大排查。年内，县级领导带案接访5批次，带案下访12批次，包案5批次，带案约访3批次，信访部门及责任单位回访53批次；各级调解组织共排查矛盾纠纷99件。全年共接到来信来访6件10人次，化解率100%；县委书记信箱收到干部群众来信5起，年内办结5起，办结率100%。

【经济体制改革】 深化金融扶持　按照“政府风险补偿金+银行信贷”支持产业扶贫开发政策，加大金融扶持力度，共为122户建档立卡脱贫群众发放小额信贷资金585万元。开展招商引资工作，借助援藏优势、日喀则珠峰城市投资发展集团有限公司、定结县措姆折林创业投资有限责任公司等渠道，全年签约招商引资项目14个，协议投资8672.82万元，累计到位资金4145.82万元。整合盘活财政存量资金5690.17万元，结合实际用于“四件大事”（稳定、发展、生态、强边）及“三保”（保基本民生、保工资、保运转支出）等领域项目。

“放管服”改革　全县10个乡（镇）政务服务中心实现集中办公，梳理完善行政许可、公共服务、行政给付、行政确认、行政奖励等权力事项908个，取消民生类事项证明4项，西藏政务服务网发布事项的办理时限缩减到50%以上。推进“互联网+政务服务”工作，县政务服务中心55个进驻事项办理10005件，办结率为100%。

商事制度改革　落实《优化营商环境条例》，继续落实“证照分离”，推进全程电子化便利注册登记，优化审批服务，实行全国统一的市场准入负面清单制度。全县各类市场主体发展到2589户，同比增长21.32%。

农牧区改革　整合资金8684.84万元重点实施产业发展、基础设施建设、人居环境整治、技能培训、乡村振兴示范村建设等项目，改善乡村基础设施条件。发展壮大珠峰绵羊、陈塘藏鸡、喜马拉雅黑金耳、夏尔巴特色小城镇和牧村奇林峡高原旅游等产业项目，编制完成《定结县全域旅游发展规划》，推进文化+旅游深度融合，筹划申报陈塘沟生态旅游区国家AAAA级旅游景区，陈塘镇夏尔巴民俗非物质文化遗产旅游景区入选西藏首批非物质文化遗产旅游景区，琼孜乡牧村入选全国乡村旅

2021年，定结县持续开展“以工代训”技能培训，图为钢筋工培训现场　（县人力资源和社会保障局　提供）

游重点村。年内，全县共接待游客34500人次，实现旅游总收入902.06万元。

【社会事业改革】 就业创业领域改革 年内，定结县建立完善县、乡（镇）、村“保姆式”劳务输出服务体系，发挥劳务公司、劳务经纪人队伍、转移就业基地作用。截至年末，全县农牧民转移就业8360人，完成年度目标100.1%，实现创收10097.1万元。落实“八个精准”“六个一批”及“4321”高校毕业生结对帮扶措施，全县129名应届高校毕业生实现全部就业，就业率达100%。鼓励大学生自主创业，全年兑现48名大学毕业生一次性创业启动资金和水电房租补贴202.9万元。

教育体制改革 是年，定结县实施义务教育薄弱学校改扩建及村级幼儿园建设等教育项目。3月9日，总投资3003.55万元的陈塘镇初级中学正式开学。年内，定结县推进控辍保学、经济困难家庭大学生资助等工作，对部分乡（镇）学校超小班级，采取“以强并弱”“就近整合”方式整合学生24人，全力推进素质教育，强化学生思想政治教育。截至年末，全县义务教育阶段中小学在校生2925人，入学率为100%，巩固率为100%；全县共有幼儿园30所，在园幼儿1105人，幼儿园覆盖率达100%，学前入园率达89.4%。

医疗卫生体制改革 年内，定结县建立80个基层巡回诊疗服务团队，邀请援藏医疗专家和县、乡（镇）、村三级医务人员组成巡回诊疗队，采取“包乡、包村、包户、到人”方式，开展巡回诊疗+健康体检活动，惠及全县群众24593人。推进日屋镇口岸医院建设项目和县疾病预防控制中心生物安全实验室、县藏医院、县传染病医院、县妇幼保健院等项目建设，研究制订《定结县医共体工作实施方案》。

社会保障领域改革 年内，定结县健全覆盖全民、城乡统筹、权责清晰、可持续的多层次社会保障体系，健全留守儿童、妇女、“空巢”老人、困难人员等关爱服务体系，完善社会救助、社会福利、慈善事业、优抚安置等制度。全年落实158户困难家庭社会救助资金121.7万元，兑现城乡低保补助资金59.9万元。

【生态文明体制改革】 2021年，定结县推进生态红线评估调整工作，实施山水林田湖草沙冰系统保护修复，规划实施朋曲、叶汝藏布流域生态环境治理工程，制定《定结县规范土地征收成片开发的指导意见》和《绿色矿山建设标准》，强化河（湖）长制、推行“林草长”制工作，建立湿地保护奖励、水生态补偿机制等。打好蓝天、碧水、净土三大保卫战，开展饮用水源、环境空气监测，开展建筑施工扬尘污染、柴油货车尾气污染等专项整治和人居环境整治、垃圾污水治理、村容村貌提升、厕所革命等集中整治，发展沙棘、黑金耳等林下经济、苗木经济等生态产业。是年，定结县落实环境保护“党政同责”“一岗双责”“一票否决制”，坚守“三高”企业和项目零审批、零引进底线，全面加大环保执法检查力度，抓好中央环保督察反馈意见整改工作。

【边境事务管理改革】 2021年，定结县健全军警民共建共享、互帮互扶机制，推进文化、教育、医疗、生态保护等公共服务和通信、监控等设施军警民统建共用，实施边境党建红色长廊工程，全县实现驻地军警部队边境村党支部军地共建，组建军地联合步骑巡逻队，持续对巡逻点、176千米边境线开展巡逻巡查，各基层党组织联合驻地官兵干警开展爱国主义教育、国防教育、红色教育、民族团结教育、“同唱一首歌”、“同巡边防线共守一个家”等系列活动1.2万余场次。是年，定结县投入资金400万元用于改善边境区域通信信号建设，落实边境一线设卡点位执勤人员补贴、巡边群众误工补助。完成投资1.13亿元的县城供暖、日屋镇供暖项目前期工作，推进非边境乡（镇）和边境一线乡（镇）基础设施建设项目。

【党的建设制度改革】 制度建设 年内，健全完善《中共定结县委常委会议事规则》《定结县党政机关重大事项请示报告制度（试行）》等规章制度，制定《中国共产党定结县代表大会代表任期履职工作制度（暂行）》，设立党代表联络办公室与县、乡（镇）、村党代表工作室，发挥党代表的党群干群桥梁纽带作用。

组织建设　年内，定结县完成10个乡（镇）、70个行政村换届选举工作，整顿农牧区软弱涣散党组织7个、机关软弱涣散党组织6个。发挥县直机关工委作用，组建“两新”联合党支部1个、“两新”领域群团组织2个，增设政府部门党组25个，完成64个县直机关党支部换届工作。

党建品牌建设　重点打造“党员先锋岗”“积分制管理”“三级二十星”“红色星期五”“珠峰卫士、平安先锋”“国门党建”等党建特色品牌，打造县政协办公室党支部等2个机关党建示范点和藏嘎村党支部等8个农牧区党建示范点，组建边境新冠肺炎疫情防控点“帐篷党支部”14个。创新提出机关党建“八抓八强”（抓政治、强引领，抓责任、强主体，抓组织、强队伍，抓规范、强阵地，抓融入、强结合，抓亮点、强品牌，抓纪律、强生态，抓服务、强落实）工作举措，引领机关党员干部走在前、作表率、真出彩。

作风建设　执行中央八项规定及其实施细则精神，落实中共中央、自治区党委、市委为基层减负工作要求，结合全县实际，控制会议规模、发文数量、督查频次，持续为基层松绑。全年排查教育转化信仰宗教党员36名，排查违规违纪发展党员问题线索764条，最终认定22名，约谈村党支部书记16人。筹划开展思想观念大解放、突出问题大摸底、干事作风大转变、创业能力大提升、为民服务大加强、工作举措大落实“六大行动”，促使党员干部敢为、能为、有为。

政务工作

【办文办会】　2021年，县委办公室围绕县委中心工作，发挥领导参谋助手作用，加强沟通协调对接，做好会务组织服务工作。按照中共中央、自治区党委、市委关于精文减会的要求，规范公文起草、校对、审批、签发、归档等程序，规范县委和县委办公室收文发文程序。全年编发县委常委会会议纪要31期，县委专题会议纪要3期，以县委名义发文16件，以县委办公室名义发文57件，以“白头文件”形式下发文件10件。结合县委承办的各种会议，制订会议筹备方案，把关办会环节，撰写会议材料，做好会务服务。

【党委督查】　2021年，县委办公室就党史学习教育、农牧民工工资“双拖欠”（拖欠农民工工资、拖欠工程款）、新冠肺炎疫情常态化防控、信访工作、农村供水，县委常委会会议议定事项及县委、县人民政府重大会议精神贯彻落实情况，县委、县人民政府主要领导指示批示等落实情况进行15次实地督查、13次电话督查，下发督办单130份，涵盖全县10个乡（镇）和54个县直部门。经过多次督促检查，推动全县各项工作开展，确保各项重点工作落实到位、落地生根。

【信息工作】　2021年，县委办公室围绕全县重大活动、重要会议及党的建设、乡村振兴、产业发展、民生改善、项目建设等重点工作，编发上报有价值信息，反映全县工作开展的经验做法，做到“快、准、全”上报县域动态。按照市委办公信息科每月不少于50篇的要求，全年共上报信息700余条，被市委信息中心采用79条，综合排名位居全市第10名。信息工作人员加强与各乡（镇）、单位沟通协调，在重要节假日实行信息专报，重要活动实行信息通报制度，加强各乡（镇）、单位信息考核工作，实行每月一统计、每年一汇总，县委办公室、县人民政府办公室将各乡（镇）、单位信息报送工作纳入《定结县目标绩效争先进位考核办法（试行）》考核内容，年末对全县党委系统信息报送工作9个先进集体和12名先进个人予以表彰。

【机要保密】　年内，定结县建立健全规章制度，落实县委机要局24小时值班制度，严格交接班核查管理，严把密码电报收发关，定期组织机要值班人员开展业务练兵，真正做到密码电报即收即办。2021年，全县传发办理电报3213/22207份，服务保障各类重要会议79次，实现零延迟、零差错、零失误。完成机要密码部门标准化建设工作，密码通信主渠道、电子政务内网设施设备全部实现国产化替代。加强“县乡党政信息网”的管理使用，组织县委机要局工作人员对10个乡（镇）、县直单位“县乡党政信息网”使用情况进行跟踪检查、维修维护，保证党政机关公文传输畅通。做好以紧急重要电报办理和随行领导服务为重点的密码通信工作，年内完成4次上级领导随行服务保障工作、庆祝中国共产党成立100周年和西藏和平解放70周年、新冠肺炎疫情常态化防控等重点时期密码通信绝对安全畅通的保障任务。做好机关保密工作，调整县委保密委员会组成人员，明确1名县委副书记为县委保密委员会主任，督促全县各乡（镇）、县（区、中）直单位履行保密工作制度。开展学习宣传《中华人民共和国保守国家秘密法》《中华人民共和国保守国家秘密法实施条例》活动，抓好领导干部、涉密人员的保密宣传教育，组织全县干部学习《计算机、通信和办公设备保密管理必知必读》《中华人民共和国保守国家秘密法》《西藏自治区保密工作手册》《领导干部和涉密人员保密行为手册》《国家秘密载体销毁管理规定》《定结县保密工作管理条例》《定结县保密要害部门、部位管理制度》等内容。年内，县委办公室对新录用工作人员开展1次保密知识教育。

【机关党建】 2021年，县委办公室党支部召开支部党员大会4次、支部委员会会议13次、党小组会议12次，党支部书记讲党课3次，县级领导干部讲党课2次。在党史学习教育中，全年组织开展党史教育相关学习20余次，涉及300余人次；开展党史宣传4次，参与70余人次；开展“我为群众办实事”实践活动，共为群众办实事8件，惠及群众300余人；组织参观红色基地1次，参与3人次；开展重温入党誓词仪式4次，参与100余人次；观看红色电影7次，参与110余人次。创新开展“微党课我来讲”活动，由支部党员轮流开展讲微党课活动。是年8月，县委办党支部完成支部换届工作，选举产生支部委员会委员5名，其中书记1名、副书记1名。落实“三会一课”、主题党日、谈心谈话、组织生活会等党内组织生活制度，开展结对帮扶活动，全年共开展慰问帮扶活动2次，慰问困难户54户，帮扶资金29060元。做好发展党员工作，县委办公室党支部年内有正式党员25名，培养入党积极分子3名。规范党费收缴工作，指定专人负责党费收缴，所有党员党费实行每月手机银行自主交纳。

组织工作

【概　况】 2021年，定结县共有基层党委14个，党组30个，党总支1个，党支部158个（行政村党支部70个、医疗卫生领域2个、教育系统12个、退休党支部2个、“两新”党支部2个、机关党支部70个）；党员共计2861名，其中农牧民党员1782名。共有工会组织90个，妇联组织87个，共青团组织84个，“双联户”联户单位587个。

【基层组织建设】 基层党建品牌　是年，定结县创建“党员先锋岗”“计分制管理”“红色星期五”等8个党建品牌，打造县政协办公室党支部等2个机关党建示范点和藏嘎村党支部等7个农牧区党建示范点。

基层组织建设　年内，定结县完成县直机关64个党支部换届，组建新冠肺炎疫情防控点临时党支部14个，组建1个寺庙管理委员会党组，1720名党员与16780名群众实现“三包”。确定13个较差党组织为软弱涣散党组织，排查整顿7个软弱涣散村级党组织及6个机关党组织，选派7名机关优秀年轻干部到村党支部担任第一书记、书记，调整16名村干部。整顿提升后，党员满意率和群众代表满意率分别达95%、90%。党员满意度低于95%，群众代表满意度低于85%的，一律重新整顿，确保整顿质量和成色。

“五共五固”活动　11个驻地军、警部队单位与55个边境村党支部实现军地共建，组建军地结对共建骨干理论队伍55支，共有乡（镇）协调员11名，党建指导员14名，边境工作顾问55名，全年开展宣传宣讲460余次，巡逻巡边1976次，联合执法、送教上门20余次。陈塘镇、日屋镇联合驻地部队组成巡边队伍16支，开展“同巡边防线共守一个家”巡逻活动400余次。

【机关党建】 2021年，定结县在县直机关各党支部开展“八抓八强”机关党建品牌创建活动，对照《中国共产党章程》等党章党规，完成机关党组织换届工作。优化县直机关党组织体系，撤销县经发党总支、县涉农党总支、县党群党总支、县政法党总支、县卫生党总支、县中直企业党总支6个党总支，创新设置党支部联组6个，组建“两新”联合党支部1个、“两新”领域群团组织2个，增设党组25个，组建县公安局机关党委。解决资金15.16万元，帮助县委办公室党支部、县人民政府办公室党支部、发改统计联合党支部、县住房和城乡建设局党支部、县卫生健康委员会党支部等5家党支部解决活动阵地缺少设施设备等实际困难。做好“三优一先”表彰工作，“七一”期间表彰县直机关先进基层党组织10个、优秀党务工作者10名、优秀共产党员31名。实行“一支部一对策”措施，加强跟踪督导检查，县直机关6个软弱涣散党支部动态清零。把好发展党员工作的政治关、程序关、培养关，2021年发展党员38人，吸收入党积极分子21人。2021年，县直机关工委审核党员干部档案167份，完善党员干部档案142份；全国党员系统和珠峰党建信息系统完善党员信息2861人，转接党员党组织关系543次。县直机关党工委举办机关党委书记、党支部书记和入党积极分子、新党员的教育培训2期，开展党员教育培训4期，在“定结发布”微信公众号开设党员教育培训专栏9期。

12月27日，定结县组织全县各行政村主要干部赴贵州省遵义市培训
（县委组织部　提供）

【党员教育管理】 2021年，定结县组织党员干部赴吉林省长春市、浙江省、四川省成都市开展培训3次。研究制定《定结县关于进一步激励广大干部新时代担当作为的十项措施》，激励干部担当作为。发挥县委党校主阵地作用，通过“分级分类、送教下乡”等方式，组织开展新任村“两委”班子轮训和党员教育工作，全年完成全县70个村第一书记全部轮训，138名村“两委”主要干部国家通用语言培训全覆盖，共计开展党员教育示范培训4期，累计人员240人次。定结县按照《定结县培养发展党员工作明细栏》“5个环节、25道程序”做好发展党员工作，对各级党组织新发展党员的入党程序进行督导，做好《入党积极分子培养考察登记表》《中国共产党入党志愿书》等档案材料审核关。规范全县党员档案管理，指定专人负责党员档案管理工作。

【党建经费管理】 2021年，定结县党组织建设经费本级财政预算共计100万元，其中使用9万元用于表彰31个先进党组织、51名优秀共产党员、19名优秀党务工作者、30名优秀基层干部，拨付47.2万余元修建乡（镇）活动场所设备、修建红色长廊、进行绿化环境整治等，使用20.2万余元征订党建刊物，购置党员学习笔记本远程教育设备，投入经费6万元支持新冠肺炎疫情常态化防控工作。使用14万余元作为党建活动、慰问生活困难党员等经费。村级党组织建设经费每年标准10万元（自治区级50%、市级30%、县级20%），全县共计拨付70万元到各个乡（镇）财政所，作为开展村级党组织建设工作经费，另利用县管党费2.1万余元征订党建书刊。根据《中共日喀则市委组织部关于新录用公务员到村担任大学生村官的通知》文件要求，大学生村官补助标准2.2万元/人·年，其中自治区承担补助标准1.8万元/人·年，不足部分由县财政承担。大学生村官补助经费用于大学生村官安置、教育培训、国情调研、服务群众。

【乡（镇）、村两级换届】 2021年，根据中共中央、自治区党委、市委关于县、乡（镇）领导班子换届工作部署要求，定结县成立以县委书记为组长、县委副书记为常务副组长、部分县委常委为副组长的定结县委乡（镇）领导班子换届工作领导小组，10个乡（镇）成立相应的换届领导机构和工作专班，同时成立县委乡（镇）领导班子换届工作领导小组办公室，下设巡回督导组、指导检查组、换届风气组、宣传报道组、离任审计组、维稳安保组6个工作小组，完成10个乡（镇）、70个行政村换届选举工作。换届期间，党委（党组）会议传达学习中共中央关于严肃换届纪律、加强换届风气监督的通知15次，县委理论学习中心组学习换届政策法规及文件12次，组织观看《警钟》《镜鉴》等警示教育片35次，受教育群众1897人次。全年开展换届选举工作政策法规宣传46次，制作宣传横幅35条，张贴宣传标语45条，制作《严肃换届纪律学习资料选编手册》《定结县县乡（镇）领导班子换届工作漫画宣传册》1800本，印制藏、汉双语《严肃换届纪律知晓卡九个严禁》卡片320本，签订6类《严格遵守“十严禁”换届纪律承诺书》850余份，增强严守换届纪律的自觉性，以“零容忍”的态度正风肃纪。换届期间，对换届提名人选从严做到“凡提四必”（干部档案“凡提必审”，个人有关事项报告“凡提必核”，纪检监察机关意见“凡提必听”，反映违规违纪问题线索具体、有可查性的信访举报“凡提必查”）”，防止干部“带病提名”“带病提拔”。畅通群众举报渠道，设立13个换届工作举报箱，及时受理违反换届纪律问题举报。其间共下发工作提醒8期，派出指导督导组5个，对10个乡（镇）党委换届工作进行跟踪问效；县委组织部成立调研组深入10个乡（镇），开展座谈调研、个别访谈、实地走访，对乡（镇）领导班子结构、运行情况和干部管理进行综合分析，广泛听取新一届班子配备的意见建议。拓宽选人用人视野，注重从“五方面人员”中选拔乡（镇）领导干部，优先使用在重大斗争实践中表现突出的干部，选拔使用经受扎实历练、“七种能力”强和工作业绩突出、条件成熟的优秀干部，配合上级组织部门做好干部考察、民主推荐、离任审查、政治表现鉴定等工作。

【村集体经济】 截至年末，全县共有14个中央扶持壮大村集体经济项目，年收益50万元以上的村36个，年收益20万元以上的村62个，年收益5万元以上的村68个，年收益2万元以上的村70个。2021年，定结县开展农牧民专业合作社督导培训3期，农牧民专业合作社规范提升财务管理培训11期，培训乡（镇）、村、乡（镇）财政所干部及农产品生产、加工、销售骨干86人，培训县级骨干辅导员11人，实现10个乡（镇）农牧民专业合作组织培训全覆盖；开展农牧民专业合作社辅导员培训2次48人，参加市级组织县、乡（镇）辅导员培训2次10人，开展农牧民专业合作社财务人员培训1次36人，组织编织类农牧民专业合作社社员赴日喀则市参加“以工代训”5次50人。截至年末，全县在县市场监督管理局注册登记的各类农牧民专业合作社共378家，入社4994户17064人，带动建档立卡脱贫户1382户4384人，成员注册资金共计7936万元；带动就业2144人，年平均收入27902.16元。全县378家农牧民专业合作社年纯收益14309.62万元，实现成员人均收入8300元/年。

【人才队伍建设】 2021年，定结县委组织部会同县统计局、县农业农村局等部门，对全县党政人才、高技能人才、农村实用人才、企业管理人才、社会工作人才、专业技术人才等六类人才进行全面梳理，组织县人力资源和社会保障局开展在外人才摸底统计，加大定结籍人才回乡创新创业典型事例宣传。全县共储备六类人才623名。其中，党政人才3名，高技能人才17名，农村实用人才446名，企业管理人才102名，社会工作人才1名，专业技术人才54名。

【干部队伍建设】 2021年，全县共有干部职工992名，其中公务员553名，事业编制专业技术人员413名（不含教师307名），工人18名，聘用干部8名。551名公务员中，县处级干部35名，科级干部417名，一级科员、二级科员68名；413名事业编制专业技术人员中，农牧类78名，卫生类88名，文化类78名，其他类169名；中级职称28名，初级职称202名。

选人用人 2021年，县委组织部选派8名年轻干部担任经济薄弱村村官，选派58名年轻干部担任村党支部第一书记，选派130名公务员、医护人员、公安干警赴新冠肺炎疫情防控一线值守锻炼。年内，全县调整干部9批409人次，其中提拔领导职务92人、交流领导职务98人、免去领导职务22人、事业干部进乡（镇）领导班子6人、晋升职级191人。其中高、低海拔乡（镇）交流干部17人，远、近乡（镇）交流干部20人，乡（镇）交流到县直机关任职干部41人，县直机关交流到乡（镇）任职干部29人，免去领导职务干部22人，对口碑不好、实绩不佳的3名人选取消考察资格。

干部考核 坚持在乡村振兴、维护稳定、新冠肺炎疫情常态化防控等中心大局工作中发现干部、培养干部，抓好政治素质考察、政治监督，实行县级分管联系领导实名制推荐、各级党组织会议研究推荐干部，强化分析研判和干部推荐识别结果运用。

激励干部担当 落实中共中央关于关心关爱干部系列政策，制定完善《关于进一步激励广大干部新时代担当作为干事创业的十项措施》，按规定标准落实乡（镇）生活补贴、村党支部第一书记生活补助、干部职工休假补助、干部职工出差培训报销等相关待遇。建立健全党内帮扶机制和关心关爱干部机制，对因自然灾害、重大疾病、重大变故导致生活特别困难的党员干部，给予关爱帮扶。

【公务员管理】 年内，修订《定结县干部管理工作制度》，完善工作制度、值班制度、请销假制度等内容。按照《党政领导干部考核工作条例》《公务员考核规定》《公务员平时考核办法（试行）》《事业单位人事管理条例》要求，做好全县公务员、事业单位工作人员年度考核工作。全县公务员中129人评定为“优秀”等次、368人评定为“称职”等次、1人评定为“不称职”等次、11人评定为“不确定”等次，9人未参加考核，17人连续3年评定为“优秀”等次记三等功1次；事业单位工作人员中83人评定为“优秀”等次、302人评定为“合格”等次、1人评定为“不合格”等次、22人评定为“不确定”等次，5人未参加考核。

【老干部工作】 2021年，全县共有离退休老干部233人，其中机关离退休干部77人，事业单位离退休干部103人（包括工人54人），企业离退休干部53人。安置在日喀则市主城区离退休老干部127人，安置在拉萨市24人，安置在定结县城82人，老干部平均年龄61岁。年内离退休老干部去世8人，死亡率3.4%。年内，定结县委以“庆祝建党100周年”为主题组织召开老干部座谈会4次；“三大节日”期间对全县241名离退休干部（包括安置在自治区外的8名离退休干部）、8名聘用干部走访慰问，慰问和活动经费达22.88万元；“七一”建党节期间，为14名困难老党员及住院退休干部送去1000元/人的慰问金；在重阳节对36名年龄偏高及生活困难老干部、长期治病老干部进行慰问，送去500元/人的慰问金，重阳节经费开销4.56万元；兑现离退休老干部护工费21万元，兑现班子补贴2.64万元。

是年，定结县组织成立

9月15日，定结县庆祝西藏和平解放70周年中央代表团礼品发放仪式举行（县委组织部 提供）

离退休老干部宣讲团，赴各乡（镇）、各行政村进行宣讲，以身边人身边事现身说法宣传红色精神、传承党的红色基因。年内，组织离退休党支部对县城环境保护工作进行督查48次，组织90名驻拉萨市、驻日喀则市主城区离退休干部开展以“游故地、话今夕、感党恩、看发展”为主题的故地重游活动，向181名驻县城、驻拉萨市、驻日喀则市主城区出席西藏和平解放70周年庆祝活动的中共中央代表团的离退休干部发放纪念品。

宣传工作

【主题宣传教育】 2021年，定结县围绕庆祝中国共产党成立100周年和西藏和平解放70周年，在全县党员干部中开展党史学习教育。年内，组织干部职工收看收听庆祝中国共产党成立100周年大会实况，举办“喜迎建党100周年暨西藏和平解放70周年”文艺会演，开展“永远跟党走”群众性主题宣传教育活动和“童心向党——庆祝中国共产党成立100周年定结县青少年主题宣传教育活动”，组织各级党委（党组）、党支部开展专题学习研讨习近平总书记在庆祝中国共产党成立100周年大会上的讲话精神并开展基层巡回宣讲活动。组织“我为党旗增光添彩”群众性的理想信念教育活动、“我与定结合影”“健康定结”群众性文体活动、“我为家乡搭把手”志愿服务活动、小手拉大手共创文明城“五项”主题活动，创作推出“初心不变心向党再唱山歌给党听”短视频等一批文艺精品。

【志愿服务】 2021年，定结县整合资源，相继挂牌成立县、乡（镇）、村三级新时代文明实践中心（所、站）81个，组建志愿服务队伍363支，注册志愿者4442名。

【意识形态工作】 2021年，定结县落实《中国共产党宣传工作条例》和《日喀则市关于贯彻落实〈中国共产党宣传工作条例〉的若干举措》，党委（党组）书记“一把手”履行“第一责任”，分管领导履行“直接责任”，班子成员履行“一岗双责”责任。各级党委（党组）把意识形态工作纳入领导干部目标管理，纳入党组织书记抓党建工作述职评议，纳入领导班子民主生活会、专题组织生活会对照检查内容，纳入领导班子年度述责述廉报告的重要内容，全年县委专题研究宣传思想、意识形态工作2次。按照《日喀则市关于中央第十巡视组意识形态工作责任制专项检查组反馈问题整改任务分工方案》通知要求，抓好九届自治区党委第七、八轮巡视反馈落实意识形态工作责任制问题整改，制定印发《定结县关于九届自治区第七、八轮巡视落实意识形态工作责任制监督检查反馈问题的整改落实方案》《定结县关于中央第十巡视组意识形态工作责任制专项检查组反馈问题整改任务分工方案》，对5个方面33项整改任务进行细化分解。6月11日，县委书记陶明君到县委宣传部调研时强调，要牢牢掌握宣传思想工作的领导权和话语权，敢于发声，把党的政策宣传好；要掌握做好宣传思想工作“五个度”，宣传思想工作要有态度、有温度、有深度、有速度、有力度；宣传工作要做到“六突出”，突出政治性、时代性、群众性、创新性、战斗性、实效性。

6月24日，定结县召开意识形态工作推进会议（县委宣传部　提供）

【理论教育】 2021年，县委修订完善《县委理论学习中心组学习制度》，制定《定结县各级党委（党组）理论学习中心组2021年专题学习重点内容安排意见》，将习近平总书记关于宣传思想和意识形态工作的重要论述及“三更”专题教育、党史学习教育等必学内容纳入专题学习内容，把生态文明、脱贫攻坚、乡村振兴、“五共五固”等全县中心工作的理论政策贯穿学习过程。制定《定结县理论学习中心组学习列席旁听制度》，开展定结县理论学习中心组学习巡听旁听工作。年内，县委宣传部列出16个专题学习安排计划，组织县委理论学习中心组学习23次，专题研讨19次，集中观看教育片8场次，涵盖全县所有县级领导及机关单位党政正职106人，参加学习党员干部2400人次；开展知识测试5次，发放试卷629份。

【舆论引导】 2021年，定结县结合新时代文明实践活动，开展新时代文明实践“暖冬六送”、巡回宣讲活动，讲好定结故事、宣传定结形象。落实《西藏自治区社会宣传管理办法（试行）》，广设宣传阵地、广布宣传标语，宣传内容保持常更常新，“不忘初心、牢记使命”、中共十九届历次全会、中央第七次西藏工作座谈会、党史学习教育、庆祝中国共产党成立100周年和西藏和平解放70周年等重大政治主题的宣传标语覆盖全县各个区域。建立健全重大新闻事件和重大突发事件应急处置机制，制定《定结县突发事件新闻应急处理工作流程》《定结县重大网络舆情应急处置工作流程》，建立新闻发言人制度。发挥网络引导作用，落实稿件“信息公开审查制度”“三审三校”制度。

【对外宣传】 2021年5月，定结县组建县融媒体中心，基本实现保障采访、编辑、技术人员集中办公，构建“网、微、端、屏”一体化传播矩阵。定结县融媒体中心编制人数11人，实有工作人员8人，其中记者3人、编辑1人、播音2人、工勤人员2人，中级职称1人、初级职称6人。年内，县融媒体中心创办“多彩定结”官方抖音号，自办综合频道“定结TV”，自办频道栏目有《定结新闻》《生活大讲堂》《周末影院》等，广播1个“定结广播”，频率为95.0兆赫。全年在《定结新闻》栏目制作、播出稿件413条；微信公众号“定结发布”发布稿件3980条，浏览量达21.3万人次。共向市级以上媒体供稿400余篇，兑现稿费2万余元；抖音“多彩定结”官方公众号推送时政要闻、文化旅游、新冠肺炎疫情常态化防控科普知识、环境保护、扫黄打非、影视剧等各类视频1482条，粉丝数8.1万人，累计推送2219条视频，浏览量达到300万余人次，获赞达109.3万次，单条作品浏览量超过43万次，最高点赞量3000次。

【精神文明建设】 2021年，日屋镇果玛村获评第六届自治区文明村镇，县卫生健康委员会获评第六届自治区文明单位，萨尔乡、萨尔乡库金村、普贵村继续保留自治区级文明村镇称号。7月8日，定结县召开创建自治区文明县城动员部署会，全面安排部署创建自治区级文明县城工作，县委宣传部将文明城市创建工作纳入《定结县目标绩效争先进位考核清单》。

年内，定结县深化文明创建活动，推动基层移风易俗、成风化俗工作进村入户。组织开展"珠峰谐韵"群众性舞蹈大赛和"定结大讲堂"等文艺活动，展示新旧西藏对比、感颂党恩、过好今生幸福生活等内容，组织开展"五比"竞赛等活动，引导群众竞比赶超，过好今生幸福生活。全年表彰第六批精神文明单位11个，文明窗口4个，精神文明创建先进个人50名。

【"四讲四爱"群众教育实践活动】 年内，定结县继续开展"四讲四爱"群众性教育实践活动，26项规定动作跟进接力，累计开展活动4105场次，受教育群众达414516人次；全县新建立规章制度134条，修订完善63条。围绕中央第七次西藏工作座谈会精神、中共十九届六中全会精神、中国共产党日喀则市第二次代表大会精神、党史学习教育、党的惠民政策、民族团结进步、法律法规、新冠肺炎疫情防控知识等内容，在农牧民群众、僧尼、学生、国有企业职工中开展系列宣讲活动。是年，全县各级宣讲达2200余场次，宣讲面达到100%，累计受教育群众6.8万余人次，受教育学生1.03万人次，受教育僧尼162人次。年内实现全县70个行政村"一村一群"全覆盖，定期更新视频、音频、每日一学等"四讲四爱"学习资料，全县3个镇7个乡70个行政村、12所学校、5座寺庙共悬挂国旗4438面，利用村级文化设施设备让广播响起来。年内表彰"四讲四爱"群众教育实践活动先进集体15个、优秀宣讲员30人，表彰2020年度"五星乡（镇）"2个、"五星村"13个、"五星户"352户，表彰2021年度"五星乡（镇）"2个、"五星村"13个、"五星户"350户。

【党史学习教育】 年内，定结县将党史学习教育内容融入县委理论学习中心组专题学习。在党史学习教育中，各级党组织有序开展"三会一课"主题党日活动254次，涵盖近7000人次；开展观看党史题材影视作品及专题讲座等共计119场次；154个党支部结合每月支部主题党日共计开展学习研讨1171次，参与党员23590人次，收集专题研讨材料及个人报告14995份；各支部书记完成党史学习教育专题党课295次；印制发放各类党史学习资料5400余份，书籍520本，学习笔记本140本，制作宣传栏、宣传横幅等213个（条）；县党史学习教育领导小组办公室联合县委宣传部、地方文艺团体以"六史"（中国共产党领导人民的奋斗史、创业史、改革开放史、西藏历史、民族发展史和宗教演变史）为主题开展专题示范宣讲143场次，受众达7000余人。各单位开展庆祝中国共产党成立100周年、西藏和平解放70周年系列主题活动，参与人数628人，投入资金22112元（含发放奖金19370元），全县各级党组织结合主题党日、新时代文明实践推动日专题活动，开展"我为群众办实事"实践活动。全县154个党支部2718名党员开展"我为群众办实事"实践活动，共为群众办实事1657件，受益群众达2.2万余人次。

统一战线

【宗教事务管理】 2021年，县委统战部坚持依法管理宗教事务，加强宗教领域维稳机制建设，制定完善维稳工作方案预案，开展寺庙安全隐患大排查10次，宣传消防知识8次，整改突出问题10个。开展"遵行四条标准、争做先进僧尼"教育实践活动，县委统战部邀请自治区社会主义学院专家、僧人、基层经验丰富的退休老干部到各寺庙巡回开展《藏传佛教活佛转世管理办法》宣讲、"遵行四条标准、争做先进僧尼"教育实践宣讲活动。完成2021年定结县和谐模范寺庙暨爱国守法先进僧尼、先进寺庙管理委员会（特派员）和优秀驻寺干部评选活动，共推荐表彰市级优秀驻寺干部5名、爱国守法先进僧尼29名、和谐模范寺庙2座及先进驻寺机构2个，表彰县级优秀宗教工作者4名。

【非公有制经济工作】 年内，全县建立县委、县人民政府领导，县委统战部牵头，有关部门参与，县工商联具体实施的非公有制经济代表人士工作机制。全年先后组织萨尔乡利民施工队、定结乡桑日为民施工队2家县工商联会员企业深入3个行政村，开展“百企帮百村”精准扶贫行动，累计投入帮扶资金3万元，受益群众50余人。

【驻寺机构党建工作】 2021年，县委统战部落实党建工作责任制，抓好驻寺机构党建工作。按照属地管理、分级负责原则，建立驻寺机构党建工作由县委、乡（镇）党委承担主体责任，县委统战部牵头负责，县委组织部督促指导，县宗教事务部门协助落实解决存在问题的工作格局。县、乡（镇）党委每半年召开党建工作会议，专题听取驻寺机构党建工作开展情况并实地检查指导。年内，县委统战部推进驻寺机构党组织“两学一做”学习教育常态化制度化，开展驻寺机构党史学习教育。全年共开展支部集体学习12次、周例会40余次、县委统战部部务会议6次，领导上党课2次，观看爱国教育片6次，组织座谈讨论会4次、撰写学习心得体会20篇。科学合理设置驻寺机构党组织，对正式党员不足3人的寺庙管理委员会，通过挂靠乡（镇）、村（居）党组织或与其他驻寺机构联合建立党组织。执行“三会一课”、“三重一大”、民主生活会、组织生活会、民主评议党员、领导干部“一岗双责”、双重组织生活和谈心谈话等基本制度，认真开展主题党日活动、批评和自我批评，发挥驻寺机构党组织战斗堡垒作用。各基层党组织每半年召开一次乡（镇）党建办公室、驻地村党支部、驻寺党支部协调联席会议，定期研究寺庙管理、僧人家庭困难等相关问题，形成乡（镇）、村、驻寺机构齐抓共管的工作格局。按照“尽力而为、量力而行，实事求是、够用实用”要求，完成驻寺机构党组织活动场所新建、改扩建任务。

【归国藏胞工作】 年内，县委统战部做好境外藏胞工作，宣传《境外藏胞回国审批管理办法实施细则》，完善境外藏胞回国探访审批管理和接待服务工作，掌握了解回国定居藏胞思想动态，

2021年，包寺县级干部到寺庙检查指导工作（县委统战部　提供）

2021年，县委统战部组织僧人学习中央第七次西藏工作座谈会精神及《藏传佛教活佛转世管理办法》　（县委宣传部　提供）

更新完善藏胞（境外藏胞）基本信息261份。开展摸底调研工作，利用“三大节日”等节庆对回国定居藏胞开展走访慰问活动2次，发放慰问物资价值6.63万元。

【党外队伍建设】 2021年，县委统战部加强党外队伍建设，完善充实党外干部数据库，抓好党外知识分子和党外代表人士队伍建设，建立党外代表人士科学培养机制，加强党外代表人士培养和推荐使用工作。全年向55名党外爱国人士发放生活补助491703元。

【宗教政策宣传】 2021年，县委统战部按照《西藏自治区关于新修订〈宗教事务条例〉学习宣传工作方案》要求，会同县委组织部、县委宣传部、乡（镇）和有关部门，加强新修订《宗教事务条例》学习宣传工作。组织统战、民族宗教领域干部，深入全县70个行政村、5座寺庙宣讲《藏传佛教活佛转世管理办法》，受教育群众达3000余人次。县委统战部组织寺庙僧人、党外统战爱国人士、非公有制经济人士学习宣传中共十九届六中全会、习近平总书记考察西藏时的重要讲话精神、中国共产党西藏自治区第十次代表大会及中共中央、自治区党委、市委统战民族宗教工作会议精神，做好统一思想和凝聚人心工作。

【统战干部培训】 2021年，县委统战部选派2名干部前往吉林省学习民族团结工作，选派4人参加自治区、市两级社会主义学院学习，年末组织全县10个乡（镇）统战委员学习统战、宗教方面的业务知识学习。

机构编制

【概　况】 2021年，定结县设置党委机构8个，政府工作部门30个，人大工作部门2个，政协工作部门2个，群团工作部门3个，检察机关1个，审判机关1个，寺庙管理机构1个，参照公务员法管理事业单位8个，所属事业单位5个，部门管理事业单位12个。10个乡（镇）分别内设4个党政机构，分别下设4个事业单位。县直机关核定行政编制163名，核定政法专项编制78名，核定参公编制49名，核定事业编制149名，核定中小学、幼儿园编制235名；乡（镇）核定行政编制178名，事业编制285名。

【边境县乡编制】 2021年，定结县委机构编制委员会办公室（以下简称“县委编办”）按照《关于为边境县乡增加部分行政编制的通知》要求，分别为县外事办公室、陈塘镇、日屋镇、琼孜乡与郭加乡增加编制，全县共加行政编制8名。

【机关事业编制】 年内，县委编办按照《关于核销机关事业编制核增下达参照公务员法管理事业单位编制的通知》要求，核销定结县机关事业编制35名（不含市生态环境局定结县分局使用的1名机关事业编制），其中党政群机关31名、县寺庙管理委员会4名。县委编办为定结县下达参照管理事业单位事业编制24名，用于充实县档案馆、县藏语文工作委员会办公室、县社会保障中心编制和新设立的县网络安全应急

2021年，县委统战部与县民族宗教事务局联合开展民族宗教政策和民族团结进步创建工作宣传　（县委统战部　提供）

指挥中心、县会计核算中心、县医保核算中心编制。

【寺庙管理机构改革】 2021年，县委编办按照《关于调整优化寺庙管理机构的通知》要求，调整优化全县寺庙管理机构，调整后设1个寺庙管理机构，负责管理阿布入寺、贡强桑旦曲布寺、曲果德庆林寺、扎西群培寺、伟色寺，管理拉贵拉康、羌姆石窟寺、朗普寺、拉布让寺。

【乡（镇）内设机构改革】 年内，县委编办按照《中共日喀则市委办公室日喀则人民政府办公室印发〈关于推进基层整合审批服务执法力量的实施方案〉的通知》要求，乡（镇）内设党政综合办公室（财政所）、党建工作办公室、经济发展办公室（加挂乡村振兴办公室牌子）、平安建设办公室（加挂综合行政执法队牌子、边境事务协调办公室牌子）4个党政机构，下设乡（镇）便民服务中心、乡（镇）农牧综合服务中心、乡（镇）文化服务中心、乡（镇）卫生院4个事业单位。

党校教育

【干部培训】 2021年，县委党校联合县委组织部开展村党支部书记培训和新进村“两委”班子成员业务能力提升培训、第四批村党支部第一书记暨第十批驻村工作队业务能力提升培训、县直机关支部书记暨基层党务工作者培训，共培训308人。全年举办2期村主要干部赴自治区外学习培训班，共计83人参加。

【上级培训】 2021年，县委党校组织党员领导干部参加各期各类培训班。全年共选派县处级干部6人、乡科级及以下干部19人、村干部22人到自治区外学习培训；选派县处级干部5人、乡科级干部2人到自治区党委党校学习培训；选派县处级干部33人57人次、乡科级及以下干部109人到市委党校培训，选派村干部21人参加自治区党委学校、市委党校学习培训。县处级干部参加市级以上培训率达100%，乡科级及以下干部参加市级以上培训率为13.9%，村干部参加市级以上培训率为9.3%。年内，县委党校在挑选自治区党委组织部、党委党校与市委组织部、市委党校培训人选时，根据课程设置与选派人选要求，注重选派有潜力、有培养前途的后备干部，需要充电加油的重要岗位干部和知识结构不健全不适应当前工作的干部参加各类培训考察学习。

【网络直播培训】 2021年，县委党校贯彻落实中共中央党校《关于举办全国党校（行政学院）系统“深入学习贯彻党的十九届五中全会精神”“中共党史学习教育”教研骨干网络培训班》的通知要求，做好网上学习工作，组织2名党员干部（正科级1名、副科级1名）参加网络直播培训。

【自治区外培训】 年内，县委党校联系对接援藏省（市）高校、各级党委党校和各类培训机构，寻找优质培训资源，同浙江大学、吉林省长春市委党校等建立培训合作关系，拓宽培训学习渠道。按照“避开疫情、见缝插针”的原则，全年共组织全县83名村“两委”主要干部赴吉林省长春市、贵州省遵义市开展“感党恩、看发展”和“素质能力提

6月21日，县委党校开展第四批村党支部第一书记暨第十批驻村工作队提升业务能力培训 （县委组织部 提供）

8月25日，县委书记陶明君出席村党支部书记学习贯彻习近平总书记“七一”重要讲话精神和在西藏考察时的重要讲话精神专题培训班开班仪式 （县委组织部 提供）

升”培训。

【培训基地建设】 年内，县委党校发挥援藏资源优势，协调沟通吉林省第七批援藏工作队，协调解决干部培训资金100万元，投入资金300万元用于孔定玛教育培训基地改造升级建设，搭建干部培训教育工作平台，改善培训硬件设施。

【培训课程优化】 年内，在县内干部培训课程设置方面，县委党校围绕稳定、发展、生态、强边“四件大事”和党的建设，坚持紧贴工作、紧贴实际、紧贴需求，邀请人力资源和社会保障、生态环境、乡村振兴、国安维稳、宣传、组织等部门干部授课，充实培训课程，突出培训的针对性、实效性，检验和提升学员培训效果。

【师资队伍建设】 年内，县委党校学习贯彻落实习近平总书记关于做好新形势下党校工作的重要指示精神，围绕打造学习型、服务型、创新型、勤廉型、和谐型党校的目标，重视党校师资队伍建设工作，年内申报2人为日喀则市干部教育培训师资库师资人选，提高县委党校师资队伍整体素质。

10月25—31日，定结县组织全县各个行政村主要干部赴吉林省长春市培训，图为28日参训学员参观中国双阳梅花鹿博物馆的合影 （县委组织部 提供）

定结县人民代表大会

定结宗格错（县方志办　提供）

综 述

【概 况】 2021年末，定结县第十四届人民代表大会常务委员会设领导5人，其中主任1名、副主任4名，设县人大常委会委员25名，县人大常委会党组书记1名、党组成员5名。定结县人大常委会办公室主任1名，副主任1名；县人大法制财政科教委员会主任委员1名、副主任委员1名。定结县有自治区级人大代表3名、市级人大代表11名；县级人大代表128名、乡级人大代表432名；人大“代表之家”11个（其中1个县机关人大“代表之家”、10个乡镇人大“代表之家”），村人大“代表小组”27个。10个乡（镇）主席团人员编制各2名共20人，实有主席共10名、副主席共10名。

【人事任免】 定结县第十四届人大一次会议选举产生定结县人大常委会主任、副主任和常委会委员，县人民政府县长、副县长，县监察委员会主任、县人民法院院长、县人民检察院检察长；第十四届县人大常委会第一次会议依法任命29名政府职能部门负责人，向新当选、新任命人员颁发任命书，分别举行宪法宣誓仪式。

重要会议

【第十三届人民代表大会第八次会议】 3月29—31日，定结县第十三届人民代表大会第八次会议召开。会议听取并审议通过2020年《定结县人民政府工作报告》《定结县人民代表大会常务委员会工作报告》《定结县人民法院工作报告》《定结县人民检察院工作报告》；审查并批准《定结县国民经济和社会发展第十四个五年规划和二〇三五年远景目标纲要草案》《定结县人民政府关于2020年国民经济和社会发展计划执行情况与2021年国民经济和社会发展计划草案的报告、定结县2021年国民经济和社会发展计划草案》《定结县人民政府关于2020年财政预算执行情况与2021年财政预算草案的报告、定结县2021年财政预算草案》，听取《定结县人民政府关于定结县第十三届人民代表大会第五次会议代表提出的建议意见、批评办理情况的答复》。

【第十四届人民代表大会第一次会议】 7月9—12日，定结县第十四届人民代表大会第一次会议召开。会议听取并审议通过五年来《定结县人民政府工作的报告》《定结县人民代表大会常务委员会工作的报告》《定结县人民法院工作的报告》《定结县人民检察院工作的报告》，会议选举产生定结县第十四届人大常委会主任1名、副主任4名，委员25名；选举产生新一届县人民政府县长1名、副县长7名；选举产生新一届县监察委员会主任1名、县人民法院院长1名、县人民检察院检察长1名。会议期间，举行向当选人员颁发任命书和宪法宣誓仪式。

【县人大常委会会议】 3月5日，定结县第十三届人民代表大会常务委员会第33次会议召开。会议听取并审议通过《定结县第十三届人民代表代表大会第八次会议议程（草案）》《定结县人大常委会2020年度工作报告（草

7月12日，定结县第十四届人民代表大会第一次会议选举产生的新一届人大常委会组成人员进行宪法宣誓

（县人大常委会办公室 提供）

7月12日，定结县第十四届人民代表大会第一次会议选举产生的新一届县人民政府县长、副县长进行宪法宣誓

（县人大常委会办公室　提供）

案）》，学习《中国共产党章程》总纲、《中共中央关于加强党的政治建设的意见》。

7月5日，定结县第十三届人民代表大会常务委员会第34次会议召开。会议听取并审议通过《县人大常委会5年工作报告（草案）》《第十四届人民代表大会第一次会议议程（草案）》《第十四届人民代表大会主席团和秘书长名单（草案）》《第十四届人民代表大会常务委员会委员名单（草案）》《第十四届人民代表大会代表资格审查报告（草案）》；审议《定结县第十三届人民代表大会关于接受李运生等三名干部辞去日喀则市第二届人大代表职务的请求》，接受李运生、贡嘎、徐正3人辞去日喀则市第二届人大代表职务的请求。

7月6日，定结县第十三届人民代表大会常务委员会第35次会议召开。会议补选张万财、陶明君、次琼3人为日喀则市第二届人民代表大会代表。

7月12日，定结县第十四届人民代表大会常务委员会第1次会议召开。会议应出席委员25名，实际到会委员22名，符合法律规定。会议表决通过本次会议议程（草案）；审议通过《定结县人民政府关于人事任免事项的提请》《县监察委员会关于干部任命的提请》；依法任命政府职能部门负责人、县监察委员会副主任，举行向新任命人员颁发任命书和宪法宣誓仪式。

11月25日，定结县第十四届人民代表大会常务委员会第2次会议召开。会议听取并审议通过《定结县人民政府关于2021年度环境状况和环境保护目标完成情况报告》《县人民法院2021年工作开展情况的报告》《县人民检察院2021年工作开展情况的报告》；审查和批准《定结县人民政府关于提请〈定结县2021年财政预算调整〉的报告》《县人民政府关于提请〈定结县2021年盘活资金财政存量资金使用〉的报告》。

人大监督

【财经工作监督】 2021年度县人大常委会审议通过《2020年财政预算执行情况和2021年财政收支预算报告》，审查和批准《定结

11月25日，定结县第十四届人民代表大会常务委员会第二次会议召开

（县人大常委会办公室　提供）

县国民经济和社会发展第十四个五年规划和二〇三五年远景目标纲要》《定结县人民政府关于2020年国民经济和社会发展计划执行情况与2021年国民经济和社会发展计划草案的报告、定结县2021年国民经济和社会发展计划》《定结县人民政府关于2020年财政预算执行情况与2021年财政预算草案的报告、定结县2021年财政预算》《县人民政府2021年盘活财政存量资金使用的报告》。

【民生工作监督】 受日喀则市人大常委会委托，年内，县人大常委会负责组织对2021年定结县关于扫黑除恶专项斗争工作开展情况、定结县关于巩固提升义务教育均衡发展工作开展情况、定结县教育经费投入和使用管理情况、定结县关于近五年加强精神文明建设工作开展情况、关于退役军人事务工作开展情况、《民族团结进步模范区创建条例》实施情况、县人民法院加强民事审判依法服务保障经济社会持续健康发展情况、县人民检察院民事检察工作开展情况、关于加强和改进新时代人大预算决算审查监督和国有资产管理情况等进行监督调研，形成12份调研报告上报上级人大部门。

【执法检查】 定结县十四届人大常委会第2次会议听取并审议通过《定结县人民政府关于2021年度环境状况和环境保护目标完成情况报告》，组织各级人大代表对《日喀则市市容和环境卫生管理条例》实施情况进行执法检查，并提出相应整改意见，转交政府整改落实。2021年，县人大常委会配合市人大常委会对《中华人民共和国婚姻法》《中华人民共和国文物保护法》《西藏自治区文物保护条例》《中华人民共和国食品安全法》等相关法律法规执行情况进行检查。

【农业视察调研】 年内，县人大常委会联合县政协组织县乡（镇）人大代表、县政协委员深入郭加乡楚卡村“喜马拉22号”二级种子田和扎西岗乡夏当村（百亩机播）“喜马拉22号”二级种子田开展视察调研活动。

代表工作

【换届选举】 2021年，定结县根据《中华人民共和国地方各级人民代表大会和地方各级人民政府组织法》的有关规定和西藏自治区县乡两级人民代表大会代表选举时间的规定，从4月起启动县、乡（镇）两级人大换届选举工作，换届选举工作分宣传发动、选区划分，选民登记、公布选民名单，提名推荐、协商确定正式代表候选人、投票选举，代表资格审查等四个阶段进行，6月9日选出新一届县、乡（镇）人大代表，共选举产生定结县第十四届人大代表128名，选举产生第十五届乡（镇）人大代表432名。

【代表服务】 年内，县人大常委会邀请人大代表参加县人大常委会组织的执法检查和专项视察、调研等活动，全年共邀请21名县人大代表列席县人大常委会会议，组织80余名县人大代表参加县人大常委会专项视察调研活动，组织30余名县人大代表参加市人大常委会组织开展的专项视察调研活动。发挥“人大代表之家”“代表小组”平台作用，县

10月25日，县人大常委会组织部分人大代表在昌都市卡若日通乡考察学习

（县人大常委会办公室　提供）

6月17日，县人大常委会组织召开第十三届人大八次会议代表意见建议交办会　　（县人大常委会办公室　提供）

人大常委会办公室全年共投入53万余元经费，为全县8个“人大代表小组”购买办公设备、办公家具等，添置活动场所设备，为代表依法履职创造有利条件。

【代表培训】　2021年，县人大常委会建立健全培训机制，通过以会代训、选派基层人大代表外出参观学习等方式，提高各级人大代表履职能力和水平。全年组织人大代表参加自治区内人大业务培训2批次2人、自治区外1批次1人；县、乡（镇）人大换届后，采取“以会代训”方式，对新一届基层人大代表和县、乡（镇）两级人大机关干部就如何做好代表履职工作组织开展1次专题培训会，参会代表85人。

【代表意见建议办理】　6月17日，县委副书记、人大常委会主任巴桑主持召开第十三届县人大八次会议代表意见建议交办会，县人大常委会在家副主任、县人民政府副县长莫向波、11家承办单位负责人及基层人大代表出席会议。县人大常委会办公室工作人员分别向11家承办单位交办代表意见建议76件（定结县第十三届人大八次会议代表意见建议58件、定结县第十四届人大一次会议代表意见建议18件），76件代表建议中，工业交通类9件、农牧林水类46件、教科文卫类3件、市政管理类11件、政法民政类3件、产业扶贫类4件。年内能办理的58条建议全部办结，办结率达100%。

【自身建设】　年内，县人大常委会坚持政治建设、制度建设、能力建设、作风建设和机关建设，落实从严治党责任，建立健全工作机制，增强县、乡（镇）人大代表的履职能力和水平。年内，县人大常委会领导深入基层一线围绕代表履职情况、县乡人大换届选举工作、产业发展等领域调研7次，推动人大工作回应人民关切。

人大常委会办公室

【会议服务】　2021年，县人大常委会办公室根据县人大常委会年度工作要点，结合全县人大工作实际，拟定2021年工作要点和会议议题、视察、调查安排意见。县人大委员会办公室围绕2021年县、乡（镇）人大换届选举，第十三届八次县人民代表大会召开、第十四届一次县人民代表大会召开等中心工作，发挥参谋助手作用，撰写各种会议材料。全年共筹备召开县人民代表大会2次，县人大常委会会议5次，县人大常委会主任会议10次，听取和审议专项工作报告14个，作出决议决定8项；上级人大常委会委托开展视察调研、执法检查15次，任命国家机关工作人员29人次，组织宪法宣誓2次；督办定结县第十三届人民代表大会八次会议、定结县第十四届人民代表大会一次会议代表建议、批评和意见76件。

【党风廉政建设】　2021年，县人大常委会办公室党支部把落实党风廉政建设的各项任务贯穿于人大各项工作之中。推进县人大常委会机关班子作风建设，及时召开党支部会议，研究解决工作中存在的突出问题。坚持民主集中制，组织党员参加“三更”专题教育和党史学习教育，落实“三会一课”制度，按要求召开支部党员组织生活会，开展批评与自我批评，落实党风廉政建设责任，营造干部创业氛围。

定结县人民政府

定结宗格错（县方志办 提供）

综 述

【概 况】 2021年，定结县人民政府在市委、市人民政府和县委的领导下，在县人大常委会的依法监督和县政协民主监督下，团结领导全县各族干部群众，克服新冠肺炎疫情常态化防控影响和经济下行压力，较好地完成全年主要目标任务，实现“十四五”规划良好开局。

【发展成果】 2021年，定结县实现国内生产总值5.92亿元，地方一般公共预算收入1276万元，全社会固定资产投资3亿元，社会消费品零售总额达1.47亿元；农村经济总量4.27亿元；农村居民人均可支配收入达11773元，增长16.3%。

【法治政府建设】 2021年，定结围绕法治政府建设依法行政工作各项目标要求，以党政主要负责人为法治建设第一责任人职责，成立由县委副书记、县人民政府县长为组长的县法治政府建设工作领导小组，推进全县合法性审查全覆盖工作，由县司法局牵头，对所有重大事项、重大决策、重大合同进行把关，预防和避免合同签订及履行过程中的法律风险。县人民政府办公室规范性文件的合法性、合理性、必要性和可操作性，不断提高审查质量。完善监督制约机制，推进机构、职能、权限、程序、责任法定化，构建职责明确、依法行政的政府治理体系。开展“法律七进”宣传活动，针对不同人群开展不同内容的普法活动，推进干部群众普法学法守法活动。

重要会议

【县人民政府常务会议】 2021年，定结县人民政府召开常务会议8次，集体研究审议、讨论决定政府重大问题决策、重大项目投资决策、大额资金使用等重要事项。

2021 年定结县人民政府常务会议一览表

表 3

2021 年第一次政府常务会议	会议时间	2021 年 4 月 13 日
	会议主持	县委副书记、县人民政府常务副县长次琼
	会议议题	研究《县商务局关于申请解决陈塘口岸建设项目水土保持方案编制资金的请示》《县卫生服务中心关于采购箱式变压器的请示》《县卫健委关于 2020 年度卫生健康工作会议表彰奖励资金的请示》《县教育局关于申请解决 6 所学校输电及费用的请示》《县交通运输局关于开展定结县陈塘镇藏嘎村至秀雄玛村公路段应急保通作业的请示》《县委宣传部关于申请解决购置新华书店运行设备及书籍资金的请示》《县委宣传部关于申请解决定结县新时代文明实践中心（所、站）建设资金的请示》7 个事项
2021 年第二次政府常务会议	会议时间	2021 年 4 月 26 日
	会议主持	县委副书记、县人民政府常务副县长次琼
	会议议题	研究县城市管理和综合执法局《关于申请解决水源地水资源论证报告工作经费的请示》《关于申请解决县城垃圾填埋场突出问题整改项目资金的请示》《关于申请解决定结县生活饮用水水源地监测及垃圾填埋场地下水质监测费用的请示》、县教育（体育）局《关于教育系统总工会发放“五一”国际劳动节慰问品的请示》、市生态环境局定结县分局《关于农村试点监测费用的请示》5 个事项

续表3

2021年第三次政府常务会议（十四届定结县人民政府第一次常务会议）	会议时间	2021年8月9日
	会议主持	县委副书记、县人民政府县长次琼
	会议议题	会议通报2021年历次县人民政府常务会议议定事项落实情况，研究县教育（体育）局《关于申请采购陈塘镇藏嘎村幼儿园设备的请示》、县民政局《关于申请解决第三方救灾物资资产评估费用的请示》、县总工会《关于开展2021年度第一期干部职工疗休养活动的请示》、县水利局《关于执行〈水利工程建设项目法人管理指导意见〉项目法人制的请示》《关于调整充实定结县2021年度防汛抗旱工作领导小组的请示》《关于公布定结县2021年度抗汛防旱工作行政首长责任人名单的请示》《关于调整充实定结县全面推行河（湖）长制领导小组的请示》、县食品安全委员会办公室《关于调整充实定结县食品安全委员会的请示》、县自然资源局《关于申请办理定结县扎西岗乡中心小学风雨操场建设项目用地的请示》、确布乡《关于公用车辆申请强制报废的请示》、县发展和改革委员会《关于提请审议〈定结县边境地区村镇建设项目工作领导小组（审议稿）〉的请示》、县司法局《关于调整充实定结县法治政府建设等五项领导小组及聘请政府法律顾问的请示》、县安全生产委员会办公室《关于调整充实安全生产委员会成员的请示》、县信访局《关于解决信访接待中心办公场所搬迁及改造资金的请示》、县财政局《关于成立定结县人民政府非招标采购工作领导小组的请示》、县后勤服务中心《关于申请解决维修大礼堂和购买部分设备资金的请示》《定结县委国安办公安局城管局关于申请解决增设县城主干道路标志标线资金的请示》、县委办公室《关于申请购置大型复印机的请示》、县住房和城乡建设局《关于推荐WZB（DYKF）项目施工单位的请示》《关于陈塘镇污水处理厂移交第三方运营的请示》等20个事项。
2021年第四次政府常务会议（十四届定结县人民政府第二次常务会议）	会议时间	2021年9月7日
	会议主持	县委副书记、县人民政府县长次琼
	会议议题	研究县教育（体育）局《关于申请解决第37个教师节表彰及教学成绩奖励资金的请示》
2021年第五次政府常务会议（十四届定结县人民政府第三次常务会议）	会议时间	2021年9月14日
	会议主持	县委副书记、县人民政府县长次琼
	会议议题	研究县卫生健康委员会《关于申请解决预检分诊、检查点健康监测板房建设及日屋镇发热门诊“三区两通道”改造资金的请示》、共青团定结县委《关于2021年西部计划志愿者相关经费预算的请示》、县商务局《关于拨付国家电网送电至陈塘口岸总机房工程项目资金的请示》、县水利局《关于解决定结县吉隆普水库渠系配套干渠建设项目工程占林地、林木补偿费资金的请示》《关于继续实施农村公益性水利工程设施设备保险资金的请示》、市生态环境局定结县分局《关于区域空间生态环境评价暨“三线一单”编制经费的请示》、长春市第七批援藏工作组《关于购买日喀则市援藏公寓制氧设备的请示》、县机关后勤服务中心《关于解决小灶聘请两名主厨和提高工作人员工资资金的请示》、陈塘镇人民政府《关于解决陈塘镇环保工作经费的请示》、县农业农村局《关于解决农村集体产权制度改革工作经费的请示》《关于定结县中低产田土改造项目建设点位置变更的请示》、县卫生健康委员会《关于2021年度城乡居民暨在编僧尼健康体检工作实施方案的请示》《关于多布扎乡卫生院藏医馆建设项目实施方案的请示》《关于建立定结县疾控中心艾滋病自愿咨询检测室经费的请示》、县新冠肺炎疫情联防联控工作领导小组办公室《关于定结县边境疫情防控执勤人员购买团队意外伤害保险的请示》、县城市管理和综合执法局《关于申请公厕保洁员及流浪犬管护人员工资的请示》、县人民检察院《关于定结县人民检察院使用援藏经费的请示》、县住房和城乡建设局《关于对确布乡人民政府职工旧食堂拆除的请示》、县交通运输局《关于定结乡普洛村至岗巴县夏兴公路保通工程项目林地补偿费用的请示》、县总工会《定结县总工会关于2021年度“国庆节、中秋节”集体慰问的请示》、县自然资源局《关于申请办理定结县区域生态环境监测中心办公用房及空气自动监测站建设项目用地的请示》《关于申请解决日屋镇边防派出所及各乡镇边防派出所超占用地的请示》《关于申请确布乡公安派出所建设项目用地的请示》《关于公安局交警大队和应急物资储备库建设项目用地的请示》《关于申请扎西岗乡扎西岗村农村社区综合服务站（农村幸福院）建设项目用地的请示》《关于申请办理定结边境管理大队江嘎边境派出所建设项目用地的请示》、县委统战部《关于解决“921”活动用品需求采购的请示》等27个事项

续表3

2021 年第六次政府常务会议（十四届定结县人民政府第四次常务会议）	会议时间	2021 年 10 月 29 日
	会议主持	县委副书记、县人民政府县长次琼
	会议议题	传达学习习近平总书记在纪念辛亥革命 110 周年大会上的讲话精神、习近平总书记在中央民族工作会议上的重要讲话精神，通报十四届定结县人民政府第 1、2 次常务会议议定事项落实情况，研究县外事办公室《关于解决援尼生活物资交接相关费用的请示》、县边境管理大队《关于定结县边境管理大队日屋边境派出所申请县政府予以解决热布隆执勤点硬件升级改造经费的请示》、县新冠肺炎疫情防控领导小组办公室《关于申请解决陈塘镇各执勤点防疫、生活物资搬运的请示》《定结县人民检察院党组关于购买高速扫描仪的请示》、县文化广播影视服务站《关于购置“村村通”“寺寺通”维修备件设备的请示》《关于购置“西新工程”调频台维修备件设备的请示》《关于报废尼桑帕拉丁藏 DC3560 的请示》《关于解决定结县县、乡、村三级应急广播网络租用费用有关事项的请示》、陈塘镇《关于申请解决桑贵党姆自然村经济损失补偿的请示》、县教育（体育）局《关于全面普及应用定结县校园一键式报警系统工作的请示》、定结县措姆折林创业投资有限责任公司《关于申请陈塘镇污水处理厂管理经费的请示》、县农业农村局《关于过期农兽药销毁处置及运输费缺口资金的请示》《关于解决郭庆村人工种草灌溉水渠建设资金的请示》、县自然资源局《关于申请解决边境管理大队拟新建郭加乡、江嘎镇、多布扎乡三个边境派出所营房征地补偿费的请示》《关于申请解决多布扎乡边境派出所建设项目用地的请示》《关于申请解决郭加乡边境派出所建设项目用地的请示》《关于申请解决定结县民族艺术团排练场所建设项目用地的请示》《关于申请解决郭加乡中心小学厕所改建项目用地的请示》、县城市管理和综合执法局《关于购买城管执法人员制式服装及环卫工人制服经费的请示》等 19 项请示事项
2021 年第七次政府常务会议（十四届定结县人民政府第五次常务会议）	会议时间	2021 年 11 月 30 日
	会议主持	县委副书记、县人民政府县长次琼
	会议议题	传达学习中央全面深化改革委员会第二十二次会议精神等重要文件精神，研究县商务局《关于陈塘口岸建设项目水土保持竣工验收报告编制费和水土保持补偿费的请示》、县人民法院《关于“六专四室”建设的请示》《关于陈塘法庭一站式服务、多元化解纷建设的请示》、县民政局《关于解决确布天葬台占用林地缴纳林评费用的请示》《关于解决多布扎天葬台占用林地缴纳林评费用的请示》《关于成立慈善协会的请示》、县委宣传部《关于解决“珠峰谐韵”舞蹈比赛、产业大赛暨第二届职工运动会、第三届农牧民运动会资金的请示》、县公安局《关于解决围墙维修款的请示》《关于购置监管场所床具及办公设备资金的请示》《关于购买单警装备资金款项的请示》、县农业农村局《关于实施〈定结县 2021 年基层农技推广体系改革与建设项目补助方案〉的请示》《关于开展〈2021 年新型职业高素质农牧民培训实施方案〉的请示》、长春市第七批援藏工作组《关于实施沙棘种植技术及示范推广项目的请示》、县城市管理和综合执法局《关于定结县城、陈塘镇环卫及垃圾填埋场移交第三方措姆折林公司运营管理的请示》、县食品安全委员会办公室《关于解决“互联网＋明厨亮灶”系统建设相关资金的请示》等 15 项请示事项。
2021 年第八次政府常务会议（十四届定结县人民政府第六次常务会议）	会议时间	2021 年 12 月 20 日
	会议主持	县委常委、县人民政府常务副县长边巴普琼
	会议议题	传达学习习近平总书记重要讲话精神，研究县水利局《关于解决水利工程管理与保护范围划定设立界桩、标识牌资金的请示》，县农业农村局、县乡村振兴局《关于 2016—2021 年度扶贫产业项目分类定向的请示》，县新冠肺炎疫情联防联控工作领导小组办公室《关于下拨陈塘镇边境疫情防控执勤点防控设备资金的请示》与县教育（体育）局《关于申请解决陈塘边境派出所搬迁及安置费用的请示》等 4 项请示事项

【县人民政府专题会议】 2021年，定结县人民政府召开专题会议9次，研究审议、讨论决定有关项目安排、资金使用、政府采购等重要事项。

2021 年定结县人民政府专题会议一览表

表 4

2021 年第一次政府专题会议	会议时间	2021 年 5 月 24 日
	会议主持	县委副书记、县人民政府常务副县长次琼
	会议议题	研究《定结县卫健委关于采购日屋镇、陈塘镇集中隔离点医疗设备（一期）的请示》事项
2021 年第二次政府专题会议	会议时间	2021 年 5 月 28 日
	会议主持	县委副书记、县人民政府常务副县长次琼
	会议议题	研究《2021 年定结县新冠肺炎疫情应急物资采购（二期）资金的请示》事项
2021 年第三次政府专题会议	会议时间	2021 年 6 月 4 日
	会议主持	县委副书记、县人民政府常务副县长次琼
	会议议题	研究《县卫健委关于采购新冠肺炎疫情防控应急物资（三期）请示》事项
2021 年第四次政府专题会议	会议时间	2021 年 6 月 19 日
	会议主持	县委副书记、县人民政府县长次琼
	会议议题	研究确定陈塘镇林琼唐卡救治区建设项目施工单位事项
2021 年第五次政府专题会议	会议时间	2021 年 8 月 19 日
	会议主持	县委副书记、县人民政府县长次琼
	会议议题	在萨陈路县城段召开现场办公会专题会议，对县城供水相关事项进行研究
2021 年第六次政府专题会议	会议时间	2021 年 10 月 21 日
	会议主持	县委副书记、县人民政府县长次琼
	会议议题	在琼孜乡羌姆村召开现场办公会专题会议，对实施定结县琼孜乡羌姆村乡村振兴商混凝土站建设项目进行研究
2021 年第七次政府专题会议	会议时间	2021 年 12 月 7 日
	会议主持	县委常委、县人民政府常务副县长边巴普琼
	会议议题	对自治区反馈定结县生态环境保护工作问题进行研究
2021 年第八次政府专题会议	会议时间	2021 年 12 月 7 日
	会议主持	县委常委、县人民政府常务副县长边巴普琼
	会议议题	研究县人民政府办公室《定结县 2022 年元旦春节藏历新年“三大节日”期间慰问活动方案》《定结县自然资源局关于申请解决 8 个项目超占用地面积的请示》2 个事项
2021 年第九次政府专题会议	会议时间	2021 年 12 月 7 日
	会议主持	县委副书记、县人民政府县长次琼
	会议议题	研究陈塘镇中心小学改扩建项目相关事项

【县人民政府党组会议】 2021年，定结县人民政府党组召开党组会议15次，研究审议、讨论决定政府重大问题决策、重要干部任免、重大项目投资决策、大额资金使用等重要事项。

2021 年定结县人民政府党组会议一览表

表 5

2021 年第一次县人民政府党组会议	会议时间	2021 年 1 月 30 日
	会议主持	县委常委、县人民政府副县长徐正
	会议议题	传达学习习近平总书记重要讲话精神和自治区、市相关会议精神，研究县城市管理和综合执法局《关于解决县城集中供水及易地扶贫搬迁供水泵房供电线路维修费用的请示》
2021 年第二次县人民政府党组会议	会议时间	2021 年 2 月 28 日
	会议主持	县委常委、县人民政府副县长徐正
	会议议题	传达学习习近平总书记重要讲话精神和相关会议精神，安排部署相关工作
2021 年第三次县人民政府党组会议	会议时间	2021 年 3 月 12 日
	会议主持	县委副书记、县人民政府党组书记、县长贡嘎
	会议议题	传达学习习近平总书记重要讲话精神、全国“两会”精神，研究县林业和草原局《关于申请使用定结县 2020 年边境小康村绿化项目经费的请示》《关于申请解决 2021 年度全民义务植树活动林木经费的请示》《关于申请使用森林防火经费采购相关设备的请示》、县水利局《关于解决吉隆普水库蓄水安全鉴定费用的请示》《关于解决项目合同竣工审计费用的请示》《关于解决租赁建设吉隆普水库渠系配套干渠项目车辆费用的请示》、县发展和改革委员会《关于申请成立定结县粮食安全工作领导小组及定结县粮食安全应急工作预案的请示》《县发改委申请确定定结县确布乡、扎西岗乡基础设施建设项目标段划分及委托法人的请示》、县卫生健康委员会《关于扎西岗乡中心卫生院藏医馆建设项目实施方案的请示》《关于县疾控中心生物安全二级病原微生物实验室拟建方案的请示》、县水利局《关于聘请建设吉隆普水库渠系配套干渠工程水利技术人员的请示》《关于采购 2021 年防汛物资的请示》《县人民法院关于购买办公设备的请示》《县卫健委关于采购“优质服务基层行”活动医疗设备的请示》等 14 个事项
2021 年第四次县人民政府党组会议	会议时间	2021 年 3 月 29 日
	会议主持	县委副书记、县人民政府常务副县长次琼
	会议议题	传达学习习近平总书记重要讲话精神、自治区领导在《人民日报》上的刊文，审议《定结县 2020 年政府工作报告的》《定结县 2020 年国民经济和社会发展计划执行情况与 2021 年国民经济和社会发展计划草案的报告》《定结县国民经济和社会发展第十四个五年规划纲要和 2035 年远景目标纲要草案》《定结县 2020 年预算执行情况和 2021 年预算草案的报告》《县人社局关于聘用达珍等 5 名人员为卫生系列初级专业技术职务的请示》
2021 年第五次县人民政府党组会议	会议时间	2021 年 4 月 19 日
	会议主持	县委副书记、县人民政府常务副县长次琼
	会议议题	传达学习习近平总书记重要讲话精神，研究《县发展和改革委员会县住房和城乡建设局县扶贫开发办公室关于进一步完善和审定〈定结县政府投资 400 万元以下基建项目建设管理办法（试行）〉的请示》
2021 年第六次县人民政府党组会议	会议时间	2021 年 4 月 26 日
	会议主持	县委副书记、县人民政府常务副县长次琼
	会议议题	听取全县第一季度经济运行情况分析报告，县人力资源和社会保障局、县林业和草原局、县农业农村局 2020 年工作情况及 2021 年工作计划汇报，研究县财政局《关于 2021 年财政收支预算安排的请示》、县商务局《关于审议陈塘口岸土地永久征地补偿资金兑现的请示》

续表5

<table>
<tr><td rowspan="3">2021 年第七次县人民政府党组会议</td><td>会议时间</td><td>2021 年 6 月 2 日</td></tr>
<tr><td>会议主持</td><td>县委副书记、县人民政府党组书记、县长贡嘎</td></tr>
<tr><td>会议议题</td><td>传达学习中共中央、自治区相关会议精神和法律法规，听取县发展和改革委员会关于扎西岗乡、确布乡基础设施建设项目推进落实情况、县水利局关于吉隆普水库渠系配套干渠建设项目推进情况汇报，研究《定结县措姆折林公司关于多布扎乡岗巴羊经济圈人工种草基地配套设施项目竣工验收事宜的请示》《定结县农业农村局关于解决定结县确布乡除古村暖卷项目资金的请示》</td></tr>
<tr><td rowspan="3">2021 年第八次县人民政府党组会议</td><td>会议时间</td><td>2021 年 6 月 10 日</td></tr>
<tr><td>会议主持</td><td>县委副书记、县人民政府党组书记、县长候选人次琼</td></tr>
<tr><td>会议议题</td><td>传达学习习近平总书记重要讲话精神，研究《关于调整政府领导分工的请示》、县生态环境分局《关于全县生态文明示范创建工作及编制生态规划费用的请示》、县人民武装部《关于申请民兵武器弹药仓库新建项目缺口经费的请示》、县卫生健康委员会《关于陈塘镇林琼塘卡医疗救治区建设项目资金的请示》《关于陈塘镇林琼塘卡医疗救治区核酸检测实验室（方舱实验室）建设及医疗设备采购的请示》《关于采购定结县卫生服务中心新冠肺炎治疗必要仪器设备的请示》《关于陈塘镇林琼塘卡医疗救治区污水处理设备采购的请示》《关于陈塘镇林琼塘卡应急医疗设备采购的请示》《关于使用援藏项目资金采购多布扎乡卫生院制氧站的请示》、确布乡《关于申请解决确布乡新建便民大厅和职工之家维修院内硬化等项目资金的请示》、陈塘镇《关于解决改造陈塘机关食堂以及购买办公设备资金的请示》、县交通运输局《关于申请定结县萨尔乡 G219 线岔口至拉隆村公路工程设计变更的请示》、县教育（体育）局《关于使用地方教育附加费解决县完小部分增加工程建设资金的请示》、县外事办公室《关于解决向尼毗邻两县边民开展疫情防控应急生活物资采购资金的请示》、县委组织部《关于申请解决定结县驻日喀则市离退休党支部活动场所购买设备经费的请示》、县人民政府办公室《关于解决应对印度尼泊尔疫情暴发林琼塘卡医疗救助区工作和物资保障设备采购资金的请示》、县人力资源和社会保障局《关于次仁普芝退休的请示》等 17 个事项</td></tr>
<tr><td rowspan="3">2021 年第九次县人民政府党组会议</td><td>会议时间</td><td>2021 年 6 月 27 日</td></tr>
<tr><td>会议主持</td><td>县委副书记、县人民政府党组书记、县长候选人次琼</td></tr>
<tr><td>会议议题</td><td>传达学习习近平总书记重要讲话精神，研究《县人民政府办公室关于审议〈政府五年工作报告（送审稿）〉的请示》《县财政局关于审定〈定结县“十三五”预算执行情况和“十四五”预算草案报告（送审稿）〉的请示》《县发改委关于审定〈定结县“十三五”期间国民经济和社会发展计划执行情况与“十四五”期间国民经济和社会发展计划草案报告（送审稿）〉的请示》等 3 个事项</td></tr>
<tr><td rowspan="3">2021 年第十次县人民政府党组会议</td><td>会议时间</td><td>2021 年 7 月 12 日</td></tr>
<tr><td>会议主持</td><td>县委副书记、县人民政府党组书记、县长次琼</td></tr>
<tr><td>会议议题</td><td>传达学习习近平总书记重要讲话精神和相关会议精神，研究《县人民政府关于调整定结县人民政府县长、常务副县长、副县长、党组成员分工》的请示</td></tr>
<tr><td rowspan="3">2021 年第十一次县人民政府党组会议</td><td>会议时间</td><td>2021 年 8 月 9 日</td></tr>
<tr><td>会议主持</td><td>县委副书记、县人民政府党组书记、县长次琼</td></tr>
<tr><td>会议议题</td><td>通报 2021 年第 1—3 次县人民政府党组会议议定事项落实情况，传达学习习近平总书记重要讲话精神，研究县乡村振兴局《关于健全防止返贫致贫动态监测和帮扶机制的实施方案的请示（意见征求稿）》、县教育（体育）局《关于提请研究定结县建档立卡及边缘户大学生资助政策细则的请示》、县交通运输局《定结县农村公路管理养护体制改革方案的请示》、县水利局《关于解决日喀则市定结县吉隆普水库渠系配套干渠工程林评资金的请示》、县外事办公室《关于向毗邻尼泊尔边境地区援助抗疫医疗、生活物资采购相关事宜的请示》、县林业和草原局《关于申请微调 2021 年度中央财政生态效益补偿资金分配兑现的请示》、县边境地区小康村建设项目办公室《关于申请边境小康村民房建设结余资金用于定结县公路沿线村庄民房附属工程的请示》《关于统筹使用边境小康村基础设施建设资金的请示》、县新冠肺炎疫情联防联控工作领导小组办公室《关于疫情防控执勤点人员补助标准的请示》、县人力资源和社会保障局《关于开展定结县 2021 年农牧民职业技能培训的请示》《关于达娃罗布等 12 人申请高校毕业生创业启动资金和水电房租的请示》《关于县融媒体中心等 3 家单位招聘公益性岗位工作人员及县检察院招聘聘用制书记员的请示》《关于聘任古桑等 7 名干部为卫生系列初级专业技术职务的请示》等事项</td></tr>
</table>

续表5

2021 年第十二次县人民政府党组会议	会议时间	2021 年 9 月 13 日
	会议主持	县委副书记、县人民政府党组书记、县长次琼
	会议议题	传达学习习近平总书记在 2021 年秋季学期中央党校（国家行政学院）中青年干部培训班上的讲话精神、自治区党委书记吴英杰在自治区党委九届十次全会上的工作报告等文件精神，通报 2021 年第 4—9 次县人民政府党组会议议定事项落实情况，听取定结县 2021 年上半年生态环境状况和生态环境保护目标完成情况、2021 年上半年农牧民转移就业工作情况、2021 年上半年涉农整合项目工作情况、县统计局工作情况汇报，研究市生态环境局定结县分局《关于构建现代环境治理体系实施方案的请示》《县政府关于调整政府党组书记、副书记、成员分工的请示》、县创建全国民族团结进步示范县工作领导小组办公室《关于印发〈定结县民族团结进步模范区创建实施方案（2021—2025 年）〉的请示》、县财政局《关于西藏日喀则市定结县差旅费管理办法请示》、县人民政府办公室《关于审定定结县公务接待管理办法的请示》、县统计局《定结县关于进一步加强和规范统计工作的实施方案的请示》、县住房和城乡建设局《关于“三房”管理方案的请示》、县农业农村局《关于全县五金店铺集中搬迁江嘎村综合维修服务合作社方案的请示》、县发展和改革委员会《关于审定〈定结县政府投资建设项目工作管理办法（试行）〉的请示》、县措姆折林创业投资有限责任公司《关于措姆折林公司签订旅游车辆租赁协议的请示》、县委宣传部《关于解决拍摄制作〈探秘陈塘沟（探秘夏尔巴人）〉电视纪录片经费的请示》、长春市第七批援藏工作组《关于多年期项目一年实施及一次性设计分年度实施的请示》《关于变更定结县苗木基地建设项目的请示》《定结县措姆折林农村客运有限责任公司关于增加经营范围的请示》《关于申请扶贫开发分公司风险补偿基金账户余额退回国家金库及注销账户的请示》《关于措姆折林酒店（原长春大厦）租赁的请示》、县发展和改革委员会《关于推荐定结“9・21”基础设施项目施工单位和中介机构的请示》、县水利局《关于解决日喀则市定结县吉隆普水库运营人员交通工具及综合通信资金的请示》、县教育（体育）局《关于提请研究确巴等 2 名同志申请提前退休的请示》、县人民政府办公室《关于调整 2021 年陈塘镇林琼唐卡医疗救治区医疗设备及办公设备购置相关资金出处的请示》、县卫生健康委员会《关于调整陈塘镇林琼唐卡救治区建设资金来源的请示》等 21 个请示事项
2021 年第十三次县人民政府党组会议	会议时间	2021 年 10 月 28 日
	会议主持	县委副书记、县人民政府党组书记、县长次琼
	会议议题	传达学习习近平总书记重要讲话精神及相关文件精神，研究县交通运输局《关于县交通运输局养护机械设备及汽车客运固定资产移交的请示》、县文化广播影视服务站《关于中央广播电视无线数字覆盖系统运行聘请第三方维修维护的请示》、陈塘镇《关于夏尔巴歌舞传习基地招商引资暨招租的请示》、县新冠肺炎疫情联防联控工作领导小组办公室《关于确定疫情防控各卡点执勤人员伙食补助标准的请示》、县农业农村局《关于调整县委农村工作领导小组（县委实施乡村振兴战略领导小组）的请示》、日屋镇人民政府《关于购置公务用车的请示》、萨尔乡人民政府《关于申请解决公务车辆的请示》、郭加乡《关于申请解决公务车辆的请示》、县乡村振兴局（县脱贫攻坚指挥部）《关于申报定结县“十四五”巩固拓展脱贫攻坚成果同乡村振兴有效衔接规划项目的请示》《关于定结县 2022 年拟实施财政衔接推进乡村振兴补助资金项目的请示》、县林业和草原局《关于定结县 2021 年度生态补偿岗位资金口部分从 2019 年、2020 年生态补偿岗位结余资金中支出的请示》、县第一次全国自然灾害综合风险普查领导小组办公室《关于第一次全国自然灾害综合风险普查购买第三方服务相关事宜的请示》等 12 个事项

续表5

2021年第十四次县人民政府党组会议	会议时间	2021年11月23日
	会议主持	县委副书记、县人民政府党组书记、县长次琼
	会议议题	传达学习习近平总书记重要讲话精神、《中国共产党第十九届中央委员会第六次全体会议公报》精神及自治区、市、县相关文件精神，听取定结县粮食安全工作、县食品安全委员会办公室工作汇报，安排部署下一步工作。会议研究县商务局《关于定结县2019年、2020年度招商引资考核扶持资金分配方案的请示》、县自然资源局《关于申请解决定结县日屋镇口岸医院建设项目用地的请示》《关于申请办理定结县草原有害生物防治物资站建设项目用地的请示》《关于定结公路段拟建公路应急储备中心项目用地的请示》《关于申请调整9个乡镇开展地质灾害危险性评估及测量工作经费的请示》、县林业和草原局《关于定结县全面推行林长制实施方案的请示》、县人力资源和社会保障局《关于定结县措姆折林农村客运有限责任公司招聘1名董事兼总经理和1名财务工作人员的请示》《关于聘任索朗央金等14名同志为基层专业技术人员试用期满考核定职初级专业技术职务的请示》、县乡村振兴局《关于2012年至2020年扶贫项目资产确权登记和移交的请示》、县水利局《关于建立〈定结县"河湖长+检察长+警长"协作机制的实施方案〉的请示》《关于申请成立定结县水利工程质量与安全监督站的请示》、县措姆折林创业投资有限责任公司《关于扩增经营范围的请示》、县财政局《关于定结县2021年财政预算调整方案的请示》《关于定结县2021年盘活财政存量资金使用方案的请示》、县发展和改革委员会《关于充实完善定结县粮食安全工作领导小组及粮食安全应急工作预案的请示》、县文化和旅游局《关于提请编制定结县全域旅游发展规划的请示》等16个事项
2021年第十五次县人民政府党组会议	会议时间	2021年12月20日
	会议主持	县委常委、县人民政府常务副县长边巴普琼
	会议议题	传达学习习近平总书记重要讲话精神及自治区、市、县相关文件精神，研究县应急管理局《关于推荐定结县全国第一次自然灾害综合风险普查第三方技术服务的请示》、县自然资源局《关于申请办理定结县贡强桑旦曲布寺用地批复的请示》《关于申请办理定结县曲果德庆林寺用地批复的请示》、县住房和城乡建设局《关于县城公有住房维修方案的请示》《定结县发展改革委（粮食和物资储备局）关于审议〈定结县国家粮食仓库2020年清查报告〉的请示》《财政局（国资委）关于提交定结县国有企业职工工资调整制度（试行）和定结县国有企业固定资产管理办法（试行）的请示》、县乡村振兴局《关于实现巩固拓展脱贫攻坚成果同乡村振兴有效衔接的实施方案》等7个事项

政务工作

【办文办会】 年内，县人民政府办公室围绕全县经济社会发展和县委、县人民政府中心工作，开展重要工作调查研究，增强精品意识和文稿的针对性、实效性，完成县人民政府安排的系列重要文稿起草工作。截至12月末，县人民政府办公室共计发文160件、政府公函37件、接收公文处理515件。全年承办县人民政府常务会议8次、县人民政府党组会议15次、县人民政府专题会议9次、县人民政府党组理论学习中心组学习会议15次，起草县人民政府常务会议纪要6期、县人民政府党组会议纪要13期。

【政务信息】 2021年，县人民政府办公室围绕上级政策文件的落实及政策机遇的把握，收集整理各乡（镇）、相关单位简报，按要求编辑撰写政务信息上报市人民政府。截至年末，共上报信息305条，全市排名从2019年的第18名跃升至2021年的第7名。

【后勤保障】 2021年，县机关后勤服务中心进一步规范全县公务车辆管理，结合定结县实际制定内部驾驶员管理制度、油料报账等制度，定期召开驾驶员安全会议，强化安全教育。

2020年12月至2021年10月，县机关后勤服务中心共计产生修车费48.66万元，其中天鹰汽修厂31.59万元（2020年12月至2021年10月末），合众汽修厂17.06万元（2021年1月至2021年10月末）；全年洗车及补胎费7.2万元，全年车辆保险费21.81万元。

年内，县机关后勤服务中心加强职工食堂管理，职工大灶全年共支出587606元，收干部职工用餐费用204890元。按要求做好公务接待工作，定结县全年公务接待109次，接待费用32.06万元。

【督查督办】 2021年，县人民政府办公室创新督查督办方式，建立全县重大事项督办“一本账”，探索使用实地督查、查阅资料等新方式，形成全县政府系统“大督查”工作格局，推动各项决策部署落到实处。对县领导批示事项第一时间梳理研判，进行实时跟踪督办，确保“件件有着落、事事有回音”。截至年末，县人民政府办公室对第十四届定结县人民政府党组会议及县委常委会会议议定事项进行跟踪督导11次。

【建议提案办理】 2021年，县人民政府把好进度、答、复、规范“三道关”，办理答复自治区人大代表建议1件，县人大代表、政协委员建议提案5件，办复率100%。

对口支援

【概　况】 2021年，长春市第七批援藏工作组坚持以习近平新时代中国特色社会主义思想为指导，围绕稳定、发展、生态、强边“四件大事”与“四个确保”（确保国家安全和长治久安，确保人民生活水平不断提高，确保生态环境良好，确保边防巩固和边境安全），聚焦自治区“援藏工作攻坚提升年”各项任务，发挥长春市“打先锋、站排头、作表率”先进模范作用，推进巩固拓展脱贫攻坚成果同乡村振兴有效衔接，推动定结县“十四五”援藏规划良好开局。

【政治理论学习】 2021年，长春市第七批援藏工作组认真学习贯彻落实中央第七次西藏工作座谈会、中共十九届六中全会、习近平总书记在西藏考察时重要讲话及中国共产党西藏自治区第十次代表大会精神。根据市委、县委安排，开展“不忘初心、牢记使命”主题教育、党史学习教育及“三更”专题教育活动。坚持工作组集体学习与个人自学相结合，全年累计召开工作组专题学习会议12次，撰写个人学习心得体会36篇。

【“十四五”援藏规划编制】 年内，长春市第七批援藏工作组编制完成《长春市“十四五”对口支援西藏日喀则市经济社会发展规划》，规划项目总投资8674万元，共计18个项目，涵盖智力支援、产业促进就业、保障和改善民生、交往交流交融、文化教育支援五大类。2021年计划实施项目11个，投资共计1952万元。

【计划外援藏项目】 2021年，长春市第七批援藏工作组先后向长春市人民政府争取计划外资金220万元用于定结县基层党组织建设，向二道区人民政府、朝阳区人民政府争取计划外援建资金882.86万元用于陈塘镇中学、扎西岗乡普村幼儿园及确布乡春阿村幼儿园、“平安定结”智能监控系统建设，向中国电信集团系统集成公司争取“空中课堂”远程教育系统。年内，开展的计划外项目全部实施完毕。

10月，经长春市第七批援藏工作组争取，“互联网＋空中课堂”项目正式在定结县落地并投入使用。图为陈塘镇初级中学与长春市第六十八中学“空中课堂”远程教育合作启动仪式

（长春市第七批援藏工作组　提供）

【交往交流交融】 2021年，长春市第七批援藏工作组累计开展各类交往交流交融类活动6批次，参加人员达196人次，涵盖乡（镇）干部、县直单位干部、各村第一书记、村党支部书记、乡村振兴专干。通过赴长春市委党校、浙江大学、西南民族大学等地开展专题培训，创造全市县级组织率先完成村级干部培训全覆盖、率先在全国范围内选择培训场所的“双第一”典型示范。

【民族团结进步创建】 年内，长春市第七批援藏工作组依托“感党恩·一家亲”民族团结进步创建活动，宣讲党的路线方针政策尤其是党的民族宗教政策及中共中央赋予西藏自治区的特殊优惠政策32场次，受教育达1100人次。援藏工作组举办以爱党爱国爱社会主义为主题的各类活动21场次，参与群众达1600人次；召开民族团结进步创建活动专题工作会议3次，制订相应实施方案或工作计划2个；帮助受援地打造爱国主义教育或红色教育基地11个，依托“组团式”教育援藏，打造思想政治教育、民族团结进步教育品牌3个；帮助挖掘、考证、整理西藏地方与祖国关系史相关资料2份，投入资金1.5万元。年内，长春市第七批援藏工作组4人被评为“定结县2020年度民族团结模范个人”。

【教育援藏】 2021年，吉林省援藏教师团发挥在教学理念、学科专业知识、课堂实践经验等方面的优势作用，倾力打造“点积”教育新模式，定结县与长春市第68中学、日喀则市小学、桑珠孜区第三中学等优质学校开展教学相长的合作共建活动。是年，定结县中学成绩在全市排名较2020年大幅提升，小学学业水平考试在日喀则市名列前茅，20名毕业生考入西藏其他省市初中班和自治区重点初中。年内，长春市第七批援藏工作组投资1500.86万元，用于实施定结县教育均衡发展专项资金项目、陈塘中学补充资金项目、扎西岗乡普村及确布乡春阿村幼儿园建设项目、“空中课堂”远程教育系统建设项目。

【医疗援藏】 2021年，借助吉林省援藏医疗队技术优势，发挥远程医疗系统现代化诊疗手段，提升定结县医疗服务能力弱项短板。援藏医疗团队帮助完善定结县卫生服务中心内控制度，强化医院管理，规范诊疗行为，提升综合医疗水平。参与定结县新冠肺炎疫情常态化防控工作，全县保持新冠肺炎疫情常态化防控工作“三零”的优异成绩。年内，长春市第七批援藏工作组围绕提升乡（镇）卫生院标准化建设水平，投资760万元实施定结县乡（镇）卫生院标准化建设项目，新建多布扎乡卫生院，改造提升扎西岗乡卫生院及萨尔乡卫生院。

【固边强边项目】 2021年，长春市第七批援藏工作组在制定“十四五”援藏规划过程中，贯彻落实习近平总书记“治国必治边、治边先稳藏”的重要战略思想，谋划确定定结县固边强边项目，投资250万元用于购置交通类、通信类、装备类基层警用设备，提高县、乡（镇）、村三级

6月，长春市第七批援藏工作组联合吉林市中心医院援藏医疗团队向定结县一线边防民警捐赠药品。图为捐赠仪式

（长春市第七批援藏工作组 提供）

警务机构维稳处突及日常工作能力；争取计划外资金300万元，用于建设“平安定结”智能视频监控系统。

【联动机制建设】 2021年，长春市第七批援藏工作组加强与县委、县人民政府的对接，正式成立定结县受援工作领导小组，下设定结县受援工作领导小组办公室（以下简称“受援办”）。长春市第七批援藏工作组直接与定结县受援办就援藏工作进行沟通协调，谋划确定长春市—定结县乡（镇）互动结对帮扶项目，长春市主城区、长春经济技术开发区与定结县各个乡（镇）结对帮扶，每年从定结县各乡（镇）选派优秀的副科级以下干部到结对帮扶社区挂职锻炼；年内，长春市郊县（区）与定结县困难村开展结对帮扶，加强定结县村级组织建设。

【援藏队伍建设】 2021年，长春市第七批援藏工作组根据工作实际需要，结合长春市审计局相关建议，完善《长春市第七批援藏干部工作组职责》《长春市第七批援藏工作组财务管理制度》《请销假制度》《文件处理办法》等规章制度，健全工作组内部运行机制，做到用制度约束人、用制度保护人，强化援藏工作组成员的规矩意识和纪律意识。关注援藏工作组成员身体健康，在每年进入日喀则市和返回长春市时，组织工作组成员在两地各体检1次。每人配备随身医药盒，每辆车均配备随车急救包。根据新冠肺炎疫情常态化防控趋势，长春市第七批援藏工作组在口罩等日常防护用品配备、核酸检测、新冠疫苗接种、心理疏导等方面进一步强化保障措施，全力保障援藏工作组成员的健康安全。年内，长春市工业和信息化局（市援藏工作领导小组办公室）拨付专项资金100万元，用于打造陈塘镇夏尔巴第一村对外交流交往基地；长春市委组织部拨付专项资金30万元，用于改造长春市第七批援藏工作组在日喀则市和定结县援藏公寓供暖设施。

政务服务

【简政放权】 2021年，定结县行政审批和便民服务局推动简政放权各项工作，持续开展“减证便民”专项行动。以“四减”（减材料、减环节、减时限、减次数）为基础工作进行梳理，对全县民生类事项进行清理规范，保留证明6项，取消证明4项。推行定结县证明事项告知承诺制，实行证明事项告知承诺制目录清单，公布的目录清单涉及8个审批服务事项的9个证明材料。简化办事流程，缩短办事时限，总体办理时限按要求在法定时限的基础上缩短30%，其中除遗产继承以外的登记时限从15个工作日压缩至5个工作日，抵押登记业务办理时限从10个工作日压缩至3个工作日。精简事项材料，对政务服务事项进行归纳、精简、统一后发布到“一网通办”事项平台，最大限度简化多余材料。

【政务服务网推广】 年内，县行政审批和便民服务局在全县开展“西藏政务服务网”注册推广工作，组织全县干部职工、乡（镇）人民政府干部、驻村工作

2021年，群众在县政务服务中心办理业务

（县行政审批和便民服务局　提供）

队队员引导群众进行宣传，全县注册个人用户达7850人，法人注册达248人，占全县总人口的40%。

【行政审批制度改革】 年内，定结县行政审批和便民服务局加大行政审批制度改革的落实力度，强化简政放权放管结合优化服务改革的过程，依法削减不科学、不合理、不必要的审批步骤，合并内容相近、效用一致的办理环节，在原有基础上减少审批环节，透明规范业务操作，解决“互相推诿、流程模糊”等问题，对所有行政审批实行一次性告知制度，制定行政审批事项申请表，表格内明确指出办理所需材料清单，由工作人员根据清单内容向前来办理的人员作讲解。

【窗口服务制度】 2021年，县行政审批和便民服务局建立完善工作制度，确保各服务窗口正常运转。县政务服务中心建立服务承诺、志愿服务、工作考勤、卫生保洁、廉政建设、档案管理等15项相关管理制度；乡（镇）、村政务服务中心（站）建立服务承诺、工作考勤、档案管理等5项相关管理制度。

【监督体系建设】 2021年，县行政审批和便民服务局利用“一网通办”线上和线下等移动端健全“好差评”评价体系，不断完善相关配套设施，探索政务服务运行、管理等方面的措施办法，

12月8—14日，县行政审批和便民服务局联合县发展和改革委员会到全县10个乡（镇）70个行政村调研政务服务中心（站）运行情况。图为调研组人员在日屋镇调研　　（县行政审批和便民服务局　提供）

建立健全体制机制和监督管理机制，提高入驻部门考勤率，提高相关部门使用电子政务外网办公办件率。

【“互联网+政务服务”】 年内，按照政务服务事项标准化要求，县行政审批和便民服务局先后6次梳理规范27家县直单位和乡（镇）、村政务服务中心（站）政务服务事项共993个。全年“互联网+政务服务”平台网上办件94109件，电子证照录入1406件。组织27家县直单位及乡（镇）政务服务中心人员开展“互联网+政务服务”管理集中培训工作，全年共培训5次138人次。通过微信推送、发放宣传单、悬挂横幅、张贴标语等方式，加大“互联网+政务服务”宣传推广力度，共计发放宣传资料3200余份。

【政务服务调研】 年内，县行政审批和便民服务局全面调研摸底县、乡（镇）、村三级政务服务中心（站）窗口的人员进驻与办理事项等情况。县政务服务中心共进驻窗口单位12家，人员全部进驻到位，可办理事项55项，全年县政务服务中心窗口单位共办理事项14896件。12月8—14日，县行政审批和便民服务局与县发展和改革委员会工作人员深入全县10个乡（镇）70个行政村进行调研，宣传乡（镇）、村政务服务中心（站）建设管理的重要意义，实地查看乡（镇）、村政务服务中心（站）建设管理运行现状，明确乡（镇）、村政务服务中心（站）管理工作人员和为民办事的事项内容，核实乡（镇）政务服务中心进驻事项主要为户籍证、通行证、加油、民政救助等9项。乡（镇）政务服务中心由乡（镇）人民政府乡（镇）长或副乡（镇）长负责，配备3名工作人员具体办理事项；村政务服务站由村第一书记负责工作，

乡村振兴专干和驻村工作队队员具体办理事项。

外事工作

【对外交流合作】 2021年，定结县做好边境地区新冠肺炎疫情防控工作，县外事办公室通过非接触式会晤、视频、电话等形式了解尼泊尔桑库瓦莎巴地区、塔普勒琼地区边境抗击新冠肺炎疫情医疗物资和生活物资需求，全年开展3次（医疗物资1次、生活物资2次）防疫物资援助工作。6月21—22日，援助尼泊尔桑库瓦莎巴地区、塔普勒琼地区42箱医疗物资，主要包括一次性医用外科口罩、N95口罩、防护服、护目镜、一次性医用橡胶手套、免洗消毒洗手液等，价值10万元。6月24—26日，援助尼泊尔桑库瓦莎巴地区、塔普勒琼地区大米、面粉、食用油、糌粑等生活物资共计114.39吨，价值80万元。6月25日，援助奶粉、砖茶、白糖、盐巴等价值12.55万元的生活物资。7月初，西藏自治区人民政府援助20万剂国产新冠肺炎疫苗，其中10万剂用于西藏自治区周边尼泊尔边境地区。

【重大项目申报】 2021年9月，县外事办公室向西藏自治区外事办公室申报定结县日屋口岸国门通信信号建设项目、新建维修边界巡逻通道项目、新建巡边执勤卡点建设项目、新建边界视频监控系统建设项目等4个项目，计划投资2340万元。是月，县外事办公室向西藏自治区外事办公室申报定结县陈塘口岸中尼友谊桥建设项目、定结县援建尼泊尔塔布勒琼地区道路工程项目、定结县援建尼泊尔桑库瓦萨白地区道路工程项目等8个援助尼泊尔工程项目，计划投资124013.6万元。10月，县外事办公室向西藏自治区外事办公室申报2022—2024年边界巡查及调研、涉界事务处置、边界政策宣讲、边界管理员培训、简易上界路、清理通视道等边界日常维护项目8个，计划投资150.64万元。

【专题学习教育】 年内，县外事办公室结合党史学习教育、“政治标准要更高党性要求要更严组织纪律性要更强”专题教育，利用每周支部学习会，通过读原著、学原文、悟原理的方式，学习领会习近平外交思想及习近平总书记关于西藏工作的重要论述、新时代党的治藏方略。全年县外事办公室党支部开展集体学习38次，撰写学习心得体会48篇。

【巡察整改】 2021年初，第九届定结县委第十一轮巡察组对县外事办公室开展常规巡察，反馈“理论学习不够深入”“政治纪律执行不严”和“主体责任压得不实”等方面存在的突出问题。县外事办公室配合县委巡察工作领导小组办公室，照单全收反馈问题，立行立改抓好整改，年内完成巡察整改任务。

【建章立制】 年内，县外事办公室建立健全基层党组织建设、党风廉政建设、文件处理登记、考勤、出差等相关规章制度。结合外事工作职能，制定《定结县边境地区突发事件应急预案》《定结县边境地区突发事件应急处置联动工作机制》《定结县与毗邻尼方两地区地方官员会晤会谈机制暂行办法（试行）》《定结县国界巡检工作办法》。

信 访

【概 况】 2021年10月，定结县信访局（信访接待中心）由县人民政府大门口搬迁至县水利局办公楼。2021年，全县来信来访6件10人次，办结6件，办结率100%。

【信访积案化解】 年内，中共定结县委、县人民政府听取县信访矛盾纠纷化解工作情况汇报3次，召开信访工作推进会议3次，县委、县人民政府领导到县信访局开展调研3次，县级领导带案接访7批次，带案下访12批次，包案7批次，带案约访4批次。2021年，定结县改变信访工作方法，变群众上访为干部下访。开展矛盾纠纷排查，对排查出的矛盾纠纷逐一建立档案，做到一事一档。是年，全县来信来访6件10人次，办结6件，办结率100%。全年开展矛盾纠纷排查11次，排查出矛盾纠纷共108件。截至年末，信访积案已办结75件，正在办理33件（其中自治区、市交办项目30件，市国家电网项目1件，县级项目2件），其中涉县级项目48件，年内办结46件，办结率为96%。

【信访渠道畅通】 2021年，定结县畅通和拓宽网上信访渠道，依托自治区信访信息系统案件登记、办理、查询、跟踪、监督、评价于一体的“一网通”网上信访综合运用平台，实现互联互通、资源共享。年内，县信访局持续推进电话信访、短信信访、微信信访、视频信访，为群众提供便捷服务。

【信访机制建设】 2021年，定结县信访局执行信访工作“八化”（研究信访问题经常化、县级领导接访制度化、领导包案化解常态化、源头预防治理机制化、矛盾纠纷调解多元化、信访督查督办及时化、网上信访运行程序化、规范信访秩序法治化）机制和“五访”（轮流值周接访、靶向精准约访、进村入户专访、实地针对暗访、包案化解回访）工作法，健全完善信访长效机制。注重矛盾纠纷发生的源头治理，规范项目招投标程序、农民工工资保证金征缴退还程序、应急周转金拨款程序。落实领导“五访”责任和领导包案责任制度，制定县级领导和部门主要负责人接访制度和排序表，实行领导带案接访、下访、约访、包案制度，全年县级领导带案接访5批次，带案下访12批次，包案5批次，带案约访3批次。落实矛盾隐患排查联动机制，年内由县信访联席工作会议办公室牵头，联合县公安局、县人力资源和社会保障局、县司法局等部门，通过实地走访、召开座谈会等形式，开展矛盾纠纷隐患常态化排查。各乡（镇）建立信访联席会议制度及强化信访网格化管理模式，按联席会议制度要求召开乡（镇）信访工作联席会议。确定每周1个工作日为信访矛盾纠纷排查化解日，定期对辖区内矛盾纠纷隐患进行排查化解。

【政策法规宣传】 年内，定结县信访局结合各类普法宣传教育活动，加大《信访工作条例》宣传力度，引导群众依法逐级上访，规范信访事项受理办理程序，提高群众法治观念和各级干部化解矛盾纠纷、处理信访问题、做好群众工作的能力和水平。全年共发放《信访工作条例》等5种宣传资料850余份。

中国人民政治协商会议定结县委员会

定结宗格错（县方志办　提供）

综　述

【机构情况】 2021年，定结县政协有主席1人、副主席4人、政协党组成员7人，提案法制经济委员会主任1人、副主任1人。定结县有自治区级委员2名，市级委员7人。中国人民政治协商会议定结县第三届委员会有常务委员会委员17人，县政协委员15个界别90人，其中中国共产党界12人、工会青联界4人、妇联界6人、工商联界5人、教育体育界4人、经济和生态环保界4人、科学技术界3人、农业和农村界20人、少数民族界7人、社会福利和社会保障界3人、文化艺术界4人、医疗卫生界5人、宗教界8人、特邀界5人。

【专题协商】 10月9日，定结县政协组织召开“解决定结县各乡（镇）学校、卫生院、寺庙垃圾清运车辆”专题协商会，会议由县政协党组书记、主席中扎西主持。会上，县政协副主席拉顿就相关情况进行汇报，与会县政协委员及相关部门负责人提出协商意见。

10月15日，政协定结县委员会组织召开“遵行四条标准　争做先进僧尼”专题协商座谈会，县委常委、统战部部长尼玛顿珠主持会议，县政协党组成员、部分县政协委员及县政协办公室、县委统战部、县民族宗教事务局全体干部，驻寺干部和寺庙僧人出席会议。会议传达学习习近平总书记在庆祝中国共产党成立100周年大会上的重要讲话和习近平总书记考察西藏时重要讲话精神，传达学习全国政协主席汪洋在庆祝西藏和平解放70周年大会上的讲话精神，宗教界委员及寺庙管理委员会负责人围绕“遵行四条标准　争做先进僧尼”进行互动交流。

年内，县政协聚焦农牧民群众急难愁盼问题，及时反映群众呼声和诉求，协助破解民生难题、增进民生福祉，收集社情民意信息6条。

【参政议政】 年内，县政协领导班子围绕“提案专题实地核查”“喜马拉22号二级种子基地”“县城环境卫生”“食品安全”“遵行四条标准　争做先进僧尼　加强创新寺庙管理与驻寺党的建设”“解决全县各乡（镇）学校、卫生院、寺庙垃圾清运车辆”等9个课题开展专题调研，提出意见建议39条，形成调研报告呈报县委、县人民政府。协助市政协开展“公立医院信息化建设和工作开展情况”“推动农牧业产业革命　助力乡村振兴”“提案办理情况及政协委员履职提升培训”等视察调研活动3次。县政协领导班子成员主动参与全县新冠肺炎疫情常态化防控工作。

【组织建设】 2021年，县政协制定《政协第三届定结县委员会党组议事规则》《定结县政协常委履职述职点评办法》，修订完善《定结县政协关于开展“书香政协”读书活动的实施方案》《委员学习培训制度》，组织政协委员参加“书香政协”活动，加强党性教育和素质提升培训，引导广大政协委员始终牢记政治身份、遵守政治规矩，提高政协委员履职尽责能力。全年开展“书香政协”、委员履职培训、提案专题宣讲24场次，实现委员履职培训学习全覆盖。规范专委会

3月29日，政协第二届定结县委员会第八次会议第一次全体会议召开
（县政协办公室　提供）

工作，加强与委员所在部门的协调沟通，为委员履职尽责创造条件。加强对乡（镇）政协工作的指导，明确县政协主席会议成员联系乡（镇）政协委员工作，深入所在联系乡（镇）实地了解情况、现场指导工作。年内，县政协领导班子做好“4321”高校毕业生就业帮扶和脱贫攻坚结对帮扶工作，年内多次深入32户结对帮扶户家中走访慰问，解决帮扶点群众实际困难，共开展政策宣传、捐款捐物24次，落实解决帮扶资金3.1万元。

重要会议

【全体会议】 政协第二届定结县委员会第八次会议　3月29—30日，中国人民政治协商会议第二届定结县委员会第八次会议召开，会议应到委员86人，实到委员76人，会议由县政协副主席、确布乡党委书记拉顿主持。听取并审议《政协第二届定结县委员会常务委员会工作报告》《政协第二届定结县委员会常务委员会关于政协二届七次会议以来提案工作情况的报告》《政协第二届定结县委员会第八次会议政治决议》《政协第二届定结县委员会第八次会议关于常务委员会工作报告的决议》《政协第二届定结县委员会第八次会议关于政协二届七次会议以来提案工作情况报告的决议》《政协第二届定结县委员会提案委员会关于政协二届八次会议提案审查情况的报告》及其他事项。参会委员列席定结县第十三届人民代表大会第八次会议，听取并协商讨论政府工作报告及其他工作报告。会议期间，共收到委员提案41件，经提案审查委员会审查立案41件，实地核查后正式立案交办41件。

政协第三届定结县委员会第一次会议　7月9—11日，中国人民政治协商会议第三届定结县委员会第一次会议召开，会议应到委员90人，实到委员84人，会议由县政协副主席、确布乡党委书记拉顿主持。听取并审议《政协第二届定结县委员会常务委员会工作报告（草案）》《政协第二届定结县委员会常务委员会关于提案工作情况的报告（草案）》《政协第三届定结县委员会第一次会议关于常务委员会工作报告的决议（草案）》《政协第三届定结县委员会提案审查委员会关于政协三届一次会议提案审查情况的报告》《政协第三届定结县委员会第一次会议政治决议（草案）》及其他事项。选举政协第三届定结县委员会主席、副主席、常务委员。参会委员列席定结县第十四届人民代表大会第一次会议，听取并协商讨论政府工作报告及其他有关报告。会议期间共收到代表提案53件，经提案审查委员会审查立案53件，实地核查后正式立案交办53件。

【常务委员会会议】 政协第二届定结县委员会常务委员会第十二次会议　3月28日，中国人民政治协商会议第二届定结县委员会常务委员会第十二次会议召开，县政协主席中扎西主持会议，会议应到常委18人，实到16人。审议通过《政协第二届定结县委员会第十二次常务委员会议程》《政协第二届定结县委员会第八次会议议程（草案）、日程》《政协第二届定结县委员会第八次会议常务委员会工作报告》《政协第二届定结县委员会第七次会议以来提案工作情况报告》《政协定结县委员会2021年度协商计划（草案）》《关于召开政协第二届定结县委员第八次会议主席团组成人员、特邀人员、列席人员建议名单》《政协第二届定结县委员会第八次会议主持人和报告人建议名单》《关于召开政协第二届定结县委员第八次会议委员提案截止时间》《关于免去旦增曲桑政协第二届定结县委员会委员资格的建议》《关于召开政协第二届定结县委员第八次会议的决定》。

政协第二届定结县委员会常务委员会第十三次会议　3月30日，中国人民政治协商会议第二届定结县委员会常务委员会第十三次会议召开，县政协主席中扎西主持会议，会议应到常委18人，实到16人。审议通过《政协第二届定结县委员会第八次会议政治决议》《政协第二届定结县委员会第八次会议关于常务委员会工作报告的决议》《政协第二届定结县委员会第八次会议关于政协二届七次会议以来提案工作情况报告的决议》《政协第二届定结县委员会提案委员会关于政协二届八次会议提案审查情况的

3月30日，政协第二届定结县委员会常务委员会第十三次会议召开
（县政协办公室　提供）

报告》。

政协第二届定结县委员会常务委员会第十四次会议　7月4日，中国人民政治协商会议第二届定结县委员会常务委员会第十四次会议召开，县政协主席中扎西主持会议，会议应到常委18人，实到16人。审议通过《政协第二届定结县委员会常务委员会关于召开政协三届一次会议的决定（草案）》《政协第三届定结县委员会委员推荐人选建议名单及界别设置（草案）》《政协第二届定结县委员会常务委员会工作报告及报告人员名单（草案）》《政协第二届定结县委员会常务委员会关于提案工作情况的报告及报告人名单（草案）》《政协第三届定结县委员会第一次会议议程和日程（草案）》《政协第三届定结县委员会第一次会议特邀及列席人员名单（草案）》，听取县政协提案法制经济委员会工作总结。

政协第三届定结县委员会常务委员会第一次会议　7月11日，中国人民政治协商会议第三届定结县委员会常务委员会第一次会议召开，县政协主席中扎西主持会议，会议应到常委17人，实到16人。会议审议通过《政协第三届定结县委员会关于设立专门委员会机构的决定（草案）》《县委组织部就三届县政协提案经济法治专门委员会主任、副主任、委员人选作说明》《三届县政协提案经济法制委员会主任、副主任、委员建议名单（草案）》。

政协第三届定结县委员会常务委员会第二次会议　12月15日，中国人民政治协商会议第三届定结县委员会常务委员会第二次会议召开，县政协主席中扎西主持会议，会议应到常委17人，实到16人。会议传达学习《中国共产党第十九届中央委员会第六次全体会议公报》《习近平总书记在中央民族工作会议上强调以铸牢中华民族共同体意识为主线推动新时代党的民族工作高质量发展讲话精神》《习近平总书记在全国宗教工作会议上重要讲话精神》《西藏自治区第十次党代会精神传达提纲》，审议通过《定结县政协常委履职述职点评办法》《定结县政协委员履职服务管理办法》《定结县政协主席会议成员联系常委、常委联系委员、党员委员联系党外委员、委员联系群众工作制度》《政协第

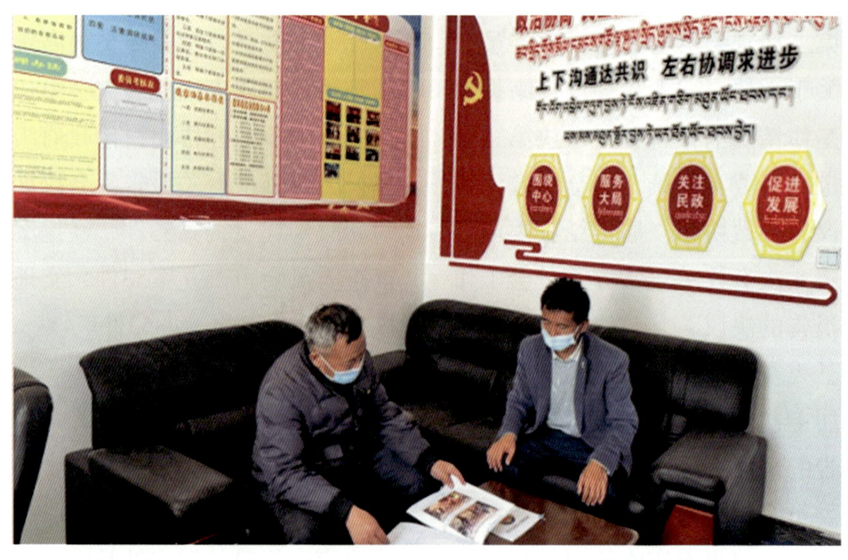

11月4日，定结县政协副主席次朗（左一）前往确布乡督导检查乡镇政协委员联络办工作开展情况　（县政协办公室　提供）

三届定结县委员会常务委员会议事规则》《政协第三届定结县委员会党组议事规则》《政协第三届定结县委员会主席会议事规则》。

政协第三届定结县委员会常务委员会第三次会议　12月23日，中国人民政治协商会议第三届定结县委员会常务委员会第三次会议召开，县政协主席中扎西主持会议，会议应到常委17人，实到16人。会议听取《政协第三届定结县委员会常务委员述职报告》。

8月3日，政协第三届定结县委员会第一次会议提案交办会召开
（县政协办公室　提供）

民主监督

【提案办理】　2021年，政协第二届定结县委员会第八次会议期间共收到提案41件，经提案审查委员会审查立案41件，实地核查后正式立案，交县人民政府相关单位办理41件。政协第三届定结县委员会第一次会议期间共收到提案53件，经提案审查委员会审查立案53件，实地核查后正式立案，交县人民政府相关单位办理53件。年内，94件提案均办理完成，办复率100%。常委会落实主席领衔督办重点提案制度，对县政协三届一次会议《关于解决县中学垃圾车辆》《关于县城环境整治》《关于加强植树造林后续管理》等重点提案进行现场督办，提出意见建议。

【视察调研】　城市管理和环境卫生专题视察调研　8月13—15日，县人大常委会、县政协联合县城市管理和综合执法局、县司法局、县发展和改革委员会，组织江嘎镇籍县人大代表、县政协委员在定结县开展城市管理及环境卫生集中视察活动。视察组深入县城和江嘎镇辖区内的街道、职工周转房等区域，对施工垃圾、生活垃圾堆放情况等环境卫生状况进行视察调研，在县城市管理和综合执法局召开座谈会，听取定结县《城市市容和环境卫生管理条例》宣传贯彻情况、城市市容和环境卫生责任落实情况汇报，开展市容和卫生状况满意度问卷调查。

“喜马拉22号”种子基地田间管理专题视察调研　8月5日，由县政协主席中扎西、县人大常委会副主任热旦及县、乡（镇）人大代表和县政协委员、当地村“两委”班子成员共31人组成的

11月3日，县政协与县人大常委会联合组织政协委员、人大代表开展食品药品安全视察工作。图为到餐馆视察（县政协办公室　提供）

视察调研组，到郭加乡楚卡村“喜马拉22号”二级种子田和扎西岗乡夏当村（百亩机播）“喜马拉22号”二级种子田开展专题视察调研。视察组了解种子基地田间管理情况、种子田病虫草害情况和下一步推广计划，实地查看种子基地田长势现状，提出针对性意见建议。

食品药品安全专题视察调研 11月3日，县政协党组书记、主席中扎西，县人大常委会党组成员、副主任巴桑，县政协党组成员、副主席拉顿带领部分县人大代表和县政协委员同相关部门负责人对全县食品药品安全开展视察调研。视察组对县城餐馆、超市、诊所、药店及县中学、县完全小学食堂，校园周边小卖部、餐饮店、饮食摊点进行食品药品安全监督检查。重点对学校食品安全工作管理与责任制度落实情况，食品药品安全事故预防机制建设情况，学校食堂、学校周边餐饮店，诊所、药店等经营机构持证情况和疫情防控措施落实情况，特别是“四类药品”（退烧、止咳、抗病毒、抗生素类药品）的销售实名制登记情况，食品从业人员健康体检和培训教育情况，食品进货检查验收、购销台账制度落实情况，餐饮具清洗、消毒制度落实情况；有无销售“三无”食品和假冒伪劣、有毒有害、过期变质及其他不合格食品、药品，是否有违规采购、使用劣质食用油和非法使用添加剂、不合格调味品等情况进行专项检查。针对视察中发现的问题，视察组提出相应整改意见。

（边巴扎西）

中国共产党定结县纪律检查委员会
定结县监察委员会

定结宗格错（县方志办　提供）

综述

【纪检监察改革】 2021年，中共定结县纪律检查委员会、定结县监察委员会（以下简称“县纪委监委”）统筹县、乡（镇）监督力量，分类谋划实现监督全覆盖。年内，县纪委监委对全县监察对象进行摸底梳理和全面统计，全县共纳入监察对象2548人，实现对公权力和公职人员的监督全覆盖。县纪委3个内设科室配备科室主任，调整充实10名乡（镇）纪委书记、副书记、专干。

【业务培训】 年内，县纪委监委班子成员带头抓理论业务学习，带头严以律己作示范，带头抓班子带队伍培养培训纪检干部，带头深入基层调查研究掌握第一手资料，实现“给我干”向“跟我干”转变。组织纪检监察干部学习《中国共产党纪律处分条例》《中华人民共和国监察法》《中国共产党纪律检查机关监督执纪工作规则》《中国共产党问责条例》，提升纪检监察干部业务水平。全年先后选派10人次县、乡（镇）纪检巡察干部赴自治区、市两级跟班办案巡察学习，选派14人次县、乡（镇）纪检巡察干部参加上级各类培训。结合巩固拓展脱贫攻坚成果同乡村振兴有效衔接专项监督检查任务，全年组织26名县、乡（镇）纪检干部开展为期3天的乡村振兴专项监督暨综合业务培训。

重要会议

【九届纪委第六次全体会议】 3月26日，中国共产党定结县第九届纪律检查委员会第六次全体会议召开，县委常委、纪委书记、监委主任巴次代表九届县纪委向大会作题为《忠诚履职勇敢与担当　新征程展现新作为——高质量监督保障定结县紧急社会新发展》的工作报告，市政协副主席、县委书记李运生出席会议并讲话。会上，李运生代表县委与各乡（镇）、县直单位负责人签订定结县2021年党风廉政建设目标责任书。在家县级领导，九届县委委员、候补委员、纪委委员，各乡（镇）党委书记、纪委书记、县直单位负责人、县纪委监委机关和县委巡察工作领导小组办公室全体人员参加会议。

【十届纪委第一次全体会议】 6月30日，中国共产党定结县第十届纪律检查委员会第一次全体会议召开，审议表决通过县委常委、纪委书记、监委主任马跃军代表九届县纪委向大会所作五年工作报告。会议选举产生中共定结县第十届纪律检查委员会常务委员6名、纪委书记1名、副书记2名，马跃军当选第十届纪律检查委员会书记，德吉拉姆、陈乾韬当选副书记。

党风廉政建设

【“两个责任”落实】 定结县贯彻落实《党委（党组）落实全面从严治党主体责任规定》《中共西藏自治区委员会办公厅关于深入学习贯彻〈党委（党组）落实全面从严治党主体责任规定〉的通知》，明确各级党委（党组）主体责任、党委（党组）书记第一责任人和领导班子其他成员承担的全面从严治党责任。县委、县纪委督促各级党组织推进全面从严治党“两个责任”落实，层层签订目标责任书。县委带头落实《党委（党组）落实全面从严治党主体责任规定》，年末进行一次述职述廉，向市委报告全面从严治党主体责任落实情况和领导班子主要负责人“第一责任人”责任落实情况，督促班子成员履行“一岗双责”。发挥纪委监督保障作用，全年县纪委书记谈话提醒乡（镇）、部门负责人等“关键少数”共56人次，纪检监察机关开展谈话函询5人，诫勉谈话3人，对2起落实“两个责任”不到位的典型案件实行“一案双查”，追责领导干部3人。排查廉政风险点360个，实行立行立改、对账销号。

【党风廉政教育】 2021年，县纪委监委加强党风廉政建设宣传教育工作，县委常委、纪委书记、监委主任马跃军在村（居）第一书记培训班、各乡（镇）和县委理论学习中心组学习会上讲专题廉政党课10余次。县纪委监委在县直各部门办公场所显眼位置张贴廉政警示标语61条，为所有县级干部和正科级干部制作134个廉政桌牌，组织各乡（镇）负责人和关键岗位县直部门负责人19人赴日喀则市党风廉政教育基地参观学习。全年向各乡（镇）纪委监察室、县直各部门、企事业单位转发上级典型案例通报28期，下发县纪委通报文件3期，发放《党风廉政建设》读本900余册，传达学习覆盖单位78个，传达学习人数1894人。利用微信工作群、“定结发布”微信公众号、定结县融媒体抖音号等网络平台，及时推送违纪违法典型案例。年内，县纪委书记对乡（镇）党政正职和县直各部门“一把手”50余人进行廉政个别谈话，督促领导干部要落实好“一岗双责”。

【监督执纪】 2021年，县纪委监委共受理问题线索23件24人（含直接了结8件8人）。运用“四种形态”教育挽救干部20件21人（其中第一种形态处分12件13人，第二种形态处分7件7人，第三种形态处分1件1人，第四种形态处分0件0人），暂存1件1人，移交市纪委机关1件1人，截至年末，正在办理1件1人。

【政治监督】 2021年，县纪委监委协助县委推动落实《党委（党组）落实全面从严治党主体责任规定》和《中共中央关于加强对“一把手”和领导班子监督的意见》，督促县域各级党组织履行全面从严治党主体责任，推动党委（党组）主体责任、书记第一责任人责任和纪委监委监督责任一体落实。强化对权力的制约和监督，督促公正用权、依法用权、廉洁用权。加强政治监督工作，抓好中共中央决策部署贯彻落实情况的监督检查，督促党员领导干部树立正确政治观、发展观、政绩观。开展巩固脱贫攻坚成果同乡村振兴有效衔接专项监督，尤其加强对定结县脱贫摘帽后“四个不摘”情况的监督；围绕民生领域群众反映突出的行业性、系统性问题，加强对站稳政治立场、履行政治责任和担当使命情况的监督检查，督促领导班子、领导干部负责守责尽责。

专项监督检查

【疫情防控监督】 2021年，县纪委监委围绕新冠肺炎疫情常态化防控“十三个到位”落实情况，做好新冠肺炎疫情常态化防控监督检查工作，督促各级党委和人民政府、有关部门履职尽责，对违反防疫纪律、落实防疫责任不力等问题及时调查处置通报。年内组织干部深入各乡（镇）、行政村、边境一线防控点宣讲疫情防控纪律，纠正在新冠肺炎疫情常态化防控工作中不作为、慢作为、玩忽职守等问题，下发督办单1份。督促重点部门履行行业系统疫情防控主体责任，下发督办单3份。截至年末，累计对349家单位和商铺等提出394项问题，督促相关责任单位和商家整改，年内全部整改到位。

【日常工作监督】 年内，县纪委监委开展粮食领域问题监督监察2次，监督整改3个财务报销问题；开展公款代缴水电费监督1次，督促后勤服务中心整改电费缴纳不规范问题1件，督促县城市管理和综合执法局整改自来水浪费和管理不到位问题1件；开展对口支援西藏专项经费监督1次，督促整改下乡报销不规范问题1件；开展财政供养人员监督检查3次，未发现干部“吃空饷”问题；在春节、清明节、“五一”国际劳动节、中秋节、国庆节等重要节日期间值班带班人员在岗情况监督检查7次；开展定结县人民政府驻日喀则办事处工作监督检查2次，形成《定结县人民政府驻日喀则办事处运行情况调研报告》；开展办公用房面积超标问题整改督查9次，通报1起私自占用办公用房机关。

【换届选举监督】 2021年县、乡（镇）换届选举期间，县纪委监委采取分片负责、专项督导的形式，以零容忍态度严查严防说情打招呼、拉票贿选等违反换届纪律、干扰破坏换届选举及其他各类违纪违法行为。全年督导走访32个村，对200余人开展廉政教育，及时掌握情况，层层传导压力。

【扫黑除恶专项斗争监督】 年内，县纪委监委配合县扫黑除恶专项斗争领导小组办公室对县城KTV、朗玛厅、酒吧、宾馆等场所进行多次监督检查排查工作。

深入基层开展“乱占耕地”实地摸排，发现违法乱占耕地建房154宗，占用耕地面积5.86公顷，年内督促相关责任单位完成整改。开展深化政法队伍教育整顿工作监督，2021年全县涉及顽瘴痼疾问题共57件33人，办结57条，办结率100%。

【“私车公养”监督】 年内，县纪委监委开展私车公养问题专项整治工作，发现“私车公养”问题71条，涉及资金约12万元，对县人民医院等4家单位相关责任人进行提醒谈话处理，责令退赔违纪资金共计6062.76元。

【重点领域监督】 年内，县纪委监委成立脱贫攻坚与乡村振兴有效衔接工作专项监督整治领导小组，加强常态化监督检查和督促，促进县、乡（镇）纪委监察体系机关一体联动。聚焦国家生态补偿、涉农补贴、就医就学优惠、就业创业支持等“政策红利”是否落实，农电水利、供电用电、通信出行等十项提升工程是否得到保障等内容进行监督。

巡察工作

【九届县委第十一轮巡察】 2021年，开展九届县委第十一轮巡察工作，对县人民检察院、县城市管理和综合执法局、县外事办公室、县审计局、县退役军人事务局、县行政审批和便民服务局、县市场监督管理局、县医疗保障局8家县直单位开展为期2个月的常规巡察。4月20日，定结县召开九届县委第十一轮巡察工作情况反馈会，巡察组向被巡察8家单位反馈专项资金使用、党建、党风廉政建设、“三重一大”等方面54个问题，年内全部完成整改。

【十届县委第一轮巡察】 十届定结县委统筹巡察工作于2021年10月20日正式启动，授权2个混合交叉巡察组和1个县委巡察组对县教育（体育）局等6家县直单位和3个村（居）委会开展巡察。统筹巡察组共发现问题121个，其中县教育（体育）局28个、县委统战部22个、县民族宗教事务局26个、县人力资源和社会保障局8个、县民政局15个、县退役军人事务局12个；巡察期间反馈立行立改问题19个，其中县教育（体育）局2个、县委统战部2个、县民族宗教事务局2个、县人力资源和社会保障局6个、县民政局4个、县退役军人事务局3个。年内，共反馈立行立改问题165个，完成整改165个。是年，县委巡察工作领导小组办公室将十届定结县委第一轮巡察第一、二组反馈的121个问题，重新梳理归纳为4个方面52个问题，交各被巡察单位整改落实。截至年末，完成整改51个问题，整改率为98.08%，其中县人力资源和社会保障局反馈问题9件，完成整改9件；县民政局反馈问题8件，完成整改8件；县退役军人事务局反馈问题8件，完成整改8件；县教育（体育）局反馈问题9件，完成整改8件；县民族宗教事务局反馈问题9件，完成整改9件；县委统战部反馈问题9件，完成整改9件。3个村（居）委会巡察反馈问题数18个，全部整改到位，整改率为100%。巡察发现问题线索7件16人，按巡察相关程序向有关部门移交，追缴资金9.48万元，被巡察单位建立完善制度50个。

【涉粮领域巡察】 2021年，二届日喀则市委专项提级巡察十一组对定结县涉粮问题开展专项巡察，反馈涉粮问题27件，制定整改方案、细化整改内容、明确整改责任人，年内完成整改26件，完成整改率为96.3%。

人民团体

定结宗格错（县方志办　提供）

工　会

【概　况】截至2021年末，全县共有工会会员4205名，其中干部职工会员1263名，农牧民会员2721名，会员积极分子128名，企业及“两新”组织会员93名。全县共组建90个工会组织，其中村级工会组织70个、乡（镇）工会组织10个、县直机关工会组织8个，“两新”组织工会2个。定结县总工会第三届委员会共有委员25名、常务委员7名，经费审查委员会委员5名，女职工委员3名。

【主题活动】2021年，县总工会开展庆祝中国共产党成立100周年、西藏和平解放70周年系列活动，分批次组织全县广大干部职工观看爱国影视教育片，共观看15场次。开展“百年礼赞、与爱同行”主题“五送”（送党史、送法律、送政策、送温暖、送医送药）活动，覆盖全县10个乡（镇）10个村（居）委会。开展“关爱孤寡老人、关爱护理员”为主题的送温暖活动。开展“百年礼赞、致敬专干”为主题送温暖活动，为全县乡村专干、农牧专干、科技专干、大学生公益性岗位、“三支一扶”岗位、社会化工会工作者进行走访慰。

开展“疫情防控不放松、走访慰问暖人心”走访慰问活动，为奋战在新冠肺炎疫情常态化防控一线工作人员送上慰问金3.15万元。

【“送温暖”帮扶活动】在元旦、春节、藏历新年期间，县总工会向全县低收入职工、公益性岗位、临时工、环卫工人、人力资源和社会保障专干、乡村振兴专干、社会化工会工作者、“三支一扶”岗位及各乡（镇）卫生院和节日期间的值班人员等开展慰问活动。1月10日，县总工会开展向全县公安干警、辅警、协警、公益性岗位、临时工送慰问活动，为全体公安民警集体送上节日问候。8月19日，县总工会为县人民医院医师送上集体慰问金。在“三大节日”、“五一”国际劳动节、中秋节与国庆节期间，县总工会开展全县干部职工集体慰问3次，累计发放慰问金77.04万元。年内，开展干部职工生病住院集体慰问2次，每人发放800—1000元慰问金；慰问定结县在编8名长期病假干部职工和1名重大疾病低收入职工，发放慰问金1.44万元。

【文体活动】在2021年“三八”国际劳动妇女节期间，县总工会女职工委员会开展“巾帼心向党、奋斗新征程”主题活动，落实活动经费1.64万元。在2021年“五一”国际劳动节、迎接“五四”青年节期间，举办职工文体、文艺晚会，评选表彰“五一劳动奖章”获得者15名，“五一劳动奖状”和“工人先锋号”2家，推荐1名市级劳动模范。10月20—24日，县人民政府与县总工会联合举办主题为“扬职工精神、展定结风采”的第二届定结县职工运动会。

【基层组织建设】2021年，县总工会规范和落实基层工会选举制度，完成乡（镇）、村工会换届选举工作。按照乡（镇）工会组织“八有”和村级工会“五有”规范化标建设工作要求，全面完成64个村级工会委员会换届选举工作、10个乡（镇）工会委员会

9月29日，确布乡组织召开工会第二次会员（代表）选举工作动员部署会
（确布乡人民政府　提供）

换届选举和8个机关工会委员会班子补选工作。

【工会代表大会】 11月11日，定结县工会第三次代表大会召开，选举产生新一届县总工会领导班子成员23名、新一届县总工会经费委员会委员5名和出席日喀则市工会第三次代表大会的代表。

【建会入会工作】 2021年，县总工会做好建会入会工作。坚持党建带动工会建设、工会建设服务党建要求，重点推进非公企业建会入会工作，年内完成符合“三有”非公有制企业组建工会委员会2家，入会职工38人。

【困难职工帮扶】 在“三大节日”期间，县总工会为全县4名在档困难职工进行节日慰问金。年内，定结县总工会为定结县2021年度考上大学工会会员子女解决交通费11万余元（自治区外1000元/人、自治区内800元/人）。

【服务平台建设】 2021年，市总工会和长春援藏小组投入270万元（长春市对口援藏资金60万元）修建健身室、藏式活动室、职工书屋、吸氧室、职工休闲室“五位一体”的定结“职工之家”，“职工之家”于7月2日对外开放。年内，县总工会沟通协调市总工会项目办公室争取资金20万元，投入资金115万余元为定结县公安民警之家改扩建和设施设备添置，年内正式投入使用。是年，县总工会争取援藏资金100万元，其中55万元用于多布扎乡“共享职工之家”改扩建和添置设施设备，年内多布扎乡“共享职工之家”竣工并投入使用。投入资金115万余元为江嘎镇人民政府“职工书屋”添置设施设备，年内完成设备购买并投入使用。

共青团

【概　况】 截至2021年末，定结县14—28周岁青年共5328人，全县共有10个乡（镇）实体化大团委，有专职团干部3人，兼职团干部87人，共有团总支1个，团支部95个，团员921人。全年新发展团员数60人，年度推荐优秀团员入党52人。全县共有青年志愿者512人。

【重要会议】 1月26日，共青团定结县委员会（以下简称“团县委”）组织各乡（镇）团委书记、团干部召开2020年工作总结暨2021年工作部署会议，听取各乡（镇）2020年度工作开展情况和2020年团建经费使用情况汇报，安排部署2021年全县各级团组织工作。

8月30日，定结县青年工作联席会议第一次全体会议召开，县人大常委会办公室、县政协办公室等40家联席会议成员单位负责人参会，审议通过《定结县青年工作联席会议工作规则》《定结县关于贯彻落实〈西藏自治区中长期青年发展规划（2018—2025年）〉的实施方案》、2021年度《定结县贯彻落实〈西藏自治区中长期青年发展规划（2018—2025年）〉的实施方案》工作要点。

【团组织建设】 2021年，团县委制定下发《定结县村团组织换届选举工作实施方案》《关于乡（镇）、学校团组织换届选举工作的通知》，全面跟进换届筹备工作动态，指导督促换届选举工作，完成乡（镇）、村两级和学校团组织的换届选举工作。年内，团县委按照团市委工作部署和发展团员名额，坚持按照标准发展团员，制订和落实发展团员计划，调控县中学发展团员比例，统筹做好其他领域发展团员工作，全年新发展团员60人。利用“智慧团建”团务综合服务平台，做好共青团信息采集和团员、团干部、团组织信息录入工作。动态监测基层团组织活跃程度，实时督促县机关团总支、各乡（镇）、县中学团支部通过平台开展团组织关系转接和对标定级等工作，年末“智慧团建”学社衔接100%。2021年“五四”青年节期间，团县委对全县“优秀共青团员”“优秀团干部”“优秀少先队工作者”“青年文明号”与“五四红旗团委（团支部）”进行表彰。定结县团委探索“两新”组织、教育系统团员青年工作，成立两新组织共青团工作委员会1个、青年工作委员会2个，成立共青团定结县教育工作委员会。

【青少年思想教育】 2021年，团县委利用“3·28”西藏百万农奴解放纪念日、“六一”国际儿童节、庆祝中国共产党成立100周年和庆祝西藏和平解放70周年、“11·3”少先队建队日等节日、纪念日，深入开展“红领巾心向党”“童心向党·我向党旗敬个礼”“我和党旗合个影”“我想对党说”等系列主题队日活动，引导少先队员听党话、感党恩、跟党走。利用“两学一做”“四讲四爱”“青年大学习”等活动载体，组织广大青少年学习领会中共十九大、十九届历次全会和中央第七次西藏工作座谈会精神，开展爱国主义教育、政策法规宣讲、民族团结进步教育，提高团员青年与少先队员思想认识，激发青少年爱国爱党之情。

【青少年服务】 2021年，团县委把握青少年特点，分析青少年需求，开展系列文化体育、关心关爱、法治教育等活动。开展为期5天的庆祝“五一”“五四”双节系列文体活动，及以“同舟共济青春偕进为奉献者奉献”为主题的“5·12”国际护士节庆祝活动。“六一”国际儿童节期间，团县委分别在10个乡（镇）及县城易地扶贫搬迁点开展“迎六一、送温暖”“大手牵小手、快乐庆六一”的亲子趣味系列活动。配合全县开展“五送”活动，组织青年讲师团成员深入10个乡（镇），组织农牧民青年群众开展党史宣讲活动。新冠肺炎疫情常态化防控期间，组织志愿人员看望慰问隔离的经济困难家庭大学生，送上慰问金和日常生活用品。中考前夕，团县委组织初三各班级开展以“放松身心助力中考”为主题的初三学生团体减压活动。组织机关干部职工开展“大手拉小手点亮微心愿”暖心活动，帮助经济困难家庭学生实现微心愿。邀请县消防救援大队，组织青少年及家长开展防火、防触电等知识宣传教育活动。

【预防青少年违法犯罪】 2021年，团县委牵头组织实施预防青少年违法犯罪联席会议机制，联合县人民法院、县人民检察院、县公安局、县教育（体育）局、县民政局、县司法局6家单位，制定《预防青少年违法犯罪联席会议制度》，签订预防青少年违法犯罪工作合作协议，开展“开学法治第一课，法律进校园”活动。2月3日，团县委开展2021年寒假关爱留守儿童和困境儿童“把爱带回家”送温暖慰问活动，为全县23名留守儿童和困境儿童送去价值6900元学习用品、生活用品等“爱心包”，每个“爱心包”价值300元。围绕《中华人民共和国劳动法》《中华人民共和国民法典》《中华人民共和国预防未成年人犯罪法》《中华人民共和国未成年人保护法》《中华人民共和国反家庭暴力法》等与农牧民、青少年息息相关的法律法规，开展法治宣传活动，引导农牧民群众、未成年人学法、懂法、守法、用法。开展“青少年模拟法庭”活动，让青少年体会法律的公平、公正、权威等精神内涵。在“12·1”世界艾滋病日期间，团县委联合县疾病预防控制中心，在定结县中学组织开展“正青春·艾健康”预防艾滋病宣传教育活动。年内，团县委联合县妇女儿童工作委员会开展“大手牵小手真情暖童心”关爱服刑人员未成年子女走访帮扶活动，为每位服刑人员未成年子女送上价值500元的爱心礼物。

【青年志愿者服务】 5月，定结县青年志愿者协会成立，在各乡（镇）相继成立青年志愿服务队，全县512名青年志愿者利用“3·5”学雷锋纪念日（青年志愿者行动日）等时间节点，组织开展“保护湿地、保护家园”“我爱我家”“美丽定结、我是行动者”“关爱老人”“关爱留守儿童”“‘河’我一起保护母亲河”“助农秋收”等系列志愿服务活动。全年共开展青年志愿服务27场次。

【青年创业就业】 年内，团县委协助县人力资源和社会保障局举办2021年第一期专项现场招聘会，本场招聘会共有37家企业（单位）、298个用工岗位，共接待服务550余人。组织开展“返家乡”大学生社会实践活动，团县委协调县直各单位、企业、各乡（镇）党委实习岗位，在“返家乡”后台系统发布21个岗位供暑假返乡大学生实践。

妇 联

【妇联经费保障】 2021年，县妇联按照《日喀则市妇联改革方案》基层妇联经费“在人均10元的基础上逐年递增”的原则，从县妇联经费中支出11.18万元，作为乡（镇）妇联组织工作经费。年内，县妇联从县妇联经费中支出1.36万元，添置琼孜乡、郭加乡、陈塘镇3个乡（镇）“妇女儿童之家”设施设备。

【政策法规学习】 2021年，县妇联将妇女儿童工作涉及的相关法律法规、规章及规范性文件等知识作为学习内容，通过集中与自学相结合的学习方式，引导各成员单位及妇联干部学习妇女儿童法律法规及政策，全年共组织成员单位学习相关法律法规3场次。组织动员全县妇女观看学习“阿佳讲堂”，累计参加学习达1600余人次。年内利用“三八”妇女维权周重要宣传节点，向广大妇女及儿童宣传相关法律法规知识，发放《中华人民共和国妇女权益保障法》《中华人民共和国未成年人保护法》《中华人民共和国婚姻法》《中华人民共和国反家庭暴力法》与《妇女“两癌”防治》等法律法规和健康知识，发放制止餐饮浪费、崇尚勤俭节约倡议书等，累计发放宣传资料6000余份。县妇联充分发挥组织作用，开展新冠肺炎疫情防控知识宣传，共计发放宣传单500余张、口罩300余个、隔离霜166支。

【主题活动开展】 2021年，县妇联开展以“巾帼心向党、奋斗新征程”为主题的“三八”国际劳动妇女节活动，对全县16名“三八红旗手”、优秀妇女工作者、妇女致富带头人进行表彰奖励。开展“颂百年风华，传红色基因”家庭亲子阅读活动，组织各乡（镇）家长学校开展“书香飘万家”亲子阅读活动，引领广大家庭听党话跟党走。开展喜迎中国共产党成立100周年暨西藏和平解放70周年、庆“五一”迎“五四”系列凝心聚力活动，在“五一”国际劳动节和“五四”青年节期间，组织开展足球、篮球、拔河、乒乓球、台球等文体活动比赛。年内在全县各部门、乡（镇）、村均成立“巾帼志愿服务队”，积极开展“心系定结百姓　智力巾帼服务”“民族团结一家亲巾帼关爱暖人心”“美丽定结　我是行动者”“文明城市靠大家　志愿服务齐参与”等志愿服务活动。针对困难家庭及困难单亲母亲实际情况进行慰问，共慰问30名困难妇女，共送去价值6000元的慰问品。

【帮扶救助】 2021年，县妇联开展关爱留守儿童和困境儿童送法到家、送家风故事、送家教服务、送社会关爱活动“四送”活动，为全县23名留守儿童和困境儿童进行慰问，送去价值6900元的学习用品、生活用品等慰问物资。在母亲节期间，县妇联探访3名特困单亲母亲家庭，开展“情系单亲母亲走访慰问暖人心”活动，鼓励其保持积极乐观向上的生活态度，送去900元/人的慰问金。“六一”国际儿童期间，县妇联深入琼孜乡中心小学开展“关爱困境儿童喜迎百年大庆”为主题的慰问活动，对琼孜乡中心小学7名困境儿童送去书包、鞋子等价值700元的慰问品。

【妇女儿童权益保障】 2021年，县妇联开展“礼赞百年、与爱同行”五送活动，宣讲《中华人民共和国反家庭暴力法》《中华人民共和国妇女权益保障法》《中华人民共和国预防青少年犯罪法》等相关法律法规，参与群众500余人次；设立流动义诊接诊台为广大群众免费接诊、免费发放药品，受益群众1000余人，发放价值1.1万元的药品。

【妇女技能培训】 2021年，县妇联与日喀则市阿琼多职业技能培训学校有限公司在多布扎乡的定结县珍央手工编织专业合作社联合举办“定结县困难妇女技能培训班”，对30名妇女开展为期60天的培训，落实培训经费14.4万元。

军 事

定结宗格错（县方志办　提供）

人民武装

【概 况】 2021年，定结县人民武装部（以下简称县人武部）坚持以习近平新时代中国特色社会主义思想和习近平强军思想为指导，突出政治引领，深入抓好理论武装。以战斗力为标准，大力整治战备秩序，加强战备值班，修建民兵装备器材仓库，持续抓实军事训练，开展民兵整组、民兵训练和“一年两征”工作。加大经费投入，改善营区办公生活环境，严格安全管理，如期完成各项任务，全面建设持续加强。

【整风肃纪】 2021年，县人武部持续清查思想上的侵蚀沾染、行为上的沉疴流弊、作风上的潜规陋习、信息上的残渣污垢。扎实开展“纠偏正向、防松防散”“弘扬优良传统、整顿作风纪律”教育整顿，端正思想认识，狠刹歪风邪气。

【征兵工作】 2021年，县人武部根据“五率”（报名率、上站率、合格率、择优率、退兵率）工作要求，紧密筹划推进征兵工作，完成年度征兵任务，实现年度“零退兵”目标。县人武部会同驻地公安部门完成18岁适龄青年兵役登记若干人，完成率100%；17岁适龄青年兵役登记多人，完成率100%。

【民兵工作】 2021年，县人武部按照精干、可靠、管用的原则，利用19天时间对10个乡（镇）人民武装部部长和专武干部进行业务培训，重点解决乡（镇）人武部部长、专武干部思路不清、业务不熟等问题。突出战术基础、反恐维稳政策法规、警棍盾牌术、简易通信、观察报知及实弹射击等科目，加强民兵训练，全年参训若干人次。针对定结县地处边境，地域广阔，交通、通信、网络难覆盖的实际，充分发挥军地协作优势，组织民兵巡逻。

10月16日，定结县人民武装部人员为当地群众讲授温室蔬菜种植技术 （何小聪 摄）

【“五共五固”活动】 2021年，县人武部与驻地政府沟通协调，联系边防某部、武警定结中队等单位参加地方扶贫济困、维稳处突、国防教育、卫生整治等工作。全年先后4次对脱贫帮扶对象进行慰问帮扶，教授当地群众炊事、蔬菜种植、植树育树技术；协调地方政府召开军民座谈会，配合西藏军区机关开展对口帮扶，加强江嘎镇荣贡村党支部活动中心帮建，“五共五固”活动更加深入有效。

（何小聪）

边境管理

【党史学习教育】 2021年，定结边境管理大队党委贯彻落实西藏出入境边防检查总站党委、日喀则边境管理支队党委部署要求，围绕“学党史、悟思想、办实事、开新局”总要求，合理制订学习计划，组织开展集中学习400余次，组织民警个人自学500余课时，撰写个人学习笔记5万余字，撰写学习心得体会300余份。通过党委理论学习中心组学习、党支部“三会一课”等形式，组织开展“学党史、谈心得”交流讨论10次、“学百年党史、悟初心使命”专题研讨8次，撰写交流材料2万余字。贯彻移民管理领域“放管服”改革相关要求，对照日喀则边境管理支队党委“我为群众办实事”实践活动相关内容，在户籍办理、二线查缉等方面进行大力改进，全年发放便民服务小卡片

1000余张，排查化解矛盾纠纷14起，帮扶慰问孤寡老人40余次。在庆祝中国共产党成立100周年之际，大队党委推荐申报“优秀党务工作者”2名，“优秀共产党员”3名，推荐参评国家移民管理局成绩突出党员民警1名，全年培养入党积极分子17名。

【队伍教育整顿】 2021年，定结边境管理大队根据西藏出入境边防检查总站党委和日喀则边境管理支队党委工作部署，围绕队伍教育整顿重点，突出铸牢政治忠诚、清除害群之马、整治顽疾痼疾、弘扬英模精神四项任务，组织开展法纪教育20余次，学习“十大国门卫士”“最美国门名片”等先进典型3次，开展谈心谈话103人次，组织撰写个人自查报告91份，填写个人自查事项报告表98份，建立举报信箱10个，张贴各类公示公告56份、致全体民警告知书14份，收集各类意见建议8条，解决队伍思想不纯、政治不纯、组织不纯、作风不纯等问题。

【边境防控】 2021年，定结边境管理大队几脚桥边境检查站、荣贡检查点及日屋、陈塘检查点严格落实24小时双向“四必查、五不分”工作制度，综合运用人力、科技等查缉手段，提高发现、甄别、查缉各类违法犯罪和违禁品的能力水平。全年共计检查出入边境管理区人员35万余人次、车辆18万余辆次、行李物品40万余件次。

【辖区治理】 2021年，定结边境管理大队党委落实属地排查责任，围绕矛盾易发的隐患点、维稳防控的薄弱点、安全事件的风险点，开展滚动式、拉网式摸底排查和安全隐患排查80余次，整改安全隐患46处。各边境派出所掌握常住人口、流动人口等辖区实有人员基本情况，落实“落地登记、去留备案”等制度，做到底数清、情况明、管得住、控得牢。根据日喀则边境管理支队收缴非法枪支、民用爆炸物品要求，整改储存油料隐患点7处。

【疫情防控】 2021年，定结边境管理大队发挥党委统领作用，每月定期召开新冠肺炎疫情防控专题会议，围绕疫情防控“三零”目标，做好边境尤其是通往境外山口通道管控，严防境外疫情输入。

（刘佳俊）

退役军人事务

【信息采集】 2021年，县退役军人事务局开展全县退役军人和其他优抚对象的信息采集与建档立卡工作，做好事前宣传与信息采集、建档立卡各环节相关工作。截至年末，全县完成退役军人和其他优抚对象的信息采集和建档立卡工作。

【教育培训】 2021年，市退役军人事务局、县退役军人事务局针对退役军人开展相关培训、招聘活动，县退役军人事务局组织全县退役军人参加培训招聘活动3次。

【双拥优待】 2021年，县退役军人事务局开展“三大节日”慰问活动，对退役军人、现役军人家属、重点优抚对象及驻地部队开展慰问。8月，定结县开展“八一”建军节慰问，慰问现役军人家属、退役军人和全县驻军部队、公安边防派出所等单位，并发放慰问金。年内，县退役军人事务局开展“学雷锋献爱心·慰问困难户暖人心”活动，为烈士遗属次卓玛老人及生活困难退役军人扎西送去棉被、被套等慰问品。6月10日，县退役军人事务局组织开展“老兵永远跟党走·把党的关爱送到老兵心中”主题慰问活动，对全县“最美退役军人”、生活困难退役军人党员、退役军人老党员及烈士家属等进行慰问，并发放慰问金。8月1日，县退役军人事务局组织陈塘镇、日屋镇、江嘎镇基干民兵和退役军人开展体能考核（仰卧起坐、俯卧撑、手榴弹投远、100米跑、打靶），县双拥工作领导小组办公室实施奖励，共发放1800元奖金（一等奖400元、二等奖300元、三等奖200元）。

法治

定结宗格错（县方志办 提供）

政法与综治

【政法队伍教育整顿】 2021年，定结县政法系统持续开展政法队伍教育整顿，紧扣政法领域突出问题，紧盯“三个环节”，扎实推进“四项任务”，推进全面从严治警，聚焦“6+N”类顽瘴痼疾问题，共收集各类顽瘴痼疾线索70件，办结70件，办结率100%，1名政法干警受到开除党籍、开除公职处分；开展“我为群众办实事”实践活动，共为民办实事1365件。推进建章立制，制定《主要负责人直接沟通机制》《干警8小时之外管理办法》《定结人民检察院培训工作制度》《定结县司法局行政执法公示制度》《定结县委政法委监督机制》《定结县人民法院网上立案工作规范》《定结县人民法院跨域立案工作规范（试行）》等相关制度。

【维护社会稳定】 2021年，定结县政法系统围绕中国共产党成立100周年、西藏和平解放70周年、中共十九届六中全会、“9·21”社会调研、中共西藏自治区第十次代表大会等重要时间节点，以“三无、三不出”（无重复上访、无集体上访、无信访积案，大事不出、中事不出、小事也不出）为工作目标，坚持专项治理与综合治理、源头治理相结合，全力开展社会面安全整治工作。年内，县公安局共受理刑事案件33起，受理行政案件70起，其中治安案件24起、道路交通案件46起，县公安局2021年度全市综合排名第三。检察机关办理各类案件36件，依法提起公诉10件10人；审判机关共受理案件167件，结案159件，排名全市前5名，综合结案率达到95.21%，同比上升52.3%。

【新冠肺炎疫情防控】 年内，全县政法系统各部门按照上级新冠肺炎疫情常态化防控工作要求，落实各项防疫措施。做好边境一线疫情防控工作，精准布控疫情执勤点位，全县共设立17处疫情执勤点位（包括公安检查站），200名干部群众充实到新冠肺炎疫情防控执勤点位，按照“宁可有交叉、不可有遗漏”的要求，对连接境外山口通道实行常态化巡逻巡查，累计开展巡逻巡查2783次，出动28596人次，执勤点开展应急演练1798次，做到常态化巡逻、常态化防控，党政军警民同心协力齐上阵，织密新冠肺炎疫情防控安全网。

【平安定结创建】 年内，县委政法委员会制定下发《定结县市域社会治理现代化试点工作实施方案》，明确工作基本原则、主要工作任务、实施步骤、工作要求。结合全县乡村治理工作实际，以郭加乡成功经验为试点，推行乡村治理7项任务（机动车登记、流动人口登记、“不放心”人员登记、社会流动从事宗教服务人员登记、“九小”场所登记、情报信息专刊、“国家反诈中心”App安装情况）。全年先后召开9次乡村治理有关工作座谈会、部署会、推进会、调度会，利用乡（镇）社会治安综合治理办公室和有关职能部门，依托驻村工作队、第一书记、村“两委”班子成员、人民防线群众信息员，全面开展乡村治理基础数据摸排工作。县委政法委员

12月14日，定结县市域社会治理现代化工作推进部署会召开
（县委政法委员会 提供）

会根据上报内容，统筹协调实地核查并将有关内容以“三单”（告知单、督办单、协作单）形式，横向推送至平安建设成员单位或相关行业部门；将乡村治理工作的重视程度作为各乡（镇）社会治安综合治理工作和平安建设成员单位主要领导年度考核的重要依据，截至年末，共下发告知单61份。

【扫黑除恶专项斗争】 2021年，定结县常态化推进扫黑除恶专项斗争，制定《定结县关于常态化开展扫黑除恶斗争的实施意见》。推进“云剑2021”专项行动，增强辖区群众防范电信网络诈骗意识，推广下载注册“国家反诈中心”App2000余人次，预警劝阻50人。全年开展防范电信网络诈骗宣传80余次，禁毒宣传教育31次，禁毒清理排查20次，通过“定结县反电信网络诈骗宣传微信群”，共发布约1000条防范电信网络诈骗内容。年内，县公安局受理，未破案、无资金返还。公安民警深入辖区娱乐场所、旅社宾馆、出租屋工地等，扎实开展禁毒清查工作，共对2家KTV进行不定期检查，未发现相关涉毒违法犯罪线索。加强网上涉藏信息的搜研，掌握境外敌对势力网上活动情况，加强对“三微一端”（微博、微信、微视频及客户端）实时关注，维护清朗网络空间和良好社会秩序。

【矛盾纠纷调解】 截至2021年末，定结县各级人民调解组织开展排查纠纷1203起，调解案件34起，其中村人民调解委员会调解7起、乡（镇）人民调解委员会调解25起、乡（镇）边境派出所调解2起；接受委托移送县人民法院案件2起、依申请调解26起、主动调解6起。婚姻家庭纠纷11起、邻里纠纷3起、生产经营纠纷1起、劳动争议纠纷5起、山林土地纠纷4起、其他纠纷8起；口头协议9起、书面协议23起、调解协议申请司法确认2起，调解处理成功率达100%。

11月25日，定结县乡村治理基础数据摸底统计安排部署会议召开
（县委政法委员会　提供）

【法治宣传】 年内，县委政法委员会制定《定结县政法系统开展“弘扬法治文化、传播法治文明、创建平安定结”法治宣传活动方案》《2021年度定结县3月综治宣传工作方案》，将宣传工作进行任务分解，明确各单位工作职责任务。全县各单位、各乡（镇）以现场咨询、发放宣传资料、收听广播和看电视为方式，以《西藏自治区流动人口服务管理条例》《中华人民共和国未成年人保护法》《中华人民共和国民法典》等法律知识为宣传重点，分别在县城、各乡（镇）开展社会治安综合治理和平安建设宣传活动，累计悬挂横幅546条，张贴宣传海报8065张，发放藏语、汉语宣传资料350种2万余份，受教育群众34250人次。

【情报信息收集】 2021年，县委政法委员会搜集情报信息129条，其中共享推送边境情报信息79条，向相关部门反馈社会舆情50条，召开军地情报研判会5次。

【信息化建设】 2021年，定结县实施“雪亮工程”项目，10个乡（镇）、村开通社会治安综合治理视频会议系统。

【守边强边固防】 年内，定结县政法系统落实习近平新时代党政军警民合力强边固防工作机制，县边防委员会办公室联合县公安局，按照“一通道、一对策”原则要求，对历年非法出入境、走私高发地段、易闯易入区域可能出现的新情况和新问题分析研判，制定简明实用的应急预案11份；各边境检查站按照“四必查、五不分”工作要求，对往返人员及车辆盘查验证，防范和打击潜入潜出等边境违法犯罪行为。县边防委员会办公室结合全县实际制定党政军警民联合巡逻计划表，组织开展党政军警民联合边境巡逻19次；各乡（镇）、各边境地区管理部门结合实际，以定点驻防、便衣巡查、车辆步行巡查相结合为主要方式，对重点部位、边境山口等重点区域开展巡逻7865次，确保边境持续安全稳定。

公　安

【边境稳控】 2021年，定结县公安局落实新冠肺炎常态化防控措施，坚持驻点执勤和下沉巡控相结合，全年共开展边境调研12次、边境巡逻723次，边境新冠肺炎疫情防控执勤点全年轮换10批200人次，举行新冠肺炎疫情防控演练150余次。

【对外警务合作】 2021年，定结县公安局与尼泊尔警方长期保持警务合作，全年共进行视频会晤126次、电话交流273次、警务合作56次。

【刑事侦查】 2021年，定结县公安局刑事案件（刑侦）共立案26起，侦破18起，其中电信网络诈骗立案5起、涉案金额15.2万元，破案率71%。5—12月，全县实现电信网络诈骗“零发案”。

【治安案件】 2021年，定结县公安局共受理各类治安案件27起，涉案人数74人。年内办结23起，其中治安拘留12人、治安罚款15人，移交刑事侦查3起、治安调解1起。截至年末，正在办理案件4起，其中故意伤害他人案2起、扰乱公共秩序案1起、网络赌博案1起。

【社会治安防控】 2021年，定结县公安局对枪支弹药、管制刀具管控与零散成品油销售等开展大清查、大收缴，对危险化学品、民用爆炸物品生产车间、存储仓库、运输渠道开展大排查、大整治，对辖区加油站（加气站）点开展大检查、大整顿，对娱乐场所、洗浴场所、物流寄递等特种行业重点单位、重点领域、重点场所消防安全隐患开展大清理、大排查。规范信息采集工作，完善信息采集标准，实时采集标准地址和实有人口、实有房屋、实有单位“一标三实”基础信息，实现对辖区“人、地、物、事、组织”等基本治安要素的全面动态掌握。全年组织开展大清查19次、边境巡逻检查180余次、矛盾纠纷大排查510余次、实有人口大清查460余次、安全生产隐患筛查420余次、重点人员走访270余次，排查整改各类安全隐患202起。推进打击整治枪爆、民爆违法犯罪活动，全年收缴军用子弹51发、其他各类子弹68发，收缴军用枪支1把、非制式枪支1把。

【矛盾隐患排查】 年内，县公安局落实市委信访“八化”工作机

7月1日，定结县公安局组织民警深入娱乐场所检查

（县公安局　提供）

制、县委政法委员会“三单”工作机制，推进矛盾纠纷大排查、大起底、大化解、大治理专项工作，把矛盾纠纷控制在基层、消化在当地。全年共排查矛盾纠纷300余起，化解各类矛盾纠纷38起，及时消除各类涉稳隐患。

【普法宣传】 2021年，由县公安局法制大队牵头，开展法律进单位、进校园、进广场、进企业、进军营、进村庄等活动，开展“1·10”中国人民警察节、“3·28”西藏百万农奴解放纪念日、“4·15”国家安全日、“5·28”民法典颁布一周年纪念日、“打击治理电信网络诈骗犯罪集中宣传月”、“119”消防宣传日、“12·4”宪法宣传日等系列法治宣传活动。全年共开展法治宣传275次，受教育群众1.3万余人次，发放各类法治宣传单2万余份，出动警力800余人次。

【户籍管理】 2021年，县公安局推进“放管服”改革，以公安派出所和边境派出所改革为重点，深化户籍制度改革、交警业务改革和大警种、大部制改革，推动8个边境派出所全面承接户籍等公安业务工作。从城区、乡村、抵边警务三个方面，推进全县公安机关社区警务工作，建成“村警通”App系统平台并投入使用。2021年，县公安局共办理身份证2161张（包括异地身份证办理），新生儿入户346人、死亡注销142人、居住证57张、居住登记卡1452张、边境通行证5324张。

【交通管理】 2021年，县公安局交通警察大队开展改善514省道增设标识标牌、添置劝导站应急装备、实施农用车辆“亮尾工程”、县城主干道标示标线标牌及信号灯等工作，最大限度把交警力量投放到街面、路段和隐患点，进一步增强见警率、管事率，压降事故率、伤亡率。推进交通事故预防“减量控大”“道路交通安全百日攻坚”等专项行动，严肃查处违法行为，及时消除路段隐患，高效整治交通乱象。全年共开展道路交通安全隐患排查整治410余次，检查车辆6320余辆、检查人员900余人次，共查处道路交通违法行为1361起；开展道路交通法律法规知识宣传300余场次，发放安全头盔100余顶，受教育群众达4.58万余人次；交警处理交通案件46起（其中饮酒后驾驶机动车4起、未取得驾驶机动车资格驾驶机动车37起、使用其他机动车号牌2起、机动车超员3起），全年未发生重特大道路交通事故。

【服务保障】 2021年，县公安局落实从严治警和从优待警政策，投资140余万元建成民警之家，争取2.94万元为民警购买人身意外保险，节点节日慰问广大民（辅）警7.33万元，为警务辅助人员发放各类装备设备30余套。全年争取10万元资金充实警用枪支弹药，投入70余万元更新警用装备，争取援藏资金250万元投入维稳能力提升项目；解决3名民警职务待遇，解决88名民警职级晋升，警衔申报61人次，申报推荐先进个人20余人次，全年民警休假率高达90%；申报“十四五”规划建设项目19个，总金额为2.7亿元。

【信息化建设】 2021年，县公安局争取投入400余万元资金健全指挥中心视频监控系统，健全完善视频加密系统。年内，实施“平安定结”项目，共更换监控探头29个、新增28个，5个交通卡点设立监控探头。实施“雪亮工程”项目，10个乡（镇）、村开通综治视频会议系统。

【应急处突演练】 2021年，县公安局结合各类应急方案、预案，定期组织民警开展应急演练，针对暴恐袭击、刀斧砍伤、暴力闯关、自焚自爆、群体性事件等开展实战性处置演练。县公安局结合全县实际，组织各警种、派出所、警务站开展各类应急演练140余次。

（次仁索朗）

检　察

【扫黑除恶专项斗争】 2021年，定结县人民检察院落实“谁执法、谁普法”责任制，开展各类扫黑除恶专项斗争知识宣传活动14次，入户宣传3次，发放宣传资料2200余份、宣传袖标300余套，受教育群众达2600余人。

【刑事检察】 2021年，县人民检察院履行刑事诉讼主导责任，严厉惩治故意伤害、危险驾驶、盗窃等危害公共安全犯罪，全年共办理各类刑事案件24件。全年受理审查逮捕案件5件8人，批准逮捕4件7人，不批准逮捕1件1人，不捕率为12.5%。受理移送审查起诉案件12件12人，依法提起公诉10件10人，同比增长25%和11%；不起诉4件5人，不诉率为33.33%，对2起案件进行提前介入。发挥检察机关适用认罪认罚从宽制度的主导作用，适用认罪认罚10人，适用率为83.33%；提出量刑建议10份，均被县人民法院采纳，采纳率为100%；加大刑事立案侦查监督力度，向侦查机关发出检察建议2份。

【民事检察】 年内，县人民检察院贯彻落实最高人民检察院“二号检察建议”精神，选派一名优秀检察官到市人民检察院民事检察部门联合办案，以“以案代训”的方式办理9件民事案件，同比上升800%，发出民事执行活动检察建议3份，均被相关机关采纳，采纳率为100%。

【行政检察】 年内，县人民检察院推进最高人民检察院“加强行政检察监督，促进行政争议实质性化解”专项活动，推动行政争议实质性化解工作常态化开展，依职权监督行政执法行为，发现案件线索1件，立案1件，发出检察建议1份，实现行政检察零的突破。

【公益诉讼】 2021年，县人民检察院开展公益诉讼线索摸排工作，通过实地走访县城和各乡（镇），摸排破坏生态环境，销售过期食品、药品等相关案件线索44条，办结案件44件，审结率为100%。县人民检察院开展2次公益诉讼案件“回头看”督导检查工作，确保公益诉讼监督的社会效果；协同县河（湖）长制办公室、县公安局建立“定结县河湖长+检察长+警长工作机制”，加强河湖治理力度；在县林业和草原局设立西藏珠穆朗玛峰国家级自然保护区检察联络站，加强检察机关与管理部门的协作对接，共同维护珠穆朗玛

2021年，县人民检察院组织干警对全县辖区内所有幼儿园、中小学周边开展食品药品安全专项检查活动　　（县人民检察院　提供）

2021年，县人民检察院组织全县中小学学生集中观看自治区人民检察院检察长专题法治讲座　　（县人民检察院　提供）

峰国家级自然保护区生态环境安全。

【刑事执行检察】 2021年，县人民检察院派工作人员赴县司法局全程监督社区矫正人员入矫宣告仪式，严把社区矫正第一关。抓好刑事执行检察监督，发现刑事执行案件线索19件，发出检察建议2份，均被采纳且整改到位。

【未成年人检察】 2021年，县人民检察院对县幼儿园及中小学开展食品安全、校园安全专项检查活动6次，举行法治公开课1次、“检察开放日”活动1次。发挥法治副校长职能作用，落实《侵害未成年人案件强制报告制度》，组织全县中小学学生集中观看自治区人民检察院检察长的专题法治讲座，护航全县未成年人健康成长。

【司法体制改革】 年内，县人民检察院推进司法体制改革，完成县人民检察院内设机构改革工作，建立检察官业绩考评体系，落实检察辅助人员职务职级并行套改工作，对符合条件的干警进行正常晋升。重新设立检察业务部、检察综合部、综合业务部3个部门，并明确职责分工。

【检察队伍建设】 2021年，县人民检察院开展第三批员额检察官遴选、入额工作，1名干警入额为员额检察官。调整充实院党组成员，配齐配强检察业务部、检察综合部、综合业务部3个部门负责人，完成2名干警职级正常晋升，年内招聘2名聘用制书记员。

【法治宣传】 年内，县人民检察院开展法治宣传活动40余场，与中国移动通信集团西藏有限公司定结县分公司合作，定期向全县干部群众短信推送法律常识200余条，全年县人民检察院“两微一端”及门户网站对外发布法律知识、检察工作开展情况等信息560余条。

12月4日，定结县举行2021年“宪法宣传日”法治文艺演出。图为演出结束后参加演出的演员合影　（县司法局　提供）

【检察听证】 年内，县人民检察院完成检察听证室建设，邀请人大代表、政协委员、人民监督员和相关职能部门对1起拟不批捕案件、3起拟不起诉案件、1起司法救助案件开展公开听证。

法　院

【概　况】 2021年，县人民法院共受理案件167件，结案159件，综合结案率达到95.21%，同比上升52.3%，排名全市前五名，诉讼费和罚没款上缴国库共计5万元。制定便民服务措施5条，为民办实事54件。

【刑事审判】 2021年，县人民法院坚持依法严厉打击、快立案快审案快结案的原则，从严惩处暴力犯罪和多发性侵害财产犯罪。全年共受理各类刑事案件10件，审结10件，判处10人，结案率为100%，同比上升11%。审结危害公共安全案件6件，判处6人；审结侵害人身权利案件2件，判处2人；审结侵犯财产等案件2件，判处2人。对3件已判案件进行回访。

【民商事审判】 2021年，县人民法院共受理民商事案件98件，审结94件，涉案标的1294.38万元，结案率95.92%，同比上升48.5%。全年审结婚姻家庭纠纷案件23件，审结追索劳动报酬等劳资纠纷案件11件，审结侵权权利责任纠纷案件2件，审结各类合同纠纷56件。

【审判执行】 2021年，县人民法院共受理执行案件59件，执结55件，执结率93.2%，同比上升78.8%，执行结案标的289.91万元。纳入失信被执行人14人，限制高消费26人，布控5人次，实际布控到3人次。9—10月，县人民法院抽调执行骨干赴内地多个省、直辖市开展执行工作，行程上万千米，执行结案标的达34.68万元，确保胜诉当事人及时兑现权益。

【矛盾化解调处】 年内，县人民法院探索推进人民调解、行政调解、司法调解衔接联动工作，加快建设一站式多元化解纠纷机制，打造基层法庭与“两所一中心”（派出所、司法所、调解中心）密切协作的纠纷化解机制，安排员额法官到矛盾现场协助“两所”人员、人民调解员化解纠纷20余次，调解撤诉20件，调解撤诉率达到89.4%。

【智慧法院建设】 2021年，县人民法院全面落实立案登记制，加强跨域立案诉讼服务改革，引导当事人运用“12368”诉讼服务热线、“移动微法院”微信小程序、互联网法庭等方式在线办理立案、缴费、查询、证据交换、调解、庭审等审判执行活动，全年实现网上立案9件、跨域立案15件。

【司法救助】 年内，县人民法院共为特困当事人减缓免诉讼费17489元，让特困群众感受到司法关怀。

【普法宣传】 年内，县人民法院员额法官深入学校、乡（镇）、街头，单独开展宪法宣传12次，结合民法典、刑法宣传70余次，发放宣传资料1.1万余份，解答法律咨询100余人次。组织陈塘镇初级中学学生开展模拟法庭演练，培育全民知法、自觉守法的法治环境。开展上门立案、巡回办案等工作，车载流动法庭共下乡办案68次，行程1.5万余千米。

【司法体制改革】 2021年，县人民法院启动内设机构改革，将原来的9个内设机构整合为5个，有效整合院内资源。县人民法院开展人员分类管理改革，遴选出审判业绩突出、职业操守优良的5名员额法官；推行院长、庭长带头办案制，全年院长、庭长办结案件88件，占结案总数的55%。是年，组织人民陪审员培训2次，人民陪审员参与案件审理8件。

县人民法院组建以员额法官为主体、法官助理为辅助的审判团队，组建3个诉前调解团队、2个案件速裁团队；强化立案甄别分流，制定简单案件与复杂案件的区分标准和分流规则，保证在一天内将案件分到对应法官手上，确保案件及时审理。构建科学合理的业绩考评和奖惩激励机制，提高干警干事创业的热情；推行审判各节点管控、结案审查、“两评查”等案件质量管控措施，促进均衡结案，提升案件质量。

【司法信息公开】 2021年，县人民法院全力推动审判流程、裁判文书、执行信息三大公开平台建设，全面打造阳光司法工程，在中国裁判文书网上公开法律文书123份，网络视频庭审直播9件。通过县人民法院网站、微信等自媒体，发布法院工作动态，网上答疑，满足群众知情权。开展“法院开放日”等活动，邀请社会各界代表80余人次走进县人民法院，旁听案件审理，了解县人民法院工作。

【政法队伍教育整顿】 2021年，县人民法院深入开展政法队伍教育整顿，组织开展“三个专题教育”共12场次，顽瘴痼疾细化学习会3次，召开“自查从宽，被查从严”学习会5次。在自查工作中，县人民法院领导主动说明问题3人，中层干部主动说明问题5人，一般干警主动说明问题1人。县人民法院按照“自查从宽”原则，及时处理9人，其中批评教育2人、提醒谈话7人。

【业务培训】 年内，县人民法院加强主职主业培训，加大对新法律法规、信息应用技术、舆情应对等培训力度，组织干警参加业务培训12人次。针对少数法官能力不强、裁判文书错误等问题，通过组织庭审观摩、疑难案例研讨、裁判文书评比、撰写调研文章等活动，提升庭审驾驭能力、认定事实能力、判决说理能力和调查研究能力。

【接受社会监督】 2021年，县人民法院收到人大代表建议5条、收到政协建议4条、收到检察建议6条，年末全部办结，并以班子民主生活会、座谈会的形式邀请10名人大代表和政协委员参会监督。全年向县人大及其常委会报告工作6次，邀请8名人大代表参与县人民法院事务，虚心听取人大代表意见建议，做到有令必行、有禁必止。

司法行政

【全面依法治县】 年内，定结县召开县委全面依法治县委员会第一次会议，审议通过《县委全面依法治县委员会协调小组、办公室组成人员建议名单》《中共定结县委员会全面依法治县委员会工作规则》《中共定结县委员会全面依法治县委员会协调小组工作规则》《中共定结县委员会全面依法治县委员会办公室工作细则》，制定印发《中共定结县委员会全面依法治县委员会2021年工作要点》《中共定结县委员会全面依法治县委员会2021年度工作要点任务分解表》及《关于贯彻落实〈法治社会建设实施纲要（2020—2025年）〉的实施方案》《贯彻落实〈法治社会建设实施纲要（2020—2025年）〉的实施方案》《贯彻落实〈法治中国建设规划（2020—2025年）〉的实施方案》。根据《定结县委全面依法治县委员会全面2021年工作要点及任务分工》要求，下半年县司法局联合县委组织部、县委党校组织开展依法治县业务能力培训班、行政执法资格培训班和民法典等相关法律法规学习班2次，受教育人数500余人。

【完善陪审员制度】 年内，县司法局按照相关规定对全县人民陪审员队伍进行调整充实，落实培训、奖励、保障等措施。执行人民陪审员参加审判活动有关规定，把握事实审和法律审的界限，合理确定人民陪审员参审范围，发挥人民陪审员实质性参审作用。全年定结县人民陪审员参与县人民法院案件审理共8件8人次，其中刑事案件3件、民事案件4件、行政案件1件。

【监督员制度改革】 年内，定结县深化人民监督员制度改革，完善人民监督员对检察机关办案活动的外部监督机制，拓宽人民监督员监督范围和人民群众参与监督检察工作渠道。全县共申报4名人民监督员，其中公职人员2名、群众代表2名，举办第一届人民监督员颁证宣誓仪式暨初任培训会。全年定结县人民监督员参与县人民检察院公开听证会5次5人次。

【法治政府建设】 2021年，定结县调整充实县法治政府建设领导小组、县法治宣传教育工作领导小组、县行政执法“三项制度”领导小组及工作职责，加强法治政府建设组织领导，明确全县各部门（单位）、各乡（镇）法治政府建设工作职责、目标任务。年内，定结县召开2021年度普法责任制述职评议会议，贯彻落实“谁执法谁普法”“谁管理谁普法”“谁服务谁普法”“谁用工谁普法”普法责任制，促进各部门、各乡（镇）履行普法责任。推进行政执法体制机制改革，实现行政执法“三项制度”（行政执法公示制度、行政执法全过程记录制度、重大执法决定法制审核制度）全覆盖。强化行政执法人员资格管理，落实“持证上岗、亮证执法”制度，提高全县行政执法工作能力水平。年内，完成行政执法人员专项清理工作，注销32名岗位调整人员的行政执法资格，申请32名行政执法人员的换证工作。

【法治宣传教育】 2021年，定结县调整充实县法治宣传教育领导小组，健全普法依法治理工作经费保障机制，全年列入本级财政预算经费8万元。年内，定结县开展“法律九进”活动，组织全县领导干部进行法律知识测试1场次，特邀政府常年法律顾问为全县领导干部职工举办法治讲座活动2场次。全年对村“两委”新任干部及乡村振兴专干开展2次专业法律的学习培训，县法治宣传教育领导小组办公室和各普法成员单位共选派宣讲人员8人次，深入各寺庙开展法治讲座和法治宣传4场次，解答各类法律咨询6人次，发放藏语、汉语法治宣传资料100份（本、册），受教育僧人达20余人次。县法治宣传教育领导小组办公室联合相关单位开展“开学法治第一堂课”宣讲活动，坚持每学期为学生上法治课2次以上。全县组织开展各类农牧区法治宣讲5场次，结合“12·4”宪法宣传日“五下乡”活动，特邀江苏天茂（日喀则）律师事务所2名律师，深入部分乡（镇）向群众讲解民法典等相关法律法规4场次，出动宣传人员25人次，解答各类法律咨询35人次，并发放藏、汉双语法治宣传资料8000余份（本、册），农牧区干部群众受教育6000余人次。县司法局援藏律师开展法律进企业法治讲座2场次，县司法局援藏律师和县法治宣传教育领导小组办公室工作人员开展宪法进军营活动2场次，现场法律咨询12次。

5月28日，县法治宣传教育领导小组办公室组织全县各单位、10个乡（镇）开展民法典学习宣传活动，共发放各类宣传单500余份、法律读本书籍200余本。12月4日，定结县组织开展宪法宣传周系列活动，采取悬挂宣传横幅、集中宣讲教育、发放宣传资料、展播宣传视频、举办文艺会演等方式进行宣讲，县直各单位工作人员、中小学校师生和农牧民群众代表共500余人参加现场活动，活动同步进行网络现场直播，线上观看人数8700余人次。宣传活动共发放学法笔记本50余本、宣传纸杯5000余个、宣传袋1万余个、宣传袖套5000余双，发放宪法、民法典读本及《西藏自治区法治宣传条例》读本2万余份，各乡（镇）、各行政村共发放宣传资料2.5万余份。

12月4日，定结县举行2021年“宪法宣传日”法治文艺演出。图为演出结束后参加演出的演员合影 （县司法局 提供）

【社区矫正】 2021年，定结县制定《2021年度社区矫正工作实施方案及计划》，调整充实定结县社区矫正委员会工作领导小组，召开县社区矫正委员会第一次会议。修订完善《社区矫正工作人员职责》《社区矫正工作人员任务分工》《社区矫正对象考核制度》等工作制度，配备专职工作人员负责社区矫正工作。截至年末，定结县社区矫正对象在册人数19人，其中共接收社区矫正对象8人、解除矫正11人，社区矫正宣告室共宣告8人次，接受审前社会调查委托8例，完成8例。全年组织社区矫正对象集中学习5次，开展集中公益劳动活动7场次，排查走访社区矫正对象共24次，对困难社区矫正对象进行慰问3次、涉及资金共计800余元。2021年，定结县被确定为“智慧矫正”示范县。

【安置帮教】 2021年，定结县制定《定结县刑满释放解除矫正人员安置帮教工作实施方案及工作计划》，调整充实定结县刑满释放解除矫正人员安置帮教工作领导小组，落实县、乡（镇）、派出所、村委会、“双联户”联户单位、亲属“六对一”帮教小组，落实“五必访”“四必谈”工作制度，全年组织开展刑满释放解除矫正人员安置帮教对象走访排查18次，填写走访记录和谈话记录120余份。年内，定结县共有在册刑满释放解除矫正人员安置帮教对象38名，其中重点帮教管控对象1名、一般帮教管控对象37名、接收登记20人，解除矫正转安置帮教11人，解除矫正

4人，解决2名安置帮教人员临时就业问题及生产生活问题，实现帮教率、安置率100%。

【人民调解】 2021年，定结县打造陈塘镇司法所人民调解室和易地搬迁曲米村金牌调解室，对陈塘镇村“两委”班子成员及人民调解员进行4次业务培训，兑现调解卷宗资金1000元，县人民政府投入人民调解保障经费3万元。年内，各级人民调解委员会覆盖全县10个乡（镇）70个行政村，建有9个专业性、行业性人民调解委员会，全县人民调解员共765人，其中乡（镇）人民调解员93人、村（居）人民调解员605人、行业性专业性人民调解员67人。全县各级人民调解组织开展排查纠纷排查1203起，调解案件总数34起，其中村人民调解委员会调解7起、乡（镇）人民调解委员会调解25起、乡（镇）边境派出所调解2起，共调解追回拖欠民工工资等88万元。调解婚姻家庭纠纷11起、邻里纠纷3起、生产经营纠纷1起、劳动争议纠纷5起、山林土地纠纷4起、其他纠纷8起，口头协议9起、书面协议23起，其中调解协议申请司法确认2起，调解处理成功率达100%。

【公共法律服务】 年内，定结县法律援助中心通过电话法律服务专线为广大人民群众和在役军人解答法律问题20余人次，接受法律咨询30人次，代写法律文书43份，累计受理法律援助案件19件，其中刑事案件2件、民事案件13件、认罪认罚案件4件，审查法律文书3份，累计办结法律援助案件13件、受援人数总数为21人次、为当事人追回拖欠资金140余万元。2021年，定结县公共法律服务中心开展“我为群众办实事”实践活动28次，通过法律援助和人民调解渠道办理拖欠农民工工资案件5起，买卖纠纷2起，为当事人追回拖欠资金18万元；财产纠纷1起，为当事人追回拖欠款项5万元；借款纠纷1起，为当事人追回资金3万元；拖欠房屋租赁1起，为当事人退回拖欠房屋租金4.5万元。

【基础设施建设】 年内，根据“十三五”规划，陈塘镇司法所应于2020年投入使用，项目总投资159万元。但因陈塘镇藏嘎村无地建设，工程一直未实施。2021年，县司法局、县委组织部、县民政局、县农业农村局、县林业和草原局、县公安局根据陈塘镇实际情况，决定共同投资建设，整合用。其中县司法局有9间办公室及2间厕所，建筑面积402.91平方米。陈塘司法所有9间办公室，分别为司法所所长办公室、基层法律服务办公室、调解室、安置帮教办公室、社区矫正办公室、信访接待室、普法办公室、抽油烟机房和会议室。是年，全县除陈塘镇外其他9个乡（镇）司法所建设项目均被列入“十四五”项目规划。

经济管理

定结宗格错（县方志办　提供）

宏观经济调控

【边境地区小康村建设】 定结县边境地区小康村建设工作辖55个村141个建设项目，项目总投资61681.73万元，实际到位资金61130.78万元，缺口资金945.95万元。截至2021年末，除黑金耳培育建设项目、边境地区小康村基础设施查漏补缺等4个项目外，其余项目全部完成建设任务，完成验收并交付使用。

6月18日，县委副书记、县人民政府县长候选人次琼（左四）赴扎西岗乡、确布乡督导检查非边基础设施建设项目

（县发展和改革委员会　提供）

【经济社会发展】 2021年，定结县地区生产总值达5.92亿元，同比增长8%；农村经济总量完成4.27亿元，同比增长5%；农牧民人均可支配收入达11773元，同比增长16.3%；社会消费品零售总额达1.47亿元，同比增长9.1%；工业总产值实现1196万元，同比增长3.7%；全社会固定资产投资完成投资3.08亿元，同比增长5.2%；地方一般公共财政收入达到1267万元。

【项目建设】 2021年，定结县计划开复工项目104个，其中新建项目69项、续建项目35项。2021年度计划完成投资6.19亿元，累计完成投资3.27亿元，占计划完成投资的52.82%。完成政府投资400万元以下26个项目摇号竞选工作，累计完成投资3083.46万元。年内，定结县完成总投资1.17亿元的确布乡、扎西岗乡15个行政村基础设施建设项目建设任务，通过验收并交付使用。

【“十四五”规划项目】 2021年，县发展和改革委员会与县直各行业部门、市直属相关行业部门多次沟通衔接，最终确定全县“十四五”规划项目共518个，计划投资170.9亿元。其中，计划总投资19.62亿元的108个项目被列入上级规划；计划总投资151.19亿元的407个项目被列入县级储备项目。

4月8日，定结县“十四五”边境重点乡镇固边能力建设项目前期工作推进会召开

（县发展和改革委员会　提供）

【易地搬迁后续扶持】 2021年，县发展和改革委员会加强易地扶贫搬迁点产业发展，促进群众增收致富；强化农牧民专业合作社组建，在各安置点组建劳务输出、生态扶贫等农牧民专业合作社，组织搬迁户实现100%入股入社，建立健全利益链接机制；

拓宽就业渠道，持续加大农牧民技能培训力度，提高农牧民劳务输出组织化程度，全年组织易地搬迁群众实现劳务输出309人次。加大岗位开发力度，实现搬迁群众稳定就业513人，其中生态岗位401人、宗日生态环境农民专业合作社38人、林业管护人员30人、湿地管护人员10人、其他公益性岗位34人，基本实现一户一人就业。

【项目审批】 2021年，县发展和改革委员会完成106个项目的项目信息登记单预审工作，完成65个项目的可行性研究报告的批复，完成45个项目的初步设计与概算的批复。

【救灾物资储备】 2021年，全县储备应急物资共计29984件，根据新冠肺炎疫情常态化防控工作需求，累计下拨帐篷、棉被、折叠床等物资2220件。

【价格认定】 年内，县发展和改革委员会积极配合县公安局开展6起案件的价格认定工作，涉案资金共1.6万元。

【经信工作】 年内，县发展和改革委员会组织西藏江嘎热网络科技文化产业发展有限公司、定结县肯达芭日藏式辣椒加工厂等企业参加市级企业培训3次，完成全县24家规模以下工业企业及3家民族手工业企业相关数据上报工作。组织进行2021年碘盐发放工作，开展农村信息员培训工作。

【电子政务】 2021年，县发展和改革委员会推进“放管服”改革，在西藏“一网通办”互联网+政务服务平台共办件76件，办理电子证照58件。

自然资源管理

【用地预审工作】 2021年，定结县自然资源局按照国土资源部68号、69号令的规定，严格土地预审工作流程，除特殊原因外（强边固边项目等），资料不齐全的一律不出具用地预审意见。在实际工作中，简化和规范用地审批程序，提高建设用地审查报批工作效率和质量。

【不动产登记】 2017年6月9日，定结县在县人民政府大院举行不动产确权登记证首发仪式，共发证6本。截至2021年末，全县农村宅基地发证率为100%，易地扶贫搬迁发证率为100%，集体建设用地发证率为100%，集体土地确权发证率为100%，按照上级部门要求完成全县的所有不动产权发证任务。

【耕地保护】 “十三五”规划期间，定结县耕地保有量目标不少于3321.47公顷，依据年度土地变更调查数据，截至2021年末，定结县耕地面积保有量3356.07公顷，其中旱地面积349.33公顷、水浇地面积3006.74公顷。“十三五”规划期间，全县因建设项目占用耕地面积约4.99公顷，通过先补后占方式实际补充耕地4.99公顷，补充的耕地平均质量等别均高于或者等于拟占用耕地质量等别。定结县全域永久基本农田面积为2891.36公顷，划定工作由四川三维测控设备有限公司承担，通过日喀则市自然资源局、日喀则市农业农村局论证审核。

【地质灾害治理项目】 2016—2021年，县自然资源局（县国土资源局）共获批地质灾害治理项目20个，总投资6293.51万元。截至2021年末，已完成投资5349.49万元，其中第一批次地质灾害治理项目6个，总投资1560.32万元，项目于2019年4月26日通过终验，2019年7月22日通过审计；第二批次地质灾害治理项目5个，总投资2165.16万元，项目于2018年10月通过初验，2019年12月1日通过终验，2021年4月17日经过审计。动态调整第一批次地质灾害治理项目6个，总投资1169.61万元，项目于2019年6月6日通过初验，2020年10月通过终验；动态调整第二批次地质灾害治理项目3个，总投资1398.41万元，其中琼孜乡哲圭村泥石流治理项目于2019年9月6日通过终验、陈塘镇藏嘎村不稳定斜坡工程治理项目于2020年10月通过终验，陈塘镇孔定玛电站崩塌项目于2019年9月6日通过终验。2020年陈塘镇“一代表两委员”提案项目——定结县陈塘镇那当村帕玛恰自然村泥石流治理工程项目，项目总投资300万元，通过400万元以下县级“联审、联批、联验”竞选方式给当地施工企业，2021年9月中旬施工单位进场施工，年内完成项目进度100%，12月5日完成项目初验工作。

【城乡建设用地审批】 拆旧区位于定结县萨尔乡郭庆村，琼孜乡朗玛村、东热村，多布扎乡多布扎村，扎西岗乡乃夏村，郭加乡楚卡村、乃村共计7个村，涉及拆旧地块8个，面积11.98公顷，项目资金于2021年5月下达，即下达资金约为58%（约2292万元），项目实施年限为3年。截至年末，城乡建设用地增减挂钩项目正处于设计阶段。

【地质灾害防治】 5月1—15日，定结县开展地质灾害汛前排查工作，对全县已有地质灾害点进行全面系统的排查，对四川省煤田地质局所作出的“遥感解译成果”进行现场核对，更新全县地质灾害数据库，编制《定结县汛前地质灾害排查报告》。通过2021年汛前地质灾害排查，定结县全部206处已知地质灾害点中，地质灾害稳定性发生变化的灾害点1处——陈塘镇莎列村不稳定斜坡灾害，其余205处地质灾害点未发生稳定性、危险区、威胁对象等的变化。2021年汛前，定结县总计遭遇崩塌、滑坡、泥石流以及不稳定斜坡等地质灾害216处，其中崩塌52处、滑坡24处、泥石流70处、不稳定斜坡68处、冰湖（溃决隐患）2处。根据灾情划分，灾情等级为大型的灾害点3处（琼孜乡哲圭村泥石流、陈塘镇1号崩塌、陈塘镇13号崩塌）、中型84处、小型64处；根据险情划分，大型7处［日屋村锅巴吉萨崩塌、陈塘镇夏尔巴第一双语幼儿园崩塌、陈塘镇中学对岸不稳定斜坡、陈塘镇中学对岸泥石流、陈塘镇北古滑坡、金错冰湖溃决（泥石流）以及陈塘镇藏嘎村嘎玛沟崩塌（堰塞湖）］，中型点50处。

【防灾培训演练】 2021年汛期前，定结县组织开展2021年度地质灾害防灾演练，演练以陈塘镇嘎玛沟崩塌堰塞湖为突发险情，作为地质灾害防灾减灾演练的实体。嘎玛沟于2020年度发生崩塌灾害，将嘎玛沟堵塞，堰塞体发育长度约80米，厚度20—25米。形成堰塞湖灾害，在突发情况下存在溃坝决堤的可能，对下游海关大楼及村庄构成威胁。2021年，定结县组织开展1次全县地质灾害防灾知识培训和宣传工作，培训对象为全县地质灾害监测人员、地质灾害防治工作人员。

【农用地转用审批】 2020年，自然资源部对定结县按季度共下发土地卫片执法疑似违法图斑514宗，监测图斑面积为101.49公顷，其中耕地14.89公顷，基本农田4.58公顷，经外业实地核查和内业资料相结合初步判定图斑的合法性。在514宗土地卫片执法图斑中其他图斑425宗、违法图斑89宗，总面积9.16公顷，耕地1.26公顷、基本农田0.06公顷，截至2021年末，违法图斑89宗中已整改完成79宗，面积为7.96公顷，耕地1.04公顷，整改率为90%。

【国土空间规划编制】 2020年7月16日，定结县组织召开定结县国土空间总体规划前期专题研究审查会，结合相关意见和要求进行国土空间方案编制工作，2021年完成对前期六大专题研究报告内容修改完善，编制形成《定结县国土空间总体规划》初步方案成果（初稿），于2021年3月29日参加日喀则市组织开展的市、县（区）两级国土空间总体规划对接会。根据《日喀则市、县（区）国土空间总体规划编制情况的通报》材料显示，定结县在日喀则市所辖18个县（区）中，规划成果深度、规划编制进度、规划编制质量均处于前列水平。

财　政

【财政收入】 2021年，全县一般公共预算收入9.22亿元，同比减少1.7亿元。其中县级地方财政收入1276万元（税收收入836万元，非税收入440万元），同比减少479万元；上级转移支付收入90946万元。

【财政支出】 2021年，全县一般公共预算支出完成72256万元。

【财政改革】 2021年，县财政局开展全县财政非税暨电子票据管理实施工作培训会，全面推行定结县票据电子化，筹备预算管理一体化2.0系统上线工作。

【惠民资金落实】 2021年，定结县收到上级下达直达资金5313.05万元。截至年末，共计支出3734.41万元，支出进度70.3%。其中收到共同财政事权转移支付资金2900.05万元，共计支出1321.41万元，支出进度45.6%；收到一般性转移支付2413万元，共计支出2413万元，支出进度100%。2021年，县财政局强化“一卡通”使用率，保障惠民资金足额发放，2021年通过“一卡通”向7个乡3个镇70个行政村兑现边民补助5689.32万元9929人。

【涉农资金整合】 年内，县财政局依据上级涉农资金统筹整合方案，先后2次整合资金8736.26万元。全年定结县本级财政扶贫配套530万元，比上一年增长2.83%。

【政府采购管理】 2021年，定结县各单位共计采购115次，采购事项按照《中华人民共和国政府采购法》《政府采购货物招标管理办法》相关规定，进入日喀则市公共资源交易中心实施采购。

【资金监督】 2021年，县财政局根据“一级政府一级财政一级事权”的原则，按照《关于推进地方盘活存量资金有关事项的通知》精神，对定结县历年财政存量资金进行盘查，经盘查与核对，全县可供盘活历年财政结余资金共计5690.17万元。县财政局提高盘活资金使用效益，拟定保障支持用于民生改善、社会事业发展、维护稳定、农林水基础设施完善等支出计划，经县委、县人大常委会、县人民政府会议研究通过实施，缓解全县财力收支矛盾。按照上级财政关于加快推进财政扶贫直达资金动态监控平台实施要求，县财政局安排专人负责预算指标、资金支付、绩效指标等信息录入工作，推动财政扶贫直达资金动态监控。

【国有资产管理】 2021年，县财政局利用行政事业单位资产管理信息系统实时更新定结县国有资产情况。截至年末，全县国有土地资产10151.5平方米，价值9482.82万元；国有房屋资产131366.56平方米，价值34639.58万元；国有车辆95辆，价值1234.57万元；国有通用设备1600件，价值37076.07万元；国有专用设备情况218件，价值19522.94万元。

税　务

【税收收入】 受新冠肺炎疫情常态化防控影响及落实复工复产税收优惠政策影响，2021年定结县税收收入相比上年度有所减少。全年定结县税务局完成收入1535.36万元，其中税收收入1497.5万元、非税收入37.86万元，税收收入同比上年减少758万元，增长率为－50%，非税收入同比上年减少13.64万元，增长率为－36%。

【税收征管】 年内，县税务局进一步优化、完善税收征管方式，通过与县发展和改革委员会、县财政局、县市场监督管理局、中国农业银行定结县支行、市生态环境局定结县分局等部门沟通协商，搭建税源信息共享平台，营造“共享、共通”税源信息环境，强化征管、监督到位，做到应收尽收。

【办税服务】 2021年，定结县税务局提高办税服务水平，按照新冠肺炎疫情常态化防控要求，设置警戒线、安排专人进行大厅防控督导，合理安排、疏导纳税人办理涉税业务。办税大厅设置自助办税区、业务流程图，为纳税人提供便捷、舒适的自助办税环境。窗口设置进一步人性化，设有叫号机、导税台、值班领导岗，为办税人员提供政策咨询、办税资料报送等服务。年内举办“税企文化周”系列活动，促进县税务局与纳税企业间交流，增强企业纳税遵从度，强化税收政策宣传。

（胡贵杨）

地方金融

【存贷业务】 截至2021年12月末，中国农业银行股份有限公司定结县支行（以下简称“农行县支行”）各项存款余额93831.5万元，各项贷款余额49841万元。

【服务经济】 2021年，农行县支行积极支持实体经济发展，重点支持建筑施工队、农家乐发展，累计向建筑施工队等小微企业投放贷款4笔547万元。全年发放商户e贷2笔150万元，累计发放个人贷款375笔5310万元。依托农户“四卡一证”小额贷款产品，积极支持乡村振兴。截至12月31日，全年累计发放农户贷款3109笔36705万元，惠农e贷1493笔17841万元，建档立卡脱贫人口贷款508笔金额2451万元。全行发放“四卡”贷款证3478张，发证面91%，使用率93%，户均贷款余额10万元。推进“三农”业务数字化转型工作，加大农户信息建档工作力度，截至年末，有信息建档户1667户，较年初新增1449户。

【普惠金融】 年内，农行县支行实施网点“服务升温工程”，先后走访县委、县人民政府、县财政局、县住房和城乡建设局、县医疗保障局、县人民武装部、各驻军部队、部分商户、小微企业主和农牧民群众，征询对农行县支行改进服务的意见建议，上门为边境移民局执勤点驻守人员开办公务卡，进村入户为行动不便老人开展上门服务。全年累计开展流动金融服务300余次。

【金融政策宣传】 是年，农行县支行落实金融服务“三个一百”（百场金融政策宣讲、百家困难企业帮扶、百项首贷培植）行动，全年“百场金融政策宣讲”累计宣讲5次，完成5户“百家网点帮百企”工作，金额647万元；“百项首贷培植”累计培植首贷企业3户，提供贷款支持500万元。

【金融知识宣传】 年内，农行县支行强化金融知识宣传，通过“三农”金融服务点公告、“3+2流动服务”、“边疆百行村”活动等方式，向农牧民群众宣传预防电信网络诈骗、用卡安全、金融政策、征信宣传、反洗钱宣传、反假币宣传等金融知识，提高老百姓拒骗、防骗能力。

【金融戍边】 年内，农行县支行抓好金融戍边服务，支持边境农牧民群众发展生产，以信贷投放支持民富村兴。全年向边境农牧民新发放贷款15162万元，其中线上发放贷款12505万元；全力保障部队金融服务需求，开通军人服务“绿色通道”，优先保障军人服务需求。农行县支行抓好定结县出入境管理部门、海关、医院、学校等涉边单位金融服务，积极代发各类民生资金，保障涉边资金支付结算。

【中间业务】 年内，农行县支行做好减费让利工作。贯彻落实《关于降低小微企业和个体工商户支付手续费的通知》要求，对银行账户服务、人民币结算、电子银行、银行卡刷卡等多个服务项目实施优惠，降低小微企业、个体工商户经营成本，提升支付服务质效。

（王晓倩）

审　计

【概　况】 2021年，定结县审计局开展各乡（镇）党政主要领导干部履行经济责任情况审计工作，对全县“十三五”规划期间政府投资项目进行全面审计，配合市审计局进行重点生态转移功

5月30日，县审计局对定结县多布扎乡错母折林畜牧养殖专业合作社开展专项审计工作。图为工作场景　（县审计局　提供）

能资金审计，开展多布扎乡农牧民专业合作社专项审计，配合参与财政预算执行审计。

【乡（镇）经济责任审计】 年内，县审计局开展乡（镇）党政主要领导干部履行经济责任情况审计工作，针对各乡（镇）财务管理能力较为薄弱，记账、凭证填制、冲账票据整理等诸多环节的不专业、不规范等实际，审计组采取边审计边改进乡（镇）财务管理能力方式展开工作。7月19日至12月31日，县审计局分别对郭加乡、确布乡、扎西岗乡、日屋镇、萨尔乡、琼孜乡、多布扎乡、定结乡和江嘎镇党政主要领导干部履行经济责任情况进行审计。通过个别谈话、查阅财务报销凭证、原始票据、现金日记账、总分类账、固定资产登记台账等相关资料，从中发现问题线索。截至年末，除陈塘镇外，完成其余9个乡（镇）党政主要负责干部履行经济责任审计工作，待出具审计报告。

【“十三五”规划项目审计】 2021年，县审计局对全县“十三五”规划期间政府投资项目进行全面统计，共计400个项目，投资金额251582.79万元。开展审计项目共计270个，投资金额105724.74万元，其中500万元以上（含500万元）项目87个、金额69393.8万元，500万元以下项目183个、金额36330.94万元。

【专项资金审计】 4月上旬，市审计局派出审计组到定结县开展生态转移功能资金审计，涉及重点生态转移功能资金累计1100万元。审计组与县林业和草原局、市生态环境局定结县分局进行对接，在县财政局全面核查资金、凭证及资金支付划拨管理情况，是月19日抵达陈塘镇进行实地查看，下达问题取证单9个。

【专项审计】 2021年，按照市审计局工作安排及县审计局年初任务安排，经县委审计委员会主要领导同意，县审计局对定结县多布扎乡错母折林畜牧养殖专业合作社开展专项审计工作。5月19日下达审计通知书，5月30日正式入驻开展专项审计，下达问题取证单12个，年内出具审计报告征求意见稿。

【审计业务培训】 2021年，市审计局组织各县（区）干部参加市审计局举办的预算执行审计培训，现场进行业务指导、疑问解答，随后前往萨嘎县参与财政预算执行审计，定结县审计局派出审计人员参加培训，参与预算执行审计。

（姜　悦）

统　计

【统计服务】 2021年，县统计局按照国家统计报表制度的要求，完成2类月报（固定资产投资报表、劳动力调查报表）工作；完成10类季报（规模以下工业企业24家、“四下”建筑业资质外4家、建筑业小微企业1家、资质以上建筑业1家，限额以下贸易企业1家，新设立小微企业1家，农业、牧业、劳动工资报表，经济运行季报）工作；完成3类年报（县域社会经济基本情况统计报表、国民经济报表、县级生产总值GDP）工作，撰写统计信息25篇、《定结县2021年统计年报》1篇。

【统计普法】 2021年，定结县统计局以“全面弘扬宪法精神，深入推进依法治统”为主题，利用“9·20”统计开放日、“12·4”宪法宣传日，在县城广场、县城主干道开展统计法治宣传活动，通过设置咨询台、悬挂宣传横幅、同群众进行现场交流互动，耐心解答群众关于统计法规、人均可支配收入、普查调查等信息咨询和政策解读，发放统计法律法规、劳动力调查等宣传资料369册。

【普查调查】 4月，县统计局在江嘎镇江嘎村和陈塘镇莎列村以户为单位进行劳动力调查，2名调查员共调查对象户32户，调查结果显示全县失业率处在合理区间内，未发现大范围的失业状况。

【固定资产投资统计】 2021年，定结县建设项目概算总投资500万元以上全县固定资产投资完成额为30091万元，同比增长2.8%，增速稳居全市第五位。

【年报统计公报】 2021年，定结

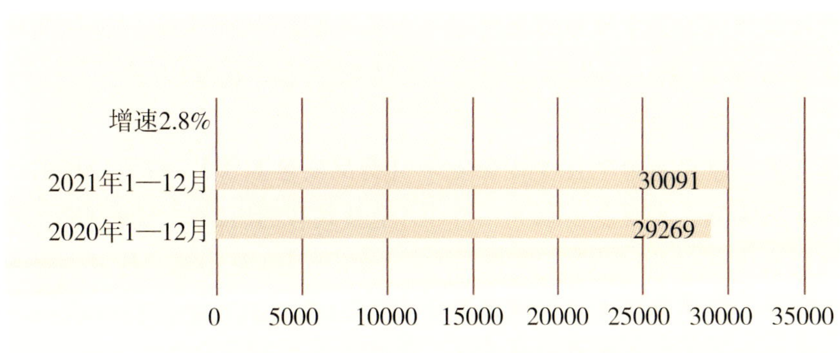

定结县 2021 年 1 月至 12 月固定资产完成情况表

县生产总值实现5.92亿元，社会消费品零售总额14700.6万元，同比增长9.1%，农村居民人均可支配收入达到11773元，同比增长16.3%，固定资产投资完成增速达2.8%，农村经济总量4.27亿元，同比增长5%。

（米玛卓嘎）

市场监督管理

【概　况】 截至2021年12月31日，定结县市场主体共2671户、食品经营许可单位634家；2020年度农民专业合作社年报率达100%，企业年报率达91.95%，个体工商户年报率达61.74%；年内共列入异常市场主体710户（已移除55户），公示行政处罚信息2户。

【“放管服”改革】 年内，县市场监督管理局深化“放管服”改革，促进市场主体发展。服务中开通绿色通道，提供便捷条件，窗口受理实行一次性告知、回答一口清、承诺制、预约制等措施。实行“互联网+政务服务”，推行互联网名称自主申报和办证半程电子化及全程电子化，资料齐全情况下企业开办时间不超过2个工作日，个体工商户业务办理由局长审批改为即办件由办证人员审批。

【市场监督执法】 2021年，县市场监督管理局围绕食品药品安全、质量监管、价格监管、竞争执法、消费维权等工作开展市场监督执法，保障正常市场经营秩序。全年开展各类市场专项检查230余次，覆盖率达96%，检查出动执法人员156人次，依法没收标值1.5万余元的不合格食品，立案查处2起。

【知识产权保护】 年内，县市场监督管理局指导企业申请注册商标9件，截至2021年末，全县持有有效商标86件，其中地理商标8件、普通商标78件。

【服务企业】 年内，县市场监督管理局邀请上级行业部门专家到定结县2个水厂，现场检查指导工作，帮助企业分析解决发展中存在的困难和问题。

【普法宣传】 2021年，县市场监督管理局利用各类宣传周日，利用“3·15”国际消费者权益日开展宣传活动17次，发放印有“食品安全”“安全用妆（化妆品）”等宣传标语的环保袋、纸杯、抽纸、厨师服、围裙、洗漱袋、宣传册及宣传单3000余份，受理消费咨询100余人次。

7月8日，公司地址为日屋镇的西藏岗朱帕萨林下资源有限公司藏白酒生产加工坊在定结县市场监督管理局领取食品生产加工小作坊登记证

（县市场监督管理局　提供）

【消费维权】 2021年，县市场监督管理局通过“12315”平台等途径受理各类消费者投诉1件，消费争议金额360元，为消费者挽回经济损失360元，办结率100%。在“3·15”国际消费者权益日，集中销毁依法没收的假冒伪劣商品，商品标值4.7万余元。

【食品安全监管】 截至11月15日，定结县共有食品经营许可单位634家，其中食品经营单位290家、餐饮服务单位312家、单位食堂32家。年内，定结县市场监督管理局加强学校和校园周边食品安全监管，与各学校签订《2021年度学校食品安全目标责任书》。建立完善全县食品安全协管员队伍，实现乡（镇）、行政村食品安全协管员、信息员全覆盖（信息员10人、食品安全协管员77人）。全年开展食品抽样检查5次，检测出不合格食用农产品3个批次，已依法处理；开展各类食品市场专项检查40余次，覆盖率达96%，检查出动执法人员92人次，依法没收标值1.5万余元的过期变质等不合格食品，立案查处销售超过保质期食品案件2起，罚款1万元。

【药品安全监管】 截至12月末，全县共有药店2家、诊所3家、乡（镇）卫生院10家、县卫生服务中心1家。县市场监督管理局强化药品、新冠疫苗、医疗器械监管，全年开展检查12次，对药品、新冠疫苗、医疗器械的购进、销售、储存、运输等环节进行指导规范，对药品摆放混乱存在个别过期失效药品未下架处理等问题督促整改。

2021年定结县个体工商户登记管理一览表

表6

行业类型	实有市场主体情况				新设市场主体情况			
	户数（户）	户数同期比较（%）	注册资金（万元）	注册资金同期比较（%）	户数（户）	户数同期比较（%）	注册资金（万元）	注册资金同期比较（%）
合计	1947	13.00	23518.44	15.29	284	10.94	7036.80	61.10
农、林、牧、渔业	6	100.00	76.50	705.26	3	200.00	67.00	1240.00
采矿业	0	0.00	0.00	0.00	0	0.00	0.00	0.00
制造业	91	15.19	1164.80	2.33	15	15.38	161.00	-28.13
电力、热力、燃气及水生产和供应业	0	0.00	0.00	0.00	0	0.00	0.00	0.00
建筑业	0	0.00	0.00	0.00	0	0.00	0.00	0.00
批发和零售业	1051	11.93	8733.79	16.90	132	30.69	1434.00	20.99
交通运输、仓储和邮政业	181	7.74	6714.30	9.82	18	-56.10	747.00	-51.90
住宿和餐饮业	476	15.25	4862.97	23.08	89	7.23	4191.80	381.30
信息传输、软件和信息技术服务业	19	5.56	333.20	12.87	3	50.00	45.00	-78.57
金融业	0	0.00	0.00	0.00	0	0.00	0.00	0.00
房地产业	0	0.00	0.00	0.00	0	0.00	0.00	0.00
租赁和商务服务业	9	28.57	231.00	37.50	2	-33.33	63.00	5.00
科学研究和技术服务业	0	0.00	0.00	0.00	0	0.00	0.00	0.00
水利、环境和公共设施管理业	0	0.00	0.00	0.00	0	0.00	0.00	0.00
居民服务、修理和其他服务业	85	13.33	769.48	8.76	14	55.56	90.00	3.45
教育	0	0.00	0.00	0.00	0	0.00	0.00	0.00
卫生和社会工作	3	0.00	42.00	0.00	0	0.00	0.00	0.00
文化、体育和娱乐业	26	44.44	590.40	17.63	8	166.67	238.00	37.57
公共管理、社会保障和社会组织	0	0.00	0.00	0.00	0	0.00	0.00	0.00
国际组织	0	0.00	0.00	0.00	0	0.00	0.00	0.00
其他数据	0	0.00	0.00	0.00	0	0.00	0.00	0.00

2021 年定结县私营企业登记管理一览表

表 7

行业类型	实有市场主体情况				新设市场主体情况			
	户数（户）	户数同期比较(%)	注册资金（万元）	注册资金同期比较(%)	户数（户）	户数同期比较(%)	注册资金（万元）	注册资金同期比较(%)
合计	326	15.60	264451.44	14.39	47	-47.78	29150.00	-78.41
农、林、牧、渔业	8	14.29	4130.00	2.48	1	-66.67	100.00	-88.24
采矿业	2	0.00	120.00	0.00	0	0.00	0.00	0.00
制造业	17	41.67	7721.00	40.87	5	400.00	2240.00	124.00
电力、热力、燃气及水生产和供应业	3	50.00	896.00	0.00	1	0.00	0.00	0.00
建筑业	241	8.07	224766.44	9.07	19	-75.32	16780.00	-86.86
批发和零售业	21	61.54	10380.00	70.16	8	60.00	4280.00	47.59
交通运输、仓储和邮政业	4	-20.00	800.00	0.00	0	-100.00	0.00	-100.00
住宿和餐饮业	3	50.00	2000.00	33.33	1	0.00	500.00	0.00
信息传输、软件和信息技术服务业	1	-50.00	40.00	-33.11	0	0.00	0.00	0.00
金融业	0	0.00	0.00	0.00	0	0.00	0.00	0.00
房地产业	2	100.00	300.00	0.00	1	0.00	300.00	0.00
租赁和商务服务业	10	66.67	6170.00	153.70	4	300.00	1520.00	0.00
科学研究和技术服务业	3	200.00	1150.00	15.00	2	0.00	150.00	0.00
水利、环境和公共设施管理业	2	100.00	1518.00	193.05	1	0.00	1000.00	0.00
居民服务、修理和其他服务业	6	100.00	4080.00	104.00	3	50.00	2080.00	18.86
教育	1	0.00	0.00	0.00	0	0.00	0.00	0.00
卫生和社会工作	1	0.00	180.00	0.00	0	0.00	0.00	0.00
文化、体育和娱乐业	1	0.00	200.00	0.00	1	0.00	200.00	0.00
公共管理、社会保障和社会组织	0	0.00	0.00	0.00	0	0.00	0.00	0.00
国际组织	0	0.00	0.00	0.00	0	0.00	0.00	0.00
其他数据	0	0.00	0.00	0.00	0	0.00	0.00	0.00

农业·水利

定结宗格错（县方志办　提供）

农业农村

【概　况】 2021年，全县农村居民人均可支配收入11773元，同比增加1653元，增长16.3%。其中，工资性收入2190元，占总收入的18%；经营净收入5537元，占总收入的47.3%；转移净收入3650元，占总收入的45%；财产净收入396元，占总收入的3%。

【农业生产】 定结县农作物播种面积2860.43公顷，其中粮食作物种植面积1896.56公顷、油料作物播种面积353.86公顷、蔬菜种植面积168.6公顷、其他农作物播种面积441.32公顷。全县粮食产量8300.15吨（其中青稞7345.55吨、鸡爪谷179吨、玉米12吨、小麦164.6吨、豌豆599吨），经济作物产量4216吨（其中油菜产量663.86吨、药材产量9436.64吨、蔬菜产量2770.22吨、饲草产量3862.55吨）。全年推广高产创建基地101.07公顷，其中“喜马拉22号”66.67公顷、“藏青2000”分别推广34.4公顷；建立二级种子田“喜马拉22号”33.33公顷、“藏青2000”20公顷；大田推广1178.94公顷，其中“喜马拉22号”966.67公顷、“藏青2000”212.27公顷。全年先后调购青稞良种49.6吨，马铃薯推广种子154.5吨，油菜推广田供种8.8吨；年初全县储备计划内化肥432吨、尿素259.2吨、二胺172.8吨、有机肥946吨、农药3.42吨。

【农业机械化】 2021年，定结县实施农机具购置补贴项目，推广农作物种植机械化作业，全年实施深松整地作业面积466.67公顷。年内，县农牧综合服务中心在扎西岗乡首次推广6.67公顷全程机械化二级种子田建设工作，组织周边乡（镇）农业技术员到现场，讲解机械化作业的优势及使用方法，宣传机械化作业和传统作业的区别。

【高标准农田建设】 2021年5月下达高标准农田建设资金后，县农业农村局联系设计单位开展项目设计，8月完成琼孜乡、确布乡、陈塘镇3个乡（镇）及麦卡村、德卡村、沃雪村等7个村庄共266.67公顷高标农田项目的设计工作。8月末，定结县召开2021年高标准农田建设项目县级评审会，年内通过市级评审并出具概算批复。

【惠农政策落实】 2021年，县农业农村局与县财政局联合下发《定结县2021年种粮农民一次性补贴实施方案》，召开关于“种粮农民一次性补贴兑现”相关工作的会议，组织相关人员前往各乡（镇）、村宣讲相关政策。全县种粮农民一次性补贴兑现覆盖9个乡（镇）3141户，对实际粮食播种面积1840公顷按168.09元/公顷的补贴标准，共落实补贴资金30.93万元。落实农牧业保险赔付工作，截至11月18日，年度“三农”领域牲畜、民房、种植等灾情领域共兑现赔付资金400余万元。

【“三秋”工作】 秋收农忙时节，县农业农村局、县农牧综合服务中心组织工作人员下派到各乡（镇）、村，开展督导检查及宣传工作，确保秋收期间不发生“火、电、油、煤、农机具”等使用不当所引起的安全事故。县农业农村局多次派出工作人员到实地统计产量，先后派出工作人员68人次，出动车辆25辆次。

在错母折林湖畔放牧　（定结县方志办　提供）

定结县举行2021年养殖产业调度会暨牲畜出栏补贴兑现发放仪式，图为牲畜出栏补贴兑现发放仪式现场 （县农业农村局 提供）

【牧业生产】 2021年，全县年末牲畜存栏228785头（匹、只），其中大畜23211头（牛21381头、马1758匹、驴72头）、小畜205444只（绵羊153173只、山羊52271只）、猪130头，家禽12578羽；年内牲畜出栏37508头（只），其中大畜牦牛908头、其他牛类976头、绵羊19599只、山羊16005只、生猪20头。全县肉类产量481.96吨，奶类产量960.76吨，羊毛产量68.97吨，禽蛋产量23.68吨。开展黄牛改良工作，11月18日，全县黄牛改良（娟珊牛）完成配种992头，完成总年度任务的66.13%。牦牛经济杂交（雅江雪牛）完成配种168头，完成总年度任务的56%。

【特色产业培育】 2021年，定结县打造江嘎镇、确布乡、扎西岗乡、定结乡、琼孜乡、萨尔乡为重点的娟珊牛改良区域，累计完成黄牛改良配种582头、累计新生牛犊494头。打造萨尔乡普如村、普贵村与定结乡拉强村、日屋镇为主的牦牛养殖基地，带动全县牦牛产业发展。大力宣传普及推广科学饲养、“两年三胎”、羔羊经济等现代养殖技术，督促各农牧民养殖合作社调整种群结构、加大劣质牲畜淘汰力度，促进特色养殖产业发展。年内，召开2021年度养殖产业调度会暨2020年牲畜出栏补贴现场发放仪式，对2020年牲畜出栏的19家农牧业专业合作社兑现补贴资金22.4万元。

7月21日，县委书记陶明君调研全县黑金耳产业并就黑金耳产业发展作出强调，县农业农村局抽调精干人员1名蹲点基地，对接西藏菇缘生态农牧科技有限公司，协商项目后续运营相关事项。

年内，定结县完善利益联结机制，对完成建设的边境小康产业项目，与经营主体签订项目带动合同书，明确带动年限及资金，年末分红70余万元，带动就业17人。督导各农牧民专业合作社2020年利益联结机制落实情况，对未及时分红的14家农牧民专业合作社，进行督办单落实。

【产业项目资产确权】 年内，农业农村局对完成建设的边境小康产业项目，组织乡（镇）、村两级及经营主体，逐一查验设备、基础设施，确定达标及登记后签订《定结县边境小康村产业项目移交接管协议书》。组织专人对2016年以后实施的扶贫产业项目资产利用、经营情况方面进行全面深入的排查登记，签订《定结县扶贫产业资产移交接管协议书》，完成资产移交到乡到村工作，移交资产估值达3302.06万元。

【防灾减灾】 年内，县农业农村局衔接上级行业部门，做好重大动物疫病监测和异常天气引发的自然灾害抗灾预案，完成抗灾物资调运和县、乡（镇）两级的物资储备工作。做好农牧业保险赔付工作，年度“三农”领域牲畜、民房、种植等灾情领域共兑现赔付资金400余万元。全年县级储备饲料库存60吨，10个乡（镇）储备饲草100吨、储备饲料177吨。

【人居环境整治】 年内，定结县持续推进农村“厕所革命”工作，截至2021年11月，完成2019年度217户每户3000元的改厕奖补资金兑现工作，完成2020年897户改厕任务的乡（镇）自验及县级初验工作。开展2021年度整村推进农厕改造需求摸底调研，上报农村家庭户厕改造需求797户。根据农厕改造“四有四无两清一用”工作要求，全县改造后农村户用厕所基本达到厕屋有墙、厕所有顶、有门、密闭有盖，粪池无渗、无漏，厕所清洁、实现基本无臭的户厕标准。

2020年，定结县本级财政投资140万元，实施琼孜乡库宇村28户牲畜养殖实施人畜分离项目，2021年琼孜乡库宇村28户牲畜养殖实施人畜分离项目完成县级验收工作。

农牧技术服务

【农资调运】 2021年，定结县储备计划内化肥432吨、尿素259.2吨、二胺172.8吨、有机肥946吨、农药3.42吨。

【春播种子调运】 年内，定结县从县域内外先后调购青稞良种4.96万千克，马铃薯推广种子15.45万千克，油菜推广田供种8800千克。在立春之前，定结县人民政府解决60余万元种子调配资金，组织农业技术人员，开展县域内种子选配工作，落实种子精选、种子包衣等工作。

【良种推广】 2021年，全年推广高产创建基地101.07公顷，其中“喜马拉22号”66.67公顷、“藏青2000”推广34.4公顷；建立二级种子田“喜马拉22号”33.33公顷、“藏青2000”20公顷；大田推广1178.94公顷，其中“喜马拉22号”966.67公顷、“藏青2000”212.27公顷。

【农牧技术培训】 2021年，县农牧综合服务中心召开农产品质量安全快速检测培训会，重点讲解农产品快速检测的仪器设备使用情况、检测器药物的配备情况等；开展温室大棚土壤及蔬菜检测工作，县农技人员对温室土壤进行墒情、水分、温度、盐分、pH值等检测；举办机械收割培训，培训针对不同作物种植特点，分期举办青稞收获机械手和饲草收获机械手培训班，讲解收割机械的维护、保养及作业规程等重要知识和技能。

6月21日，县农牧综合服务中心工作人员组织陈塘镇科技特派员，开展防治CT识别与应急防治技术知识培训及SH防治技术知识培训。2021年，县农牧综合服务中心下乡指导共计50余次、140余人次。年内组织各乡（镇）、村农牧技术人员、基层科技特派员、种植养殖能人等，开展8次集畜牧养殖技术、动物防疫、黄牛改良、珠峰养殖合作社相关政策法规阐释，参训人次达600余人次；开展“理论+现场操作示范”新型农药使用培训会10次，参与850人次。

2021年，定结县首次引进良种繁育地耕地土壤监测新科技

（县农业农村局　提供）

【包虫病防疫】 7月28日至8月15日，定结县开展新生羊羔包虫病疫苗接种工作，共免疫接种41149只；8月25日至9月19日，开展第二次包虫病加强免疫接种工作，共接种羊羔1089只。

【畜群改良】 2021年，定结县抓好黄牛改良工作，与技术人员签订畜群改良技术承包责任书，技术人员对农牧群众进行耐心教育，让广大农牧群众认识到改良牛生长快、个体大、产肉、产奶

2021年，定结县开展统防统治田间病虫害防治现场培训，图为培训现场（县农业农村局 提供）

日，开展第二次包虫病加强免疫接种工作，共接种羊羔1089只。12月5—15日，开始接种小反刍兽疫疫苗，10个乡（镇）70个行政村完成接种，实际免疫数量共计176944只，其中山羊43376只、绵羊133568只。全面实施犬驱虫工作，全年驱虫12次，全年累计对1011只家犬驱虫12次。2021年，县农牧综合服务中心在琼孜乡、萨尔乡、确布乡、陈塘镇、日屋镇、江嘎镇等合作社及养殖户调查牲畜流行病及常见病治疗共30余次，出诊次数达100余次。

数量多、质量好、价值高、效益好等优点。截至年末，定结县黄牛改良（娟珊牛）完成配种937头，完成总年度任务的62.5%；牦牛经济杂交（雅江雪牛）完成配种168头，完成总年度任务的56%。

【动物疫病防治】 2021年，定结县春季防口蹄疫灭活疫苗应免牲畜176665头（只），其中大畜16812头、小畜159853只，实际免疫176848头（只）；猪口蹄疫应免119头，实际免疫119头；防疫密度达到100%，抗体合格率达到70%以上。定结县秋季防口蹄疫灭活疫苗（除陈塘镇外）应免牲畜235616头（只），其中大畜18985头、小畜216630只，实际免疫235616头（只）；猪瘟、猪口蹄疫应免99头，实际免疫99头，实际免疫的防疫密度达到应免牲畜的100%。6月18—28日，开展山羊痘疫苗接种工作，共接种143690只，其中绵羊107663只、山羊36027只，免疫密度达到100%。2月28日至3月5日，开展高致病性禽流感疫苗接种工作，共免疫接种6446羽；6月7日至7月4日，共免疫接种9517羽。7月28日至8月15日，开展新生羊羔包虫病疫苗接种工作，共免疫接种41149只；8月25日至9月19

【动物疫病监测】 2021年，春季动物疫病监测采血采样牛血清119份、羊血清225份、OP液160份、棉拭子120份、鸡血清120份、猪血清50份、猪抗凝血12份、马血清40份、驴血清11份；包虫病监测采样犬粉150份；牛布鲁氏菌病调查采牛血清10份。

2021年，定结县黄牛改良新生犊牛——娟珊牛（县农业农村局 提供）

年内，在陈塘镇先后开展生猪疫病监测采血4次15头，在萨尔乡开展失踪较长时间的牦牛采鼻棉拭子5份、在定结乡拉强村开展山羊疫病监测采血365只。秋季动物疫病监测采血采样牛血清105份、羊血清165份、OP液200份、棉拭子225份、鸡血清120份、猪血清30份、猪抗凝血30份、马血清40份、驴血清11份；包虫病监测采样犬粪150份。

【牧业技术推广】 2021年，在往年成功经验基础上，定结县在江嘎镇芒热村集中种植燕麦草7公顷，成活率在90%以上，其中0.4公顷作为燕麦草种子田实验示范基地，平均单位产量2167.5千克/公顷。年内，持续推广饲料秸秆氨化技术，指导养殖户搞好饲用秸秆氨化养畜过腹还田，变废为宝，10月初定结县在江嘎镇芒热村试点开展秸秆氨化工作。

林业和草原管理

【林业资源概况】 定结县是西藏自治区30个有林县之一，全县土地总面积5834.55平方千米，其中林地面积为184642.3公顷，占31.65%，非林地面积398812.84公顷，占68.35%。全县森林覆盖率30.98%，林木绿化率30.98%。全县有林地面积12366.42公顷，占6.71%；灌木林面积168394.18公顷，占91.41%。全县生态公益林面积184211.85公顷，占99.99%。其中国家生态公益林面积65533公顷，占35.57%。地方生态公益林面积85465公顷，占46.63%；新增地方公益林面积33213.85公顷，占17.8%。

【义务植树】 年内，定结县积极组织开展2021年义务植树活动，以实际行动深化党史学习教育成果。全县8个党总支、12个党委、153个党支部、2718名党员参加植树活动，共计种植树苗4.5万株，涵盖面积83.33公顷；全县10个乡（镇）、70个行政村义务植树50公顷，累计植树133.33公顷。先后通过县林业和草原局于6月、7月组织的2次检查，树木成活率达85%以上。

【生态环境保护】 年内，县林业和草原局组织16名封禁保护人员巡查200余次，维修网围栏和其他设施共50余次。组织生态岗位人员、护林员、湿地管护人员，对辖区内环境卫生进行整治10余次，清运垃圾4万余吨。

【林政管理】 2021年，县林业和草原局落实《定结县森林保护管理规定》，加大林业与草原执法力度，严厉打击破坏森林资源行为，开展保护森林资源专项整治10余次。对重点区域、重点林区、重点地段开展明察暗访、摸底排查和巡逻检查，举办公益林专业管护员和专职护林员培训，加强对工程建设征占用土地林地的执法检查，办理定结县吉隆普水库渠系配套干渠建设项目等8个项目征占用林地审批工作。是年，县林业和草原局完成国土卫片违法使用林地建设宅基地23处补办林地整改审批手续，并在2021年森林督查图当中进行消化完成。

【森林法规宣传】 年内，县林业和草原局通过广播、走村入户等形式，向广大群众宣传《中华人民共和国森林保护法》等法律法规，共向群众和游客发放宣传资料2000余份。

【森林防火】 2021年，定结县调整充实县森林防火领导小组，制订下发森林防火应急预案、方案18份，县林业和草原局与县森林防火领导小组成员单位、乡（镇）及林区施工单位签订目标责任书31份。全县共有护林员111人、专业管护员6人，配备各类装备300套、森林消防车1辆。县林业和草原局组织专业管护人员及护林员，定期不定期对2个重点乡（镇）和林区施工点开展拉网式排查，对林区所有进出车辆及人员进行24小时排查登记。全年开展森林草原防灭火工作集中宣传10余次，开展森林防火巡逻200次，开展隐患排查8次。

【公益林管护】 年内，县林业和草原局与专业管护员签订管护合同书，制定管护人员花名册、考勤表、考核办法等，调动管护员的积极性。孔定玛木材检查站对陈塘镇已上岗的120名生态护林员开展森林防火基本业务知识培训。建立生态护林员岗位责任制考核办法，对每位生态护林员进行量化考核，建立日常管护台账，做到工作有迹可查，为生态护林员配备便携式宣传设备、扑火工具等必要装备。

【惠民资金发放】 年内，县林业和草原局加强生态公益林管护，按照各项补助资金标准，及时兑现林业各项惠民资金。全年兑现2021年退耕还林政策补助资金63.56万元；发放111名护林员、6名专业管护员资金85.47万元；兑现16名土地封禁管护人员资金30.72万元。

【湿地保护】 2021年，县林业和草原局加大湿地保护力度，在保证群众耕地用水的基础上，对实施封育的1000公顷湿地进行浇灌，沿途设置湿地保护宣传牌。加大禁牧力度，允许农牧民进行适当放牧，对放牧时间进行严格控制，避免冬春两季或土壤过湿时放牧。做好湿地周边植树工作，设立湿地保护宣传牌100块，开展专题宣传10次，发放宣传资料2000份，组织湿地管护人员开展巡护160余次。

【生态扶贫】 2021年，县林业和草原局同各乡（镇）签订生态补偿脱贫岗位七大岗位目标责任书，各乡（镇）与各村均签订生态岗位目标责任书和岗位履职协议书。县林业和草原局按照生态补偿岗位政策核查各乡（镇）初选岗位人员，对不符合政策要求的岗位人员进行清退。通过扶贫数据清洗和深入村（居）委会方式，与县气象局一起核查全县上半年初步遴选花名册，其中发现7人存在“一人双岗”现象，及时进行清退。上半年资金兑现时发现琼孜乡哲圭村德吉户在上半年名单中安排生态补偿岗位2人，且已兑现上半年资金每人1750元，合计发放3500元，按照生态补偿岗位低收入政策，其间德吉户发起成立西藏腾凯建筑工程有限公司，注册资金2000万元，不符合生态补偿岗位安排政策要求，故从上半年名单中进行清退，于7月15日将已下发的上半年资金3500元退缴至生态补偿专户账。最终2021年上半年安排生态补偿岗位人员3854人，补助标准1750元/人，兑现674.45万元；下半年安排生态补偿岗位3863人，补助标准1750元/人，兑现676.03万元。完成2021年日喀则市审计反馈的“一人双岗”问题8人，2021年9月27日已退缴至国库账中，退缴资金2.3万元。

水　利

【项目建设】 *定结县扎西岗乡乃夏村防洪工程* 项目总投资132万元，建设内容为新建防洪堤护岸4段，全长1800米，采用铅丝石笼重力式挡墙结构。项目7月开工，9月17日完工，9月通过竣工验收。

定结县确布乡除古村防洪工程 项目总投资69.89万元，建设内容为维修堤防总长700米，采用铅丝石笼重力式挡墙结构，项目7月开工，10月完工。

定结县吉隆普水库渠系配套干渠项目 项目总投资8299.26万元，项目7月开工，年末完成工程量的45%。

定结县季节性缺水项目 项目总投资391.56万元，项目于8月完工，11月通过竣工验收。

【民生水利建设】 2021年，县水利局深入各乡（镇）、村委会核实农村安全饮水设施需维修养护任务，2021年投资141.54万元维修养护点22个点，年内完成5个点的维修养护任务，剩余维修任务与定结县错姆折林创业投资有限公司签订维修养护任务协议。

【水资源管理】 2021年，全县用水总量为3854万立方米，其中农业用水3221万立方米、生活用水425万立方米、工业用水212万立方米，主要以农业用水为主，农业灌溉水有效利用系数为0.458。年内，县水利局加强取水总量控制管理，2021年度用水总量比年度指标节约2万立方米。

【节水宣传】 2021年，定结县利用“世界水日”“中国水周”，开展主题为“实施国家节水行动、建设节水型社会”“深入开展农村饮水安全管理暨节水型社会村庄建设”的巡回宣传活动，深入学校和70个行政村进行巡回宣传，通过发放宣传资料、设立宣传咨询点等多种形式宣传水资源相关法律法规，累计发放宣传资料1500份。

【防汛抗旱】 2021年，县水利局做好汛前检查，编制防汛防洪预案，落实防汛抗旱责任人；开展防汛抢险物资采购储备，完成县本级配置资金14.9万元的防汛物资采购，采购防汛编织袋4万条、铅丝笼50卷，向自然灾害频繁的江嘎镇、萨尔乡、琼孜乡、定结乡、确布乡、扎西岗乡等乡（镇）发放编织袋4.1万条、铅丝笼14卷。加强汛期内吉隆普水库及多布扎水库监管，依托市防汛抗旱指挥调度中心降水实况公告、地质灾害气象风险预警、气象服务专报及县气象实况公告短信，建立预警信息传递机制和群测群防网络体系。

【工程监督】 2021年，县水利局配合市水利局质监站对定结县吉隆普水库渠系配套干渠项目开展专项稽查1次，质量监督检查5次。年内，县水利局履行质量监督职责，对县乡村振兴局水利口径项目开展质量监督检查10余次。

【水土保持】 2021年，县水利局加强水土保持方案审批受理及监督检查力度，全年共审批准予行政许可决定书20份，其中口岸建设项目6个、基础设施类项目14个。全县需缴纳水土保持补偿费项目10个，合计征缴金额40.7万元，免征水土保持补偿费项目10个。是年，县水利局执法人员多次深入工程建设点监督检查工程的水土保持方案落实情况，对于审批通过的水土保持方案，在审批后2个月内跟踪督促项目单位做好前期手续办理、按审批的水土保持方案做好水土流失防治及水土保持监测等工作。年内，县水利局执法人员联合自治区水土保持中心、市水土保持中心工作人员，对省道514线萨尔至陈塘段公路改造工程、定结县萨陈公路岔口至帕玛自然村公路改建工程、古娃村重建工程、陈塘口岸内一站式综合服务中心等项目进行现场执法检查。年内对水利部查处的可疑卫片图斑进行现场复核再复，县境内不存在“未批先建”“未验先投”“未批先弃”及水土保持措施不落实等违法情况。

【河长制工作】 2021年，定结县成立由县委书记陶明君、县人民政府县长次琼为双总河长，其他县级领导为县级河湖长，相关成员单位共33家的河（湖）长制领导小组。年内完成县域内县级河湖名录及河长挂职系统录入工作。推进河（湖）长制信息公开，向社会公开各级河（湖）长制办公室及水利部监督举报电话，规范设置县域内71个河（湖）公示牌的更新更换等工作。截至年末，县级河（湖）长巡河109次，乡（镇）级河长巡河1209次，村级河长日常巡河1890余次。加强部门联合执法机制，加大河（湖）管理保护监管力度，实施“河（湖）长+检察长+警长”协作联动工作机制，完善行政执法与刑事司法衔接机制。年内，完成全县8条河（湖）管理范围划定及全县3条河流和3个湖泊“一河（湖）一策”编制工作。

是年，县河长制办公室组织10个乡（镇）河（湖）长制分管领导参加市河长制办公室组织的河长制管理系统培训，于8月开始全面推行县、乡、村西藏河（湖）长制App系统，助推信息化、精准化巡河工作，10月组织各乡（镇）负责河长制工作人员开展河长制工作推进会暨培训指导会，确保各级河湖长履职情况智能化、信息化。

【“清四乱”专项行动】 年内，定结县加大河道管理范围内“清四乱”问题检查工作，共排查17次，发现问题7处，整改7处。完成卫星遥感疑似“四乱”问题核查12处，实现“四乱”问题动态清零。县水利局牵头县自然资源局、市生态环境局定结县分局、珠穆朗玛峰国家级自然保护区定结管理分局等相关部门，先后7次深入各河道采砂点现场，对全县违规河道采砂点采取下整改通知单、强制贴封条等措施，杜绝河道违规采砂问题。

【环境治理】 年内，定结县开展以“迎新春、藏历新年”“水环境大清理、大整治”“万里奔波共巡河、美好家园同创建”“‘河’我一起保护母亲河　定结县河小青河流净滩行动”等志愿活动，共投入3500余人次，出动车辆25辆次，累计清理淤泥、障碍2.3吨，清理垃圾6吨。

电　力

【概　况】2021年，国家实行农电体制改革，把西藏自治区所有县级供电企业资产、人员全部划转到国家电网有限公司名下，统一归国家电网有限公司直管，定结县供电有限公司隶属于国网日喀则供电有限公司。截至年末，定结县供电公司辖县级水电站1座（荣贡水电站装机容量960千瓦）、乡（镇）级水电站2座（扎西热卡水电站装机容量200千瓦、陈塘水电站装机容量200千瓦）、村级水电站3座（姆村水站装机容量55千瓦、普村水电站装机容量55千瓦、康孔水电站装机容量100千瓦），6座水电站总装机容量1570千瓦。

【电网覆盖】2021年，定结供电公司辖区内有35千伏变电站5座，装机容量合计为11000千伏安，其中县城变电站2台主变压器容量4000千伏安、确布乡变电站1台主变压器容量1000千伏安、琼孜乡变电站1台主变压器容量1000千伏安、萨尔乡变电站1台主变压器容量1000千伏安、陈塘变电站1台主变压器容量4000千伏安。2021年，5座变电站用户覆盖全县10个乡（镇）和定日县尼辖乡共76个行政村，用电户数总计为4550户，用电人数为26269人，电网覆盖率达100%。

【输电线路】2021年，全县境内（含所有小水电线路）10千伏线路长度284.5千米，线路条数12条。全县境内35千伏线路总长220.86千米，线路条数5条，其中从萨迦县至定结县城85千米、县城至萨尔乡25.9千米、萨尔乡至琼孜乡24.6千米、县城至确布乡20.35千米，萨尔乡至陈塘镇65千米。

【供电服务】2021年，全县小水电实际发电量为1576万千瓦时，售电量（含电网部分）为1999.39万千瓦时。公司营业收入为1256.65万元，其中电费收入1145.54万元；营业成本为1226.91万元，其中藏中电网购电成本为721.42万元。定结县城变电站最大负荷2560千瓦时，萨尔乡变电站最大负荷870千瓦时，琼孜乡变电站最大负荷825千瓦时，确布乡变电站最大负荷802千瓦时，陈塘变电站最大负荷2030千瓦时。

国有公司运营

【项目建设】年内实施定结县农村供水维修养护项目，项目总投资为125.24万元，项目施工单位为西藏峦庆建筑有限公司，年内项目已开工。

【污水处理厂运营】8月30日，定结县措姆折林创业投资有限责任公司派人至陈塘镇污水处理厂，开展试运营工作。截至年末，相关业务未正式移交定结县措姆折林创业投资有限责任公司。

【汽车租赁】定结县措姆折林创业投资有限责任公司名下有2辆汽车用于租赁业务，2021年12月31日终止租赁。2辆车租赁租金总额1345058元，年末总支出628354.93元，总余额716703.07元。

【房产租赁】10月23日，定结县措姆折林创业投资有限责任公司签订定结县措姆折林酒店（原长春大厦）和江嘎新村商业用房租赁合同，合同签订时间段为2021年1月1日至2025年12月31日，共计5年。第一年度租金为45万元，双方约定租金逐年递增1万元。

交通·通信

定结宗格错（县方志办　提供）

交通运输

【项目建设】 2021年，定结县“十三五”规划农村公路续建收尾项目共22个，总里程87.58千米，投资16390.21万元，至9月末，19个项目交工验收完成，其中7个项目完成项目审计；2个项目因交工检测提出质量缺陷，施工单位进行整改；1个项目因新冠肺炎疫情常态化防控，无法交工检测（陈塘镇藏嘎村至桑坤久姆人行梯步工程）。“十三五”规划400万元以下中央直达资金建设项目5个，总投资630.18万元，截至2021年末，累计完成投资352.79万元，占计划投资的56%。9月25日，定结县514省道线岔口至日屋镇日屋村公路工程项目开工，总投资381.6万元，年末累计完成投资133.56万元。是年，定结县农村公路项目复工以后，全县当地农牧民群众参加投工投劳142人，实现农牧民劳务增收71.54万元，当地农牧民群众机械增收146.9万元。

9月20日，日屋镇最后一公里公路建设技术交桩
（县交通运输局 提供）

【“十四五”交通运输规划】 “十四五”期间，定结县持续实施公路“建设、管理、养护、运营”一体化协调发展，实施陈塘镇4个行政村通畅公路工程，6条断头路网工程、12条自然村通畅公路工程、9条旅游公路工程、53条牧场转场公路工程、农村客运站及停靠点建设工程、农村公路安防工程，逐步完善农村公路养护管理体制改革和客运服务高质量发展。

5月1日，定结县召开道路交通在建项目推进会
（县交通运输局 提供）

【项目前期工作】 2021年，县交通运输局建立公路主干道与建制村不相连及牲畜转移过道桥等交通道路群众急事难事项目库，办理项目前置手续。开展定结县514省道线岔口至日屋镇日屋村公路工程、定结县确布乡克阿村金龙河桥梁工程、定结县确布乡萨拉岗村桥梁工程、定结县扎西群培寺公路硬化工程、定结县219国道线岔口至江嘎镇下荣孔村公路工程、定结县219国道线岔口至萨尔乡愁自然村公路工程及萨尔乡普贵村路边挡墙工程、定结县郭庆乡郭庆村匹林玛养殖合作社牧道桥梁工程、定结县514省道线岔口至萨尔乡斯新自然村公路工程项目前期工作，计划总投资2587.1万元，年内1个项目已经落实完成。

【农村公路养护】 2021年，县交通运输局根据农村公路管理养护体制改革文件精神，制定《定结县农村公路养护体制改革方案》，将农村公路养护工作交给定结县农村客运公司。

是年，定结县农村公路养护维修总里程223.06千米，其中县道2条42千米专用公路13条33.6千米，乡道4条92.21千米，村道26条55.25千米；养护缺陷整改率达到100%，养护资金支出122万元。

陈塘镇藏嘎村至雪雄玛村公路由于边沟排水措施和涵洞等设施不完善，路面多处存在坑洼、积水等安全隐患，年内，县交通运输局邀请西藏日喀则珠峰交通建设投资有限公司设计公路保通施工图，县交通局按照施工要求进行养护维修，养护维修里程9.44千米，共支出养护资金39.9万元。

【农村公路应急保通】 2021年，县交通运输局共实施农村公路应急保通6次，巡查8次，砸冰除雪面积1.28万平方米、落石清理180立方米，结冰路段垫层砂砾面积860平方米，泥石流清理360立方米，C20片石混凝土路肩墙58.8立方米，路基填方77立方米，沿线增加1—0.5米钢波形管涵3道，共计支出20.9万元。

【自然灾害普查】 年内，定结县开展全国第一次自然灾害综合风险普查，县交通运输局对全县公路设施属性信息和自然灾害风险点信息开展普查，掌握公路承灾体自然灾害风险底数。共对全县53条农村公路进行自然灾害综合风险普查，总里程515.57千米，灾害点102处、高边坡3处、高边坡3处、桥梁66座。截至年末，共完成灾害点102处、高边坡3处、66座桥梁现场排查，县级审核任务完成60%。

【道路交通安全】 2021年，定结县农村公路警示标志牌须增设及更换233个，修改规范提示标志牌用字错误8处，截至年末，警示标志牌订购完成，投入资金14.59万元。全年深入各乡（镇）施工点开展隐患排查10次，发现工程质量问题18项，安全问题1项7处，发放张贴公路客运车辆超限超载认定标准40份、超限运输车辆行驶公路管理规定30份，开展危险化学品运输领域县加油站、加气站检查2次。年内投资8.43万元，由县交通运输局、县公安局交通警察大队采购交通安全提示标志牌20个，广角镜15个、警示标志牌10个、太阳能警示灯10个。

【农村客运】 2021年，定结县措姆折林农村客运分公司共运营全县农村客运班线3条，即江嘎镇—萨尔乡—定结乡—多布扎乡—扎西岗乡—确布村—江嘎镇（环线），江嘎镇—萨尔乡—日屋镇，江嘎镇—郭加乡，全长319.5千米，投入客运车辆3辆，营运手续基本完成，全面开通全县10个乡（镇）54个行政村通客运车辆。

【信访工作】 年内，县交通运输局接到国道、省道干线项目领域“双拖欠”案件29件，涉及人数62人，截至年末，已处理案件6件，涉及人数25人，协调兑现资金76.22万元。接到农村公路项目领域“双拖欠”案件2件，涉及人数2人，涉及资金12.39万元，截至年末，已全部解决兑现。

【生态环保】 公路建设 年内，县交通运输局重视生态环保工作，项目推进过程中采取边施工边实施环保措施的方式，在检查工程质量进度的同时检查是否存在施工扬尘等问题。年内，全县道路交通施工现场未出现乱挖乱采等环境问题。

汽修厂危险废物管理 2021年，县交通运输局对全县汽车修理厂进行不定期的检查，宣传和教育引导全县汽车修理厂加强危险废物管理和生态环保措施。5月，定结县各类汽修厂陆续复工复产后，县交通运输局开展全县汽车修理厂危险废物暂存间建设工作。截至年末，全县1家规模较大的汽车修理厂及3家轮胎维修店均已完成危险废物暂存间建立工作。

公路管理

【应急体系建设】 2021年，定结公路段做好公路应急抢险工作，制定《水（雪）毁及沙灾抢险保通应急预案》《汛期抢险保通预

道路除冰　　（定结公路段　提供）

案》《今冬明春抢险保通预案》等各类突发事件应急预案，成立以定结公路段主要领导为第一责任人的抢险保通突击队，加强应急救援保障和处突能力。做好雪灾抢险保通工作，及时增加补充各工区各种应急物资，警示提醒过往车辆文明行车、安全驾驶，减少和避免交通事故的发生。定结公路段针对养管路段实际灾害情况，制作沙灾、落石、塌方、泥石流、山体滑坡、路基沉降（掏空、冲刷）、事故易发等路段提示警示标牌。

【抢险保通】　2021年，在水（雪）毁、清沙应急抢险和恢复工作中，定结公路段共清理公路积雪373278立方米、打冰6815.4立方米、铺洒融雪剂31.6立方米、铺洒防滑料2794立方米、清理泥石流897.6立方米、清理坍塌土石方6259.1立方米、清理积沙8311.4立方米、抢修预防性土质导流堤坝5处共3642立方米、上报保通简报74期。

【路政管理】　年内，定结公路段在管养路段开展平交道口专项整治工作。按照相关设计规范要求对所有平交道口增设指示标线、警示桩，共增设平交道口指示标线138处828个，增设警示桩552个，新增平交道口标志牌26对；在管养路段涵洞及桥梁两端增设警示桩1836座。建立健全涵洞档案，完成定结公路段管养路段内的档案登记造册工作。做好公路服务区（停车区）服务设施运维管理，提升公路服务能力和服务水平。

道路应急保通　　（定结公路段　提供）

【安全隐患排查】 2021年，定结公路段定期不定期对管辖区域开展安全隐患排查，对存在安全隐患的路段采取可靠的风险管控措施，制订应急处置预案，建立安全风险管控信息台账。全年共开展安全生产隐患排查共46次，督导检查10次，安全隐患查处74处，其中重大安全隐患5处、整改4处，一般安全风险69处、整改69处，更换波形护栏280米，增设、更换公路安全标志标牌64块，制作应急临时标志牌216块。全年养护生产、应急抢险共投入机械2108台班，机械设备完好率达90.7%，平均使用率达50.4%。

【安全生产】 2021年，定结公路段落实“一岗双责”和安全生产监管责任，签订各工区、股室及干部职工《安全生产目标责任书》，与段领导签订《党政同责、一岗双责》目标责任书。全年开展安全生产理论与现场实地培训及应急演练8次，其中安全生产理论知识4次、公路养护安全作业规程2次、消防安全应急演练1次、沙灾治理应急演练1次。开展安全生产三年行动专项整治各项工作，召开安全生产专题会议10次，各工区下发安全隐患整改通知书10次。年内，定结公路段加大“安全生产月”宣传活动，共开展安全知识宣传和讲解8次，新增安全生产墙体标语4处284平方米，悬挂横幅18条，受教育群众210余人次，张贴宣传标语及海报58条，发放宣传手册315份，观看道路交通安全警示教育片5次，职工线上答题活动2次，上报安全生产简报32期。持续推进全国第一次自然灾害综合风险普查公路承灾体普查工作，全年宣传自然灾害综合风险公路承灾体普查3次，悬挂横幅12条，张贴宣传标语及海报26张，受教育群众225人次。

中国邮政

【概　况】 2021年，中国邮政集团有限公司西藏自治区定结县分公司（以下简称“中国邮政定结县分公司”）加强内部管理和业务培训，提升服务质量，邮政普遍服务整体水平持续提高，基础设施不断改善，整体服务水平进一步提高，按要求完成函件、集邮、分销、汇兑、报刊等各项工作。

【业务开展情况】 2021年，上级下达中国邮政定结县分公司的经营任务指标为116.23万元，实际完成78.89万元，完成目标任务的79%。

年内，中国邮政定结县分公司完成报刊投递13146袋，信函业务57002件。日喀则市至定结县邮政乡（镇）投递频次数量为每周5班，村投递频次为每周3班，县城至乡（镇）邮路长度单程368千米，农村邮政投递单程里程342千米，县城至乡（镇）全年行驶95942.85千米，农村邮路全年里程53498.57千米，投递质量水平不断提升，邮件丢失率、客户投诉率均持续下降。提升邮政普遍服务工作质量水平，推动县城至乡（镇）、乡（镇）至村的打卡率，加强乡（镇）工作人员的业务学习，不断提升业务能力，为机关、学校、部队和农牧群众提供便捷服务，保证发往各乡（镇）的文件资料及时送达。

（琼　达）

中国电信

【市场经营】 2021年，中国电信集团公司定结电信局（以下简称“县电信局”）移动电话用户数7540户、固定电话用户4200户、互联网用户73户。全年实现电信业务收入1300万元，有4G基站67个，县城区域覆盖主业务C网、宽带、互联网专线、IDC项目、高清业务、智能家居产品、小型业务等业务。年内，县电信局强化用户至上、用心服务的理念，加大对县、乡（镇）、村网络覆盖及建设投资力度，持续推进提速降费工作，提升宽带网络上网与移动通信用户感知，努力扩大中国电信移动用户规模。

【通信建设】 2021年，县电信局按照国家标准用中国电信集团有限公司各项规章制度、通信建设流程，组织制定工程建设目标管理办法，确保工程建设的规范管理。根据通信建设实践经验，采取科学化的通信建设模式，保障后续网络的正常使用。组织人员调查了解当地偏远、交通不方便、通信网络未覆盖的乡

（镇）、村庄情况，根据实际情况加大通信基站、通信网络建设。

【客户服务】 2021年，县电信局客户服务工作从每日晨会开始，督办管辖厅店装维人员提高服务质量，牢记“人人合规、事事合规、时时合规”的“12字合规经营”口诀。制定服务规范制度，提升服务能力，按照“三全”（全流程、全方位、全员参与）的服务要求，坚持以“客户说了算”和提升客户感知为出发点和落脚点，以“全员服务在行动”和“满意服务十分信赖”为抓手，不断改进服务工作。

【应急保通】 年内，县电信局响应“央企责任担在肩，应急保通冲在前”要求，建立起完善的应急预案，加强对突发事故的监控，重大突发事件、重大节日期间，全体人员24小时开机待命，加强与政府相关部门的协调联动，抓好应急车辆、设备维护保养工作，确保保障区域通信正常、稳定。

（洛桑旦增）

中国移动通信

【市场经营】 2021年，中国移动通信集团西藏有限公司定结县分公司（以下简称“中国移动定结县分公司”）把市场分析作为首要工作，采取摸底区域、找出客户份额及网络优势等有针对性的区域化营销策略，提升新增客户。中国移动定结县分公司全年实现收入1263万元，同比减少12%。年内，中国移动定结县分公司利用市场部营销活动资源，明确客户选择，推动本地化终端，结合新增活动提升新增市场。抓住本地大型活动机会，采取电子券赠送礼品等形式占领市场，提升客户感知度，推动新增市场发展。在电信客户规模大、市场竞争激烈的区域，结合电子券免费送卡等措施赢得竞争对手客户。利用终端类营销活动，促进用户卡槽转换，通过终端降价方式赢得客户。根据区域发展情况，制定策划打赢空间战方案，避免客户感知度下降及客户的流失率增加。

【通信建设】 2021年，中国移动定结县分公司履行“建设值得信赖的网络、保障客户权益、营造健康通信环境”的职责任务，坚持“网络质量是通信企业的生命线”理念，加强各乡（镇）、村委会移动通信网络质量的保障工作，全面支撑客户需求和市场发展，确保客户通信服务满意度持续改善。是年，中国移动定结县分公司撤销辖区2G、3G基站。截至年末，全县有4G基站86个、FTT25个、TD35个、5G基站9个，移动用户11663户、固定电话用户5户、互联网用户75户，有营业网点4个。

【营销队伍建设】 年内，中国移动定结县分公司重视员工队伍建设，进行合理岗位分配，对内部员工提出知识化、专业化要求，稳定和优化员工队伍。公司对社会营销渠道加强管制，提高各项业务水平，扶持代理商开设移动卖场，在公平公正和风险可控的前提下，通过优惠政策和服务保障调动代理商的积极性。在乡（镇）代理商建设的基础上，优化村级信息服务工作，建立完善信息机制，强化销售和服务职能。

【企业文化建设】 年内，中国移动定结县分公司开展以“爱国守法、明礼诚信、团结友善、勤俭自强、敬业奉献”为主要内容的公民道德规范教育，以企业精神、经营宗旨、服务理念为主要内容的企业文化教育。是年，中国移动定结县分公司以“正德厚生、臻于至善”作为企业文化的核心内容，把“做信息社会栋梁、创无限通信世界”作为企业目标，全力做好通信畅通工作。

（米　加）

中国联通

【市场经营发展】 2021年，中国联合网络通信有限公司日喀则市分公司定结县营业部（以下简称“定结县联通营业部”）实施聚焦战略，发挥产品优势，开展系列营销活动，提高市场整体竞争力。加强投诉管理，优化投诉处理流程，加强部门协同，有效降低升级投诉，在每季度服务质量考核中，定结县联通客户满意度达100%。全年完成主营业务收入31万元，完成年度各项任务指标。

【网络支撑情况】 2021年，定结县联通营业部在网运行4G基站7个（县城4个、乡镇3个），3G基站3个（县城2个、乡镇1个）。年内，撤销所有2G基站。按照建设和维护一体化需要，以提高维护反应速度、减少业务流程环节为目标，通过优化网络、调整设备等措施，保障通信网络质量，提高网运维护水平，确保全年通信网络畅通、稳定安全。

【企业基础管理】 2021年，定结县联通营业部建立完善各项规章制度，基础管理得到持续加强。先后制定《绩效考核办法》《劳动纪律处罚办法》《服务质量考核办法》等制度，促进管理常态化、规范化，提升企业员工执行力，调动员工工作积极性。年内，定结县联通营业部继续做好文明单位创建工作，把文明单位创建活动与企业经营发展相结合、与企业基础工作管理相结合、与优质服务相结合，增强员工的凝聚力和向心力。

（米　玛）

商贸旅游

定结宗格错（县方志办　提供）

商贸流通

【市场体系建设】 2021年，定结县商务局先后制订《定结县零散成品油专项整治行动方案》《定结县餐饮浪费整治方案》《定结县商务局再生资源工作方案》，规范全县市场经营秩序。

【电子商务培训】 2021年，县商务局促进农村流通现代化，助力打赢脱贫攻坚成果推进乡村振兴，联合拉萨净云电子商务科技有限公司、西藏动力创新创业投资管理有限公司，先后到陈塘镇、日屋镇、江嘎镇、萨尔乡，对未就业大学毕业生、致富能手、退役军人、乡村振兴专干、合作社负责人及村“两委”班子260人开展电子商务培训。

【市场监管】 县商务局规范定结县农贸市场日常管理，年内县商务局联合相关部门开展联合检查，围绕新冠疫苗未接种人员统计、新冠肺炎疫情常态化防控工作、一次性塑料袋回收工作、安全生产、环境卫生、市场供应需求等情况，检查全县商贸流通领域商场、超市、农贸市场、加油站等场所10次。

【边境贸易】 日屋口岸属季节性贸易口岸，一般在每年5—10月进行贸易。尼泊尔塔普勒琼县有9个乡（镇），总人口16万余人；桑库瓦萨巴县有35个乡（镇），总人口约20万人。2个县共44个乡（镇），约36万人的日常生活用品完全靠日屋口岸贸易，主要以互市贸易为主。陈塘口岸一年四季都可以进行，主要以互市贸易为主。2021年，受新冠肺炎疫情影响，日屋口岸、陈塘口岸停止所有边境贸易活动。

【招商引资】 2021年，全县招商引资项目共14个，其中民间投资类项目10个，到位资金4295.82万元，完成本年度招商引资指标任务19.5%。协议投资500万元以上项目有3个，300万—400万元项目7个，300万元以下项目4个。招商引资项目固定资产投资完成4064.94万元，转移就业225人，其中自治区外就业54人、当地农牧民群众就业171人，实现劳务总收入297.8万元。年内，定结县招商引资办公室主动与相关企业接洽，做好企业来定结县考察接待服务工作，为外来企业落地生根创造优质环境。年内，先后接待到定结县考察的自治区内外企业京东集团、共享单车、中国长江三峡集团有限公司、康美龙雪山体育旅游开发项目、陈塘加油站、扎西岗乡加油站等6个招商项目，达成投资意向2家企业，分别是京东电商公司和共享单车，协议投资额1500万元。

【口岸管理】 定结县主要有日屋、陈塘2个陆路通商口岸，分别位于日屋镇扎西热嘎，陈塘镇藏嘎。年内，由于新冠肺炎疫情影响，日屋口岸、陈塘口岸暂未正式开放。

粮食流通储备

【粮食储备管理】 2021年，县发展和改革委员会定期编制上报粮食库存月报、季度报表，统计核实粮食储备数量、种类等基础情况。抓好粮食收购工作，尽可能多地收购农牧民手中的余粮，在其他县（区）购粮，增加全县粮食储备。

【粮食安全责任制】 年内，县发展和改革委员会加强对粮食生产、需求、库存、价格、质量状况、市场动态的实时监测。落实粮食安全责任，执行存粮设施技术操作规程，抓好存粮防火工作。制订粮食工作应急预案，成立县应急粮食供应加工点，确保突发情况下的粮食安全保障供应。加大粮食安全宣传力度，向农户和居民推广普及存粮先进适用技术，提高全社会粮食安全保障水平。

【专项巡察整改】 年内，县发展和改革委员会对照涉粮问题专项巡察反馈意见进行全面整改。截至年末，巡察组反馈27条问题中完成整改22条，正在整改5条。

旅　游

【概　况】 2021年，全县共接待游客36340人次，同比增长4.7%；实现旅游总收入970.1万元，同比增长6.8%。

2021年，县文化和旅游局持续推进申报陈塘沟旅游景区为国家AAAA级旅游的景区相关工作。图为陈塘镇风光

（县文化和旅游局　提供）

【项目建设】 2021年，定结县文化旅游提升工程建设项目——定结县夏尔巴特色旅游景区建设项目和定结县旅游集散中心建设项目竣工并通过初验。年内做好申报陈塘沟旅游景区为国家AAAA级旅游景区的相关工作。

【旅游市场监管】 年内，县文化和旅游局定期不定期深入各类旅游景区和星级家庭旅馆，全面排查旅游市场安全隐患，检查新冠肺炎疫情常态化防控措施落实情况，针对新冠肺炎疫情常态化防控期间景区存在的问题提出限时整改要求。年内，县文化和旅游局开展旅游市场检查14次，累计出动人员28人次。成立定结县志愿者服务队，定期对旅游景区开展环境卫生整治活动，全年开展志愿服务活动12次。

【旅游宣传营销】 2021年，县文化和旅游局利用“3·15”国际消费者权益日、“4·26”世界知识产权日、“5·19”中国旅游日、“6·12”文化和自然遗产日开展文化旅游领域法律法规宣传活动，发放各类宣传单1000余份，解答群众疑问260余人次。年内，县文化和旅游局探索建立“互联网+旅游”的宣传模式，利用微信、抖音短视频、快手等自媒体，做好线上旅游宣传，组织“两代表一委员”深入景区开展宣传短片录制工作，宣传定结县旅游资源。围绕“全域旅游·美好生活”主题，开展具有定结特色、形式多样、内容丰富、效果显著的宣传活动，通过微信公众号“定结发布”在全县范围内开展征集旅游宣传口号活动，共征集20余条旅游宣传口号。

【全域旅游规划编制】 2021年，定结县从本级财政中列支100万元，用于定结县全域旅游规划编制工作。县文化和旅游局协调云南省旅游规划研究院暨中国旅游研究院昆明分院，2021年末，云南省旅游规划研究院暨中国旅游研究院昆明分院相关工作人员深入全县各乡（镇），开展全域旅游编制规划前期外调工作。

【国家A级旅游景区】 截至2021年末，定结县境内共有6处国家

国家AAA级旅游景区——羌姆石窟全貌　（县文化和旅游局　提供）

AAA级旅游景区，分别为牧村土林、羌姆石窟、美女湖、多布扎湖、曲果德庆林·贡巴强桑旦曲布寺、阿布入寺景区。

成品油经营

【概　况】 定结县加油站隶属中国石油西藏日喀则销售分公司，占地面积4000平方米，双向4车道，有地埋钢制卧式储油罐4个，总容量200立方米（其中92号汽油50立方米，95号汽油50立方米，-20号柴油50立方米，0号柴油50立方米），加油罩棚为球链钢架，有4台数控加油机，加油枪为8枪。年内，定结县加油站主要销售92号汽油，95号汽油、0号柴油、-20号柴油及各种润滑油、包装食品、包装饮料、香烟等。

【经营情况】 2021年，定结县加油站狠抓优质服务，努力争取客户，对客户做到“来有迎声、问有答声、走有送声”。工作中采纳客户提出的意见建议，改进服务质量，加大油料销售。根据《西藏自治区零散成品油销售管理办法》，加油站落实实名制登记和零散成品油管控、零散成品油登记台账。加油站员工对进站加油的车辆驾驶员进行身份证、驾驶证、行驶证登记核实，保证三证齐全登记后方可加油，确保零散油品去向可控可查。2021年，定结加油站完成成品油销售2034吨，完成全年任务的44.22%，其中92号汽油787.7吨、95号汽油169.43吨、0号柴油431.17吨、-20号柴油412.9吨，汽油、柴油比1∶1.8。全年非成品油销售完成62万元，每日平均1710元，全年完成率139.8%，较上年相比增加146859元，全年IC卡共发卡2398张。

【安全生产】 年内，县加油站落实县商务局、县应急管理局等相关部门及上级公司的相关文件精神，做好各项安全生产及经营工作，全年未发生任何安全事故事件。12月6日，自治区应急管理厅专家组到定结县加油站开展安全生产专项检查，县加油站通过专家组检查。

（曲　珍）

城建·环保

定结宗格错（县方志办　提供）

住房和城乡建设

【建设项目管理】 2021年，县住房和城乡建设局落实西藏自治区建筑工人实名制登记制度，避免企业进入实名制管理平台后不执行工资银行代发，只开户而不使用，形成“僵尸账户”的情况。在实际工作中，县住房和城乡建设局督促建设单位在招标文件中将建筑工人实名制管理所需费用列入工程安全文明施工措施费，要求建设单位与施工总承包单位依法订立合同时，应当约定人工费用占工程款的比例和拨付方式，工程施工合同未约定人工费用占工程款比例的，施工总承包单位应当将工程价款分解为人工费用和其他费用两部分，并书面告知建设单位。人工费用占工程款的比例，应按照《西藏自治区工程预算定额》标准确定，但不得低于工程合同价款的25%；施工总承包单位要在工程建设项目开工之日起30日内，在工资代发银行开设农民工工资专用账户，报县住房和城乡建设局书面备案。要求施工总承包单位要加强对分包企业劳动用工和工资发放情况的监督管理，实行分包单位农民工工资委托施工总承包单位代发制度；要求施工总承包单位或者分包单位应当依法与所招用的建筑工人签订劳动合同，并通过建筑工人实名制管理平台在施工现场进行实名认证和登记管理。未与施工总承包单位或者分包单位签订劳动合同并在建筑工人实名制平台实名登记的，不得进入项目现场施工。

【重点项目监管】 年内，县住房和城乡建设局开展城市建设项目尤其是重点工程项目的监督管理工作，监督覆盖全县重点工程项目建设。全年深入实地检查验收125次，发现问题287起，责令现场整改287次，下达整改通知书50份。

【周转房维修】 2021年，定结县城有公有住房1193套（含江嘎镇周转房），其中干部职工周转房561套，公租房494套，廉租房138套。年内，县住房和城乡建设局组织对县城干部职工周转房急需维修房间进行零散维修。周转房维修中，共更换锁芯及整套锁245个（把），供水管破损维修432.8米，排水管破损维修226米，散水台沉降填土处理113平方米，卫生间漏水维修9间，更换玻璃4块，更换水龙头11个，累计投入维修资金8万余元。

【住房公积金管理】 2021年，定结县住房和城乡建设局按季度及时完成住房公积金统筹和上账业务，完成全年住房公积金贷款统计和审批业务。全年缴存住房公积金3709.05万元，提取住房公积金3203.95万元，公积金转出578.60万元、转入404.36万元，干部职工申请住房公积金贷款2794万元。

城市管理和综合执法

【行政执法】 年内，定结县城市管理和综合执法局（以下简称“县城管执法局”）采取施工工地实名制管理、道路设卡检查、施工现场巡查等方式，加强执法检查和惩处力度，处罚施工扬尘、道路遗撒等行为。全年巡查施工现场49次、整改道路遗撒问

2021年，县城管执法局组织环卫工人集中开展环境卫生整治
（县城市管理和综合执法局 提供）

题21起；联合相关单位对县城范围内施工现场开展检查98次，规范施工现场材料堆放46次。

【市容环境】 2021年，县城管执法局继续落实“门前三包”制度，签订“门前三包”责任书商铺共218家。执法工作人员每天巡逻，动员沿街商户和个人住户参与城市管理，自觉履行“门前三包”责任制，加强市容秩序管控。结合新冠肺炎疫情常态化防控工作要求，允许临街餐饮门店有序进行店外经营，科学合理设置临时交易点，引导零散小商贩进入指定位置经营。年内，县城管执法局在保证每天道路环境管理正常作业的基础上，强化县城主、次干道洒水降尘作业，每天至少洒水3次。

【市政管护】 2021年，县城管执法局投入4.51万元，雇用吸粪车对县城内公厕进行清掏工作，共清掏冲洗公厕17所。县城管执法局牵头县住房和城乡建设局、县水利局、县发展和改革委员会等相关单位，投入经费2.59万元，组织专技人员对全县排水管道进行维修；投入维修设备资金5.11万元，对供水泵房内损坏设备进行维修更换；投入经费3万元，对县城排水管道进行清理疏通。

年内，县城管执法局投入经费25万元，开展县城供水点水资源论证工作。

是年，县城管执法局投入资金16.2万元，对县城供水点和垃圾填埋场进行每季度水质、土壤、大气质量的监测；投入资金8.5万元，为县城垃圾填埋场办理排污许可证；投入8万元，整理编制县城垃圾填埋场土壤污染隐患排查报告。

【市政设施建设】 年内，县城管执法局强化市政设施管理，对县城城市道路、隔离护栏、路灯、进水管、排水管道等市政基础设施进行安全巡查排查和日常维护管理，做到养护到位、应检必检、有病必治，实现全覆盖、零遗漏、无隐患，全年共加固市政基础设施36处。

2021年，县城管执法局组织全体环卫工人铲雪除冰，保障县城路面畅通 （县城市管理和综合执法局 提供）

【县城环卫管理】 年内，县城管执法局46名环卫清扫工每天3次对县城主次干道开展清扫，垃圾转运车辆每天2次清运生活垃圾至垃圾填埋场，杜绝垃圾积存和卫生死角，做到垃圾日产日清，环境卫生状况明显改观。

生态环境

【自然保护区管理】 年内，按照生态环境部《关于对西藏珠穆朗玛峰国家级自然保护区遥感监测结果进行实地核查的函》要求，日喀则市生态环境局定结县分局对珠穆朗玛峰国家级自然保护区内新增项目和人为活动情况进行核查。2021年初，对全县涉及的93处点位进行实地核查。针对22个边境地区小康村建设项目羊圈无环评手续情况，定结县通过沟通衔接市级业务部门，按照边境地区小康村建设项目和抵边村建设项目有关要求，积极争取豁免环评手续。年内，对全县涉及的133个点位问题类型、经纬度、功能区、建设性质、建设单位、建设时间、生态破坏情况等事项进行调查核实，录入自然保护地人类活动监管系统。

【水、大气监测】 2021年，市生

态环境局定结县分局研究确定年度第三方环境监测公司，按时完成县城饮用水源与县城环境空气每季度监测、4个地表水监测断面每月监测任务，监测各项指标均符合国家相关标准限值要求。市生态环境局定结县分局协调县、乡（镇）两级人民政府及相关部门，完成定结县区域生态环境监测中心办公用房及空气自动监测站建设项目（包含县城空气自动站建设项目与陈塘镇空气自动监测站建设项目）前期工作。

【污染防治】 2021年，市生态环境局定结县分局推进污染源头监管，加强生态环境保护，提升打赢污染防治攻坚战能力和生态文明建设水平。在2020年开展全县10个乡（镇）非道路移动机械环保信息采集录入的基础上，2021年对录入非道路移动机械进行编码，对全县53家企业进行固定污染源排放检查，责令4家采砂场关停。配合日喀则市生态环境局土固与辐射科、水气监管与监测科、自治区生态环境厅邀请的第三方机构，完成萨尔乡雪村、琼孜乡琼孜村、琼孜乡中心小学污水治理设施建设优先治理项目前期调研工作，11月初完成前置手续办理；配合完成“生态红线”“三线一单”划分工作，将“生态红线”“三线一单”作为发展规划、项目准入的生态环境总标准。

【生态环境执法】 年内，市生态环境局定结县分局推进生态环境保护执法检查工作，排查治理各类生态环境隐患和问题。截至2021年末，累计执法检查155家，出动244人次，下达整改通知书22份，环境违法罚款6起，罚款金额61889元上缴国库；对水源地、垃圾填埋场、县人民医院、商户、县中学、汽修厂、加油站等重点领域开展专项检查，进行生态环境保护宣传教育。重视生态环境信访举报件，制定信访案件台账，截至2021年末，已处理4起环境信访举报案件。

【生态乡村建设】 2021年，定结县解决全县生态文明示范创建工作及编制生态规划费用258万元。推进生态文明创建，截至2021年末，完成全县70个行政村生态文明示范创建实施方案与10个乡（镇）生态文明示范乡镇创建工作报告，10月通过市级审核，并上报自治区审核。

珠穆朗玛峰国家级自然保护区管理

【概　况】 2021年，珠穆朗玛峰国家级自然保护区涉及定结县8个乡（镇），即陈塘镇、日屋镇、萨尔乡、江嘎镇、郭加乡、多布扎乡、定结乡和琼孜乡，共42个行政村和31个自然村，自然保护区内总户数4280户，总人数9425人，劳动力人口4356人。自然保护区核心区内有1个自然村21户97人，自然保护区实验区内有42个行政村30个自然村，共有4259户9328人。定结境内珠穆朗玛峰国家级自然保护区面积达365694公顷，自然保护区湿地面积11874.25公顷，有3个保护管理站（日屋保护站、孔定玛保护站和江嘎管护站）。

【环境保护宣传】 年内，珠穆朗玛峰国家级自然保护区定结管理

2021年，珠穆朗玛峰国家级自然保护区定结管理分局组织生态岗位人员开展珠穆朗玛峰国家级自然保护区旅游景区垃圾清理工作
（珠穆朗玛峰国家级自然保护区定结管理分局　提供）

分局（以下简称“珠峰保护区定结管理分局”）根据珠穆朗玛峰国家级自然保护区（以下简称“珠峰自然保护区”）实际情况，利用干部职工下乡机会，向广大群众和游客发放珠峰自然保护区宣传资料。农牧民专业管护人员通过走访串户等形式向广大群众宣传《珠穆朗玛峰国家级自然保护区管理办法》、旅游管理制度、垃圾污水管理制度，野生动物、森林资源保护法与新冠肺炎疫情防控知识等内容，提高珠峰自然保护区内广大干部群众的环境保护意识。全年开展各类宣讲72次，受教育人数达350人，发放各类宣传资料500余份。开展各类监管工作共36次，下达5次整改任务。

【环境整治】 年内，珠峰保护区定结管理分局工作人员深入涉及珠峰自然保护区的全县8个乡（镇）村庄、项目建设点、湿地等区域全面开展环境卫生整治工作，做到垃圾集中收集及时清运，清理遗留卫生死角。发挥湿地管护人员、野生动物保护员、农牧民专业管护人员作用，排查珠峰自然保护区内环境卫生，开展湿地、道路、村庄等领域清扫工作，保护湿地水生动物、水生植物、珍稀濒危野生动物优良生存场所。截至年末，全县珠峰自然保护区内生态岗位人员、湿地管护人员、野生动物保护员、农牧民专业管护人员治理“白色污染”50余次，参加人员4800余人，出动10辆垃圾清运车、13辆农用拖拉机、21辆电动三轮车，销毁垃圾约8吨。

【执法检查】 年内，珠峰保护区定结管理分局联合市生态环境局定结县分局和相关职能部门组成联合执法检查组，对定结县珠峰自然保护区环境卫生和违法建筑情况进行执法检查；联合相关部门深入保护区对各类违规情况进行实地核点，与县人民检察院联合成立西藏珠穆朗玛峰国家级自然保护区定结县公益诉讼检查联络室。珠峰保护区定结管理分局定期深入到珠峰自然保护区检查，针对督导过程中发现的孔定玛段修建养护段服务站占用的取料点处乱挖乱堆、琼孜乡洗砂机械设备未拆除、堆积砂石未进行平整等情况，督促相关部门、乡（镇）限时整改。全年监管检查20余次，发现问题7起，下发整改督办单10余次。

2021年，珠穆朗玛峰国家级自然保护区工作人员对受伤的野生动物进行救助　　（珠穆朗玛国家级自然保护区定结管理分局　提供）

【巡护监管】 2021年，珠峰保护区定结管理分局按照《中华人民共和国自然保护区条例》《西藏自治区实施〈中华人民共和国自然保护区条例〉办法》等要求，履行巡护监管职责，监督指导珠峰自然保护区管护人员履行好工作职责；依法严厉打击破坏自然资源的违法犯罪行为，监管查处珠峰自然保护区生态环境破坏、未批先建项目、野生动植物破坏、湿地破坏行为，制止和预防非法偷猎、盗伐、采挖、开荒、放牧等破坏森林资源行为。全年共查处10余次违法违规行为，及时没收盗伐采挖的植物药材。

【野生动物保护】 年内，珠峰保护区定结管理分局根据《中华人民共和国野生动物保护法》要求，开展好野生动植物资源保护工作，召开野生动植物资源管理和监督工作宣讲会，完成野生动物疫源疫病监测防控，配合上级部门严厉打击各类破坏野生动植物资源的违法行为，禁止一切野生动植物贩卖、食用等行为；对游客和当地居民宣传和讲解野生动植物保护法律法规，提升全县居民和公众对野生动植物保护意识；严格植被保护，严厉打击乱砍滥伐林木，乱垦、乱捕、滥猎野生动物的违法犯罪活动。开展野生动物救助工作，珠峰保护区定结管理分局管护站管护人员发现受伤的野生动物后，及时与乡（镇）畜牧兽医站兽医沟通并组织救助，全年救助包括岩羊、黑颈鹤、秃鹫、狐狸等野生动物10余只。

【专业培训】 年内，珠峰保护区定结管理分局举办珠峰自然保护区农牧民管护人员培训，宣传讲解《中华人民共和国野生动物保护法》《定结县珠穆朗玛峰国家级自然保护区旅游、垃圾（污水）、森林资源保护等管理制度》《西藏自治区野生动物保护实施保护管理办法》与《中华人民共和国自然保护区条例》等法律法规内容，提高珠峰自然保护区基层管护人员法律意识。

【专业管护人员考核】 年内，珠峰保护区定结管理分局对18名珠穆峰自然保护区农牧民专业管护人员进行考核考评，考核采取定量与定性、日常表现与实际能力相结合的方式。考核主要围绕9个方面的内容，即出勤情况、巡护日记填写、林草地管理、野生动物保护、森林草地防火、标识标牌保护、宣传保护区相关政策、条例情况、干扰情况与其他方面工作，采用实地查看、查阅资料、听取汇报、座谈交流方式对管护人员进行现场检查核查。全县参加2020年度考核的18人，其中17人被评为“优秀”，1人被评为“基本称职”。

【惠民资金落实】 2021年，珠峰保护区定结管理分局对3个管护站18名农牧民专业管护人员兑现2021年工资和生活补助47.52万元，从运行经费中为3个管护站报销152195.04元；为30名江嘎镇曲米村禁牧区域临时管护人员兑现工资15万元，为江嘎镇曲米村10名湿地管护人员兑现工资7.2万元；对江嘎镇5333.33公顷禁牧区域，按90元/公顷的标准将补偿资金发放到各村，由各村按照每户禁牧面积进行兑现。珠峰保护区定结管理分局为2021年野保员工资17.4万元，以“一卡通”形式进行兑现；兑现18名管护人员2021年考核奖励资金18万元。

教育·文化

定结宗格错（县方志办　提供）

教 育

【概 况】 2021年秋季学期，定结县共有义务教育阶段初级中学1所（含陈塘镇初级中学），在校生800人，初中入学率为100%，巩固率为100%；初中专任教师77名。1所县完全小学和9所乡（镇）中心小学，小学在校生2126人，小学入学率为100%，巩固率为100%；小学专任教师174人。全县共有幼儿园30所，均为公办普惠性幼儿园，其中县城幼儿园2所、乡（镇）中心小学附设幼儿园9所、村级幼儿园19所，学前专任教师49人（其中在编教师27人、乡村幼儿教师22人），临时聘用学前教师73人，在园幼儿1089人，学前毛入园率达91.3%。

【教育系统党建】 2021年，定结县教育局党组贯彻落实《中国共产党党组工作条例》，落实“三重一大”议事规则，持续推进党史学习教育和“三更”专题教育，按要求召开专题组织生活会议。县教育局党组全年召开局党组会议32次，举行党组理论学习中心组学习会议29次、党史学习教育专题研讨12次，开展本系统党史知识竞赛5次。落实党组织领导下的校长负责制，坚持党对学校工作的全面领导，制定印发《定结县教育局党组关于加强和改进学校思想政治建设工作实施意见》与《定结县中小学思想政治教育“指南针”计划实施办法》，把学校党建工作纳入中小学（幼儿园）办学综合考评。邀请西藏自治区“老西藏精神”研究会专家到定结县开展全县中小学思想政治教育“指南针”计划之思想政治教师能力提升培训，建立中小学思想政治教师师资库。年内，县教育局党组组织中小学（幼儿园）校（园）长参观定结县党风廉政教育基地，邀请定结县纪委书记为教育系统作党风廉政专题讲课。按照县委违反中央八项规定问题自查自纠工作要求，梳理2013—2018年全县教育系统违反中央八项规定精神问题，查摆出的84项问题全部完成整改，上缴违规资金5.05万元；严格、落实“三包”及营养改善资金，制定实施《关于规范学校经费报冲账管理暂行办法》《定结县教育系统公有住房收取租金的工作方案》，确保教育各项经费支出规范透明。

【青少年思想教育】 年内，定结县通过党建带共青团建设、少先队建设活动，全县各学校先后召开中国少年先锋队第一次代表大会，加强青少年组织建设。开展各学校（幼儿园）民族团结进步主题演讲、国旗下的演讲、主题班会、“从小跟党走、童心向党”主题演讲、“我和国旗合个影”、开放学校德育室、红歌比赛、“国家资助我成长、边区学生心向党”等主题教育活动；将铸牢中华民族共同体意识融入日常教学，激发青少年爱党爱国的激情，坚定青少年听党话、感党恩、跟党走的信心决心。

【校园安全】 2021年，定结县开展开学第一周安全教育和养成教育，开展防火防震、道路交通·“一月一主题”安全教育，强化食品安全的监督检查，落实学生接送相关交接制度，落实重点时段值班带班制度与常规值班力度，完善定结县校园安全稳定联防联动工作机制。年内，通过

2021年，定结县各中小学均坚持举行每周一的升国旗仪式
（县教育局 提供）

乡（镇）支持、县教育局自筹资金等方式投资9.64万元，完成全县各级各类学校的校园监控系统建设，投资21万元完成校园一键式报警系统设备采购和安装工作。

【教育惠民】 2021年，定结县教育局抓好教育脱贫与乡村振兴有效衔接工作，阻断贫困代际传递。抓好控辍保学工作，完成2021年秋季学期小学一年级招生和小学升初中的整班移交工作，实现义务教育阶段零辍学。年内，采取以多并少的办法将日屋镇中心小学四年级与县完全小学同学段进行整合，破除超小班额。执行“三免一补”，落实经济困难家庭大学生专项扶持政策，消除因学致贫现象；全年对全县68名建档立卡脱贫家庭大学生兑现补助资金31.79万元，利用社会捐赠资金，兑现全县7名边缘户家庭大学生资助3.13万元。县教育局起草《定结县籍高校新生入学一次性政府奖励资金管理办法（试行）》，先后经县人民政府党组会议和县委常委会会议研究通过，就减轻定结县籍农牧民子女上大学的经济负担作出明确规定。

【招生考试】 2021年，定结县完成2021年小学毕业班学业水平考试和其他省市西藏初中班招生考试、自治区初中学业水平考试、全县非毕业生统一考试工作。全县小学学业水平考试成绩排在全市第8名，20名毕业生考入其他省市西藏初中班和自治区重点初中，初中毕业生高中上线率达到62%，完成中等职业学校输送任务的92%，实现高中阶段入学率92%。

【师资队伍建设】 2021年秋季学期，定结县共有教师373人，其中初中专任教师77名，小学专任教师174人，学前专任教师49人（其中在编教师27人、乡村幼儿教师22人），临时聘用学前教师73人。9月，定结县召开庆祝第三十七个教师节暨2021年教师节表彰大会，县委、县人民政府对教育工作中表现突出的30个先进集体和108名先进个人进行表彰，共发放奖励资金69.98万元。年内，县教育局细化完善教师职称评定实施细则，完成2021年高级教师与二级教师职称评定与推荐工作。落实由县本级解决的教师生活与通信补贴，县教育局工会全年开展集体慰问活动4次，共计支出慰问资金37.6万元。

【培训交流】 2021年，定结县组织教师参加市级以上培训793人次，制定下发《定结县教师培训成果交流研讨工作实施意见》，全年共有18名教师进行校际交流和轮岗交流，完成一期全县培训成果交流活动。4月1日，为期半年的西藏自治区中小学、幼儿园教师信息技术能力提升工程2.0培训在定结县各学校、幼儿园正式启动。截至年末，全县中小学、幼儿园教师参训率达98.4%。是年，定结县教育局组织全县14所中小学、幼儿园以学校为单位开展智能交互式一体机使用培训，共有240余名在岗教师参加培训。年内，建立定结县“依托优质学校，提升办学质量”结对工程，3月29日至4月4日，开展为期7天的定结县各小学与日喀则市小学第一期结对工作，围绕校领导班子结对、教师结对、学生结对“三结对”和管理合作、教研合作、资源合作

2020—2021学年，定结县边缘户大学生县级补助资金发放仪式举行
（县教育局　提供）

“三合作”模式，通过课堂听课和评课、议课、现场观摩、阅读分享、互动交流、专家讲座等教研教改活动，提高全县小学教师整体教学技能水平。5月初，邀请日喀则市小学17名“组团式”援藏教育人才及日喀则市小学校级班子到陈塘镇中心小学，开展师德师风讲座及课堂教学为主要内容的送教帮扶活动；确定定结县中学与桑珠孜区第三中学建立“依托优质学校，提升办学质量”为载体的市、县学校结对帮扶意向。

【教育均衡发展】 年内，定结县完善教学体制机制，优化奖惩措施，加强学校基础设施建设，改善办学条件。制定出台《“家校共育、共促成长”工作实施意见》，推进“家校共育、共促成长”工作；采取教师校际交流和轮岗交流方式，促进全县乡（镇）学校整体教学水平提高，全年共18名教师进行校际交流（和）轮岗交流；实施定结县“依托优质学校，提升办学质量”结对工程，汲取城区优质学校在教育领域的成功经验和珍贵做法，提高全县学校整体办学水平；用好“教育援藏”资源，通过教学传、帮、带，促进全县中小学校整体教育水平提高。

【学前教育】 年内，定结县完成投资3757.6万元的13所幼儿园建设与设备采购添置工作，与日喀则市雅喜幼儿园建立结对联盟，全年完成2期为期7天的结对培训工作。4月22—23日，围绕学前教师师德师风、幼儿园环创、保教角色定位、如何备课说课听课评课、保健卫生与安全管理等内容，开展集中培训授课，全县60余名学前教师及保育员参加。

【基础设施建设】 3月9日，总投资3003.55万元的陈塘镇初级中学正式开学，实现夏尔巴子女就近就便入学和日屋镇高海拔地区农牧民子女在低海拔地区学校就学。年内，总投资3591.2万元的13所村级幼儿园（其中2所为援藏资金建设）竣工并投入使用。2021年全年教育基建项目中，竣工项目3个，其中定结县完全小学改扩建项目总投资540万元、定结县萨尔乡多功能健身活动广场总投资263万元、扎西岗乡五人制足球场总投资50万元，3个项目施工进度达100%。在建项目5个，其中定结县确布乡中心小学风雨操场建设项目总

2021年，陈塘镇夏尔巴第一村幼儿园开园　（县教育局　提供）

3月9日，陈塘镇初级中学开学　（县教育局　提供）

投资450万元、定结县扎西岗乡中心小学风雨操场建设项目总投资450万元、定结县中学食堂改扩建项目总投资270万元、定结县希望幼儿园教职工宿舍建设项目总投资270万元、定结县琼孜乡中心小学和萨尔乡中心小学厕所改建项目总投资135万元。截至年末，总投资1699万元的3个新建项目，正在落实前置手续。

【“万名教师支教计划”】 2021年7月15日，定结县召开第二批“万名教师支教计划”援藏教师支教期满总结座谈会，会议由县委副书记、县人民政府县长次琼主持，县政协主席中扎西、县人民政府副县长丁丽敏及县教育局、县中学领导、20名“万名教师支教计划”援藏教师共30人参加会议。会上，第二批“万名教师支教计划”援藏教师领队、县中学副校长李继河进行吉林省第二批“万名教师支教计划”援藏团队工作成果汇报，定结县中学加措对吉林省第二批“万名教师支教计划”援藏教师团队工作成果作评价报告，县委书记陶明君代表县四套班子向“万名支教计划”援藏教师团队赠送锦旗，向所有援藏教师敬献哈达、颁发荣誉证书。

文　化

【概　况】 截至2021年末，定结县有公共图书室1个，县综合文化活动中心1个，（镇）综合文化站10个，村级农家书屋70个；有县级文艺表演团体1个，行政村文艺队70支；全县有自治区级文物保护单位8处，县级文物保护单位9处；市级以上非物质文化遗产代表性项目5项（国家级非物质文化遗产代表性项目1项，自治区级非物质文化遗产代表性项目4项）。

【公共文化事业】 2021年，定结县强化文化阵地建设，健全公共文化服务网络。加快县级文化站等公共文化服务场馆的升级改造，完善相关设施，确保县文化站、县图书馆达到上级业务部门要求标准。健全乡（镇）、村公共文化服务阵地，推进乡（镇）综合文化站和村级综合文化服务中心的标准化建设。年内，县文化和旅游局按照国家相关标准，对全县乡（镇）综合文化站开展1次全面的“回头看”检查补漏活动，完善相关阵地设施。

【大庆文艺活动】 6月29日晚，定结县文化和旅游局组织干部群众在民族团结广场上开展“永远跟党走”庆祝中国共产党成立100周年暨西藏和平解放70周年广场舞活动。7月2日，定结县开展庆祝中国共产党成立100周年和西藏和平解放70周年文艺演出活动。

【群众文化活动】 2021年，定结县广泛开展文化文艺活动，满足群众精神文化需求。做好文化惠民工程，开展“文艺送基层、文艺送寺庙、文艺送校园、戏曲进乡村”等活动。围绕学习宣传贯彻中共十九届六中全会精神、“3・28”西藏百万农奴解放纪念日、庆祝中国共产党成立100周年暨西藏和平解放70周年等重要活动，组织县民间艺术团开展各类文艺演出活动。全年县民间艺术团演出达68场次，观看达2.6万余人次。年内，县文化和旅游局组织县民间艺术团骨干力量深入全县部分行政村开展文艺调演

7月2日，定结县举办庆祝中国共产党成立100周年暨西藏和平解放70周年文艺演出

（县文化和旅游局　提供）

辅导，鼓励70支行政村文艺演出队参加全县各种文艺演出活动。全县10支藏戏队在各自辖区内定期开展非物质文化遗产藏戏展演活动，在“6·12”文化和自然遗产日，组织全县10支藏戏队到其他乡（镇）开展交叉巡回演出。年内，定结县优化乡（镇）综合文化站站长队伍，配齐乡村文化骨干。加强文化志愿服务队伍建设，规范文艺团队管理，调动基层文化队伍积极性。

【“珠峰谐韵”比赛】 2021年10月20—23日，定结县举行“奋进新时代砥砺新征程”为主题的“珠峰谐韵”舞蹈比赛，并特邀市民族艺术团参加开幕式文艺演出。

【文化市场管理】 年内，县文化和旅游局完成“五一”国际劳动节、端午节、国庆节等重要节点期间文化和旅游市场监管。联合县委宣传部文化执法大队、县消防救援大队、县应急管理局、县公安局等部门单位，对县城内所有歌舞娱乐、网吧公众聚集场所进行巡查，全年累计出动人员110余人次。

【文物保护管理】 年内，定结县文化和旅游局加强全县野外文物看管工作管理，控制和减少文物犯罪，与野外文物看管人签订目标责任书；对所辖文物保护点进行文物安全检查，建立文物安全检查工作台账，完善文物安全突发事件应急预案。年内，县文化和旅游局先后11次联合县民族宗教事务局、县应急管理局、县消防救援大队等部门，在全县范围内开展文物安全检查，针对检查过程中发现有隐患的文物点，需维修部分向市文化局督管科上报相关维修资金需求。

档案史志

【档案工作】 2021年，县档案馆完成2016—2020年全县脱贫攻坚领域档案、2020年新冠肺炎疫情防控档案归档进馆工作，累计整理进馆档案资料6530件，完成2017—2018年县委文件、2019年政府文件资料归档工作。在“6·9”国际档案日期间，通过发放宣传资料、悬挂宣传横幅、讲解档案法等形式，开展档案法律法规宣传活动。全年县档案馆对县直各部门开展档案业务指导8次，针对档案工作人员进行业务培训16人次，选派业务骨干参加自治区、市业务培训2次2人。

【方志工作】 2021年，按照日喀则市地方志编纂委员会办公室提出的审核意见和2021年西藏自治区史志业务培训日喀则班培训会要求，定结县地方志编纂委员会办公室工作人员对《定结县志（2001—2010）》验收稿先后进行2次修改完善，对部分章节结构进行调整，修改完善概述及志书内容，规范志首照片文字说明，补充人物简介、录、表及附录内容，对涉及军事、民族、宗教、外事等内容再次进行保密审查。年内，完成《定结年鉴（2021）》编辑、排版、送审、书号申请工作，完成《定结年鉴（2020）》公开出版发行工作。

广播电影电视

【概　况】 2021年末，定结县城有2台1000瓦数字电视发射机，发射16套中央电视台及省级电视台数字电视节目和16套广播；1台500瓦数字调频广播转播4套中央人民广播电视总台广播节目；5台100瓦调频广播，转播中央人民广播电台中国之声、中央人民广播电台藏语之声、西藏人民广播电台藏语节目、西藏人民广播电台汉语节目、定结广播；有线数字电视传输中央广播电视总台、各省（自治区、直辖市）广播电视台及市广播电视台、县广播电视台77套标清电视节目，13套高清电视节目，40余套广播节目。全县各乡（镇）有12座无线调频发射台站，全县农牧民、寺院僧尼广播电视覆盖率达到100%。广播电视“村村通”直播卫星全覆盖，实施新一代“户户通”农户3565户。

【主题宣传】 年内，县文化广播影视服务中心（站）重点围绕全国“两会”、“3·28”西藏百万农奴解放纪念日、县职工（农牧民）运动会、庆祝中国共产党成立100周年暨西藏和平解放70周年等开展主题宣传。截至2021年末，通过县、乡（镇）、村应急广播平台播出习近平总书记系列讲话精神与自治区、市、县各类会议精神、新冠肺炎疫情防控科普知识、红色歌曲等700余次。

2021年，县文化广播影视服务站到全县各村（居）放映电影
（县文化广播影视服务站　提供）

【基础设施建设】 2021年，定结县文化广播影视服务中心（站）加强广播电视基础设施建设，投资214万元实施定结县“边境地区小康村广播电视户户通”项目，对8个乡（镇）55个行政村3565户3565套“户户通”设备进行安装、调试，完成全县边境地区小康村广播电视“户户通”项目建设任务。推进全县广播电视台无线数字发射“三满”运行，购买广播电视直播卫星无线数字电视设备410套，免费发放给全县退休干部职工、江嘎镇曲米村易地搬迁户、阿布入寺僧舍。

【应急平台建设】 是年，县文化广播影视服务中心（站）按照《日喀则市深度贫困县级应急广播体系建设工作方案》要求，利用已有广播电视基础设施，采取多种传播方式搭建县级应急广播平台，完善应急广播传输覆盖网络。实施建设县、乡（镇）、村三级应急广播平台，提高应对各类突发事件中的信息发布能力。

【公共服务】 2021年，县文化广播影视服务中心（站）组织专业技术人员深入全县70个行政村，对2900户农牧民群众广播电视“户户通”“寺寺通（舍舍通）”设备进行维修维护。年内，正式运行中央无线数字广播电视，转播15套中央电视台、地方电视节目和4套广播节目，向陈塘镇夏尔巴第一村孔定玛搬迁点群众免费发放价值5.04万元的84套广播电视直播卫星设备。截至年末，全县广播电视覆盖率达100%，全年农村电影放映1526场次。

2021年，县文化广播影视服务站为全县各村、寺庙免费发放广播电视直播卫星设备　（县文化广播影视服务站　提供）

【安全播出】 2021年，县文化广播影视服务中心（站）执行安全播出各项规章制度，确保全国“两会”、庆祝中国共产党成立100周年暨西藏和平解放70周年，中共十九届六中全会、中国共产党西藏自治区第十次代表大会等重大节庆、重要会议时段的广播电视安全播出。年内，吉林省广播电视局援助90万元的广电双电源改造项目启动实施。

【行业管理】 2021年，县文化广

播影视服务中心做好广播电视行业管理工作，全年无任何违规行为发生。每月组织开展地面卫星接收设施检查，县文化广播影视服务中心组织专业技术人员，联合县公安局、县市场监督管理局、各乡（镇）人民政府，开展非法卫星地面接收设施的摸底和查处工作。截至年末，定结县未发现境外广播电视节目的接收和传输。

（索朗卓玛）

气　象

【气候概况】 2021年，定结县年平均气温为5.0℃，与常年值相比略高；定结县年降水量为192.4毫米，较常年值略偏少。陈塘镇年降水量为1591.5毫米，降水较充沛，降水量在全市仅低于聂拉木县樟木镇。冬季、春季、秋季全县大风明显，其中郭加、萨尔、琼孜3个乡大风最为显著。2012—2021年，定结县年平均气温呈显著上升趋势，平均10年间升高0.3℃。年内，定结县出现暴雨洪涝、雪灾、大风等气象灾害，对交通、水利、电力等基础设施和农牧民生活均造成不利的影响。

【年度气候特征】 平均气温 2021年，定结县城年平均气温为5.0℃，较常年值（4.8℃）略高。各地平均气温在0.8℃（日屋镇）—12.1℃（陈塘镇）之间，与历年相比，各地正常略高。

降水量 2021年，定结县城年降水量为192.4毫米，较常年值（255.6毫米）偏少7.5%。各地降水量在141.3毫米（萨尔乡）—1591.5毫米（陈塘镇）之间，与历年相比，各地均偏少。

【季节气候特征】 春季（3—5月） 全县大部地方气温正常，降水量略少。

定结县城平均气温3.7℃，与常年同期值相持平。各地平均气温在-1.2℃（日屋镇）—11.2℃（陈塘镇）之间，与常年同期相比，各地正常。

春季陈塘镇降水偏多，春季降水量为617.9毫米。其余各地与常年同期相比，降水正常。

3月，定结县出现4次降水天气过程，日屋镇至陈塘镇降水较强，孔定玛一带出现明显积雪结冰，雪后各地出现弱降温天气。4—5月，各乡（镇）降水偏较少，气温明显回升。

3—4月，各乡（镇）大风天气明显，除陈塘镇外，均出现7—8级大风，部分时段伴有扬沙、浮尘。

夏季（6—8月） 夏季各乡（镇）气温略偏高，降水量正常偏多。

初夏降水偏少，气温偏高，定结县城平均气温12.8℃，较常年同期偏高0.9℃。各地平均气温在7.7℃（日屋镇）—16.7℃（陈塘镇）之间，与常年同期相比，各地均偏高。各地最高气温在15.5℃（日屋镇）—27.2℃（陈塘镇）之间。

盛夏降水偏多，定结县城降水量158.5毫米，与常年同期相持平。全县平均降水量227.5毫米，各地降水量在100.0毫米（萨尔乡）—764.8毫米（陈塘镇）之间，与常年同期相比，各地正常偏高。

秋季（9—11月） 秋季气温显著偏高，降水偏少。

定结县城平均气温5.9℃，较常年同期偏高1.4℃。各地平均气温在2.2℃（日屋镇）—13.5℃（陈塘镇）之间，与常年同期相比，各地均偏高。

各乡（镇）降水量偏少。大风天气明显增加，各地出现

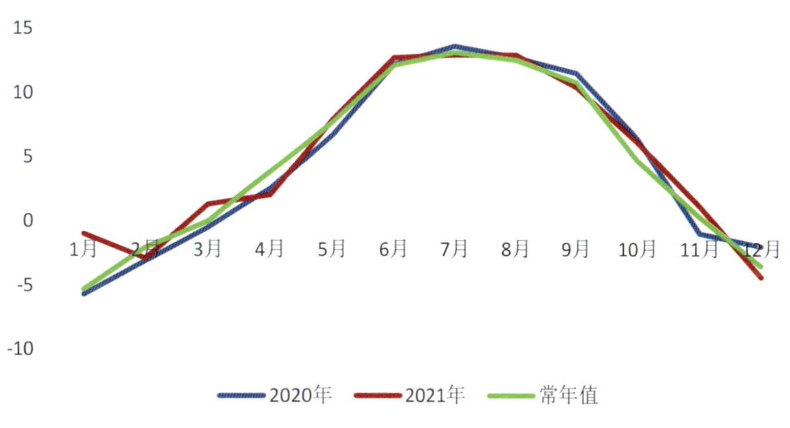

图1　2020年与2021年定结县平均气温对比图（单位：℃）

7—8级大风，北部和南部个别乡（镇）部分时段风力达9级，其中琼孜乡极大风速达25.6米/秒。

冬季（2021年12月） 全县大部地方气温偏低，降水略多。

定结县城平均气温-5.2℃，较常年同期值偏低1.6℃。各地平均气温在8.2℃（琼孜乡）—4.7℃（陈塘镇）之间，与常年同期值相比，各地偏低。各地最低气温在-31.2℃（琼孜乡）—3.6℃（陈塘镇）之间。

南部边缘降雪天气过程频繁，陈塘镇至孔定玛一带降水偏多，出现2次较为明显的暴雪天气过程，其余各乡（镇）整体天空状况较好，降水正常略多，期间，全县出现多次不同程度的降温，导致部分路段出现较为严重的积雪结冰，高海拔乡（镇）出现牲畜冻死等灾情，对道路交通安全和农牧民生命财产安全造成不利影响。

冬季大风天气明显，各乡（镇）出现8级左右的大风天气，东部和南部高海拔乡（镇）部分时段风力达9级，部分时段伴有扬沙、浮尘天气，其中琼孜乡极大风速达35.1米/秒，定结县城极大风速达32米/秒。

【主要气候事件】 2021年，定结县极端天气气候事件和气象灾害频发，出现强降水、雪灾、雷电、大风等气象灾害，对交通、水利、电力等基础设施和农牧民生活造成不利影响。根据气象灾情管理系统，全年全县共发生灾害10次，其中雪灾4次、地质灾害2次、暴雨洪涝1次、风灾3次，据不完全统计，直接经济损失95.92万元。

【防灾减灾】 年内，定结县调整更新县防灾减灾指挥部成员单位，年内完成定结县所有县、乡（镇）级人民政府气象防灾减灾指挥部（领导小组）人员调整，将乡（镇）防灾减灾指挥部成员、气象灾害责任人添加到新建的“定结县各乡镇气象灾害预报预警发布”微信群。在灾害性天气过程来临前，及时将气象预报、预警在微信群中发布。县气象局与定结县广播电视台签订气象预警信息发布合作协议，提升预警信息发布覆盖率。通过“定结发布”微信公众号发布气象服务信息近30次，通过县融媒体中心官方抖音平台发布预警信息，其中12月19日发布的藏语、汉语版暴雪红色预警信息点击量约1000次。县气象局同自然资源、林业和草原、农业农村等部门建立联合发布预报预警信息协议，开展地质灾害、森林防火、草原防火、农业、秋收专题预报等气象风险预警服务。2021年，县气象局完善气象灾害预警信息发布“绿色通道”，实现手机短信、广播、电视在气象灾害影响区域全网发布，有效应对突发灾害性天气。年内，定结县各乡（镇）均开展精细化天气预报，结束定结县乡（镇）无精细化预报的历史，及时发布灾害性天气预报预警。

【气象灾害风险普查】 年内，县气象局完成第一次全国自然灾害综合风险普查工作，按时完成相关材料的录入和上报工作。建立气象灾害综合风险普查数据库，制作半月报、月报上报至上级业务部门，多次与自治区第一次全国自然灾害综合风险普查领导小组成员沟通探讨。截至12月31日，第一次全国自然灾害综合风险普查定结县进度为100%，总体进度为35%。

【气象信息员管理】 2021年，县气象局加强信息员动态管理和培训工作，完成全县气象信息员的更新、登记上报工作。年内首次通过网络直播开展信息员培训，培训率超过65%，全县20余人参加培训。县气象局加强乡（镇）气象服务站气象协理员业务指导，做好乡（镇）农牧综合服务中心气象信息服务站的管理及业务指导。年内，县气象局评选日屋镇德吉村顿珠为“优秀村级气象信息员”，并兑现奖励。加强岗位人员的遴选上岗，年内与定结县9个自动气象站管护人员签订协议并兑现薪资。

【气象服务】 2021年，县气象局制定《2021西藏定结县脱贫攻坚乡村振兴气象保障服务工作方案》，因地制宜地开展各项气象服务，做好每日天气实况公告及每日预报、农业气象情报、重大气象情报等各项气象服务。年内，县气象局完成定结县境内基础数据收集上报工作，利用气象信息员培训和下乡宣传等机会，开展推广应用智慧农业气象客户端和“直通式”服务覆盖化工作，直通式服务覆盖80%以上的新型农业经营主体。2021年，县气象局做好重大气象保障服务工作部署，开展春节（藏历新年）、汛期及地方特色节日气象服务。

2021年，县气象局共计发布每日预报365期、天气实况公告365期、周预报52期、旬预报36期、节日预报7期、春运专题预报40期、大风快报6期、大风专报3期、地质灾害风险预报15期、森林火险等级27期、交通专报12期、农情报4期、天气公报2期、天气消息18期、预警信息28期、月气候特征11期、年气候公报1期、重大庆典活动气象服务专报10期、秋收气象专报7期；年内向县人民政府和相关部门提供气象服务材料近30次。

【科普宣传】 2021年，县气象局利用“3·14”社会治安综合治理宣传日、“3·23”世界气象日、“3·28”西藏百万农奴解放纪念日、“5·12”全国防灾减灾日、“6·16”全国安全宣传咨询日、“7·16”江嘎镇望果节、“11·1”反间谍法宣传日、“11·2”气象科普走村入户行动、“12·4”国家宪法日等节点，通过悬挂横幅、发放防灾减灾科普宣传材料、现场解答等形式，开展气象科普、气象法律法规及气象灾害防御的宣传活动。全年开展宣传10余次，发放宣传材料1300余份。

（平措次仁）

藏语言及编译工作

【编译工作】 年内，县编译局做好县“四套班子”领导讲话、重要文件材料及各单位各类宣传资料翻译工作。完成定结县第十三届人大第八次会议、定结县第十四届人民代表大会第一次会议材料的翻译及中国共产党定结县第十届代表大会第一次全体会议工作报告、县纪委工作报告翻译，部分乡（镇）党员代表大会工作报告、乡（镇）人大会议选举材料、农村宅基地审批流程图等相关单位材料翻译工作。全年翻译85个各类农牧民专业合作社印章、单位公章和125份各类宣传横幅标语、商户招牌等，2021年翻译量比上年同期增长25%，翻译字数约9.85万字。

【藏语文社会用字管理】 2021年，县编译局根据日喀则市藏语文工作委员会办公室《关于做好中国共产党成立100周年和西藏和平解放70周年庆祝活动藏语文社会用字专项检查的通知》精神，结合定结实际制订《定结县社会用字规范整治工作方案》，成立定结县社会用字规范整治工作组。年内，由定结县藏语文工作委员会办公室（编译局）牵头，联合县市场监督管理局等单位先后2次深入县城街道、各乡（镇）及行政村，对各类商户招牌、单位门牌、道路交通标志牌等牌匾社会用字情况进行规范整治整顿，共发现问题59处，其中商户招牌无藏语、汉语5处，错译、错字、漏字、掉字共54处（其中道路交通指示牌14处、村委会各类门牌21处、商户招牌11处、户外宣传栏7处、单位门牌1处），下发整改通知单59份。年内，县编译局召集全县各家广告店负责人召开会议，强调凡是涉及藏语言文字的招牌、门牌、广告牌制作，必须事前经过县编译局审核把关，并就各乡（镇）、县直各单位、企事业单位加强和规范藏语文社会用字工作提出要求。11月初，县编译局工作人员深入各乡（镇）检查上半年检查发现问题整改落实情况，发现一些村委会墙上宣传标语存在藏语文社会用字不规范问题，实地督促整改。

【藏语文工作宣传】 年内，县编译局创新宣传手段方式，持续宣传《中华人民共和国民族区域自治法》《西藏自治区学习、使用和发展藏语文若干规定》《日喀则市社会用字管理办法（试行）》等法律法规和政策文件。

【编译专业培训】 2021年，县编译局从上级编译部门邀请1名专家老师，举办为期2天的藏语、汉语翻译培训班，培训对象为各乡（镇）、县直相关部门工作人员，共50人参加培训。

卫生健康

定结宗格错（县方志办　提供）

综　述

【概　况】 2021年，定结县共有医疗预防保健机构12所，其中县人民医院1所，县疾病预防控制中心1所，乡（镇）中心卫生院3所，乡（镇）卫生院7所。县、乡（镇）、村三级医疗单位共有医务人员285名，其中县人民医院医护人员37名，公益性医务人员及聘用工15名；乡（镇）卫生院医护人员75名，乡（镇）公益性医务人员19名；村级卫生室共聘用138名村医，乡村专干医护人员1名。县人民医院副高级职称1名（援藏医生）、中级职称5名、初级职称6名、助理6名，乡（镇）卫生院有中级职称2名、初级职称13名、助理4名，其余为员级。

【医共体建设】 2021年，定结县深化医疗卫生体制改革，整合县域医疗卫生资源，推进医共体建设，提升基层医疗服务能力，构建“基层首诊、双向转诊、急慢分治、上下联动”的就医格局。年内，县卫生健康委员会制定《定结县关于开展紧密型县域医疗卫生共同体建设实施方案》，持续推进全县医共体建设。

【信息化建设】 2021年，县卫生健康委员会投入1.98万元，为各乡（镇）卫生院安装博思票据电子软件，邀请专家对基层医护人员进行全面培训。截至年末，全县各乡（镇）卫生院均具备开具电子机打发票功能。年内，县卫生健康委员会投入222万元，在县卫生服务中心、扎西岗乡卫生院和陈塘镇卫生院实施“互联网+医疗健康（健康云）”信息化建设项目。是年，县卫生健康委员会发挥“互联网+继续医学教育”优势，建设10个乡（镇）卫生院三级远程继续医学教育网，重点对乡（镇）、村两级医务人员开展继续医学教育，提升其业务能力和服务水平。

【基础设施建设】 2021年，投资215万元建设县妇幼保健院，投资850万元建设定结县藏医院，投资200万元启动县人民医院感染科改扩建项目，投资240万元建设琼孜乡卫生院，年内4个项目竣工并完成终验。年内，县卫生健康委员会落实“十四五”规划项目，申报投资2000万元的日喀则市定结县日屋镇口岸医院建设项目，投资200万元的江嘎镇卫生院改扩建项目办理完前置手续。是年，县卫生健康委员会根据《三区三州深度贫困地区中医药服务能力提升中医（民族医）县域医疗中心项目实施方案》要求，制订扎西岗乡、多布扎乡2个藏医馆服务能力建设项目实施方案，项目投入资金26.9万元，其中投入19.7万元采购扎西岗乡藏医馆相关藏医医疗设备，投入7.2万元采购多布扎乡藏医馆设备。

【人才队伍建设】 年内，县卫生健康委员会制定《2021年定结县卫健委卫生领域人才培养方案》，全年共开展8次培训。组织县卫生服务中心医务人员前往市人民医院、市藏医院进行跟班学习，邀请上级专家对县卫生服务中心骨干医务人员和乡村医务人员，开展医院感染防控、核酸检测、核酸采样、《新型冠状病毒肺炎防控方案（第八版）》与负压救护车使用等培训，落实各项培训资金7.9万元。

2月3日，定结县开展新冠肺炎标本采集技术培训
（县卫生健康委员会　提供）

【村医待遇落实】 是年，根据《西藏自治区财政厅关于提高村医待遇的通知》《关于2020年招聘大学生村（居）科技专干、医务人员、农业农村工作专员和乡村幼教人员的实施意见》精神，县卫生健康委员会对全县村医进行年度考核，落实考核合格的136人（按4800元/人·年标准）村医奖励补助资金65.28万元，落实村医工资补贴124.3万元。全年落实基本公共卫生补助资金45.95万元，基本药物补助资金74.88万元，村医药物补助资金2.3万元。

【传染病控制】 定结县落实传染病日报告制度，全年全县无甲类及参照甲类管理的乙类传染病报告；年内报告乙、丙类传染病7种107例，报告发病率较上年同期下降56.91%，无死亡病例报告。传染病报告率、报告及时率、准确率、报告卡填写完整率均达85%以上，及时审核率为80%。投资9.05万元建立艾滋病自愿咨询检测室，年内接待1名咨询人员。全年HIV筛查总计636人，其中孕产期检查172人次、就诊者检测87人次，发放宣传册782份，计划生育用具20盒200只，高危干预18次，完成国家“十三五”艾滋病防控规划评估。年内，完成2021年度县域内大中专、初中、高中3000余名新生结核病筛查工作。

【免疫接种】 年内，定结县规范实施疫苗冷链运转，常规疫苗接种维持高水平，国家免疫规划疫苗接种率达98%以上；完成全县21所小学、托幼机构新生预防接种证查验及补种工作，查验、补证、补种率均达98%以上。

【慢性病健康管理】 2021年，定结县对新增慢性病患者建立档案，开展管理并进行随访。全年管理高血压患者466人、糖尿病患者3人，管理率达到100%；严重精神障碍疾病管理37例，规范管理率、服药率、病情稳定率分别达100%、68%和92.76%。

10月15日，县卫生健康委员会抽调县人民医院各个科室业务骨干组成体检队，深入各乡（镇）开展2021年城乡居民免费健康体检工作

（县卫生健康委员会　提供）

【“两降一升”工作】 年内，定结县开展以“健康孕育，护佑新生”为主题的宣传活动，通过设立咨询服务台、派发宣传资料等方式，讲解宣传出生缺陷危害及防治措施，重点宣传普及孕前优生检查和孕期保健知识。全年完成免费孕前优生健康检查70对140人，占任务数的58.8%，落实健康检查资金2.1万元。共发放叶酸256人，随访128人次；产妇总数170人，活产168例，孕产妇建卡170人，建卡率100%，高危妊娠全部住院分娩，进行100%的专案管理，孕产妇死亡0例。完成新生儿听力筛查128人，听力筛查率达76.6%；新生儿疾病筛查168人，筛查率达100%，5岁以下儿童死亡率1.9‰。实施出生缺陷防治计划，对95对夫妻190人进行免费体检，落实体检资金7.78万元。

【“组团式”医疗人才援藏】 2021年，在定结县人民医院“创建二级乙等医院”工作中，援建单位先后派出7名专家指导，投入资金320万元为全县8个乡（镇）卫生院配置标准化救护车。在2020年基础上，提供援藏补充资金760万元，用于人员能力提升培训、基层医疗卫生机构基建能力提升的设施设备采购和基础设施建设。

【健康扶贫】 10月，根据《定结县2021年全民健康体检方案》要求，定结县卫生健康委员会组建县农牧民健康体检小组，深入各乡（镇）开展农牧民群众和在编僧尼的免费健康体检工作。截至年末，完成健康体检5776人（其中0—6岁479人、7—15岁2345人、15岁以上2932人、在编僧尼20人），落实全民健康体检资金40.09万元。

【基层巡回诊疗】 年内，县卫生健康委员会根据《2021年基层巡回诊疗方案》要求，在全县建立80个基层巡回诊疗服务团队（县级指导团队10个，70个行政村每村成立1个基层巡回诊疗团队），由县、乡（镇）、村三级医护人员组成巡回诊疗责任团队，采取“包乡、包村、包户”方式，下移工作重心、下沉医疗资金，开展基层巡回诊疗服务。全年共开展基层巡回诊疗服务10次，受益群众2900余人次。

【家庭医生服务】 年内，全县10个乡（镇）重点人群家庭签约服务协议1597户4895人，签约率达到100%。加强对高血压、糖尿病、结核病、严重精神障碍、儿童及老年人等重点群体的健康服务工作，对全县高血压446人、结核病18人、严重精神障碍患者37人、糖尿病3人实施慢性病签约服务管理工作，签约率达到100%。家庭医生定期随访提供服务，定期开展孕前检查和新生儿访视工作。

【疑难杂症治疗】 2021年，县卫生健康委员会配合自治区红十字会、日喀则市红十字会，承办“白内障患者光明行”免费筛查活动，共为全县190余名群众进行免费筛查，对符合手术条件的53名白内障患者免费开展白内障重见光明手术。年内，县卫生健康委员会邀请吉林省援藏专家及市疾病预防控制中心结核麻风科专家，重点对全县80名结核病、疑似病例、耐药患者进行筛查，为结核病患者提供治疗方案，建立新增结核病患者管理档案，建档管理率达到100%。

5月12—18日，县人民医院按县卫生健康委员会要求，组成巡回诊疗队，到全县10个乡（镇）开展巡回诊疗活动

（县卫生健康委员会　提供）

【人口与计划生育】 2021年，定结县核准“两项扶助”205人，其中“一孩双女”178人，特别扶助27人（伤残5人、死亡22人），年内完成资金兑现。组织县人民医院医务人员前往各乡（镇），对孕前优生健康检查计划对象119对238人、出生缺陷防治计划119对238人进行免费体检。年内及时兑现80岁以上寿星老人补助资金3.22万元（80—89周岁老年人89人、90—99周岁老年人11人）。

【新冠肺炎疫情防控】 *防控措施* 2021年，定结县制定完善新冠肺炎疫情常态化防控预案，成立专业队伍多次开展队伍培训和应急演练，提升疫情应对处置能力。落实预检分诊制度，对所有发热、干咳等症状的病例，及时进行新冠病毒核酸检测采集样本。加强商场、超市、农贸市场、学校、幼儿园等重点场所常态化下疫情防控措施落实，向重点部门、重点人员发放消毒液、额温枪、个人防护用品等物资。加大对交通卡口、集中隔离点、宾馆饭店、商贸物流、文化娱乐、教育培训、养老机构、宗教场所等重点场所（环节）的防控技术指导力度，全年共举办8场次专题培训。县卫生服务中心实施24小时接诊制度和首诊负责制，接诊过程执行“一医一患一室”，确保就诊流程和发热患者闭环管理。

新冠疫苗接种 年内，定结县共设立11个新冠疫苗接种点，其中乡（镇）卫生院10个，县藏医院集中接种点1个。截至12月11日，累计接种新冠疫苗40084剂次，其中新冠疫苗第一针接种18518人，新冠疫苗第二针接种15188人，新冠疫苗第三针接种6378人。

基础设施建设 是年，投入860余万元建设陈塘镇林琼唐卡医疗救治区，完成包括发热门诊、方舱核酸检测实验室、方舱医院、行政及生活物资保障区、医疗废弃物暂存区、污水处理站、制氧站等硬件设施建设，配备342万元的应急医疗设备并投入使用。按照“三区两通道”要求，投入14万余元将日屋镇边贸市场改造成集中隔离点，设立10张床位，向各边境执勤点下派8轮医护人员65名。

核酸检测 年内，定结县开展全员核酸检测应急演练，在2天时间内完成全县15893人组织、采样和检测，检测结果均为阴性。加强重点领域、重点人员核酸检测，定期对市场从业人员、外环境及冷冻食品进行核酸检测采样，每周对县人民医院、陈塘救治区开展医务人员、保洁人员开展核酸检测。截至12月10日，全县医疗卫生机构累计开展医务人员等重点人员核酸检测19235人次。

疫情防控信息化建设 年内，定结县加强疫情防控信息化建设，实现核酸检测人员信息登记、样本采集、样本转运、样本接收、检测报告全流程信息化、全流程无纸化。

核酸检测能力建设 年内，在原有县卫生服务中心核酸检测实验的基础上，新建县疾病预防控制中心核酸检测实验室、陈塘镇林琼塘卡救治区方舱实验室，全县共有3所核酸检测实验室，核酸检测人员共14人（其中10人获得市级核酸检测资格证书）。充实流行病学调查人员队伍，建立疾病预防控制、公安、交通运输、乡（镇）人民政府等部门工作人员组成的流行病学调查小组，共组建流行病学调查队伍11支102人，24小时待命。

医疗保障

【健康扶贫】 2021年，县医疗保障局强化医疗保障，巩固脱贫成效，落实“两类人员”返贫监测和帮扶救助工作。加强建档立卡脱贫人员参保缴费工作，核实登记建档立卡脱贫人员参保缴费信息，对全县建档立卡脱贫人员进行定额资助参保，对特殊困难人群进行全额资助参保。截至年末，共资助参保4409人，资助金额961730元，救助人数373人，救助金额247411.41元。全县建档立卡脱贫人员参保率达到100%。

【医保待遇兑现】 2021年，县医疗保障局加强城乡居民医疗保险和生育保险兑现力度，规范报销流程，缩短报销周期，加强干部职工住院和生育待遇支付工作。2021年结算支付城乡居民医保报

2021年，县医疗保障局组织县直各单位、各乡（镇）将医保采集数据录入医保新系统
（县医疗保障局　提供）

销1160人次，合计金额224.07万元；城乡居民参保县级配套资金58.69万元，人数19433人；结算职工医保报销金额67.74万元；结算干部职工生育保险报销48人次，共计金额79.35万元。

【医保政策宣传】 2021年，县医疗保障局深入10个乡（镇）进行医保政策落实情况摸排，掌控全县医保政策扶贫整体情况，开展医保政策宣传工作，加大基本医保、大病保险、医疗救助政策宣传解读，加大城乡居民医疗保险、职工医保、职工生育保险和医疗救助政策的宣传力度。督促县人民医院、各乡（镇）卫生院在卫生服务场所悬挂张贴各类医保政策宣传单，在县便民服务大厅公开医保政策及办事服务流程。

【欺诈骗保整治】 2021年，县医疗保障局开展专项整治工作，每季度重点集中打击整治定点药店盗刷医保卡、诱导参保人员购买化妆品和生活用品等行为，参保人员伪造虚假票据报销、冒名就医、使用医保卡套现或提取药品等行为。9月，市医疗保障局局长刘卫华带领相关专家到定结县，对县城范围内定点医疗机构、定点药店开展检查，督促指导工作。

【规范协议管理】 年内，县医疗保障局实现定点医药机构协议管理"全覆盖"，县医疗保障局按照市医疗保障局统一制定的定点协议范本，补充细化相关条款，针对不同协议医药机构签订不同服务协议，明确违规责任与处理办法。

【医保制度整合】 2021年，县医疗保障局完成城乡居民待遇整合工作，关注并及时解决城乡居民待遇政策统一落地后出现的各种问题。完成生育保险与职工医保整合工作，做好生育保险与职工医保整合、保费统一征缴工作，保障整合后待遇有效落实。制定定结县医疗救助实施细则，全面厘清医疗救助工作制度流程，做好全县医疗救助民生工程。定期核查全县医保定点医药机构相关证件，规范医保定点医药机构基础资料，建立定点医药机构基础数据库，掌握全县定点医药机构情况。

【"放管服"改革】 年内，县医疗保障局做好异地就医直接结算工作。推进医保领域"放管服"改革，简化证明和备案手续，方便外出农牧民和外来就业人员备案。规范经办服务管理流程，优化结算方式，改善服务质量，完成医疗保障业务"一站式服务、一窗口办理、一单制结算"。做好投诉咨询受理和服务，做好政策解释，努力化解矛盾。

2021年，县医疗保障局联合县市场监督管理局、县卫生健康委员会到医保"两定"机构开展日常检查 （县医疗保障局 提供）

医疗服务

【概 况】 定结县卫生服务中心为"二级乙等"综合性公立医院，编制床位25张，实际开放36张。占地面积14526平方米，总建筑面积6270.5平方米，为集定结县卫生服务中心、县疾病预防控制中心、县妇幼保健院、县计划生育指导站等四位一体的国家非营利性全额事业单位，主要设备有CT、DR、CP机、全自动生化分析仪、骨密度测量仪、彩色B超、核酸检测仪器设备、胃镜、胎心监测仪、心电监护仪、阴道镜、

6月25日，县人民医院组织开展新型冠状病毒肺炎阳性感染者处理应急处置演练，图为演练现场　　（县人民医院　提供）

藏医特色设备等先进的医疗设备。卫生服务中心有卫生专业技术人员53人，其中副高级职称1人、中级职称6人、初级职称20人、助理职称4人、员级22人，大专以上医务人员达81%以上。设有外科、妇产科、内儿科、门急诊科、藏医科、五官科、手术麻醉科、感染科等相关临床科室与放射科、检验科、核酸实验室、心电图室、彩超室、药剂科等医技科室。

【年度工作】 2021年，全年门诊、急诊量10763人次，同比上年增长60.3%；全年住院204人次，同比上年增长0.2%；新冠病毒核酸检测19664人，接种新冠疫苗28689人；开展手术148人次（其中住院手术7人，含胆囊切除术1例、胆囊切除术+胆总管T管引流术1例、肿物切除术3例、产后肛门切除术2例）；全年体检9670人，其中全民健康体检7023人（包括中学生体检、僧尼体检、养老院健康体检、各乡镇农牧民群众体检），其他体检2647人（含征兵体检、军官体检、幼儿园入学体检等）。

社会生活

定结宗格错（县方志办　提供）

社会保障

2021年，定结县共有63人到其他省市转移就业。图为定结县赴江苏省、广东省就业人员合影　　（县人力资源和社会保障局　提供）

【社会保险】 2021年，定结县城乡居民养老保险参保10467人，兑现养老待遇金17131人次，总金额428.2万元（含丧葬补助金）。县人力资源和社会保障局做好社保基金征缴工作，推进企业职工养老保险扩面征缴工作，全县企业新增参保单位12家，新增参保人数70人。全年机关事业单位机关养老保险参保人数1303人，企业养老保险参保人数420人，事业单位养老保险参保人数812人，工伤保险参保人数1723人。2021年，全县社会保障卡持卡人数达17040人，激活率85%以上，签发电子社会保障卡5800张。2021年，根据自治区财政厅、自治区人力资源和社会保障厅《关于提高城乡居民基本养老保险基础养老金标准的通知》规定，从2021年1月1日起，定结县城乡居民基本养老保险基础养老金由185元/人·月提高到205元/人·月，提高标准资金20元/人·月由自治区、市（地区）、县（区）财政按照8：1：1的比例分级承担。

【技能培训】 2021年，定结县开展职业技能培训，举办厨师、“以工代训”、藏鸡养殖等劳动力就业类、实用技术类等16个技能培训班，共计培训农牧民群众1164人，完成年度目标任务的101.2%。

2021年，定结县人力资源和社会保障局持续开展“以工代训”活动。图为混凝土培训现场　　（县人力资源和社会保障局　提供）

【就业信息发布】 2021年截至年底，定结县共完成2515条转移就业工作岗位信息收集，统一发布到各乡（镇）基层服务平台和各村劳务合作社，方便农牧民群众就近就便就业。县人社局对接各类人力资源机构及企业，收集37家企业（单位）298条用工岗位信息，介绍求职者550人次参与岗位应聘。

【转移就业】 2021年，定结县实现农牧民转移就业8449人，完成年度目标任务的101.2%，实现创收1.05亿元。全年组织化转移就业6145人次，完成年度目标的122.63%。实现自治区外就业63人，完成目标任务的114.5%，其中“点对点”组织化跨省组团式转移就业34人，实现创收42.78万元。

【易地搬迁就业】 年内，定结县按照“搬得出、稳得住、能致富”的目标，推进易地搬迁人员高质量就业。全县3个易地搬迁集中安置点共有搬迁户205户810人，劳动力人口457人，年内就业456人（含生态岗位），就业率99.78%。其中政府购买服务性岗位105人，自主创业43人。曲米新区生态劳务合作社通过退耕还林补植补造和县域绿化浇水，实现组织化转移就业38人，实现创收23万元；孔定玛夏尔巴第一村易地搬迁点搬迁户每户1人就业于黑金木耳产业，为12名具备劳动力的搬迁群众安排巡边护边岗位，实现创收16.2万元。

【大学生就业创业】 2021年，定结县共兑现大学生一次性创业启动资金和水电房租补贴48人202.9万元，主要以特色农产品加工、返乡创业、服务业为主。全县2021届大学毕业生共有129名，实现就业129名，就业率100%。

【法律宣传】 年内，县人力资源和社会保障局印制《保障农民工工资支付条例》、维权宣传手册，开展劳动保障监察宣传工作。截至年末，共开展集中宣传8次，深入项目施工点开展专项宣传6次，发放宣传资料400余册，受教育群众1000余人。

【劳动监察】 2021年，县人力资源和社会保障局加大企业劳动保障守法诚信等级评价制度落实和保证金缴存工作力度，推动劳动关系的和谐发展。开展“双随机、一公开”监督检查，加强用工单位监管，规范用工行为，从源头上解决拖欠农民工工资问题。截至年末，共缴存36个项目农民工工资保证金561万元，退还109个项目农民工工资保证金2078万元。截至2021年12月9日，定结县8起全国根治欠薪线索平台转办案件全部在规定时限内处理完毕。年内，县人力资源和社会保障局共接到投诉举报12起，协调处理完毕12起，涉及人数45人，追发工人工资140万元。

【人才工作】 年内，县人力资源和社会保障局开展专业技术职称聘任工作和专业技术人员定职定岗工作，2021年度符合初级专业技术职务人员共有26名（卫生系列12名、农牧系列5名、文化系列9名）；符合中级专业技术职务人员共14名（文化中级2名、农牧系列12名）。

（赵江勇）

民政工作

【社会救助】 2021年，县民政局对遭遇突发事件、意外伤害、重大疾病或其他特殊原因导致基本生活陷入困境的家庭开展临时救助，累计救助15人次，兑现救助资金12.5万元。

2021年，定结县急需救助困难家庭共158户，其中困难程度一般户31户、困难程度中等户72户、困难程度严重户55户，经与县乡村振兴局衔接核实，158户急需救助困难家庭中有11户脱贫不稳定户、5户边缘易致贫户。县民政局按照救助标准及困难情况，对158户急需救助困难家庭

2021年，县民政局为江嘎镇困难群众发放救助资金

（县民政局　提供）

实施社会救助，兑现救助资金121.7万元。

【城乡低保】 2021年，县民政局工作人员开展入户调查工作，确保全县城乡低保不漏户、不漏人，能保则保、应保尽保。截至年末，全县农村最低生活保障人员79户238人，城镇最低生活保障22户28人，兑现城乡低保资金共计59.9万元；按照840元/人·年的标准，兑现2020—2021年市级城镇低保肉价补贴资金6.89万元。8月31日，市民政局针对全县15名城镇支出型困难低保边缘人员开展慰问，慰问金1000元/人，共计发放慰问金1.5万元。

【困难家庭调研】 年内，县民政局调研小组利用7天时间，对全县7个乡（镇）生活上存在困难的农牧民家庭开展调研，对未纳入低保和低收入救助范围，但因遭遇突发事件、意外伤害、重大疾病或其他特殊原因导致生活陷入困境，其他社会救助制度暂时无法覆盖或救助之后仍有特殊困难的家庭或个人，通过邻里访问等方式开展入户调查，了解全县7个乡3个镇急需救助困难家庭实际情况，按政策要求落实各项惠民政策。

【社会福利】 年内，县民政局做好“全国儿童福利信息系统”的统计工作，对定结县留守儿童、困境儿童、事实无人抚养儿童、在家寄养儿童等类别儿童进行全面摸底统计。2021年，全县有困境儿童40人，留守儿童23人，在家寄养儿童6人，事实无人抚养儿童4人。县民政局加大对孤残儿童的救助帮扶，及时沟通联系市民政局、市儿童福利院，将3名孤儿送到市儿童福利院集中抚养。全力保障事实无人抚养儿童的合法权益和抚养儿童基本生活，按照720元/人·月的资金标准，为全县4名事实无人抚养儿童兑现生活补贴资金共计3.46万元。2021年，定结县有特困人员85人，其中分散特困人员49名、集中供养特困人员36名（县城集中供养特困人员29名，陈塘镇集中供养特困人员7名）。全年兑现分散供养特困人员生活补助资金37.19万元，兑现集中供养特困人员生活补助资金51.11万元；为全县高龄老人、失能老人发放老年人“两项补贴”资金1.14万元。2021年，县民政局对全县集中供养特困人员开展节日慰问，为每名供养人员发放1套氆氇藏袍、1双鞋子。

【项目建设】 2021年，定结县民政局实施的项目主要有确布乡天葬台项目、多布扎乡天葬台项目、定结县残疾人康复服务中心建设项目、确布乡麦卡村农村养老及综合服务用房中心建设项目。多布扎乡天葬台项目、确布乡天葬台项目由国家分别投资300万元，2020年8月施工建设，2021年9月竣工，2021年完成终验；县残疾人综合用房建设项目投资300万元，2020年7月施工建设，2021年8月竣工，年内项目已完成终验。定结县确布乡麦卡村农村养老及综合服务中心建设项目投资49.95万元，2021年6月施工，12月竣工并完成项目初验。

9月17日，县民政局组织特困供养人员开展“爱在中秋，情暖养老院”中秋庆祝活动 （县民政局 提供）

【基层政权建设】 2021年，县民政局抓好换届选举、健全村级协商机制、完善社区服务等工作，推进基层政权建设，提高城乡社区治理能力。3月26日，定结县完成十届村（社区）党组织换届选举工作，选优配强村“两委”班子成员361人，村党支部书记70人，其中新进班子115人、连选连任246人，交叉任职194人，“一肩挑”2人，女干部89人，平均年龄39岁，班子成员初中及以上学历229人。全县70个行政村换届选举183名村务监督委员，其中村务监督委员会主任67名、村务监督委员会成员116名，兑现2020年村务监督委员会主任和成员基本报酬和业绩考核奖励补助资金154.5万元。推进村级议事协商机制建设，全年共召开村民小组会议688次，开展村级协商活动623次，村级协商事项688件，落实623件，村务公开346次。

【社区志愿服务】 2021年，全县完善社区服务设施和服务机构共475个，其中社区服务机构105个，综合服务设施370个，综合服务设施建筑面积70832.04平方米，综合服务设施服务人次25631人次；全县共有社区志愿服务组织254个，社区志愿服务团体167个，社区志愿者1929人，全年开展社区志愿服务6391人次。

【婚姻登记】 2021年，定结县民政局婚姻登记工作按照《中华人民共和国民法典》和《婚姻登记工作暂行规范》规定，为全县群众办理婚姻登记业务、宣传宣讲普及婚姻法律知识。

2021年1月1日起正式使用“全国婚姻登记管理系统”，实现全国婚姻登记信息共享。民政局全年受理婚姻登记195对，其中结婚登记147对、补发婚姻登记32对、离婚登记16对，录入人民法院调解书或判决书11件，异地调取婚姻档案3件。

年内，定结县民政局按照《中华人民共和国民法典》规定，履行新规定后离婚手续的申请、受理、冷静期、审查、登记（发证）等流程，2021年受理离婚申请19对，办理离婚登记16对。

【残联工作】 2021年，县民政局联合县人民医院专业医师，通过集中入户等方式对全县506人进行残疾鉴定，其中鉴 定符合残疾标准新增25人，残疾人等级变更19人。开展残疾人康复服务工作，7月21日，县民政局帮助困难残疾人、重度残疾人配置轮椅、助听器、腋拐、单拐、眼镜等辅助器具76台（只、副），价值37970元。年内，县民政局沟通协调日喀则市日兴加油站，为全县长期瘫痪在床的残疾人捐赠6台电动护理床，价值约3.6万元；与成都市听觉有道助听器全国连锁成都VIP中心（四川儿童中心）联系，为25名重度听力残疾人员配置专业助听器，价值6.31万元。开展残疾人社会救助工作，全年为743名残疾人兑现2020年残疾人“两项补贴”资金134.04万元，为120名残疾人兑现残疾人燃油补贴4.56万元，为17户生活困难残疾人员发放临时救助资金11.9万元。做好残疾人家庭无障碍改造工程前期摸底调研工作，其中改造资金3500元/户的家庭62户，改造资金3.5万元/户的家庭14户。在2021年“三大节日”来临之际，对98名特困残疾人进行慰问，发放慰问金4.9万

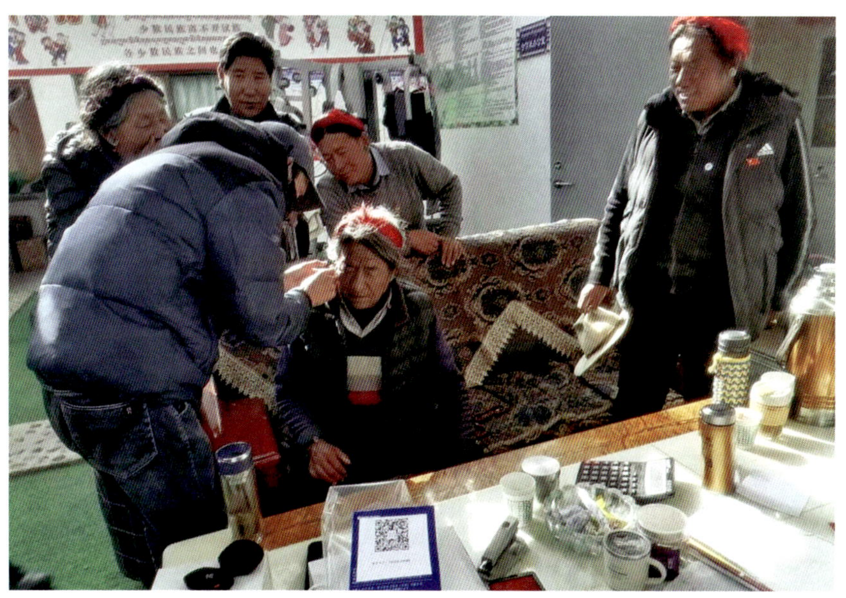

2021年，县民政局工作人员为琼孜乡哲圭村重度听力残疾老人配置助听器 （县民政局　提供）

元。年内，县民政局向西藏自治区慈善总会、西藏奇正慈善基金会、西藏神猴药业有限责任公司提出申请，为陈塘镇88名残疾人争取到捐赠价值33万元的面粉、大米、粮油及14万余元的药品。全年发放残疾人创业扶持资金2人共4万元。是年，根据《西藏自治区残疾人就业保障金征收使用管理实施办法（试行）》，定结县初次开展征收上一年度残疾人就业保障金工作，共计征收82家政府机关、事业单位残疾人就业保障金422.87万元，1家企业单位残疾人就业保障金4.03万元，用于支持残疾人就业和保障残疾人基本生活支出。

乡村振兴

【概　况】 5月31日，西藏自治区定结县乡村振兴局挂牌成立。2021年，定结县乡村振兴局按照“四个不摘”要求，推进巩固拓展全县脱贫攻坚成果同乡村振兴有效衔接。2021年末，通过脱贫户及监测对象动态调整后，全县建档立卡脱贫户共1763户7249人，全县累计监测发现有返贫致贫风险的监测对象62户234人，其中脱贫不稳定户40户144人、边缘易致贫户22户90人。年内，9户消除监测。

【组织领导】 2021年，定结县推进乡村振兴的组织体系、制度体系、工作机制建设，巩固拓展脱贫攻坚成果，全面推进乡村振兴战略。2月、9月，县乡村振兴局（县扶贫开发办公室）先后召开定结县2021年扶贫开发领导小组第15次调度会、定结县2021年上半年巩固拓展脱贫攻坚成果同乡村振兴有效衔接工作推进会暨涉农整合资金支出进度调度会、定结县委农村工作领导小组（县委实施乡村振兴战略领导小组）2021年第1次会议暨巩固拓展脱贫攻坚成果同乡村振兴有效衔接考核工作部署会议，明确各相关行业部门职责任务。11月，成立中共定结县委农村工作领导小组（县委实施乡村振兴战略领导小组），实行书记“一把手”工程。

【规划编制】 2021年，根据《中共中央关于制定国民经济和社会发展第十四个五年规划和二〇三五年远景目标的建议》相关要求，结合定结县“十四五”规划期间巩固拓展脱贫攻坚成果同乡村振兴衔接的实际需要，定结县编制《西藏日喀则市定结县“十四五”时期巩固拓展脱贫攻坚成果同乡村振兴有效衔接规划（2021—2025）》。

【防返贫监测机制】 年内，根据《日喀则市关于健全防止返贫致贫动态监测和帮扶机制的实施方案》，结合《定结县乡村户四级联防联扶稳定解决相对贫困“十步工作法”》，县乡村振兴局制定《定结县关于健全防止返贫致贫动态监测和帮扶机制的实施方案》，建立稳定脱贫、防止返贫、长效机制。组织干部深入全县10个乡（镇）70个行政村，坚持“农户自主申请、部门信息比对、干部定期回访”相结合的“三位一体”布局，对重点对象采取跟踪监测、定期检查、核算收支、现场询问、入户宣讲等方式，准确摸排掌握脱贫群众、边缘群众和低收入高风险群众动态情况，做到及时发现、快速响

5月31日，定结县举行县乡村振兴局挂牌仪式

（县乡村振兴局　提供）

2月8日，定结县召开县扶贫开发领导小组第15次会议

（县乡村振兴局　提供）

应、动态清零。截至年末，全县累计发现返致贫监测对象62户234人，其中脱贫监测户40户144人、边缘户22户90人。

【帮扶机制落实】 2021年，定结县坚持政府主导与社会参与相结合，开发式帮扶与保障性措施相结合，外部帮扶与激发内生动力相结合，采取产业带动、就业帮扶、教育帮扶、转移就业、综合保障等措施开展精准帮扶，实现监测对象帮扶全覆盖。截至年末，全县共核定返贫致贫风险户62户234人，其中对4户（因意外事故致贫返贫2户、因大病致贫返贫1户、因缺劳动力1户）落实临时救助4.95万元；对因就业不稳定致贫返贫11户中9户，通过多渠道就近就便实现稳定转移就业；对因大病致贫返贫7户完成基本医疗报销；对因缺劳力致贫返贫的25户，采取安排生态岗位的方式实行政策帮扶和临时救助；对因残疾致贫返贫的5户发放残疾人“两项补贴”、及时兑现残疾人补助，并对符合条件的3、4级残疾人在政策允许下安排生态岗位；因意外事故致贫返贫10户，对其中2户实施4万元临时救助，对其余8户已安排生态岗位。县教育（体育）局发布《定结县人民政府办公室关于印发〈定结县边缘户子女接受高等教育实施免费教育补助政策细则（试行）〉的通知》，对因学致贫返贫家庭的13名学生实施免费教育补助政策（自治区内大学生生活补助2000元/人、自治区外大学生生活补助3000元/人），根据相关票据或学校证明退还2019—2020学年学费，兑现2021年全部补助资金。年内对62户监测户购买防贫救助保险、对15户脱贫不稳定户实施小额信贷、对58户监测户安排结对帮扶并落实帮扶措施、脱贫不稳定户8户纳入低保户，实施兜底帮扶，对1户因意外事故（缺劳动力）致贫户，由县人民政府投入3万元救助金为新建房屋。针对因子女上学、因生病、因残疾、因意外灾害事故或突发事件可能返贫致贫导致基本生活出现严重困难的，县本级每年注入50万元防止返贫致贫专项救助资金进行救助。

【档案整理】 年内，根据自治区脱贫攻坚指挥部《关于做好脱贫攻坚档案收集整理归档保管工作的通知》及市脱贫攻坚指挥部领导指示精神，县乡村振兴局依据《国家档案局国务院扶贫开发领导小组办公室关于印发〈精准扶贫档案管理办法〉的通知》，于5月25日至7月28日，组织各专项组、各乡（镇）归纳梳理2016—2020年脱贫攻坚档案资料，邀请县档案局专业人员就整理归档细则和脱贫户户档资料进行业务指导。截至年末，按保管期限，归纳整理出1120户户档资料和文书档案377盒3687份文件，其中永久类89盒857份文件、30年类249盒2460份文件、10年类39盒370份文件。年内，完成电子文档整理和文书档案、户档资料移交入馆工作。

【乡村振兴项目】 年内，定结县申报“十四五”规划期间巩固拓展脱贫攻坚成果同乡村振兴有效衔接规划类40个项目，总投资为39888.3万元，其中产业类17个、总投资为14234万元；基础设施类16个，总投资11978.64万元；人居环境整治类3个，总投资13475.71万元；技能培训类4个，总投资200万元。是年，实施脱贫攻坚涉农整合资金项目35个，总投资8756.32万元，年内已开工35个，开工率达100%，竣工项目10个。

【项目资产管理】 2021年，县乡村振兴局按照《西藏自治区加强扶贫项目资产后续管理工作的实施方案》《关于做好扶贫项目资产确权登记工作的通知》精神，制订《定结县关于扶贫项目资产后续管理工作实施方案》，对接县财政局、县农业农村局、县发展和改革委员会、县水利局等相关行业部门，对2012—2020年录入项目库的扶贫项目和各级各类扶贫资金形成的扶贫项目进行全面清查核对，厘清纳入扶贫资产管理的分年度资金量、资金来源、实施项目、资产状况、所有者等关键信息，逐一登记造册。截至年末，全县2012年至2020年共清查扶贫项目111个（其中全县各行业部门实施的项目109个、市交通运输局实施项目2个），涉及资金40281.87万元，其中经营性资产53个、公益性资产52个、到户类资产6个。经营性资产53个项目中，确权到户项目4个，确权到村项目46个，确权到乡（镇）项目3个；公益性资产52个项目中，确权到户项目4个，确权到村项目44个，确权到县项目4个。对登记后的资产移交所有权方，纳入国有资产、农村集体资产和到户资产体系，资产移交时签订《资产移交协议书》，确保扶贫项目资产不流失。

【小额信贷】 2021年，定结县落实小额信贷政策，实施风险补偿金制度，对符合条件的建档立卡脱贫户及边缘户发放小额信贷。全年共为167户累计发放小额信贷资金799.5万元，同时加强贷后管理工作和逾期风险防范，全县扶贫小额信贷未发生1户逾期现象。

【消费扶贫】 2021年，定结县按照《定结县关于开展消费扶贫行动巩固脱贫成效的实施方案》要求，持续推动消费帮扶工作，开展帮扶产品“四进”（进机关、进学校、进医院、进企业）行动。年内，县总工会利用向工会会员发放慰问品的契机，通过“以购代销”方式购买定结县农畜产品60.41万元。全年定结县农副产品共计销售897.26万元，其中国家扶贫产品名录的4类产品线下销售100.3万元，其他农畜产品线上线下销售796.96万元。是年，定结县协调对接西藏自治区地球第三极脱贫振兴馆，助推定结县农副产品入驻西藏自治区地球第三极脱贫振兴馆销售，拓宽定结县农副产品销售渠道。

（白玛卓嘎）

强基础惠民生活动

【概　况】 2021年，定结县70个行政村共有第十批创先争优强基础惠民生工作队70支，共210名驻村队员，其中自治区派驻14支驻村工作队共38名队员，日喀则市派驻驻村工作队2支共6名队员，县、乡（镇）派驻54支驻村工作队共166名队员。

【驻村干部管理】 年内，县创先争优强基础惠民生活动领导小组办公室（以下简称“县强基办”）按照《西藏自治区驻村干部管理办法（试行）》要求，制定《定结县关于进一步加强和改进驻村干部管理的实施办法》，加强驻村工作队队员请假、销假管理，驻村工作队队员未经批准擅自脱离岗位的，一律按旷工处理。根据西藏自治区财政厅文件精神，从2021年1月起，定结县驻村补助按驻村实际天数发放，补助标准为二类区70元/日、三类区90元/日、四类区110元/日。因驻村轮换延期，1月1日至4月5日，为210名第九批驻村干部兑现驻村补助149.94万元；4月6日至12月31日，为168名第十批驻村干部兑现驻村补助289.68万元。

【经费管理】 年内，县强基办按照《西藏自治区党委组织部西藏自治区财政厅西藏自治区扶贫开发办公室西藏自治区创先争优强基础惠民生活动领导小组办公室印发〈关于整合使用全区强基惠民工作经费的指导意见〉的通知》精神，将1400万元强基惠民资金下拨到全县10个乡（镇）财政所。县强基办每月对强基惠民经费使用情况进行统计，督促各乡（镇）规范使用资金，对资金的使用进行督导检查，做到“花钱必问效，无效必问责”。

【驻村工作考核】 2021年，县强基办采取查阅资料、个别谈话、实地查看、日常工作、民主测评，对驻村工作队、驻村干部进行考核。主要考核推动习近平新时代中国特色社会主义思想扎根铸魂、铸牢中华民族共同体意识、建强村党组织、加强乡村治理、为民办事服务、推进乡村振兴、国家通用语言结对帮学等方面工作开展情况，考核驻村干部团结协作、履职尽责、严守纪律等各方面表现情况。

【督导检查】 2021年，县强基办在节假日、重大活动、重要时间节点，对各驻村工作队进行巡回检查，督导驻村在岗情况、驻村七项职责、为民办实事、每月驻村要点等各项工作落实及完成情况，全年共巡回督导检查12次。

【驻村干部演讲比赛】 年内，县强基办组织开展定结县创先争优强基础惠民生驻村工作队“以青春之力描绘乡村振兴画卷——我的驻村故事”演讲比赛，驻村工作队代表10人参与，共发放奖金5200元，推荐2名优秀驻村工作队参赛选手参加市级演讲比赛。

【村干部学习培训】 年内，县强基办针对全县各村（居）委会干部掌握国家通用语言文字“听、说、识、写”能力不同的实际进行分类，采取“一对一”“一对多”的方式，制订“一对一”帮学计划，开设学习班和培训班，个别村设置PPT课程，定制钢笔字帖等。通过村党组织第一书记、驻村工作队成员、乡村振兴专干和村干部结成帮学对子，依托新时代文明实践站远程教育平台等载体开展结对帮学活动，逐步提高村干部使用国家通用语言文字水平。采取情景对话、共同读报、收听收看影视音频作品等方式，督促村干部在日常工作和生活中使用国家通用语言文字，巩固提升培训效果。年内，定结县强基办联合党建组举办定结县国家通用语言“情景模拟对话”比赛，共计10支参赛队伍30人参加比赛。发放奖金5180元。

民族宗教事务

定结宗格错（县方志办　提供）

民族事务

【民族概况】 截至2021年末，定结县有藏族、彝族、壮族、土家族、满族、侗族、白族、回族、东乡族、汉族10个户籍民族，全县总人口24987人。

【民族政策宣传】 2021年，定结县在县城、各乡（镇）主要路段、人员较密集场所开展民族团结进步主题宣传，设立民族团结进步模范区创建、铸牢中华民族共同体意识、“九进”等内容的宣传栏12块，更新宣传栏29块，张贴宣传标语90余条。县民族宗教事务局将相关民族政策法规融入知识竞赛及网络宣传、微信公众号中，在“定结发布”微信公众号上宣传民族团结进步创建工作中涌现的模范集体、模范个人事迹，扩大民族团结进步创建宣传范围。在节假日期间，全县各乡（镇）、机关、企事业单位、村委会、学校、寺庙利用党员活动室、学校德育室、新时代文明实践中心（所、站）及农家书屋、寺庙书屋等宣传阵地开展交流交往活动，利用宣传栏、宣传橱窗、电子显示屏等载体刊载播放民族团结进步创建宣传标语，营造民族团结进步创建的浓厚氛围。在“三大节日”、日喀则市第五个“6·2”民族团结进步日、九月“民族团结宣传月”等时间节点，各乡（镇）、单位结合单位实际，在县城主干道、乡（镇）人员流量大的路口，开展民族团结进步创建宣传与送医送药送温暖活动。全年有40余家单位、10个乡（镇）参加宣传活动，参与5000人次，发放《西藏民族团结进步创建条例》、民族团结读本共计1万余册，发放标有民族团结标志的帽子背心600套，发放民族团结标志宣传笔100盒共计6000支。

【民族政策落实】 年内，定结县开展“民族团结+”工作，以项目拉动、产业推动、城乡互动、民生促动、党建带动、责任驱动的思路，夯实边境地区民族团结进步事业根基。做好边境地区社会稳定、基层党建、小康村建设、新冠肺炎疫情常态化防控、基础设施改善、乡村振兴实施、生态环境保护、民族文化传承、营商环境优化、援藏工作深化等工作，补齐农林牧及水、电、路、信、网、科、教、文、卫、保等领域短板，促进民族地区经济社会发展。办好民生实事，2021年，全县129名应届高校毕业生全部实现就业，就业率100%；农牧民转移就业8449人，组织化转移就业6145人次（其中自治区外就业63人），创收1.05亿元；学前毛入学率89.4%，中小学入学率均为100%；健康茶推广率100%，发放健康茶60.88吨，受益人数20295人；兑现边民补助5689.32万元、护边员补助228万元，边境群众生产生活条件持续改善。

【民族团结进步创建】 2021年，定结县民族团结进步创建工作以铸牢中华民族共同体意识为主线，发挥先进典型的引领作用。加强组织领导，完善工作机制，制定《定结县民族团结进步模范区创建（2021—2025年）实施细则》《民族团结进步模范区创建“九进”实施方案》《日喀则市第五个“6·2”民族团结进步日活动方案》，层层签订民族团结进步模范区创建工作目标责

以“民族团结”为主题的定结县城雕塑广场（勾昆 摄于2021年）

任书。落实经费保障，县人民政府每年预算30万元作为全县民族团结进步创建经费，截至2021年末，共落实180万元民族团结进步模范区创建工作经费，各乡（镇）、单位也安排0.2万—5万元不等的民族团结进步创建专项经费。年内，定结县开展民族团结进步“九进”活动，涌现出一批讲团结、谋发展、促稳定的模范集体和模范个人。全年共表彰2020年度民族团结进步模范集体11个、民族团结进步模范个人23名，兑现奖金11万元。定结县开展民族团结进步模范单位创建，年内成功创建国家级民族团结模范单位1个、自治区级民族团结模范单位3个、市级民族团结模范单位4个，创建铸牢中华民族共同体意识示范学校1所，县级民族团结进步模范单位建设率达到80%。

【国家通用语言文字学习】 年内，定结县持续推广普及国家通用语言文字，各乡（镇）、各驻村工作队和乡村振兴专干采取“一对一”“一对多”的方式制订帮学计划，开设学习班和培训班，设置PPT课程，每周开展结对帮学工作。全年共开展村干部国家通用语言文字学习培训3000余场次。全县各个寺庙管理委员会每周至少组织寺庙僧尼2次集中收看中央电视台《新闻联播》，要求僧尼养成每天在家收看中央电视台《新闻联播》的习惯，定期组织寺庙僧尼集体观看爱国主义电影，集中学习国家通用语言歌曲。寺庙管理委员会干部在上班期间和工作区域带头使用国家通用语言交流，在与僧尼沟通交流和召开有僧尼参加的会议时首先使用国家通用语言交流，营造使用国家通用语言的良好环境氛围。通过微信公众号每日发送汉语、藏语学习文字材料及音频材料，开展“每天学一字，每天说一句、每天听一遍”学习活动。寺庙管理委员会平均每月开展1次国家通用语言集体培训，在全县各个寺庙管理委员会开办国家通用语言“夜校班”，“夜校班”僧人报班率100%，全年开展“夜校班”学习200余次，培训达300人次。

【各民族人才培养】 2021年，定结县推进“两个规划”培训，安排33名僧人在县级层面学习，8名僧人到自治区、市两级社会主义学院培训深造。年内，5名僧人被西藏自治区佛学院录取。县委组织部与县人力资源和社会保障局联合开展定结县在外人才摸底统计，加大定结籍人才回乡创新创业典型事例宣传，为引导各类人才“凤还巢”创造良好的氛围。全县共储备六类人才623名，其中党政人才3名、高技能人才17名、农村实用人才446名、企业管理人才102名、社会工作人才1名、专业技术人才54名。

宗教事务

【宗教事务管理】 年内，定结县持续健全完善寺庙财务管理制度，强化寺庙财税监管力度。截至年末，定结县完成曲果德庆林寺、贡强桑旦曲布寺财税监管工作。

【宗教政策宣传】 2021年，全县各个涉宗教部门组织工作人员深入7个乡3个镇、70个行政村，开展新修订《宗教事务条例》学习宣传，落实利寺惠僧政策。

【利僧惠寺政策】 2021年，定结县投入资金250万元，用于曲果德庆林寺道路硬化、附属基础设施建设，巩固提升寺庙“九有”（有领袖像、有国旗、有路、有水、有电、有广播电视、有通信、有报纸、有文化书屋）工程。开展在编僧尼的免费健康体检工作，年内完成在编20名僧尼的健康体检。

【教育实践活动】 年内，定结县持续开展“遵行四条标准、争做先进僧尼”教育实践活动和新修订的《宗教事务条例》学习宣传活动，通过开展“书法比赛”“四标演讲比赛”等活动，让广大僧人增强民族团结重要性的认识，感受到利寺惠僧政策的来之不易。

应急管理

定结宗格错（县方志办　提供）

综 述

【安全生产宣传】 2021年，定结县安全生产委员会组织县安全生产委员会成员单位学习相关政策法规，特别是习近平总书记关于安全生产工作的重要指示批示精神，宣传相关政策法规，普及防灾减灾及安全生产相关知识。截至年末，组织学习宣传2次、巡回宣讲8次，共出动人员90人次，发放各类宣传资料3800余份，张贴标识标牌300余块。

10月12日，定结县第二次全国自然灾害综合风险普查工作推进会召开（县应急管理局 提供）

【安全隐患排查】 年内，县安全生产委员会按照市安全生产委员会下发的《“防风险、除隐患、保稳定、迎大庆”安全生产工作方案》要求，召开定结县“防风险、除隐患、保稳定、迎大庆”安全生产工作安排部署会议，分析当前安全生产新形势、新任务、新要求，部署下一步安全生产工作。年内，定结县以危险化学品、道路交通、消防安全、建筑施工领域、森林防火、人员密集场所为重点，开展全县辖区内各行业领域安全隐患排查整治工作，对排查出的各类隐患，分类建立隐患排查台账，明确整改责任人、整改时限、整改内容。截至11月8日，县安全生产委员会成员单位共开展安全隐患专项排查128次，排查发现隐患76项。截至年末，已整改71项，正在整改5项。

2021年，县应急管理局工作人员开展安全隐患排查（县应急管理局 提供）

【安全生产检查】 2021年，定结县安全生产委员会组织县安全生产委员会成员单位，组成县安全生产督导检查小组，采取现场跟踪督察督办、查阅台账资料等方式，先后对全县各领域各行业特别是重点领域进行9次督导检查，对隐患排查不全面、整改工作不彻底，特别是存在政治站位不高、重视不够、措施不力等问题当场下达执法文书和整改督办单，共下达执法文书38份、督办单16份。

【自然灾害综合风险普查】 2021年，县应急管理局贯彻落实上级关于开展第一次全国自然灾害综合风险普查工作各项决策部署，先后召开3次推进会议，安排4人参加全国第一次自然灾害综合风险普查培训。成立全国第一次自然灾害综合风险普查办公室，申请协调普查经费，督促县自然资源局、县交通运输局、县水利局、县气象局等八大普查部门开展普查工作。截至年末，第一次全国自然灾害普查经费财政部门完成评审，普查第三方机构已入驻并开展工作。

【自然灾害核查与救助】 年内，县应急管理局认真开展2021年度自然灾害需救助人员统计工作。全年共发生灾情19起，农作物受灾面积78.03公顷（其中绝收10.74公顷），受灾人数2138人，民房受损36间（其中一般受损4户、11间，严重损坏4户、25间）。经县防灾减灾救灾工作办公室联合各乡（镇）进行全县自然灾害需救助人员统计认定，2021年全县受灾2138人中，需救助为2129人，已向上级部门申请救助资金294.35万元。

【救灾物资存储】 截至2021年11月5日，全县共有自治区、市、县代储的救灾物资32种15979件。县应急管理局按照“宁可备而不用，不可用时无备”的要求做好救灾物资储备，全年已向上级部门上报5种物资需求，需求物资总量为820件。

【应急救援演练】 7月31日，定结县应急管理局联合相关单位，在定结县原废弃加气站开展定结县危险化学品领域综合应急救援演练，县消防救援大队出动15人，各类消防车3辆，各联动单位共出动16辆车115人。

消防救援

【消防知识宣传】 2021年，县消防救援大队深入全县农牧区、易地扶贫搬迁安置点、养老服务机构、学校、医院等场所开展消防安全知识宣传活动40余场次，发放宣传资料2000余份；结合“综治宣传月”“防灾减灾日”“安全生产月”“消防宣传月”等活动，宣传消防安全常识，普及消防安全知识，提升辖区群众的自防自救能力。

【消防知识培训】 2021年，县消防救援大队多次深入辖区重点寺庙，组织寺庙管理委员会人员和寺庙僧人，开展消防安全知识培训，讲解安全用火用电、火场逃生自救、报告火警、灭火器材操

11月9日，定结县消防救援大队指战员在县城主要街道开展“119”消防宣传日活动 （县消防救援大队 提供）

7月31日，定结县开展危险化学品领域综合应急救援演练 （县消防救援大队 提供）

作使用等消防安全知识。

【火灾隐患排查】 2021年，县消防救援大队多次联合县民族宗教事务局、县委统战部、县应急管理局、县公安局等部门，深入扎西群培寺、贡强桑旦曲布寺、曲果德庆林寺、阿布入寺等寺庙开展检查指导工作，现场指导寺庙管理委员会人员开展火灾隐患排查、安全用火用电管理等内容。

【基础设施建设】 2021年，县消防救援大队加强辖区消防基础设施建设，保障辖区群众的生命财产安全。截至年末，通过验收测试并投入使用，解决县城内无消防水源难题。年内，县消防救援大队协调相关部门，推动阳光棚建设工作，对影响日常生活和灭火救援出动的老营房进行拆除，推动在陈塘镇建设消防救援站。

【应急处突救援】 2021年，县消防救援大队共接警出动22起。其中火灾4起、社会救助2起，出动车辆22辆次、消防救援指战员132人次，抢救财产价值8.7万元。

乡（镇）概况

定结宗格错（县方志办　提供）

江嘎镇

【概　况】 江嘎镇为定结县城所在地，南与萨尔乡相接，东与琼孜乡相连，北与郭加乡相邻，西与扎西岗乡相接，距自治区首府拉萨市490千米，距日喀则市主城区233千米，是一个以农业为主的半农半牧镇。江嘎镇属喜马拉雅山北麓湖盆地，地势东北高、西南低，辖区平均海拔4300米，气候属半干旱季风气候区，干湿季分明，日照充足，太阳辐射强，冬春干燥少雨，多大风，气候条件差。年日照时数3326小时，最大冻土层1米。年平均降水量236.2毫米，多集中在夏季。江嘎镇面积486.68平方千米，辖6个行政村（江嘎村、荣贡村、曲米村、达那村、芒热村、古娃村）、3个自然村（次多村、夏琼村、尺那村）。

2020年全镇729户2859人，其中江嘎村222户869人，荣贡村125户498人，达那村155户639人，芒热村41户170人，古娃村66户300人，曲米村120户383人。全镇农作物播种面积294.84公顷，草场面积34694.87公顷，粮食总产量1008.7吨，油菜籽产量88吨，蔬菜总产量187.84吨，其他作物产量265.35吨，肉类产量45.42吨，奶类产量84.71吨，羊毛产量7.52吨。2021年，全镇农村经济总收入为6559.59万元。其中，家庭经营性总收入4487.07万元（第一产业收入845.16万元、第二产业收入1105.84万元、第三产业收入2536.07万元），工资性收入511.46万元，财产性收入362.38万元，转移性收入1198.68万元。农牧民人均可支配收入14388.5元。

【农牧业生产】 2021年，全镇农作物播种面积294.84公顷，其中粮食作物播种235.57公顷、油料作物播种33.33公顷、蔬菜面积15.34公顷、其他作物10.6公顷。全年粮食产量1008.7吨（其中青稞产量987.3吨、小麦8.8吨、豌豆12.6吨），油菜籽产量88吨，蔬菜产量187.84吨。年末牲畜存栏24964头（只、匹），其中大畜2569头（匹）、猪23头、小畜22372只，牲畜出栏3569头（只、匹）。全镇黄牛改良指标225头，年内完成改良205头，占到全年黄牛改良指标97%。全镇购置农机具21台（拖拉机9台、翻转犁7台、拖车5台），调运化肥63.9吨（尿素45吨、二胺18.9吨），同比减少10%。全镇有大棚温室60座。按照草畜平衡奖励37.5元/公顷标准，全镇兑现草畜平衡奖励资金117546.5元。全年实现劳动力转移就业1167人次，实现务工收入1325.75万元。

【民生保障】 2021年，全镇有残疾人121人，农村低保户5户16人，城镇低保9户12人，集中供养特困人员2人，分散供养特困人员5人。年内落实各类民政资金临时救助20.4万元，城镇最低生活保障资金48015元，农村最低生活保障资金104969元，分散供养特困人员生活补助60720元，市级城镇低保肉价补贴资金1008元，农村经济困难失能老人资金共1200元，农村经济困难高龄老人补贴1200元，残疾人“两项补贴”206400元，民政惠民资金共计落实627512元。推进城乡居民医疗保险、城乡居民养老保险工作，居民参保率达100%。

10月9日，县委副书记、县人民政府县长次琼（前一）到江嘎荣贡城市卫生服务公司调研产业发展情况

（江嘎镇人民政府　提供）

健全城乡社会救助体系，提高低保户、五保户保障水平，加强重度残疾人护理、孤儿生活保障等工作。做好未就业大学毕业生就业帮扶工作，宣传大学生就业政策，帮助4名困难家庭大学毕业生稳定就业。

【项目建设】 2021年，江嘎镇人民政府与县交通运输局沟通，投入180余万元，将荣贡村至下荣贡1.5千米道路纳入计划建设项目；新建江嘎村中低产田改造项目，投资250余万元；新建江嘎村乡村振兴水渠提升工程，项目总投资116.44万元；实施古娃村乡村振兴水渠提升工程，项目总投资140.01万元；实施达那村乡村振兴农田水利提升工程，项目总投资284.59万元。整合古娃、芒热2个村2019年、2021年村级党组织场所标准化建设资金31.47万元，用于提升2个村便民服务能力。

【乡村振兴】 2021年，全镇6个行政村根据各自定位，发展特色产业，古娃、芒热2个村立足资源优势，发展养殖加工销售产业；荣贡、达那2个村立足地处国道219沿线的便捷条件，发展旅游服务产业；江嘎、曲米2个村立足地处县城中心城区的区位优势，发展城市服务产业，做到“一村一案”。年内，江嘎镇做好全镇产业项目库建设、“十项提升”（水、电、路、信、网、教、科、文、卫、保）基础设施项目库建设，重点做好农田、水利基础设施提升、旅游资源开发项目库建设、招商引资项目库建设；提前谋划2023年乡村振兴项目、建设项目库。

【生态建设】 2021年，江嘎镇持续推进乡村振兴战略，全年开展环境卫生整治401次，实现全镇道路、河流、湿地、房屋周边等区域环境整治全覆盖。落实自治区、市、县关于消除“无树户”的工作要求，组织开展植树造林活动。在“3·12”植树节，组织全镇党员干部义务植树8400棵，改善全镇绿化环境。

【基层党建】 2021年，江嘎镇贯彻落实习近平总书记考察西藏时重要讲话精神，充分发挥党建引领作用，规范建设基层组织“阵地”，打造村级党建“示范点”。推动国家通用语言普及工作，以集中教学、“一对一”帮学等方式，组织村干部学习国家通用语言，利用“醉美江嘎”微信公众号开办“国家通用语言学习”专栏，增强村干部应用国家通用语言文字的能力。通过“醉美江嘎”微信公众号，打造“江嘎微课”党员教育品牌栏目，子栏目包括江嘎党建亮点展示、各村党建亮点展示、国家通用语言学习、民法典学习、身边榜样学习、党支部工作条例学习、农村基层组织工作条例学习等内容，全年开展国家通用语言情景测试3次，在全县范围内率先开展国家通用语言模拟对话比赛，全镇能说会写村干部占比达90%。年内，江嘎镇将全镇乡土能人、返乡创业大学生、致富带头人等发展成党员，扩增乡村振兴建设人才队伍，全年培养入党积极分子22人，发展党员11名。组织各村党支部开展典型人物树立活动，对全镇7名优秀党务工作者和6名优秀党员、5名乡村振兴专干进行表彰。组建13支新时代文明实践志愿服务队共408人，参与新冠肺炎疫情常态化防控、湿地保护、发展产业等系列志愿活动。

【综治维稳】 2021年，江嘎镇建立健全矛盾纠纷排查调解处理工作机制，完善矛盾纠纷排查调处台账和调解会议纪要月报制度，完善人民调解、行政调解、司法调解衔接联动工作机制，健全完善纠纷信息定期报送制度。全年召开综治维稳会议12次，化解矛盾纠纷隐患共5次，梳理排查问题共31件；持续开展社会治安群防群治工作，6个行政村共成立群防群治力量队伍7支，全年出动巡逻197次。常态化开展扫黑除恶专项斗争，组织工作人员深入各村开展黑恶线索排查8次。年内组织开展综治宣传11次、镇干部学法9次，表彰民族团结示范家庭4户。

日屋镇

【概　况】 日屋镇属牧业镇，全镇总面积796.3平方千米，平均海拔4660米，距县城75千米，1998年勘界及第三次全国国土调查确定全镇边境线长100.2千米，有一个国家二类陆路通商口岸——日屋口岸。日屋镇辖果玛村、鲁热村、吉勒村、德吉村、日屋村5个行政村，总人口308户1239人，全镇有“双联户”联户单位35个。全镇天然草场面积26809公顷，退耕还林面积73.33公顷，重点公益林面积14566.73公顷。日屋镇内有曲玛古战场遗址、宗措湖等旅游景点。

2021年，全镇农村经济总收入3372.39万元。其中，家庭经营性总收入2061.94万元（第一产业559.4万元、第二产业533.24万元、第三产业969.3万元），工资性收入220万元，财产性收入100.5万元，转移性收入989.95万元。农牧民人均可支配收入达13664元。全镇农作物播种面积3.57公顷（主要种植青饲料），野生药材产量1577.39吨，蔬菜产量3.75吨，其他农作物（青饲料）产量446.30吨，肉类产量38.74吨，奶类产量49.56吨，羊毛产量4.71吨。年末牲畜存栏13396头（只、匹），其中大畜2761头（匹）、小畜10635只。

【农牧业生产】 2021年，日屋镇立足资源优势，挖掘牧业特色优势，加大劳务输出力度，抓好“两牛、两羊”养殖农民专业合作社建设。2021年，全镇农民专业合作社实现经营性收入59.9万元，累计分红37.9万元。2021年末，全镇牲畜存栏达13396头（匹、只），完成12105头（匹、只）牲畜疫苗接种。1月进行小反刍兽疫疫苗接种，4月开展口蹄疫疫苗接种，6月开展山羊痘疫苗接种，7月进行包虫病第一针接种，9月开展包虫病第二针疫苗接种，10月开展口蹄疫疫苗接种，11月开展家禽疫苗接种，12月开展小反刍兽疫疫苗接种，各类疫病免疫接种率达100%。

【民生保障】 2021年，日屋镇落实各项支农惠农优惠政策，全年下拨普惠边民补助403.8万元、退耕还林资金13.75万元，森林生态系统补偿资金1172511元，草奖资金2625709元。省道514线草地补偿876414元。年内，日屋镇辍控保学入学率100%，适龄儿童入学率100%，学前教育入园率100%。鲁热果玛幼儿园、驻地三村幼儿园均建成投入使用，其中鲁热果玛幼儿园入学26人、驻地三村幼儿园入学43人。

【新冠肺炎疫情防控】 2021年，日屋镇统筹经济社会发展和新冠肺炎疫情常态化防控工作，组织动员民兵120人、“双联户”户长32人、村“两委”班子成员25人、党员干部167人参与疫情防控，14名医护人员坚守在新冠肺炎疫情常态化防控第一线。全镇设立5个临时党支部蹲守巡逻防控点，设立1个临时党支部疫情防控综合监测点，利用5个疫情蹲守巡逻点开展边境疫情防控工作。年内，建成新冠肺炎疫情隔离点1个、发热门诊1个，可接纳13名病人。开展适宜人群新冠疫苗接种工作，截至11月7日，全镇完成新冠疫苗第一针接种978人，新冠疫苗第二针接种970人，新冠疫苗第三针接种199人。全年完成核酸检测4次，储备备用口罩7660余只、N95口罩329只、84消毒液26瓶、氧气43瓶、防护服378套、医用隔离服56件、护目镜128副、鞋套1080双、垃圾袋357个、洗手液144瓶、酒精40升、清杀器4台、病

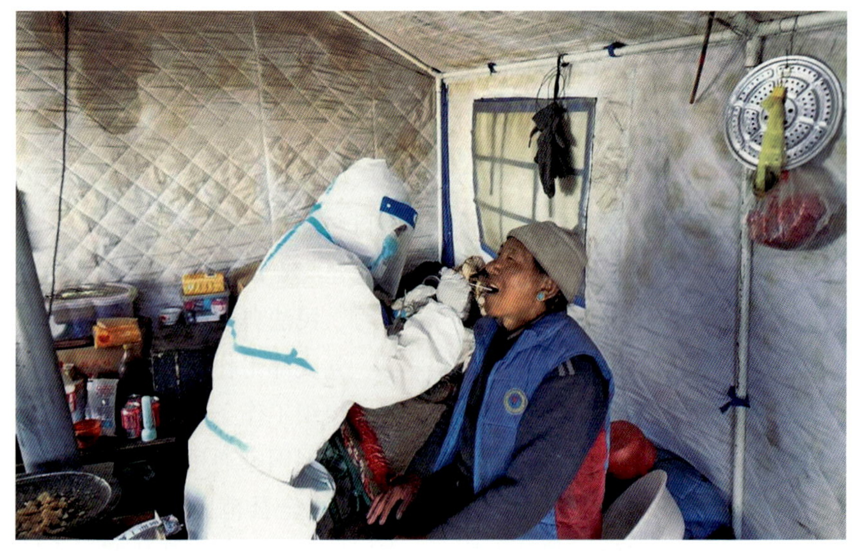

2021年，日屋镇卫生院工作人员深入高山牧场开展核酸检测
（日屋镇人民政府　提供）

毒采样管248只、体温枪5台、手套1088副、制氧机2台。

【乡村振兴】 2021年，日屋镇落实各项惠民政策，推进脱贫攻坚同乡村振兴有效衔接。2021年全镇生态就业岗位人员80人，兑现补助资金30.8万元，其中上半年兑现补助资金15.4万元，下半年兑现资金15.4万元。年内为58户建档立卡脱贫户201人落实勤劳致富“以奖代补”资金10.01万元，为9名建档立卡脱贫户家庭大学生落实“三免一补”政策资金。按照日喀则市“4321”干部结对帮扶要求，通过思想帮扶、就业对接、民政兜底、临时救助、医疗救助等各项措施开展帮扶，全镇有边缘户2户9人、监测户7户20人消除风险。按照“5个100%”要求，帮助指导组建26家农民专业合作社，全年中央扶持资金、产业“以奖代补”资金和帮扶资金共计147万元入股牦牛合作社，2018—2021年强基惠民资金199.442万元入股各村合作社。

【生态环境】 2021年，日屋镇加强生态环境工作，全面清理村内环境卫生死角，把镇域水源地、河湖、公路沿线等地作为重点治理区域，全面提升村容村貌。开展志愿服务植树种草、农村人居环境整治提升工作，村容村貌得到改善。开展城乡人居环境整治，全年完成5个行政村305户农村无害化卫生厕所新建工作，开展环境卫生星级流动红旗评比。推行垃圾分类回收，配备5辆垃圾运输车，负责辖区各个村自治区生态创建村生活垃圾处理工作。

【基层党建】 2021年，日屋镇召开基层党建研究部署会议1次、推进会议1次，党风廉政专题会议1次，开展意识形态领域专题学习交流研讨3次，涉及意识形态领域专题学习5次。完成5个行政村村“两委”换届选举工作，调整村干部正职6名，全镇村干部平均年龄由46岁下降到37岁，村“两委”班子初中以上学历由8人提升至12人，5个行政村均配备至少1名35岁以下年轻村干部，实现“年龄上下降、学历上提升”，选出25名优秀的村“两委”班子成员。抓好基层党建品牌培育选树，重点培育创建果玛村、鲁热村、日屋村、德吉村、吉勒村基层党建品牌。抓好群团组织工作覆盖，果玛村、鲁热村、日屋村、德吉村、吉勒村均成立“妇女之家”和“工会之家”。持续抓好培训学习，全年镇党委理论学习中心组学习22次、上党课36次，组织村主要干部赴自治区外培训4人、自治区级培训1人、市级培训5人、县级培训10人、镇级集中培训1期25人。抓好村干部国家通用语言文字学习培训，以村党支部第一书记、驻村工作队、乡村专干结对帮教的形式，开展学习帮教30余次、集中考试1次、月考1次、模拟情景1次；开展“情景模拟对话”比赛2次，村干部通用语言文比赛2次，“边疆人民心向党、边疆人民话说党的好、好话说不完”演讲比赛1次，“心中有党”演讲比赛1次。截至年末，村干部汉语能说会写的10人、会说23人，说、写均不会的2人。开展违规违纪发展党员专项整治工作，日屋镇共排查党员档案137册（人），其中发现问题线索5条，整改党员档案5册（人），制定村党支部书记个人档案5册。全年镇党委集中排查

2021年，按上级要求与相关法律法规，日屋镇完成镇党政班子、各行政村“两委”换届选举工作。图为中共日屋镇党员大会（选举大会）现场

（日屋镇人民政府　提供）

处置违规违纪发展党员6名，信教党员2名，年内完成教育转化和党员档案修订完善工作。全镇165名党员签订《党员政治承诺书》《修订镇规民约》《廉政承诺书》。

【综治维稳】 2021年，日屋镇推进平安日屋建设，筑牢维护稳定的铜墙铁壁。开展扫黑除恶打非治乱专项斗争，发挥驻村工作队、“双联户”户长、“两站两员”作用，排查打击村霸、路霸、车霸现象。加强巡逻排查，组织“五护队”开展治安巡逻，执行值班带班“零报告”制度。开展“八五”普法进教材、进课堂、进头脑工作，组建普法宣传队伍及宣传车，开展宪法学习宣传进机关、进单位、进学校、进万家、进牧区等活动。推行“双联户”联户单位、三级网格服务管理模式，健全矛盾纠纷多元化化解机制，全年组建人民调解组织7个35人。

陈塘镇

【概　况】 陈塘镇位于西藏自治区西南边陲，东南连尼泊尔，北靠日屋镇，西邻定日县，距自治区首府拉萨市618千米，距日喀则市主城区360千米，距定结县城130千米。全镇总面积430.62平方千米，边境线长12千米，1989年陈塘镇被划入珠穆朗玛峰国家级自然保护区。全镇海拔2040—5500米，平均海拔2500米，地势陡峭，河流湍急。受印度洋暖湿气流影响，形成亚热带山地季风气候，无霜期年均约200天，年均降雨量1000毫米，年均气温13.76℃，年极端最低气温1℃。陈塘镇位于珠穆朗玛峰东南侧的原始森林地带，生态公益林面积29726.25公顷，林草覆盖率98%，林木蓄积量接近1亿立方米。陈塘镇境内植被垂直分布明显，野生动植物丰富，地质构造复杂。全镇生产力发展水平低，农业基础设施薄弱，抗御自然灾害能力弱，农业靠天吃饭的现象突出，产业结构调整步伐慢、产业结构单一。主要种植的农作物有鸡爪谷、青稞、小麦、玉米、马铃薯、豆类等，农作物一年两熟。畜牧业分为集中圈养和分散养殖，除藏香猪外还散养有藏香鸡、山羊、黄牛、犏牛等家畜。

陈塘镇辖6个行政村（那塘村、藏嘎村、沃雪村、比塘村、莎列村、雪雄玛村），2021年全镇共有549户2640人（其中城镇户籍人口18人），劳动力人口1306人。

【农牧业生产】 2021年，全镇总播种面积112.63公顷，草场面积13686.4公顷，年末牲畜存栏数1673头（匹、只），其中大畜1274头（匹）、小畜399只。农村经济总量4062.33万元。其中，家庭经营性收入2255.59万元（第一产业收入464.13万元、第二产业收入653.39万元、第三产业收入1138.07万元），工资性收入373.93万元，财产性收入104.54万元，转移性收入1328.27万元。农牧民人均可支配收入11805元。全镇粮食产量294.15吨，蔬菜产量576.7吨，野生药材7859.25吨，肉类产量47.6吨，奶类产量6.71吨。

【招商引资】 2021年，陈塘镇党委班子通过在《日喀则日报》、“定结发布”微信公众号等媒体平台发布广告，对陈塘镇夏尔巴

2021年，陈塘镇鸡爪谷长势喜人　　（定结县方志办　提供）

歌舞传习基地进行公开招租。陈塘镇邀请县直相关单位部门对符合条件的3名陈塘镇夏尔巴歌舞传习基地承租人进行信用审查、资格调查、公开竞标，由每个承租人对陈塘镇夏尔巴歌舞传习基地打造方案、未来开发计划和服务带动群众能力等内容一一介绍陈述，最终确定1名承租人。

【项目建设】 2021年，陈塘镇党委、镇人民政府提前谋划，积极和上级相关部门沟通交流，申报陈塘镇民用加油站项目。截至年末，陈塘镇民用加油站项目已经获得批准，相关部门人员正在测量选址、规划建设。

【基层党建】 2021年，陈塘镇如期完成镇党政领导班子、村“两委”换届选举工作。年内，陈塘镇党委持续发挥示范引领作用，团结带领镇机关党支部、6个村党支部和镇中心小学党支部加强阵地建设，实现8个基层党支部活动阵地“九有”标准全覆盖，鼓励农牧民群众前来党建活动阵地参观学习，密切党群、干群、军民、军警关系。截至年末，陈塘镇共组织农牧民群众前来各党支部活动阵地参观学习24次，群众自发前来开展活动30余次。

【为民服务】 2021年，陈塘镇党委班子对33项历史遗留问题敢动真碰硬，每个镇党委、镇人民政府班子成员“认领”遗留问题，明确到人、责任到肩。要求各村第一书记、驻村工作队履行职责，发挥作用，带领村干部、“双联户”户长认领符合各村实际的“历史遗留疑难”问题清单。年末，陈塘镇党委、镇人民政府解决遗留问题13项，梳理上报本级无法解决问题26项，打通为民服务“最后一公里”。12月29日，受南支槽影响，陈塘镇遭遇强降雪天气，导致全镇辖区遭受不同程度的雪灾，各村积雪均达0.5米。陈塘镇党委、镇人民政府组织党员干部及各村群众，紧急开展抗击雪灾救援行动。

2021年，陈塘镇如期完成镇党政班子、各行政村“两委”换届工作。图为4月28日召开的中国共产党定结县陈塘镇第十次党员大会代表合影
（陈塘镇人民政府　提供）

【综治维稳】 2021年，陈塘镇党委、镇人民政府，发动和依靠群众力量，坚持问题矛盾就地解决，建立陈塘镇执行委员会队伍制度。队伍由镇人民政府、公安、镇中心小学、镇卫生院干部职工及各村监督委员、人大代表、政协委员、村干部、无职党员等共计57人组成，年内对辖区不定期巡逻，监督环境卫生、食品安全、新冠肺炎疫情防控、村规民约、群众反映热点难点问题。截至年末，陈塘镇执行委员会发现提出36项问题，已办结34项，待办结2项，纳入镇规民约7条意见，全年收缴过期、“三无”食品62种。

【新冠肺炎疫情防控】 2021年，陈塘镇党委、镇人民政府多次召开疫情防控工作推进会，申请设立医疗救治区和疫情防控执勤点，整合疫情防控、群防群治和防疫预备队力量，开展巡逻巡山护边共计380余次，其中一线巡逻200余次，辖区巡逻180余次，引导群众接种新冠疫苗，开展多轮核酸检测和多次应急演练。

郭加乡

【概　况】 郭加乡位于喜马拉雅山北麓，地处定结县西部，西邻定日县，东靠江嘎镇，南接萨尔乡，距日喀则市主城区231千米，距定结县城39.4千米，乡人民政府所在地海拔4340米。全乡总面积392.26平方千米，林地面积72.47公顷，湿地面积1344.53公顷，耕地面积172.71公顷，属于半农半牧乡。郭加乡辖康孔村、准贡村、楚卡村、白堆村、切村、乃村6个行政村，总人口148户834人。

2021年，全乡实现农村经济总收入1667.92万元。其中，家庭经营总收入为938.54万元（第一产业收入392.88万元、第二产业收入125.29万元、第三产业收入420.37万元），工资性收入179.8万元，财产性收入76.83万元，转移性收入472.75万元。农牧民人均可支配收入13259.47元。

【农牧业生产】 2021年，全乡农作物播种面积121.44公顷，其中粮食作物播种面积91.53公顷，油料作物播种面积17.8公顷，蔬菜种植面积1.71公顷，其他作物10.4公顷。全年农作物产量530.1吨，其中粮食产量480.93吨，油菜产量32.2吨，蔬菜产量42吨，其他农作物（青饲料）产量446.3吨。农业机械总动力合计13186千瓦。年末牲畜存栏14203头（只、匹）。其中，大畜1052头（匹）、牛982头、马70匹，小畜13151只。全年肉类产量18.06吨，奶类产量46.93吨，羊毛产量4.5吨。全年畜牧养殖合作社实现分红30余万元。

【项目建设】 2021年，投资250万元建设定结县准贡农畜产品专业合作社主体工程；8月，86户民房改造工程通过竣工验收，奖补资金128.45万元全部兑现；楚卡村人居环境整治项目获审批立项。年内，夏玛养殖合作社建设项目开工。

【民生保障】 2021年，全乡城乡居民基本医疗保险参保842人；城乡居民养老保险参保442人，兑现养老保险待遇15684人次15.5万元；有残疾人71人，兑现残疾人“两项补贴”12.48万元；全乡农村最低生活保障对象3人，落实低保生活补助资金31689元。

【社会事业】 文化体育　2021年，郭加乡有乡文化站1所，乡新时代文明实践所1所，村级新时代文明实践所6所。持续开展庆祝中国共产党成立100周年暨西藏和平解放70周年系列文体活动，开展“三禁三不”文明乡创建活动，持续开展“五好家庭”评比活动。完善乡规民约、村规民约，县级非物质文化遗产切村“巴果玛戏”和楚卡村“藏戏”得到弘扬发展。年内，在定结县第二届职工运动会比赛中，郭加乡代表队获男子4×100米接力比赛集体一等奖、女子4×100米接力比赛集体二等奖；获篮球比赛冠军，获奖金2万元。

教　育　郭加乡有乡中心小学1所（含附属幼儿园），占地2353.44平方米，全乡适龄儿童、少年入学率达到100%。年内，学校开展“珠峰杯教师技能大赛”特色教研活动，持续抓好“5个100%”工作。年内获县级学校综合绩效考核三等奖，学校校级班子绩效考核二等奖。是年，郭加乡持续推进控辍保学工作，落实《定结县义务教育阶段控辍保学“七长”责任制》，组织辖区内适龄儿童、少年入学，对因病、因残疾不能正常上学的学生进行送教上门。重视校园安

10月3日，县级领导及全县9个乡（镇）党政负责人到郭加乡康孔村牦牛养殖合作社开展观摩交流活动　（郭加乡人民政府　提供）

6月，郭加乡举行“永远跟党走”庆祝中国共产党成立100周年暨西藏和平解放70周年系列活动（郭加乡人民政府　提供）

全与学生人身安全、食品安全教育，全年开展宣传、督查工作8次。年内，广东瑞星新能源科技有限公司驻西藏办事处、西藏微风实业有限公司为郭加乡中心小学捐赠并安装价值2.5万元的空气能洗浴设备。

卫　生　郭加乡有乡卫生院1所，在编医务人员10名。有村级医务室5所，村医12名。2021年，乡卫生院门诊量1064人次，住院分娩6人。建立居民健康档案798份，累计建档率达98.89%以上。0—6岁儿童免费疫苗接种率达100%，累计发放防病宣教资料610余份，年内，群众新冠疫苗接种2400余剂次，接种率达到99%。

【乡村振兴】　2021年，郭加乡推进巩固拓展脱贫攻坚成果同乡村振兴有效衔接，制定《关于实现巩固脱贫攻坚成果同乡村振兴有效衔接的实施方案》《关于健全防止返贫致贫动态监测和帮扶机制的实施方案》，年内有防返贫监测户4户16人。郭加乡整合强基惠民资金96万元，大力发展合作社集体经济，全乡农牧民专业合作社年末分红达39.27万元。做好农牧民转移就业工作，全乡实现农牧民转移就业118人，实现创收547.61万元。

【生态环保】　2021年，郭加乡持续开展人居环境整治行动，6个行政村新建垃圾暂存点6处，配备垃圾运输车6辆，乡人民政府配备大型垃圾压缩运输车1辆，建立有垃圾运输设施、有清扫保洁队伍、有垃圾存储点、有乡（村）规民约、有财政保障的“五有”工作机制。推进农村“厕所革命”和人畜分离工作，全年改造提升农村住房86户，组织生态岗位人员开展乡村道路、村庄院落、房前屋后环境卫生整治和垃圾清理，每季度开展卫生评比，实行“卫生流动红旗”制度。乡妇联按照“五美”“五净”的进行检查环境卫生，开展“美丽家园·幸福人家”环境卫生综合评比活动。持续开展自治区级生态示范乡（村）创建工作，全年植树2500株。郭加乡制定《郭加乡环境保护突发事故应急预案》《郭加乡人民政府关于环境卫生整治工作方案》《郭加乡农村环境卫生综合整治考核评分细则》等，先后开展8次环境督查，在全乡推广“河长制”App应用。

（曲　珍）

萨尔乡

【概　况】　萨尔乡总面积452.98平方千米，叶如藏布湿地面积82平方千米，全乡耕地面积372.81公顷，草场面积25401.8公顷，林地面积45.53公顷，距离定结县城43千米。萨尔乡下辖9个行政村（扎西岗村、强布村、夺姆村、拉康村、雪村、合隆村、普如村、普圭村、郭庆村），5个自然村（达热、龙巴强、思新、稠、除龙），总人口725户2722人，其中农牧民653户2650人。全乡有乡中心小学1所、在校学生213名，村级幼儿园3所、学前生119名。全乡有12个党支部（9个村级党支部、2个机关党支部、1个边境派出所党支部），共有党员255名（其中农牧民党员225名、机关党员20名、边境派出所党员10名），“三老”人员10名，党外人士8名。辖区有农业银行营业所1所，有施工资质的施工企业12家，农民专业合作组织29个。萨尔乡辖区有曲果德庆林寺（格鲁派）和贡强桑旦曲布寺（宁玛派）2座寺庙。

2021年，全乡经济总量达6665.32万元，同比增长12.7%。其中，家庭经营性总收入4489.08万元（第一产业1279.89万元、第二产业1824.25万元、第三产业1384.万元），工资性收入995.33万元，财产性收入47.06万元，转移性收入1133.86万元。农牧民人均可支配收入15352.01元。粮油总产量1070.65吨，蔬菜产量249吨，饲草产量372吨，年末牲畜存栏17874头（只、匹），其中大畜2899头（匹）、小畜14975只，新生仔畜4029头（只、匹），仔畜成活率92.18%，成畜出栏率达到24.16%。

【农牧业生产】 2021年，萨尔乡持续推广扩大优良品种“喜马拉22号”“藏青2000”播种面积。全乡农作物播种面积505.63公顷，其中粮食作物273.55公顷（青稞247.66公顷、豌豆25.88公顷），油菜56.23公顷，蔬菜12.46公顷，青饲草163.39公顷。全年发放化肥215.45吨，其中尿素35.8吨、二胺59.65吨、有机肥100吨、有机化肥20袋。强化接羔育幼工作，全年仔畜成活3714只，接羔育幼成活率达92.18%，为建档立卡脱困户无畜户、少畜户发放公羊种羊106只。全年牲畜防疫密度达100%、禽流感防疫密度达100%，加大畜群改良力度，推广优质品种（娟珊牛、雅江雪牛），完成畜群改良任务113头，其中黄牛87头、犏牛26头。

【项目建设】 2021年，萨尔乡新建萨尔乡加油站项目，总投资1188万元；与县乡村振兴局对接，实施新建普如、普圭2个牦牛养殖合作社项目；投入资金20余万元，实施普贵村劳务输出合作社扶持项目（购买挖掘机1台）；实施郭庆村匹林玛养殖合作社扶持项目，兑现扶持资金50万元；投资90万元合隆村饮水项目；实施强布村农田灌溉项目（全县5个点），总投资825万元；实施完成萨尔乡多功能全民健身活动广场，总投资263万元。年内，普圭村使用2020年强基惠民资金16万元新建雅江雪牛养殖合作社项目，使用2021年强基惠民资金16万元新建村集体经济商品房项目；雪村使用2021年强基惠民资金14.9万元，购买苗圃基地灌溉水车。是年，扎西岗村重组原有养殖合作社，新组建奶牛养殖合作社。

【民生保障】 2021年，萨尔乡落实低保政策，强化低保户复核工作，坚持“应保尽保、规范运作、分类施保、动态管理”原则。全年清退不符合条件农村低保3户9人、城镇低保3户3人，审核上报3户14人，兑现9户36人低保补助资金4.73万元。开展残疾人康复需求摸底调查，发放康复辅助器具29件，为5名残疾人发放机动轮椅车燃油补贴1900元；新识别残疾人6人、残疾级别升级4人，兑现残疾人“两项补贴”78人12.78万元。做好救灾救济工作，对10户困难家庭兑现临时救助资金10万元。兑现5名老人高龄补贴3000元，全年走访慰问空巢老人、留守儿童、孤寡老人、五保户等50余人次。年内，兑现县总工会对22名大学生交通补助资金1.88万元；慰问13户困难家庭，发放送温暖资金3900元；为1名经济困难家庭大学生（孤儿）争取团县委“中国茅台·希望工程圆梦行动大型公益活动”助学金5000元。

【社会事业】 医疗卫生　健全基本医疗保障制度。落实“先诊疗后付费”政策，全乡农牧民基本医疗保险参保率100%。2021年，完成2021年度全乡全民健康全项体检954人（其中建档立卡脱贫人口226人），全乡建档立卡脱贫人口及防止返贫监测“三类人员”体检完成率达100%，均已建立健康档案。持续推进实施家庭医生签约服务工作，采取“一对一”签约服务方式，提供基本公共卫生和基本医疗服务，重点人员和重点疾病签约率达到100%。

教　育　2021年，萨尔乡开展义务教育阶段控辍保学工作，滚动更新0—15周岁人口数据库信息。全乡义务教育适龄儿童共216人，其中残疾儿童2人，跟班就读1人，在市特殊教育学校就读1人，义务教育阶段适龄儿童少年入学率、巩固率均为100%。落实《定结县边缘户子女接受高等教育实施免费教育补助政策实施细则》，对边缘户家庭大学生实施“三免一补”县级补助政策。全乡义务教育阶段“三包”生216人，学前教育“三包”生181人。落实建档立卡脱贫家庭学生实施免学费政策，兑现7名边缘户家庭大学生县级补助资金3.13万元。

疫情防控　2021年，全乡召开新冠肺炎疫情防控工作推进会5次，成立以“双联户”户长、民兵144人为主要力量的防疫预备队，乡卫生院医务人员为主的流行病学调查小队和消毒杀菌小队，边境派出所民警为主的巡逻巡查队，乡干部职工为主的宣讲队，全力开展新冠肺炎疫情常态化防控工作。落实“十三个到位”工作要求，强化新冠疫苗接种、核酸检测，全年12—17岁适应接种人员接种新冠疫苗262人，18—59岁适应人员接种新冠疫苗1520人，59岁以上适应接种人员接种新冠疫苗153人，开展疫情防控演练3次、全民核酸检测演练1次，选派3名党员支援疫情防控一线。

【乡村振兴】　2021年，萨尔乡落实民政、教育、卫生健康、医保普惠性政策，重点围绕“三类人员”，做到应兜底尽兜底，应保尽保。建立10户40人的监测对象台账，对监测对象、监测内容、监测标准、监测程序和帮扶政策、帮扶责任进行细化完善，开展定期排查。全年建档立卡脱贫户医疗保险参保率100%，农牧民群众医疗保险参保率100%。完成农牧民房屋改造244户，兑现改造资金236.42万元。享受生态岗位129人，按照3500元/人·年标准兑现补助资金45.15万元。全乡农牧民转移就业1500余人次，其中稳定就业154人，实现创收176.86万元，人均收入1.14万元。组织群众参与县人力资源和社会保障局开展职业技能培训8期60余人。萨尔乡争取合隆村苗圃合作社扩建项目、普圭村劳务输出合作社扶持资金项目、拉康村农产品加工合作社扶持资金项目、郭庆村匹林马养殖合作社人工种草项目与合隆村、普如村牦牛养殖合作社基建等项目，整合强基惠民资金，成立普圭村雅江雪牛养殖合作社，引导扎西岗村组建奶牛养殖合作社。2020—2021年，全乡13个村集体经济（合作社）总收益达135.28万元，累计为农民实现分红92.76万元，带动群众653户2650人。

【生态建设】　2021年，萨尔乡落实“五消除”工作要求，种植柳树、杨树、沙棘等树种8000余棵。开展环境综合治理，组织干部群众200余人次，投入经费4000元，集中开展垃圾清理工作，对废旧垃圾处理点进行整治。加大违规开采砂石整治力度，关闭辖区2处河道清淤点。申报自治区级生态文明乡村，深入各村委员会广泛宣传评选标准和要求，做到辖区9个行政村申报工作全覆盖。

【基层党建】　2021年，萨尔乡党委制定完善《乡党委会议事规则》等14项基本制度，修订《2021年萨尔乡基层党建工作计划和任务分解书》，完成萨尔乡党政领导班子及村“两委”换届工作。推进扎西岗村党支部软弱涣散党支部整改提升，4个方面17个问题全部整改到位；全年乡机关党支部开展主题党日11次，各村党支部开展志愿服务活动40余次，组织各村“两委”深入库

5月25日，乡领导带队前往库金村原采矿厂开展环境问题整改情况督查

（萨尔乡人民政府　提供）

金村党支部开展现场观摩活动1次；全年评选4个先进基层党组织、13名优秀共产党员，6人获市、县两级先进荣誉。乡机关党支部与边境派出所党支部签订警地共建协议书，邀请驻军官兵开展种植技术培训3次，联合举办新冠肺炎疫情防控演练1次，共建“一乡两所”村级调解室9个、爱心菜园2个。启动“BTS”（标准化、特色化、示范点）党组织建设，重点打造1个村级党建示范点（库金村党支部）、1个标准化基层党组织（乡政府机关党支部）、1个后备示范点（雪村党支部）。乡机关打造“红色星期五”机关党建品牌，全乡基层党建提出“七彩萨尔”（实施“红色”先锋工程、“橙色”温暖工程、“金色”富民工程、“绿色”生态工程、“青色”廉洁工程、“蓝色”平安工程、“紫色”文明工程的基层党建品牌“七大色彩”工程）。全年新发展党员15人，为村党支部“送教上门”21次，选派16名村干部、14名乡干部参加自治区内外各类专题培训。突出抓好国家通用语言学习，开展党史学习教育和“三更”专题教育，举行中国共产党成立100周年和西藏和平解放70周年系列庆祝活动，创新“党支部+服务群众”工作机制，探索开展“党员示范岗”“党员示范窗口”创建活动。

【党风廉政建设】 2021年，萨尔乡党委召开党风廉政建设工作会议，部署全乡2021年党风廉政建设工作，与副科级以上领导干部、各村、乡属各单位签订《2021年党风廉政建设工作目标责任书》。组织党员干部传达学习中共中央、自治区、市纪委会议和相关文件精神，组织学习典型案例通报文件内容，组织全乡干部集中观看《代价》等廉政警示教育片，全乡党员签订萨尔乡党员干部作风建设、拒收拒送红包礼金、禁酒、禁赌、不信仰宗教承诺书。开展“四风”问题专项治理，执行领导干部带班值班、工作日禁酒、婚丧宴请、公车使用等制度。完善工作监督机制，定期检查各项惠民资金落实、新冠肺炎疫情常态化防控工作、脱贫攻坚成果巩固拓展同乡村振兴有效衔接工作情况。

8月1日，乡机关党支部与边境派出所党支部签订支部共建协议书
（萨尔乡人民政府 提供）

【党史学习教育】 2021年，萨尔乡党委先后召开乡党委理论学习中心组党史专题学习会3次，乡机关支部党史专题学习会7次，举办党史专题研讨会8次，举行读书交流会2次，领导干部讲党课3次，党史辅导讲座1次，新老党员座谈会1次，召开专题组织生活会1次。先后组织开展党史教育专题测试5次（其中2次参加自治区、市测试，3次为自行通过线上考试系统组织举办）。按照在党史学习教育中开展专题研讨的要求，乡党委组织开展专题学习和交流研讨，围绕如何开展工作进行思想大讨论，组织乡机关党员集中观看《中央党校党史教育专题讲座12讲》、警示教育片《代价》《西藏廉洁故事》等。领导干部带头轮流讲党课，全年举办党史教育专题党课2次，党风廉政党课1次。坚持每周一举办“升国旗暨国旗下讲党史”活动，开展“我为群众办实事”实践活动，先后为群众协调解决涉及草场纠纷、土地补偿、水渠修建、用水矛盾、饮水安

全、饲草短缺、新冠肺炎疫情常态化防控等实事11件。组织开展“礼赞共产党、奋斗新时代”喜迎中国共产党成立100周年暨西藏和平解放70周年系列庆祝活动，组队参加定结县“珠峰谐韵”舞蹈比赛、产业大赛暨第二届职工运动会、第三届农牧民运动会。

【综治维稳】 2021年，萨尔乡建立网格化管理机制，制订《萨尔乡边境疫情防控网格化管理实施方案》，在辖区排查餐馆、茶馆、朗玛厅等公共场所治安情况，做好日常巡逻和夜间巡逻，累计出动3240余人次。持续推进网格化管理，乡党委、乡人民政府联合公安派出所、边境派出所、联防队员、民兵开展边境、辖区巡逻排查活动102次，累计出动290余人次。公安检查站、公安派出所持续开展打击整治枪爆违法犯罪专项斗争，加强检查卡点、物流寄递行业等流通渠道查控堵截和社会面清查收缴，落实成品油、管制刀具、民用爆炸物品等危险物品销售审批和实名登记制度。年内，乡党委联合公安派出所、边境派出所开展社会治安综合治理宣传，全年深入建筑工地、群众身边，摸排乡霸、村霸、路霸、砂霸、车霸等涉黑涉恶线索6次。发挥“双联户”户长、护村队员、联防队员作用。加大矛盾纠纷调处力度，全年人民调解委员会共调处案件2起。

（满鹏程）

琼孜乡

【概　况】 琼孜乡位于定结县东部，东连岗巴县、西邻定日县，北与萨迦县接壤，南与尼泊尔、印度毗邻，距离定结县城75千米。平均海拔4300米，全乡总面积1385.02平方千米。琼孜乡属高原内陆干燥气候，四季不太分明，日照充足、紫外线强、昼夜温差大、干燥少雨、多大风、气候恶劣，四季温差小，冬冷夏不热。琼孜乡辖姆村、楚纳村、羌姆村、朗玛村、哲圭村、乃莎村、塔嘎拓村、库宇村、东热村、德卡村、琼孜村11个村，全乡总人口698户2944人；耕地面积379.65公顷、林地面积31418.63公顷、草地面积58955.51公顷。农牧业种植品种以青稞为主，油菜、豌豆为辅。

2021年，全乡农村经济总收入7284.51万元。其中，家庭经营收入4941.54万元（第一产业2644.01万元、第二产业1521.62万元、第三产业775.91万元），工资性收入743.9万元，财产性收入174万元，转移性收入1425.07万元。全乡农牧民年人均可支配收入14411.29元。

【农牧业生产】 2021年，全乡农作物播种面积473.21公顷，其中粮食作物291.93公顷、油菜88.59公顷、蔬菜23.3公顷、其他作物（青饲料）69.39公顷。粮食产量1291.3吨（青稞1244.35吨、豌豆46.8吨），油菜产量152.45吨，蔬菜产量610.87吨，青饲料产量458.65吨。年末牲畜存栏35938头（匹、只），其中大牲畜4123头（匹）、猪2头、小牲畜31813只。适龄母牲畜共1.38万头（匹、只），新生仔畜7000头（匹、只）；全年牲畜出栏4207头（匹、只），出栏率达到17.56%。肉类产量64.62吨，奶类产量116.4吨，羊毛产量13.4吨。

【集体经济发展】 2021年，琼孜乡牧村土林景区日旅客接待量逐年提升，解决就业岗位6个，景区服务中心租赁收入达5.6万元；姆村羊毛加工厂实现年收入33万余元；各村绵羊、山羊养殖合作社运行逐步规范，琼孜、哲圭2村黄牛改良及养殖合作社，培育第一代娟珊牛犊12头；通过申请县级产业扶持资金扶持，朗玛纯净水厂实现转型升级，生产规模日益壮大。年内，全乡有运营良好的村集体经济20个，全年总收益341.04万元，实现分红156.31万元，实现集体经济就近就便就业52人，人员工资119.29万元。

【项目建设】 2021年，琼孜乡建成东热村3座温室大棚，新建琼孜乡卫生院，实施完成4个村（羌姆村、姆村、德卡村、塔嘎拓村）供水工程、琼孜乡新时代文明实践广场、2个村（乃萨村、羌姆村）人畜便桥、2个村（姆村、乃萨村）151公顷高标准农田、10个行政村建设12座垃圾转运站等7项惠民项目。年内，琼孜乡抓好项目规划，全年申报乡村振兴“十四五”规划项目19个，计划预算投资1.8亿元。加强重点项目建设过程管理，采取定期或不定期方式对重点项目进行督促检查，注重工程进度，保证工程质量，全年开展项目专项督查视察活动8次。

【民生保障】 2021年，琼孜乡及时足额兑现边民补贴、生态效益补偿资金、生态岗位资金、以奖代补资金等各项惠民资金2257.32万元。年内，琼孜乡全面落实15年免费教育、经济困难家庭学生资助、农村义务教育学生营养改善和“三包”等政策，坚持小学招生“应招尽招”、初中招生“整班移交”。截至年末，全乡小学生253人，幼儿园137人，初中生154人，高中生69人，实现全乡义务教育巩固率100%。

【驻村工作】 2021年，琼孜乡驻村工作队邀请西藏自治区农牧科学院博士级专家，开展科学种植大棚温室蔬菜和桃树种植、高海拔饲草种植技能培训2次；组织乡域内7名科技特派员和村干部到拉萨市观摩学习，受益群众62户238人；投资25万元成立羌姆村科学饲养短期育肥羊合作社，协调相关部门办理石窟景区门票价格事项。年内，组织驻村工作队队员开展为低收入监测家庭帮扶送温暖活动，协调社会力量为乃莎村送去价值10余万元的帮扶物资。琼孜乡对接县残联，投入9万余元对哲主村10名残疾人和经济困难家庭大学生实施帮扶；协调自治区红十字会，开展困难家庭送温暖、妇女健康体检和琼孜乡11个行政村村医务室、兽医室设备捐赠活动，开展全乡范围白内障患者复明手术；协调中央储备粮拉萨直属库有限公司，解决20万元资金壮大德卡村集体经济。

【乡村振兴】 2021年，琼孜乡建立健全防返贫监测机制，贯彻落实“四个不摘”目标要求，有序推进动态监测工作。截至年末，全乡动态监测户共4户12人。年内，琼孜乡加大劳务输出力度，落实建设项目本地用工量80%要求，推进全乡农牧民转移就业工作。全乡完成转移就业1258人2791人次，创收980.7万元。全乡2021年应届大学毕业生共计12名，按照高校毕业生“4321”结对帮扶工作方案，年内12名应届毕业大学生全部实现就业。

【生态环保】 2021年，琼孜乡义务植树1.4万余株，巩固“五消除”（无林乡镇、无林村组、无绿院落、无林农户、种树空白）工作成果，在辖区各村周边、房前屋后开展大规模种植绿化，申报德卡、东热2个村沙化治理项目、琼孜村境内叶如藏布源头治理项目。开展人居环境综合整治，对村庄环境和家庭、个人卫生进行定期清理，实行门前“三包”制，将责任落实到户到人。全乡确定每周一为集体卫生日，对乡村道路两侧卫生进行全面整治，整治房前屋后乱堆乱放现象，拆除违规建筑，改变全乡环境脏、乱、差现象。

【新冠肺炎疫情防控】 2021年，琼孜乡抓好新冠肺炎疫情常态化防控工作，先后召开疫情防控专题会议7次，深入各村、甲吾拉山口执勤点检查疫情防控工作15次，开展疫情防控应急演练13次；张贴疫情防控宣传画100余张、喷绘横幅23条，发放海报52份，广播宣传累计80余次。在甲吾拉等边境山口开展巡逻28次，巡逻执勤达300余人次。做好新冠疫苗接种工作，截至年末，全乡3周岁以上新冠疫苗第一剂接种2788人，新冠疫苗第二剂已接种2380人，新冠疫苗第三剂已接种1440人，基本实现新冠疫苗接种全覆盖；完成全乡1818人核酸检测采样工作。兑现卡点执勤人员补助资金19.36万元，执勤燃油补助资金6172元。

【换届工作】 2021年，琼孜乡完成辖区11个行政村“两委”换届工作，村干部平均年龄从原来的43.5岁降低到32岁，平均文化水平从原来的小学水平提升到初中水平。共选举产生琼孜乡11个行政村的村“两委”班子成员56人、村民监督委员会成员33人，充实完善村级委员13人，举办1次选任村干部履职培训。换届后，琼孜乡每名班子成员包村任职，结对帮助指导各村“两委”班子推进各项工作。

【基层党建】 2021年，琼孜乡做好基层党建工作，执行每月村党支部书记工作例会、村党支部第一书记工作例会、每季度村委会主任工作例会和驻村工作例会制度，总结工作经验成绩，交流探讨工作方法，比较工作效率。落实村级党建工作制度，每月对各村“三会一课”“四议两公开”制度落实情况和存在的困难问题进行现场核实整改。做实党建基础工作，全年发展党员9人、共有预备党员15人，培养入党积极分子47人（农牧民42人），完善党员档案267份；共收缴机关党员党费2290元、农牧民党员党费2170元，返还党费2676元；看望慰问全乡6名困难党员，发放慰问金1800元。加强乡村干部管理，落实上下班、请销假制度和相关干部管理条例。加强乡、村两级宣讲员的培训管理，辖区有22名农牧民宣讲员和3名干部宣讲员。

【党风廉政建设】 2021年，乡党政主要领导干部参观学习市党风廉政警示教育基地1次，集中学习典型案例6次。乡党委书记对下属各部门、各村主要领导进行廉政谈心谈话，乡人民政府乡长对副职干部进行廉政谈心谈话，组织乡纪委、财务、乡党委党建办公室工作人员抽查村级财务情况，协助县委巡察工作领导小组办公室完成德卡村巡察整改工作。

【党史学习教育】 2021年，琼孜乡通过学习历史文献、观看红色电影、举办封闭式学习辅导会、组织每周专题学习等方式，全年开展党史学习教育、“三更”专题教育学习65次，专题研讨12次，观看庆祝中国共产党成立100周年大会实况及习近平总书记在西藏视察工作、庆祝西藏和平解放70周年大会直播3次，观看红色电影7次，参与学习干部500余人次。乡中心小学和各村党支部同步开展党史学习教育，参与学习教师及农牧民党员达2000余人次。年内开展以“党的光辉照边疆、琼孜人民心向党”为主题的琼孜乡庆祝中国共产党成立100周年大型文艺比赛和知识竞赛活动，参与活动的干部、干警、教师及其他群众870余人。琼孜乡开展“我为群众办实事”实践活动8项，累计投入资金64万元，组织全乡妇女干部群众为河南省郑州市暴雨灾区捐款21946元。

【综治维稳】 2021年，琼孜乡开展交通安全排查治理，引导群众正确佩戴安全头盔、安全带，提升交通安全意识。全年全乡共排查安全隐患10余项，排查矛盾纠纷5起，接待来信来访2件5人次，全部妥善解决，化解率100%。持续推进民族团结进步创建活动，开展国家通用语言文字推广和普及。加强军警民沟通协调，推动“五共五固”活动，实施军地联合巡边、新冠肺炎疫情常态化防控，开展政治辅导、捐衣赠物、助农秋收等军地共学活动。

（冯　枭）

定结乡

【概　况】 定结乡位于定结县城以东102千米处，北与多布扎乡接壤，东与岗巴县相连，南与琼孜乡相连。全乡辖区面积286.68平方千米，年平均气温8℃，无霜期约80天，日照时间长，属于山地寒带、高山亚高山寒带气候，平均海拔4340米，境内水源主要是冰雪融水、草甸深水和山泉水，水质甘甜清凉，水源较为丰富。乡域内有自治区级文物保护单位2处（扎西群培寺、定结宗堡）。定结乡属半农半牧区，主要农作物青稞、油菜、萝卜、马铃薯；主要牲畜为牦牛、犏牛、黄牛、马、绵羊、山羊。全乡下辖定结、姆隆、杂兴、曲热、普洛、拉强6个行政村及杂兴普、杂兴达、岗热、堆旺、土丹、恰措、古孜、普洛8个自然村，全乡共有369户1623人。

2021年，全乡农村经济总收入3289.83万元。其中，家庭经营收入2035.26万元（第一产业369.76万元、第二产业973.76元、第三产业691.74万元），工资性收入391.78万元，财产性收入21.45万元，转移性收入841.34万元。农村居民人均可支配收入达12824.91元。

【农牧业生产】 2021年，全乡农作物播种面积187.4公顷，其中粮食作物播种面积101.48公顷，油料作物42.4公顷，蔬菜种植9.6公顷，青饲料种植面积33.92公顷。全乡粮食产量504.3吨，油菜产量47.55吨，蔬菜产量3129.11吨，青饲料341.2吨。年末牲畜存栏23092头（匹、只），其中牛1963头、马175匹，小畜20954只。肉类产量46.91吨，奶类产量124.06吨，羊毛产量7.03吨。

【民生保障】 教育事业 2021年，乡党委、乡人民政府先后召开控辍保学工作推进会3次，在重大节日开展慰问2次，主要领导先后3次深入学校指导教学质量及学校党建工作，为学校解决1万元的预防青少年违法犯罪工作经费，全秀中小学入学率达100%。

转移就业 2021年，全乡转移就业738人1622人次，完成目标任务的99%，创收889.34万元。

惠民政策 2021年，定结乡兑现2020年边境民房改造资金1975445元，兑现2020年退耕还林补助资金40625元（2006年实施的退耕还林项目），兑现2021年困难群众救济资金10.6万元，兑现2021年城乡低保差额资金145061元，兑现2021年生态效益补偿资金517558.57元，兑现2021年退耕还林补助资金40625元（2006年实施的退耕还林项目），兑现2020年科技特派员补助资金7.2万元，兑现2021年草奖补助资金1108582.52元，兑现2021年大学生村官自治区级补助资金1.8万元，兑现人力资源和社会保障协理员补助1.2万元，共计兑现惠民政策资金403.56万元。

【乡村振兴】 2021年，定结乡围绕乡村振兴战略20字方针，大力实施发展优势产业，培育农牧民专业合作社发展，全乡发展前景较好、市场潜力较为广阔的农牧民专业合作社有姆隆村牲畜养殖农民专业合作社、普洛村藏香加工农民专业合作社、拉强村岗热牦牛养殖农民专业合作社、曲热村旅游经济开发与经营农民专业合作社、杂兴村民族手工编织农民专业合作社等，全乡合作社净收入达53万余元。抓好村集体经济发展，年内杂兴村羊毛梳理加工厂投入资金2万元，2021年实现村集体经济纯收入8000元；姆隆村2021年投入驻村产业发展资金18万元，在公路沿线建设商品房400平方米，年实现村集体经济收入6.6万元；普洛村整合投入2019年、2020年驻村产业发展资金购置小型挖掘机1台，全年实现村集体经济收入1.7万元；曲热村新增大中型农业机械1台（自走式谷物联合收割机），投入驻村产业发展资金15.75万元，享受农机购置补贴资金6万元，全村青稞机收率达40%以上，实现村集体经济收入4000元；定结村整合投入2018年、2019年驻村产业发展资金38万元，购置装载机1台，全年实现村集体经济收入7.21万元。

【生态环保】 2021年，定结乡加大环境卫生整治力度，健全农村生活垃圾收运处置体系，完善乡、村两级设施和服务，引导农牧民开展庭院和村庄绿化美化。全年完成整治私搭乱建、乱堆乱放、残垣断壁等重大问题8项，排查整治村庄垃圾收集池爆满未及时处理等自查自纠问题12项，建设垃圾填埋场7000平方米，先后投入资金1.2万元，拆除违规建筑180平方米；实施庭院和村庄绿化工程，全年植树4800株，新增网围栏2.2千米。年内，全乡安排生态岗位513人，推行“门前三包”责任制，清除乡村街道垃圾死角、沟渠垃圾，定期组织乡干部及村民开展环境卫生整治。

【新冠肺炎疫情防控】 2021年，定结乡做好新冠肺炎疫情常态化防控工作，先后召开新冠肺炎疫情常态化防控工作推进会4场（次）（120余人次参会）、新冠肺炎疫情防控演练2场（次）（1200余人次参与）。

【基层党建】 2021年，定结乡新吸收预备党员20人，培养积极分子5人，提交入党申请4人。加强党员日常教育管理，开展乡党员干部日常提醒谈话5人次，给予1名村主要干部诫勉谈话。抓好党史学习教育，先后组织群众召开宣讲大会60余次，张贴宣传标语100余条，邀请县人民检察院、县司法局业务骨干进村开展法治宣讲。落实《关于新形势下党内政治生活的若干准则》要求，组织召开“领导干部报告个人有关事项”专题民主生活会及各党支部党史学习教育专题组织生活会。制定乡干部内部管理制度，完善乡党委会议、乡党委理论学习中心组学习会议、周五例会等制度，建立乡干部评优评先细化积分表、各村月考评制度。持续整顿软弱涣散基层党组织，选优配强村“两委”班子成员。曲热村党支部作为2020年软弱涣散基层党组织，在换届中配齐配强村“两委”班子，5名村干部中1990年后出生的有3名。乡党委联合乡边境派出所，建立村“双政治辅导员”制度，分别由边防民警与乡包村领导兼任政治辅导员，每周与边防民警开展互讲党课、主题讨论同学习、志愿服务同行动、重要信息同分享、“升国旗、唱国歌、学党史、守边关”警地联谊等联建共创活动。抓好国家通用语言文字学习，利用村干部坐班与“一对一”辅导制度开展帮学；通过“每日一字”音频，村主要干部、党员带动村民群众学，每月随机抽取1名村干部和2名村党员进行测试，分数纳入月考评。

【党风廉政建设】 2021年，定结乡党委定期召开党风廉政建设工作专题会议，对上一阶段乡纪委工作进行总结，对下一阶段工作进行安排部署。通过周例会、乡党委理论学习中心组学习会、工作总结会等形式，组织全乡干部职工先后学习《关于进一步贯彻落实中央八项规定精神自治区党委实施办法的实施细则》等重要法规、重要文件、典型案例。在元旦、春节、藏历新年、“五一”国际劳动节、中秋节、国庆节期间，乡纪委组织全体干部职工及村“两委”班子开展节日期间警示教育活动，对违规公款吃喝、违规接待、公款旅游、公车私用、违规发放津贴等问题进行监督。落实“三重一大”民主决策制度，提高领导班子科学、民主决策水平。加强6个行政村村“两委”换届工作监督，开展各村“两委”班子离任前财务审计工作。

【综治维稳】 2021年，定结乡开展社会治安综合治理宣传活动6场次，发放宣传单300余份，组织乡社会治安综合治理办公室人员开展道路交通、火灾隐患、食品药品安全排查8次，出动人员23人次，组织各村护村队开展治安巡逻15次。在新冠肺炎疫情常态化防控期间，定结乡组建7支党员志愿服务队、设置党员先锋岗。按照“属地管理”和“谁主管谁负责”“谁联系谁负责”的原则，建立健全矛盾摸排和调解处理机制，开展矛盾纠纷排查化解工作；按照生态环保要求，打击非法采石采砂活动，规范河砂开采行为。重视安全生产工作，全年无重特大安全生产事故发生。

（赤列旦增）

确布乡

【概　况】 确布乡位于定结县东南部，东接扎西岗乡，南接萨迦县，北靠江嘎镇，西邻郭加乡，距离定结县城57千米。全乡面积344.3平方千米，平均海拔4300米，自然灾害有旱灾、雪灾、冰雹、风灾等。确布乡属半农半牧乡，有耕地面积386.67公顷，人均耕地面积0.2公顷。确布乡辖克阿村、拉隆村、确布村、吉堆村、拉贵村、莎拉岗村、春阿村、麦卡村、楚古村9个行政村。2021年全乡人口336户1733人（不含公职人员）。

2021年，全乡经济总收入2824.29万元。其中，家庭经营性总收入2041.50万元（第一产业收入780.81元、第二产业收入692.56万元、第三产业收入568.13万元），工资性收入543.25万元，财产性收入11万元，转移性收入228.54万元。农牧民人均可支配收入达11980.91元。

【农牧业生产】 2021年，全乡农作物播种面积318.1公顷，其中粮食作物播种230.58公顷（小麦23.02公顷，青稞173.57公顷、豌豆33.99公顷），其他作物87.52公顷（油菜籽19.42公顷、蔬菜15.59公顷、青饲料52.51公顷）。粮油总产量1203.15吨，其中小麦70.8吨、青稞产量899吨、豌豆233.35吨，油料作物28吨，蔬菜产量302吨，青饲料产量197.9吨。年末牲畜存栏29814头（匹、只）。其中，大畜1917头（牛1666头、马242匹、驴9头），小畜27897只。全年肉类产量52.14吨，奶类产量118吨，羊毛产量5.97吨。2021年全乡良种推广230.58公顷，单产达4125千克/公顷。

【民政工作】 2021年，确布乡清退低保户4户，新增农村低保户3户，共发放城镇低保资金106602.72元、农村低保资金52265.4元。年内，向民政部门申报2名不同类型的困境儿童并实施救助，对全乡11户36人进行救助，救助资金达7.9万元；对3户困难家庭进行临时救助，救助资金1.9万元（县民政局1万元、乡民政办公室9000元）。在“三大节日”期间，确布乡对32名残疾人、分散供养五保户、低保户进行节日慰问，慰问金共1.6万元；确布乡联系西藏吉盛实业有限公司，为全乡9个行政村无偿捐赠多功能绞肉机（或2台太阳能光伏庭院灯）。年内，组织2名残疾儿童到拉萨市进行康复治疗，为4名符合手术条件的白内障患者实施免费白内障复明手术，为听力残疾人配备助听器，为残疾患者修建无障碍设施。投资46.8万元在麦卡村建设分散老年人集中供养场所，投资350万元建设村级公益性生态墓地，建立村级殡葬协管员队伍。

【就业及社会保障】 2021年组织开展厨师、以工代训钢筋工、水泥工、手工编织、水管员、汽车驾驶及岗巴羊养殖等职业技能培训196人。确布乡全年转移就业758人1381人次，其中县内681人、跨县607人、跨市89人、跨自治区4人，实现创收1018.22万元。确布乡完善就业援助体系，做好就业困难人员实名制动态管理、职业指导和职业介绍工作，帮助就业困难人员实现再就业。年内，确布县联合县人力资源和社会保障局排查4起拖欠农民工工资问题，全部追缴兑现。完成2021年度城乡居民1000人养老保险保费征收工作，共计缴纳保险20.02万元，参保率达100%；开展城乡养老保险待遇领取人员生存认证工作126人，排查出1人死亡人员存在城乡居民基本养老保险待遇续领事实，及时追回追缴已发放待遇款项；全年累计上报死亡人员信息17人，兑现丧葬补助资金与个人账户资金47938.56元，停发养老保险待遇5人。是年，确布乡纠正养老保险系统人员错误数据信息94人，办理迁出人员养老保险缴费关系转移24人，中止死亡人员养老保险缴费15人。

【教育事业】 2021年，确布乡有乡中心小学1所，附属幼儿园2所，在校教职工15人，在校学生139人，适龄儿童入学率达99%，15周岁受教育率100%。教育“三包”和学生营养计划政策全面落实。开展关爱青少年学生成长系列活动，为全校139名学生送去价值1.7万元的学习用具、书包和保温杯；在第37个教师节之际，组织全体教师召开教师节座谈会，发放慰问金4380元。

【乡村振兴】 截至2021年末，确布乡有36个农牧民专业合作社（包括个体经营合作社），实现分红的有5个。年内建成克阿村苗圃基地，种植规模达2公顷，培育成品沙棘苗3.5万株、本地柳苗10.5万株，完成楚古村、拉贵村苗圃种植基地前期准备工作。整合2020年度各村办实事经费，建设经济实体商铺房500平方米的，共计5个门面，收益租金预计5万元/年，采取“乡后勤服务中心+合作社”模式进行管理分红。

【生态环保】 4月，确布乡协调县林业和草原局，为全乡各村争取3000株本地红柳、杨树、柏树苗，发动全乡干部群众种植。年内，确布乡发挥生态岗位人员作用，开展人居环境综合整治，补齐生态环境方面的短板。落实河长责任，建设乡、村二级河长制组织体系，更新《定结县确布乡乡、村二级责任河长名录》，实现乡、村二级河长全覆盖。年内成立乡河道采砂专项整治工作领导小组，开展河道清障联合行动，排查非法采砂4次，整治涉及河道砂场1座，组织各村党员、“双联户”户长、生态岗位人员开展水环境专项整治30余次，参加400余人次，共清理河道垃圾约5吨。

【新冠肺炎疫情防控】 2021年，确布乡落实市委新冠肺炎疫情防控“十三个到位”工作要求，先后召开5次新冠肺炎疫情常态化防控部署会议、3次推进会、2

9月10日，吉林省农业科学院援藏专家组专家到确布乡调研指导沙棘产业项目
（确布乡人民政府　提供）

5月20日，确布乡麦卡村岗巴羊养殖合作社分红仪式举行
（确布乡人民政府　提供）

次专题会，下发整改督办清单8项。全年登记外来人员2800余人次，车辆消毒400余辆次，体温检测2800人次，检查乘车人员是否戴口罩400余人次。年内，确布乡从包干经费中列支1.2万元作为疫情防控卡点生活开支，全乡新冠疫苗接种实现全覆盖，核酸检测实现全覆盖。

【基层党建】 2021年，确布乡完成乡、村两级换届工作，选优配强44名村干部，乡党委、乡人民政府领导班子平均年龄34岁。规范党委会议议事规则、“三会一课”、谈心谈话、干部管理、重大事项请示报告、周例会、乡党委理论学习中心组学习会等9项制度，先后召开乡党委会13次、研究事项45项，举行乡党委理论学习中心组学习24次，开展班子成员谈心谈话2次，干部谈心谈话3次，召开重点工作推进会5次，党政主要领导干部带头讲党课2次。抓好党史学习教育，形成研讨材料64份，累计开展知识测试2次。依托新时代文明实践所，发挥11个志愿服务队、“百姓大讲堂”作用，开展政策宣讲活动，全年集中宣讲45场次、受教育3689人次，入户宣讲224场次、受教育1458人次。落实结对帮扶政策，全乡45名干部与帮扶对象结成对子，进行物资慰问、思想疏导、政策教育等，全年开展帮扶活动2次。采取“一对多、多对一”等方式，乡干部与44名村干部结成对子，推进村干部国家通用语言培训工作，村干部使用国家通用语言比例达80%。做好发展党员工作，全年吸收预备党员21人，培养入党积极分子12名。丰富党员志愿服务活动，开展秋收助农志愿活动1次、新冠肺炎疫情常态化防控党员志愿活动5次、新冠肺炎疫情防控演练2次、核酸检测演练1次。开展“我为群众办实事”实践活动，年内落实民生领域办实事项目15项。完善村规民约，建立卫生奖惩制度开展法制宣传和矛盾排查活动，全年排查化解矛盾纠纷15起。

【综治维稳】 2021年，确布乡层层签订各类目标责任书，落实24小时值班带班制度、日报告制度及巡逻制度，强化治安巡查清查工作，开展零散成品油违规销售、建筑领域安全隐患、校园安全等隐患排查。全年累计开展治安巡逻500次、巡山18次，化解矛盾纠纷15起，涉及50人，排

1月8日，确布乡召开2021年村"两委"换届前期工作部署及培训会
（确布乡人民政府 提供）

查安全隐患70次；累计开展法治宣传21次，受教育群众2600余人次；开展民法典专题讲座3次，扫黑除恶专项斗争宣传12次，征兵宣传9次，发放宣传资料1200份，兑现"双联户"户长补贴8.2万元。

（陈王韫玥）

多布扎乡

【概　况】 多布扎乡位于定结县城东北部，同扎西岗乡、定结乡及岗巴县直克乡接壤，距县城91千米，平均海拔4475米，面积727.92平方千米。多布扎乡属典型的高原气候，整体气候干燥，太阳辐射强，多大风、雷暴和冰雹等天气。多布扎乡辖多布扎村、扎林村、聂孜村、扎西孜村、那仁村、洛巴村6个行政村，乡人民政府驻地海拔4486米。

2021年，全乡农村经济总收入3494.56万元。其中，家庭经营收入1849.47万元（第一产业收入1007.76万元、第二产业收入407.31万元、第三产业收入434.4万元），工资性收入550.04万元，财产性收入59.66万元，转移性收入1035.39万元。农牧民人均可支配收入14377.63元。农作物播种面积332.85公顷，其中粮食作物播种面积238.47公顷，油料作物播种面积51.2公顷，蔬菜种植0.48公顷，青饲料种植42.7公顷。粮食产量939.15吨，油料作物产量72.2吨，蔬菜产量18.5吨，青饲料产量994.50吨。年末牲畜存栏43598头（匹、只），肉类产量30.69吨，奶类产量209.34吨，羊毛产量14.13吨。

【农牧业生产】 农　业　2021年，多布扎乡发放有机肥60吨1500袋，尿素17吨340袋；在聂孜村推广当地（琼孜乡姆村）高产油菜13.33公顷，扎西孜村推广当地（琼孜乡姆村）高产油菜4.67公顷，多布扎村推广当地（琼孜乡姆村）高产油菜6.67公顷，扎林村推广当地（琼孜乡姆村）高产油菜10公顷。

牧　业　年末牲畜存栏43598头（只、匹）。其中，大畜2526头（匹）（牛2365头、马161匹），小畜41072只（山羊5708只、绵羊35364只）。全年接羔育幼绵羊（山羊）7896只，死亡绵羊（山羊）1739只。全年召开3次动物防疫工作会议，到各村宣传牲畜防疫知识16次，向各村发放常规药及疫苗6箱。全乡接种口蹄疫疫苗绵羊26763只、山羊5946只、牦牛243头、黄牛1394头、犏牛332头，防疫率达100%。年内养殖业保险理赔支付理赔绵羊（山羊）445只17.8万元，牛9头3.78万元；未支付理赔绵羊（山羊）812只22.8万元，牛24头8.22万元。野生动物肇事理赔支付理赔52只（头）1.54万元，未支付理赔62只（头）2.15万元。

人工种草　2021年，聂孜村实施人工种草13.33公顷，扎林村实施人工种草10.37公顷，多布扎村实施人工种草12.67公顷，扎西孜村实施人工种草4公顷，洛巴村实施人工种草6.67公顷，多布扎村实施人工种植连片饲草及客土改良16.67公顷，扎林村实施人工种植连片饲草及客土改良11公顷、建设饲草种植基地16.67公顷。

【合作社发展】 2021年末，聂孜村合作社牲畜存栏76只，扎林村合作社牲畜存栏148只，多布扎村合作社牲畜存栏438只，扎西孜村合作社牲畜存栏348只，洛巴村合作社牲畜存栏230只，那仁村合作社牲畜存栏120只。全年出售绵羊781只，出售总价78.1万元。珍央手工编织合作社累计带动群众13户13人致富，带动3户建档立卡脱贫户就业，累计生产量达600余件，总收入达80万元，纯利润达47万元，总计分红15万余元。3月，珍央手工编织合作社与县农业农村局、多布扎乡人民政府、多布扎村签订产业项目带动合同，承诺每年带动边民（多布扎村）109户554人，其中建档立卡脱贫户10户28人，每年分红资金41380元，承诺带动期限为5年。

【项目建设】 2021年，多布扎乡完成多布扎村村委会、扎林村村委会标准化建设工作，新建阳光棚、小卖部、茶馆、浴室等配套设施。多布扎乡整合2018年强基惠民驻村经费96万元，完成多布扎商业街项目建设。

【民生保障】 2021年，全乡开展城乡居民医疗保险缴费政策宣传6次，城乡居民医疗保险参保达到100%，全乡医疗保险保费收缴14.89万元。全乡城乡居民基本养老保险参保人员978人，其中建档立卡脱贫人口80人，五保户1人，重度残疾人7人，低保户1人；参保缴费人员904人，其中建档立卡脱贫人员18人，共缴费金额19.44万元。2021年，多布扎乡开展16—59岁新增劳动力人口调查摸底，劳动力人口1066人，其中男性劳动力人口591人、女性劳动力人口475人。全年完成农村劳动力转移就业772人，完成全年目标任务的100%；转移就业人次1032人次，创收871.43万元，完成全年目标的100%。多布扎乡有应届高校毕业生12人，其中3人考入事业单位，其余9人均实现就业。年内开展困难群众救助2人，其中一般户1人救助5000元，严重户1人救助1万元。

【乡村振兴】 2021年，多布扎乡做好防止返贫动态监测工作，对脱贫不稳定户、边缘易致贫户及因病因灾因意外事故导致基本生活出现严重困难户，开展定期监测、动态管理，全乡将已脱贫人口1户8人和边缘易致贫人口2户6人纳入监测预警范围，2户边缘易致贫户劳动力3人安排生态岗位。加强边缘易致贫户实名制台账管理，开展边缘易致贫户致贫风险排查，从产业发展、医疗保障、教育资助、综合保障、防贫保险、扶志扶智等方面制订“一户一策”帮扶方案。年内，多布扎乡开展脱贫不稳定户返贫风险排查，制订“一户一策”帮扶方案。

【生态环保】 4月，多布扎乡从县林业和草原局争取到1439棵树苗，动员全乡干部群众参与植树造林。年内，多布扎乡发挥生态岗位、党员志愿者、农牧民志愿者作用，开展环境卫生综合整治工作。全乡开展环境卫生整治志愿服务17次，处理各类垃圾100余吨。

【基层党建】 2021年，多布扎乡党委制定“三更”专题教育与党史学习教育方案、学习计划表，推进基层党建和党史学习教育工作。全年乡党委理论学习中心组专题学习14次，举行党员集中学习25次，上专题党课4次，召开组织生活会2次，开展“主题党日活动”12次，“我为群众办实事”实践活动10余次；乡主要领导开展集中学习4次，专题研讨4次，形成自查报告3篇，下村督导2次，查摆问题20余条，形成“我为群众办实事”调研报告2篇。2021年，多布扎乡完成乡、村两级换届工作，选举产生新一届村“两委”班子成员32名，村务监督委员18人。村“两委”班子成员党员率、村务监督委员会成员党员率均达到100%，“十条标准”“十个注重”“十个严禁”符合率100%。年内召开全乡党员大会，选举产生新一届乡党委委员9名、纪委委员3名、出席中国共产党定结县第十次代表大会代表11名。

年内，多布扎乡开展习近平总书记在庆祝中国共产党成立100周年大会上的重要讲话精神、习近平总书记在西藏考察时重要讲话精神等宣讲35次，受教育群众1573人次；入户宣讲205次，受教育层面达96%。全年乡党建办公室组织开展村干部培训3

期，各驻村工作队组织开展村干部培训12期，累计培训87人次。全乡党员包户329户1710人，结合党史学习教育，共为民办实事23件。做好发展党员工作，全乡吸收预备党员10人，培养入党积极分子7人，预备党员转为正式党员9人。组建政治辅导员队伍，开展政治辅导员上党课6次，宣讲24次，受教育群众1093人次。驻村工作队开展村干部国家通用语言文字教育培训12场次，制作党史学习教育宣传栏8处、横幅40余条、发放党史学习教育书籍200余册，发放、推送音频、视频资料30余次。全年发展志愿服务队8支，志愿人数226人。

【综治维稳】 2021年，多布扎乡开展治安巡逻1294次，出动车辆241辆次、巡逻人员10543人次；深入刑满释放人员家中了解思想动态28次，涉及56人次。开展矛盾纠纷排查调解工作，最大限度把矛盾化解在基层。实施“八五”普法规划，成立乡普法工作领导小组，开展法律进村、进校园活动，全年开展各类宣传活动56次，出动人员149人次，发放各类宣传资料1.12万余份。全年调解处理矛盾纠纷2起，协调县农业农村局解决兑现拖欠农民工工资4万余元。

【安全生产】 2021年，多布扎乡对无证驾驶机动车、逾期未检车辆、临近报废车辆、酒后驾驶、超载、驾驶摩托车未戴安全头盔、未成年人驾驶车辆等安全隐患进行排查23次，当场纠正劝诫骑摩托车不戴头盔46人。年内组成检查组深入项目施工点，对施工现场材料堆放、施工标示牌、施工用火用电情况进行排查，全年排查110次，责令建立安全防护网施工单位3家。全年开展食品安全排查10次，销毁过期食品18种73件。

年内，多布扎乡召开“双联户”户长会议，对学生尤其是小学生寒假、暑假期间安全管理进行全面安排部署，要求家长、监护人在寒暑假期加强对学生管理，并对学生易发生安全事故的地点进行反复排查。

（巴桑欧珠）

扎西岗乡

【概　况】 扎西岗乡位于定结县东北部，喜马拉雅山北麓，北纬28° 31′、东经88° 03′，平均海拔4300米，东接多布扎乡，南连定结乡，西通确布乡，北邻萨迦县雄麦乡，距自治区首府拉萨市553千米，距日喀则市主城区272千米，距定结县城67千米，辖区面积531.8平方千米。扎西岗乡辖仲康村、扎西岗村、奴夏村、古热村、白玛村、普村6个行政村，2021年全乡人口429户2043人。扎西岗乡属半农半牧乡，全乡耕地面积510.33公顷，退耕还林面积42.78公顷，公益林面积7034.33公顷，主要粮油作物有青稞、小麦、豌豆、油菜、土豆等。

2021年，全乡农村经济总收入3481.91万元。其中，家庭经营性收入2118万元（第一产业收入868.45万元、第二产业收入756.3万元、第三产业收入493.25万元），工资性收入985.34万元，财产性收入71.75万元，转移性收入306.82万元。农牧民人均可支配收入11897.01元。

【农牧业生产】 2021年，全乡农作物播种面积510.78公顷。其中，粮食作物播种面积361.08公顷（青稞270.16公顷、豌豆90.92公顷），油料作物播种面积44.89公顷，蔬菜种植49公顷，青饲料种植55.81公顷。粮食产量1458.8吨（青稞1359吨、豌豆99.8吨），油菜产量108.66吨，蔬菜产量650.45吨，其他农作物（青饲料）产量628吨。年末牲畜存栏24527头（匹、只）。其中，大畜2224头（匹）（牛1935头、马289匹），小畜22303只（山羊5025只、绵羊17278只）。肉类产量63.51吨，奶类产量125.67吨，羊毛产量6.7吨。2021年全乡良种推广面积达56.67公顷，单产达5100千克/公顷，出售良种6000千克，实现收益4.98万元。

【项目建设】 2021年，扎西岗乡统筹利用强基惠民经费、基层党建经费等资金，投入民生事业发展，改善全乡水塘、水渠、防洪堤、自来水、农用桥、道路硬化等基础设施。2021年上半年开工的金龙普水库配套设施水渠工程、非边境地区基础设施建设工程、自来水建设工程、防洪堤项目建设工程，年末全部竣工。

【民生保障】 2021年，扎西岗乡完成城乡居民医疗保险、城乡居民养老保险缴费工作，收缴比例分别达到97%、100%，开通“一站式医疗报销平台”系统，扎西岗乡卫生院实现“一站式报销服务”，医疗保险参保率达97%。全乡重点人群家庭医生服务协议签约率达100%，开展全民健康体检和基层巡回诊疗服务8次，受益群众1789人次。全年实现农牧民转移就业917人，组织农牧民转移就业482人次（其中自治区外就业3人），创收879.3万元。2021年落实强农惠农政策，向群众兑现生态效益补偿资金591534.19元、农村低保差额补助资金52815元、退耕还草资金1461192.5元、草奖资金1246592.16元、草场补偿资金11.47万元、困难群众救助补助资金16.5万元、脱毒马铃薯示范种植项目资金17.44万元，及时兑现“三老”人员、村医、兽医、科技特派员及“双联户”户长等工资补贴。

【社会事业】 2021年，扎西岗乡持续推进控辍保学工作，幼儿园入学率达100%，中小学入学率达100%。加大教育工作支持力度，落实帮扶资金4000余元，发放学校教职工慰问款6000元，为学校解决预防青少年违法犯罪工作经费1万元，对全乡18名大学生进行集中开展慰问，累计发放1.2万元慰问金；年内，扎西岗乡五人制足球场项目竣工验收并投入使用。

【乡村振兴】 2021年，扎西岗乡加强对脱贫监测户的动态管理，制定完善帮扶责任工作机制，采取思想引导、政策宣讲、物资帮扶、安排生态岗位、申请民政救助等帮扶措施，让脱贫监测户生活有保障。全年发放建档立卡脱贫户小额信贷资金121万元，兑现生态岗位资金243.8万元，兑现脱贫户勤劳致富“以奖代补”资金23.9万元。年内，对全乡农牧民养殖专业合作社进行重新折股量化，扩大养殖规模，调整畜牧结构，抓好机械合作社、劳务输出合作社、农产品加工合作社发展，全年完成村集体经济总收入101万元，实现分红50.56万元。

【生态环保】 2021年，扎西岗乡通过开展生态环保知识宣讲、组织群众开展环境卫生集中整治、定期开展乡村生活垃圾转运及党员志愿者服务等工作措施，抓好全乡环境卫生工作。是年，全乡共开展环境保护政策知识群众性宣讲16场次，受教育群众1620余人，开展环境卫生集中整治65次，清理转运生活垃圾4.5吨，自行改善村级垃圾填埋场2处，投入资金4500元。坚持每周一、周五开展环境卫生清洁行动，制定《扎西岗乡环境卫生工作制度（试行）》。

【新冠肺炎疫情防控】 2021年，扎西岗乡严格落实市委新冠肺炎疫情常态化防控“十三个到位”工作要求，先后召开8次新冠肺炎疫情防控部署会议、5次推进会、2次专题会，完善各项工作方案预案，强化疫情防控监督，实现新冠肺炎疫情常态化防控“零输入、零传播、零感染、零确诊”。全年开展疫情防控演练3次，参与群众达890人，完成核酸检测299人次，新冠疫苗免费接种累计达3341剂次。

8月24日，县委副书记、县人民政府县长次琼（前排左三）检查扎西岗乡青稞良种推广工作　　（扎西岗乡人民政府　提供）

5月24日，中国共产党定结县扎西岗乡召开党员大会，选举新一届乡党委班子（扎西岗乡人民政府 提供）

【基层党建】 2021年，扎西岗乡完成乡、村两级换届工作，选优配强31名村干部，6名优秀村后备干部进入村“两委”班子，乡党委、乡人民政府领导班子平均年龄31岁。规范乡党委会议议事规则、“三会一课”、谈心谈话、干部管理、重大事项请示报告、周例会、乡党委理论学习中心组学习会等9项制度，先后召开乡党委会议13次、研究事项45项，召开乡党委理论学习中心组学习会14次、周例会40次，开展班子成员谈心谈话2次，干部谈心谈话3次，召开重点工作推进会5次，带头讲党课2次。落实“第一课题”“第一要求”，学习研讨习近平总书记重要讲话精神及党内法规、条例、规范性文件，形成研讨材料56份，开展知识测试3次。依托新时代文明实践所，发挥8个志愿服务队、“百姓大讲堂”作用，集中开展宣讲56场次，受教育群众4521人次、入户宣讲246场次、受教育群众1287人次。开展庆祝中国共产党成立100周年系列活动，先后对24名经济困难党员、11名“三老”人员、8名乡村振兴专干及疫情防控先进工作者、经济困难职工开展慰问，累计发放慰问资金2.16万元。推进国家通用语言培训工程，乡干部与43名村干部结成对子，建立结对帮学责任明白卡、结对帮学工作机制、工作台账，村干部使用国家通用语言比例达到87%。做好发展党员工作，全年吸收预备党员11人，预备党员转为正式党员9人。突出基层阵地建设，优化3项村级活动场所，打造1个基层党建示范点。开展党员志愿服务活动，全年开展秋收助农3次、新冠肺炎疫情防控党员行动8次、新冠肺炎疫情防控演练3次、核酸检测演练1次。开展“我为群众办实事”实践活动，调研民生领域办实事项目37项，年内落实14项。开展“民法典进乡村”法制宣传活动，排查化解矛盾纠6起，6个村为群众发放摩托车骑行安全头盔。

【党风廉政建设】 落实党委从严治党主体责任和纪委监督责任，完善制定党员领导干部“一岗双责”制度，组织观看警示教育4次、学习典型反腐通报文件15次、书记讲廉政党课2次，对7名干部执行制度不严问题进行提醒谈话。

【综治维稳】 2021年，扎西岗乡层层签订综治目标责任书，强化工作措施，完善工作台账，落实24小时值班带班制度、日报告制度及巡逻制度。开展零散成品油违规销售、建筑领域安全隐患、校园安全等隐患排查，做好矛盾纠纷排查化解。全年累计开展治安巡逻256次、巡山8次，化解矛盾纠纷4起，涉及人数15人，排查安全隐患56次，累计开展法治宣传13次，受教育群众2100余人次；开展民法典专题讲座2次，扫黑除恶专项斗争宣传8次，征兵宣传6次，发放宣传资料898份；兑现“双联户”户长补贴9.8万元。

（普布扎西）

定结年鉴
2022

荣誉·人物

定结宗格错（县方志办　提供）

市级以上先进单位（集体）一览表

表 8

序号	受奖单位	荣誉名称	授予单位
1	定结县琼孜乡哲圭村党支部	全区先进基层党组织	自治区党委
2	定结县脱贫攻坚指挥部办公室	全区脱贫攻坚先进集体	自治区党委、自治区人民政府
3	江嘎镇人民政府	全区脱贫攻坚先进集体	自治区党委、自治区人民政府
4	日喀则市定结县日屋镇	自治区先进“双联户”创建活动先进集体	自治区党委、自治区人民政府
5	定结县日屋镇果玛村	第六届自治区文明村镇	自治区党委、自治区人民政府
6	定结县卫生健康委员会	第六届自治区文明单位	自治区党委、自治区人民政府
7	定结县公安局	集体二等功一次	自治区公安厅
8	定结县日屋镇果玛村支部委员会	日喀则市先进基层党组织	中共日喀则市委员会
9	定结县人力资源和社会保障局	2021 年度日喀则市就业创业工作先进集体	日喀则市人力资源和社会保障局
10	定结县琼孜乡	市级五星乡镇	日喀则市委、市人民政府
11	定结县江嘎镇芒热村	市级五星村	日喀则市委、市人民政府
12	定结县郭加乡楚卡村	市级五星村	日喀则市委、市人民政府
13	定结县萨尔乡郭庆村	市级五星村	日喀则市委、市人民政府
14	定结县陈塘镇藏嘎村	市级五星村	日喀则市委、市人民政府
15	定结县定结乡布洛村	市级五星村	日喀则市委、市人民政府
16	定结县人民法院驻陈塘镇藏嘎村工作队	全市“四讲四爱”群众教育实践活动先进集体	日喀则市委、市人民政府
17	定结县江嘎镇党委	全市“四讲四爱”群众教育实践活动先进集体	日喀则市委、市人民政府
18	定结县扎西岗乡扎西岗村委	全市“四讲四爱”群众教育实践活动先进集体	日喀则市委、市人民政府
19	定结县萨尔乡郭庆村委	全市“四讲四爱”群众教育实践活动先进集体	日喀则市委、市人民政府
20	中共定结县江嘎镇曲米村支部委员会	全市先进基层党组织	日喀则市委员会
21	中共定结县萨尔乡合隆村支部委员会	全市先进基层党组织	日喀则市委员会
22	中共定结县确布乡拉贵村支部委员会	全市先进基层党组织	日喀则市委员会
23	中共定结县陈塘镇党委	集体三等功	中共日喀则市委组织部

市级以上先进个人一览表

表 9

序号	姓　名	单　位	荣誉称号	授予单位
1	边　巴	定结县陈塘镇政府	全区优秀基层干部	自治区党委
2	边　珍	定结县陈塘镇比塘村党支部	全区脱贫攻坚先进个人	自治区党委、自治区人民政府
3	索朗多吉	定结县扎西岗乡党委	全区脱贫攻坚先进个人	自治区党委、自治区人民政府
4	巴桑欧珠	定结县琼孜乡哲圭村党支部	全区脱贫攻坚先进个人	自治区党委、自治区人民政府
5	多　杰	定结县江嘎热网络科技文化产业发展有限公司	全区脱贫攻坚先进个人	自治区党委、自治区人民政府

续表9

序号	姓　名	单　位	荣誉称号	授予单位
6	付加辉	定结县城市管理和综合执法局	全区脱贫攻坚先进个人	自治区党委、自治区人民政府
7	巴桑欧珠	定结县多布扎乡党委	全区第三批优秀村（社区）党组织第一书记	自治区党委组织部
8	丁丽敏	定结县人民政府	全区扫黑除恶专项斗争先进工作者	自治区党委政法委员会
9	达娃央宗	定结县郭加乡楚卡村	全区“四讲四爱”群众教育实践活动优秀宣讲员	自治区党委宣传部、自治区“四讲四爱”群众教育实践活动领导小组办公室
10	何程程	定结县公安局	自治区公安厅扫黑办抽调民警表现突出个人	自治区公安厅
11	赵江勇	定结县人力资源和社会保障局	全区人力资源社会保障系统2018—2020年度“人社优质服务个人”	自治区人力资源和社会保障厅
12	林立鹏	陈塘镇党委	个人二等功	日喀则市委、市人民政府
13	增　巴	陈塘镇人民政府	个人二等功	日喀则市委、市人民政府
14	陈永福	定结县日屋镇党委	个人二等功	日喀则市委、市人民政府
15	伦　珠	定结县日屋镇吉勒村党支部	2021年度日喀则市优秀共产党员	中共日喀则市委员会
16	索　朗	定结县郭加乡楚卡村	市级“五星户”	日喀则市委、市人民政府
17	贵　桑	定结县日屋镇德吉村	市级“五星户”	日喀则市委、市人民政府
18	南　加	定结县多布扎乡聂孜村	市级“五星户”	日喀则市委、市人民政府
19	次仁尼玛	定结县江嘎镇曲米村	市级“五星户”	日喀则市委、市人民政府
20	珠　扎	定结县扎西岗乡古热村	市级“五星户”	日喀则市委、市人民政府
21	罗　增	定结县定结乡姆隆村	市级“五星户”	日喀则市委、市人民政府
22	罗　布	定结县琼孜乡姆村	市级“五星户”	日喀则市委、市人民政府
23	扎　西	定结确布乡楚古村	市级“五星户”	日喀则市委、市人民政府
24	旺　加	定结县萨尔乡合隆村	市级“五星户”	日喀则市委、市人民政府
25	阿旺曲培	定结县陈塘镇莎列村	市级“五星户”	日喀则市委、市人民政府
26	它　决	定结县日屋镇日屋村	全市“四讲四爱”群众教育实践活动优秀宣讲员	日喀则市委、市人民政府
27	次　仁	定结县陈塘镇那塘村	全市“四讲四爱”群众教育实践活动优秀宣讲员	日喀则市委、市人民政府
28	达娃央宗	定结县郭加乡楚卡村	全市“四讲四爱”群众教育实践活动优秀宣讲员	日喀则市委、市人民政府
29	边　琼	定结县扎西岗乡中心小学	全市“四讲四爱”群众教育实践活动优秀宣讲员	日喀则市委、市人民政府
30	次　罗	定结县中学	全市“四讲四爱”群众教育实践活动优秀宣讲员	日喀则市委、市人民政府
31	班典扎西	定结县扎西群培寺	2020年下半年“遵行四条标准争做先进僧尼”教育实践活动优秀僧尼	日喀则市委、市人民政府
32	群　琼	定结县扎西群培寺	2020年下半年“遵行四条标准争做先进僧尼”教育实践活动优秀僧尼	日喀则市委、市人民政府

续表9

序号	姓　名	单　位	荣誉称号	授予单位
33	旦　增	定结县扎西群培寺	2020年下半年“遵行四条标准争做先进僧尼”教育实践活动优秀僧尼	日喀则市委、市人民政府
34	琼　达	定结县扎西群培寺	2020年下半年“遵行四条标准争做先进僧尼”教育实践活动优秀僧尼	日喀则市委、市人民政府
35	米玛加布	定结县扎西群培寺	2020年下半年“遵行四条标准争做先进僧尼”教育实践活动优秀僧尼	日喀则市委、市人民政府
36	旺　堆	定结县扎西群培寺	2020年下半年“遵行四条标准争做先进僧尼”教育实践活动优秀僧尼	日喀则市委、市人民政府
37	拉巴旦增	定结县伟色寺	2020年下半年“遵行四条标准争做先进僧尼”教育实践活动优秀僧尼	日喀则市委、市人民政府
38	达　瓦	定结县伟色寺	2020年下半年“遵行四条标准争做先进僧尼”教育实践活动优秀僧尼	日喀则市委、市人民政府
39	旦增贵桑	定结县阿布入寺	2020年下半年“遵行四条标准争做先进僧尼”教育实践活动优秀僧尼	日喀则市委、市人民政府
40	巴桑次仁	定结县贡强桑旦曲布寺	2020年下半年“遵行四条标准争做先进僧尼”教育实践活动优秀僧尼	日喀则市委、市人民政府
41	甲　巴	定结县曲果德庆林寺	2020年下半年“遵行四条标准争做先进僧尼”教育实践活动优秀僧尼	日喀则市委、市人民政府
42	贡布多吉	定结县伟色寺特派机构	2020年下半年“遵行四条标准争做先进僧尼”教育实践活动优秀寺管干部	日喀则市委、市人民政府
43	曲　桑	定结县贡强桑旦曲布寺庙管理委员会	2020年下半年“遵行四条标准争做先进僧尼”教育实践活动优秀寺管干部	日喀则市委、市人民政府
44	拉巴琼达	定结县贡强桑旦曲布寺庙管理委员会	2020年下半年“遵行四条标准争做先进僧尼”教育实践活动优秀寺管干部	日喀则市委、市人民政府
45	张　庆	定结县卫生服务中心	2021年度日喀则市优秀共产党员	中共日喀则市委员会
46	旦增多吉	定结县江嘎镇芒热村党支部	2021年度日喀则市优秀共产党员	中共日喀则市委员会
47	严　欢	定结县委办公室	2021年度日喀则市优秀党务工作者	中共日喀则市委员会
48	扎西曲热	定结县郭加乡党委	2021年度日喀则市优秀党务工作者	中共日喀则市委员会
49	次仁加	定结县琼孜乡人民政府	2021年度日喀则市优秀基层干部	中共日喀则市委员会
50	扎　西	定结县陈塘镇人民政府	2021年度日喀则市优秀基层干部	中共日喀则市委员会

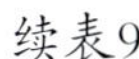

续表9

序号	姓 名	单 位	荣誉称号	授予单位
51	扎 西	定结县郭加乡中心小学	日喀则市最美边境教师	日喀则市委、市人民政府
52	扎西达杰	定结县琼孜乡中心小学	日喀则市最美边境教师	日喀则市委、市人民政府
53	拉 巴	定结县萨尔乡中心小学	日喀则市最美边境教师	日喀则市委、市人民政府
54	次旦平措	定结县陈塘镇中心小学	日喀则市最美边境教师	日喀则市委、市人民政府
55	甲木多	定结县日屋镇中心小学	日喀则市最美边境教师	日喀则市委、市人民政府
56	平措吉巴	定结县江嘎镇希望幼儿园	2021 年日喀则市名园长	日喀则市委、市人民政府
57	巴桑加布	定结县郭加乡中心小学	2021 年日喀则市优秀教师	日喀则市委、市人民政府
58	塔 曲	定结县琼孜乡中心小学	2021 年日喀则市优秀校长	日喀则市委、市人民政府
59	巴桑卓玛	定结县定结乡中心小学	2021 年日喀则市优秀教师	日喀则市委、市人民政府
60	巴桑欧珠	定结县陈塘镇中心小学	2021 年日喀则市优秀教师	日喀则市委、市人民政府
61	贡布次旦	定结县多布扎乡中心小学	2021 年日喀则市优秀教师	日喀则市委、市人民政府
62	巴桑罗布	定结县扎西岗乡中心小学	2021 年日喀则市优秀教师	日喀则市委、市人民政府
63	巴 桑	定结县萨尔乡中心小学	2021 年日喀则市优秀教育工作者	日喀则市委、市人民政府
64	多吉次仁	定结县中学	2021 年日喀则市优秀教育工作者	日喀则市委、市人民政府
65	边 旺	定结县完全小学	2021 年日喀则市优秀教育工作者	日喀则市委、市人民政府
66	晋 卓	定结县教育局	2021 年日喀则市优秀教育工作者	日喀则市委、市人民政府
67	普布扎西	定结县教育局	2021 年日喀则市优秀教育工作者	日喀则市委、市人民政府
68	加 布	定结县中学	2021 年日喀则市模范班主任	日喀则市委、市人民政府
69	巴桑仓木拉	定结县完全小学	2021 年日喀则市模范班主任	日喀则市委、市人民政府
70	顿珠次仁	定结县中学	2021 年日喀则市思想政治教育先进工作者	日喀则市委、市人民政府
71	西 热	定结县教育局	2021 年日喀则市思想政治教育先进工作者	日喀则市委、市人民政府
72	卓 嘎	定结县扎西岗乡中心小学	2021 年日喀则市思想政治教育先进工作者	日喀则市委、市人民政府
73	蒋 雪	定结县确布乡中心小学	2021 年日喀则市思想政治教育先进工作者	日喀则市委、市人民政府
74	赤列南加	定结县定结乡中心小学	第六届班禅大师奖教金“珠峰好教师”	日喀则市教育局
75	普 仓	定结县确布乡中心小学	第六届班禅大师奖教金“珠峰好教师”	日喀则市教育局
76	多吉扎巴	定结县完全小学	第六届班禅大师奖教金“珠峰好教师”	日喀则市教育局
77	加 穷	定结县多布扎乡中心小学	第六届班禅大师奖教金“珠峰好教师”	日喀则市教育局
78	次旺坚参	定结县日屋镇中心小学	第六届班禅大师奖教金“珠峰好教师”	日喀则市教育局
79	扎西顿珠	定结县江嘎镇党委	日喀则市创先争优强基惠民活动先进驻村工作队员	中共日喀则市委组织部

续表9

序号	姓　名	单　位	荣誉称号	授予单位
80	普布扎西	定结县扎西岗乡党委	2021年度日喀则市优秀共青团干部	共青团日喀则市委
81	尼　珍	定结县融媒体中心	日喀则市优秀新闻工作者	日喀则市委宣传部
82	葛　德	定结县公安局	优秀县区公安局局长、政委	日喀则市公安局党委
83	边　顿	定结县公安局	警务技术能手	日喀则市公安局党委
84	周媛媛	定结县公安局	警务技术能手	日喀则市公安局党委
85	普布扎西	定结县公安局	侦查办案能手	日喀则市公安局党委
86	巴桑次仁	定结县公安局	治安业务先进个人	日喀则市公安局党委
87	边巴旺堆	定结县公安局	侦查办案能手	日喀则市公安局党委
88	普布石达	定结县公安局	侦查办案能手	日喀则市公安局党委
89	普次仁	定结县公安局	侦查办案能手	日喀则市公安局党委
90	普布扎西	定结县公安局	侦查办案能手	日喀则市公安局党委
91	白清明	定结县公安局	警务技术能手	日喀则市公安局党委
92	达　琼	定结县公安局	治安业务先进个人	日喀则市公安局党委
93	次旦仁增	定结县公安局	治安业务先进个人	日喀则市公安局党委
94	索朗平措	定结县公安局	先进工作者	日喀则市公安局党委
95	巴　桑	定结县公安局	先进工作者	日喀则市公安局党委
96	柏绍楠	定结县公安局	先进工作者	日喀则市公安局党委
97	葛　德	定结县公安局	2021年度日喀则市优秀公务员	中共日喀则市委、市人民政府
98	王　翔	琼孜乡库宇村驻村工作队	2021年度日喀则市优秀驻村工作队队员	日喀则市委组织部、强基办
99	都　嘎	县市场监督管理局	2021年全区非公有制经济组织优秀党务工作者	自治区市场监督管理局党组
100	曲　央	郭加乡人民政府	2021年度日喀则市优秀党务工作者	中共日喀则市委员会
101	池梦宇	定结县人民检察院	全区检察机关民事检察业务竞赛第三名	西藏自治区人民检察院

县级表彰先进单位（集体）一览表

表10

序号	受奖单位	荣誉名称	授予单位
1	县委办公室	文明单位	中共定结县委、县人民政府
2	县纪委	文明单位	中共定结县委、县人民政府
3	县委组织部	文明单位	中共定结县委、县人民政府
4	县教育局	文明单位	中共定结县委、县人民政府
5	县民族宗教事务局	文明单位	中共定结县委、县人民政府
6	县公安局	文明单位	中共定结县委、县人民政府
7	县扶贫开发办公室	文明单位	中共定结县委、县人民政府
8	县行政审批和便民服务局	文明单位	中共定结县委、县人民政府
9	县文化广播影视服务站	文明单位	中共定结县委、县人民政府

续表10

序号	受奖单位	荣誉名称	授予单位
10	县总工会	文明单位	中共定结县委、县人民政府
11	定结县中学	文明单位	中共定结县委、县人民政府
12	县基本医疗保险服务窗口	文明窗口	中共定结县委、县人民政府
13	县市场监督管理局服务窗口	文明窗口	中共定结县委、县人民政府
14	县税务局服务窗口	文明窗口	中共定结县委、县人民政府
15	县委组织部	“四讲四爱”先进集体	中共定结县委、县人民政府
16	郭加乡人民政府	“四讲四爱”先进集体	中共定结县委、县人民政府
17	江嘎镇人民政府	“四讲四爱”先进集体	中共定结县委、县人民政府
18	定结县中学	“四讲四爱”先进集体	中共定结县委、县人民政府
19	贡强桑旦曲布（寺庙）管理委员会	“四讲四爱”先进集体	中共定结县委、县人民政府
20	陈塘镇萨列村驻村工作队	“四讲四爱”先进集体	中共定结县委、县人民政府
21	日屋镇德吉村驻村工作队	“四讲四爱”先进集体	中共定结县委、县人民政府
22	萨尔乡郭庆村驻村工作队	“四讲四爱”先进集体	中共定结县委、县人民政府
23	江嘎镇曲米村驻村工作队	“四讲四爱”先进集体	中共定结县委、县人民政府
24	郭加乡准贡村驻村工作队	“四讲四爱”先进集体	中共定结县委、县人民政府
25	确布乡春阿村驻村工作队	“四讲四爱”先进集体	中共定结县委、县人民政府
26	定结乡定结村驻村工作队	“四讲四爱”先进集体	中共定结县委、县人民政府
27	多布扎乡聂孜村驻村工作队	“四讲四爱”先进集体	中共定结县委、县人民政府
28	琼孜乡哲圭村驻村工作队	“四讲四爱”先进集体	中共定结县委、县人民政府
29	扎西岗乡扎西岗村驻村工作队	“四讲四爱”先进集体	中共定结县委、县人民政府
30	吉林省长春市中心医院援藏医疗队	定结县2020年民族团结进步模范集体	中共定结县委、县人民政府
31	定结乡姆隆村	定结县2020年民族团结进步模范集体	中共定结县委、县人民政府
32	定结乡扎西群培寺	定结县2020年民族团结进步模范集体	中共定结县委、县人民政府
33	定结县萨尔乡	定结县2020年民族团结进步模范集体	中共定结县委、县人民政府
34	郭加中心小学	定结县2020年民族团结进步模范集体	中共定结县委、县人民政府
35	陈塘中心小学	定结县2020年民族团结进步模范集体	中共定结县委、县人民政府
36	陈塘镇卫生院	定结县2020年民族团结进步模范集体	中共定结县委、县人民政府
37	确布乡萨拉岗村	定结县2020年民族团结进步模范集体	中共定结县委、县人民政府
38	定结县公安局治安大队	定结县2020年民族团结进步模范集体	中共定结县委、县人民政府
39	琼孜乡琼孜村	定结县2020年民族团结进步模范集体	中共定结县委、县人民政府
40	多布扎乡人大“代表之家”	先进人大代表之家	定结县人大常委会
41	琼孜乡人大“代表之家”	先进人大代表之家	定结县人大常委会
42	陈塘镇人大“代表之家”	先进人大代表之家	定结县人大常委会

续表10

序号	受奖单位	荣誉名称	授予单位
43	中共江嘎镇芒热村支部委员会	定结县 2021 年先进基层党组织	中共定结县委
44	中共江嘎镇江嘎村支部委员会	定结县 2021 年先进基层党组织	中共定结县委
45	中共郭加乡准贡村支部委员会	定结县 2021 年先进基层党组织	中共定结县委
46	中共郭加乡白堆村支部委员会	定结县 2021 年先进基层党组织	中共定结县委
47	中共确布乡春阿村支部委员会	定结县 2021 年先进基层党组织	中共定结县委
48	中共确布乡除古村支部委员会	定结县 2021 年先进基层党组织	中共定结县委
49	中共多布扎乡扎西孜村支部委员会	定结县 2021 年先进基层党组织	中共定结县委
50	中共多布扎乡多布扎村支部委员会	定结县 2021 年先进基层党组织	中共定结县委
51	中共定结乡曲热村支部委员会	定结县 2021 年先进基层党组织	中共定结县委
52	中共定结乡普洛村支部委员会	定结县 2021 年先进基层党组织	中共定结县委
53	中共琼孜乡楚纳村支部委员会	定结县 2021 年先进基层党组织	中共定结县委
54	中共琼孜乡姆村支部委员会	定结县 2021 年先进基层党组织	中共定结县委
55	中共琼孜乡哲圭村支部委员会	定结县 2021 年先进基层党组织	中共定结县委
56	中共萨尔乡雪村支部委员会	定结县 2021 年先进基层党组织	中共定结县委
57	中共萨尔乡夺姆村支部委员会	定结县 2021 年先进基层党组织	中共定结县委
58	中共日屋镇日屋村支部委员会	定结县 2021 年先进基层党组织	中共定结县委
59	中共日屋镇吉勒村支部委员会	定结县 2021 年先进基层党组织	中共定结县委
60	中共陈塘镇藏嘎村支部委员会	定结县 2021 年先进基层党组织	中共定结县委
61	中共陈塘镇萨里村支部委员会	定结县 2021 年先进基层党组织	中共定结县委
62	中共扎西岗乡仲康村党部委员会	定结县 2021 年先进基层党组织	中共定结县委
63	中共扎西岗乡扎西岗村支部委员会	定结县 2021 年先进基层党组织	中共定结县委
64	中共定结县政协支部委员会	定结县 2021 年先进基层党组织	中共定结县委
65	中共定结县自然资源局支部委员会	定结县 2021 年先进基层党组织	中共定结县委
66	中共定结县公安局第三支部委员会	定结县 2021 年先进基层党组织	中共定结县委
67	中共定结县政法国安联合支部委员会	定结县 2021 年先进基层党组织	中共定结县委
68	中共定结县检察院支部委员会	定结县 2021 年先进基层党组织	中共定结县委
69	中共定结县工青妇联合支部委员会	定结县 2021 年先进基层党组织	中共定结县委
70	中共定结县公安局第一党支部委员会	定结县 2021 年先进基层党组织	中共定结县委
71	中共定结县民政局支部委员会	定结县 2021 年先进基层党组织	中共定结县委
72	中共定结县应急管理局支部委员会	定结县 2021 年先进基层党组织	中共定结县委
73	中共定结县林业珠峰联合支部委员会	定结县 2021 年先进基层党组织	中共定结县委
74	陈塘镇	定结县 2020 年度边防工作先进集体	中共定结县委、县人民政府

续表10

序号	受奖单位	荣誉名称	授予单位
75	日屋镇	定结县2020年度边防工作先进集体	中共定结县委、县人民政府
76	县公安局	定结县2020年度边防工作先进集体	中共定结县委、县人民政府
77	定结县边境管理大队	定结县2020年度边防工作先进集体	中共定结县委、县人民政府
78	77639部队乌布齐边境检查站友谊桥执勤点	定结县2020年度边防工作先进集体	中共定结县委、县人民政府
79	陈塘镇	“10·25”案件中有立功表现先进集体	中共定结县委、县人民政府
80	定结县中学	校级班子绩效考核奖一等奖	中共定结县委、县人民政府
81	萨尔乡中心小学	校级班子绩效考核奖一等奖	中共定结县委、县人民政府
82	扎西岗乡中心小学	校级班子绩效考核奖二等奖	中共定结县委、县人民政府
83	郭加乡中心小学	校级班子绩效考核奖二等奖	中共定结县委、县人民政府
84	定结县完全小学	校级班子绩效考核奖二等奖	中共定结县委、县人民政府
85	琼孜乡中心小学	校级班子绩效考核奖二等奖	中共定结县委、县人民政府
86	日屋镇中心小学	校级班子绩效考核奖三等奖	中共定结县委、县人民政府
87	江嘎镇希望幼儿园	校级班子绩效考核奖三等奖	中共定结县委、县人民政府
88	确布乡中心小学	校级班子绩效考核奖三等奖	中共定结县委、县人民政府
89	多布扎乡中心小学	校级班子绩效考核奖三等奖	中共定结县委、县人民政府
90	定结乡中心小学	校级班子绩效考核奖三等奖	中共定结县委、县人民政府
91	陈塘镇初级中学	校级班子绩效考核奖三等奖	中共定结县委、县人民政府
92	陈塘镇中心小学	校级班子绩效考核奖三等奖	中共定结县委、县人民政府
93	定结县幼儿园	校级班子绩效考核奖三等奖	中共定结县委、县人民政府
94	定结县中学	综合绩效考核奖一等奖	中共定结县委、县人民政府
95	萨尔乡中心小学	综合绩效考核奖二等奖	中共定结县委、县人民政府
96	扎西岗乡中心小学	综合绩效考核奖二等奖	中共定结县委、县人民政府
97	定结县完全小学	综合绩效考核奖三等奖	中共定结县委、县人民政府
98	郭加乡中心小学	综合绩效考核奖三等奖	中共定结县委、县人民政府
99	萨尔乡	履职教育工作先进乡镇	中共定结县委、县人民政府
100	多布扎乡	履职教育工作先进乡镇	中共定结县委、县人民政府
101	定结乡	履职教育工作先进乡镇	中共定结县委、县人民政府
102	定结县完全小学	全市学业水平考试前30名和全县排名奖第一名	中共定结县委、县人民政府
103	萨尔乡中心小学	全市学业水平考试前50名奖和全县排名奖第二名	中共定结县委、县人民政府
104	扎西岗乡中心小学	全市学业水平考试前80名和全县排名奖第三名	中共定结县委、县人民政府
105	定结县完全小学	全县小学教学成绩奖第一名	中共定结县委、县人民政府
106	萨尔乡中心小学	全县小学教学成绩奖第二名	中共定结县委、县人民政府
107	扎西岗乡中心小学	全县小学教学成绩奖第三名	中共定结县委、县人民政府
108	扎西岗乡中心小学	全县小学教学成绩奖进步奖	中共定结县委、县人民政府
109	定结县中学	初中学业水平排名提升奖	中共定结县委、县人民政府

续表10

序号	受奖单位	荣誉名称	授予单位
110	郭加乡	定结县“珠峰谐韵”舞蹈比赛、产业大赛暨第二届职工运动会、第三届农牧民运动会乡镇先进组织一等奖	中共定结县委、县人民政府
111	陈塘镇	定结县“珠峰谐韵”舞蹈比赛、产业大赛暨第二届职工运动会、第三届农牧民运动会乡镇先进组织二等奖	中共定结县委、县人民政府
112	确布乡	定结县“珠峰谐韵”舞蹈比赛、产业大赛暨第二届职工运动会、第三届农牧民运动会乡镇先进组织三等奖	中共定结县委、县人民政府
113	定结乡	“珠峰谐韵”舞蹈比赛一等奖	中共定结县委、县人民政府
114	多布扎乡	“珠峰谐韵”舞蹈比赛二等奖	中共定结县委、县人民政府
115	陈塘镇	“珠峰谐韵”舞蹈比赛二等奖	中共定结县委、县人民政府
116	扎西岗乡	“珠峰谐韵”舞蹈比赛三等奖	中共定结县委、县人民政府
117	萨尔乡	“珠峰谐韵”舞蹈比赛三等奖	中共定结县委、县人民政府
118	江嘎镇	“珠峰谐韵”舞蹈比赛三等奖	中共定结县委、县人民政府
119	确布乡	“珠峰谐韵”舞蹈比赛组织奖	中共定结县委、县人民政府
120	郭加乡	“珠峰谐韵”舞蹈比赛组织奖	中共定结县委、县人民政府
121	琼孜乡	“珠峰谐韵”舞蹈比赛组织奖	中共定结县委、县人民政府
122	日屋镇	“珠峰谐韵”舞蹈比赛组织奖	中共定结县委、县人民政府
123	江嘎镇	乡镇产业大赛一等奖	中共定结县委、县人民政府
124	郭加乡	乡镇产业大赛二等奖	中共定结县委、县人民政府
125	琼孜乡	乡镇产业大赛二等奖	中共定结县委、县人民政府
126	多布扎乡	乡镇产业大赛二等奖	中共定结县委、县人民政府
127	陈塘镇	乡镇产业大赛三等奖	中共定结县委、县人民政府
128	日屋镇	乡镇产业大赛三等奖	中共定结县委、县人民政府
129	萨尔乡	乡镇产业大赛三等奖	中共定结县委、县人民政府
130	定结乡	乡镇产业大赛三等奖	中共定结县委、县人民政府
131	扎西岗乡	乡镇产业大赛三等奖	中共定结县委、县人民政府
132	确布乡	乡镇产业大赛三等奖	中共定结县委、县人民政府
133	迪拜一队	定结县第二届职工运动会足球比赛冠军	中共定结县委、县人民政府
134	教育队	定结县第二届职工运动会足球比赛亚军	中共定结县委、县人民政府
135	县中学队	足球比赛季军	中共定结县委、县人民政府
136	郭加乡	定结县第二届职工运动会男子篮球比赛冠军	中共定结县委、县人民政府
137	确布乡	定结县第二届职工运动会男子篮球比赛冠军	中共定结县委、县人民政府
138	扎西岗乡	定结县第二届职工运动会男子篮球比赛冠军	中共定结县委、县人民政府
139	多布扎乡	定结县第二届职工运动会男子篮球比赛冠军	中共定结县委、县人民政府

续表10

序号	受奖单位	荣誉名称	授予单位
140	定结乡、	定结县第二届职工运动会男子篮球比赛亚军	中共定结县委、县人民政府
141	琼孜乡（定琼王者队）	定结县第二届职工运动会男子篮球比赛亚军	中共定结县委、县人民政府
142	边防队	定结县第二届职工运动会男子篮球比赛季军	中共定结县委、县人民政府
143	县公安局	定结县第二届职工运动会机关拔河比赛冠军	中共定结县委、县人民政府
144	多布扎乡	定结县第二届职工运动会机关拔河比赛亚军	中共定结县委、县人民政府
145	确布乡	定结县第二届职工运动会机关拔河比赛亚军	中共定结县委、县人民政府
146	江嘎镇	定结县第二届职工运动会机关拔河比赛季军	中共定结县委、县人民政府
147	确布乡	定结县第二届职工运动会趣味文体活动“疯狂转盘”比赛一等奖	中共定结县委、县人民政府
148	多布扎乡	定结县第二届职工运动会趣味文体活动“疯狂转盘”比赛二等奖	中共定结县委、县人民政府
149	县公安局	定结县第二届职工运动会趣味文体活动“疯狂转盘”比赛二等奖	中共定结县委、县人民政府
150	定结乡	定结县第二届职工运动会趣味文体活动“疯狂转盘”比赛三等奖	中共定结县委、县人民政府
151	县公安局	定结县第二届职工运动会趣味文体活动“筷子夹乒乓球”比赛一等奖	中共定结县委、县人民政府
152	确布乡	定结县第二届职工运动会趣味文体活动“筷子夹乒乓球”比赛二等奖	中共定结县委、县人民政府
153	多布扎乡	定结县第二届职工运动会趣味文体活动“筷子夹乒乓球”比赛二等奖	中共定结县委、县人民政府
154	政法党总支	定结县第二届职工运动会趣味文体活动“筷子夹乒乓球”比赛三等奖	中共定结县委、县人民政府
155	定结乡	定结县第二届职工运动会趣味文体活动“集体跳大绳”比赛一等奖	中共定结县委、县人民政府
156	县公安局	定结县第二届职工运动会趣味文体活动“集体跳大绳”比赛二等奖	中共定结县委、县人民政府
157	江嘎镇	定结县第二届职工运动会趣味文体活动“集体跳大绳”比赛三等奖	中共定结县委、县人民政府
158	郭加乡	定结县第二届职工运动会干部职工男子 4×100 米接力赛奖一等奖	中共定结县委、县人民政府
159	确布乡	定结县第二届职工运动会干部职工男子 4×100 米接力赛奖一等奖	中共定结县委、县人民政府
160	扎西岗乡	定结县第二届职工运动会干部职工男子 4×100 米接力赛奖一等奖	中共定结县委、县人民政府
161	多布扎乡（定北联盟队）	定结县第二届职工运动会干部职工男子 4×100 米接力赛奖一等奖	中共定结县委、县人民政府
162	定结县中学	定结县第二届职工运动会干部职工男子 4×100 米接力赛奖二等奖	中共定结县委、县人民政府

续表10

序号	受奖单位	荣誉名称	授予单位
163	县公安局	定结县第二届职工运动会干部职工男子 4×100 米接力赛奖三等奖	中共定结县委、县人民政府
164	定结县中学	定结县第二届职工运动会干部职工女子 4×100 米接力赛一等奖	中共定结县委、县人民政府
165	郭加乡	定结县第二届职工运动会干部职工女子 4×100 米接力赛二等奖	中共定结县委、县人民政府
166	确布乡	定结县第二届职工运动会干部职工女子 4×100 米接力赛二等奖	中共定结县委、县人民政府
167	扎西岗乡	定结县第二届职工运动会干部职工女子 4×100 米接力赛二等奖	中共定结县委、县人民政府
168	多布扎乡（定北联盟队）	定结县第二届职工运动会干部职工女子 4×100 米接力赛二等奖	中共定结县委、县人民政府
169	江嘎镇	定结县第二届职工运动会干部职工女子 4×100 米接力赛三等奖	中共定结县委、县人民政府
170	萨尔乡	定结县第二届职工运动会乡镇男子拔河比赛一等奖	中共定结县委、县人民政府
171	扎西岗乡	定结县第二届职工运动会乡镇男子拔河比赛二等奖	中共定结县委、县人民政府
172	确布乡	定结县第二届职工运动会乡镇男子拔河比赛三等奖	中共定结县委、县人民政府
173	江嘎镇	定结县第二届职工运动会乡镇女子拔河比赛一等奖	中共定结县委、县人民政府
174	琼孜乡	定结县第二届职工运动会乡镇女子拔河比赛二等奖	中共定结县委、县人民政府
175	萨尔乡	定结县第二届职工运动会乡镇女子拔河比赛三等奖	中共定结县委、县人民政府
176	日屋镇	定结县第二届职工运动会乡镇男女混合绑腿默契赛跑一等奖	中共定结县委、县人民政府
177	陈塘镇	定结县第二届职工运动会乡镇男女混合绑腿默契赛跑二等奖	中共定结县委、县人民政府
178	琼孜乡	定结县第二届职工运动会乡镇男女混合绑腿默契赛跑三等奖	中共定结县委、县人民政府
179	定结县民间艺术团	定结县第二届职工运动会助演鼓励奖	中共定结县委、县人民政府
180	琼孜乡	定结县 2021 年“五星乡（镇）”	中共定结县委、县人民政府
181	萨尔乡	定结县 2021 年“五星乡（镇）”	中共定结县委、县人民政府
182	江嘎镇芒热村	定结县 2021 年“五星村”	中共定结县委、县人民政府
183	日屋镇果玛村	定结县 2021 年“五星村”	中共定结县委、县人民政府
184	陈塘镇藏嘎村	定结县 2021 年“五星村”	中共定结县委、县人民政府
185	郭加乡楚卡村	定结县 2021 年“五星村”	中共定结县委、县人民政府
186	扎西岗乡扎西岗村	定结县 2021 年“五星村”	中共定结县委、县人民政府
187	定结乡普洛村	定结县 2021 年“五星村”	中共定结县委、县人民政府
188	多布扎乡聂孜村	定结县 2021 年“五星村”	中共定结县委、县人民政府
189	萨尔乡郭庆村	定结县 2021 年“五星村”	中共定结县委、县人民政府
190	萨尔乡雪村	定结县 2021 年“五星村”	中共定结县委、县人民政府

续表10

序号	受奖单位	荣誉名称	授予单位
191	琼孜乡姆村	定结县 2021 年“五星村”	中共定结县委、县人民政府
192	琼孜乡哲圭村	定结县 2021 年“五星村”	中共定结县委、县人民政府
193	确布乡除古村	定结县 2021 年“五星村”	中共定结县委、县人民政府
194	确布乡莎拉岗村	定结县 2021 年“五星村”	中共定结县委、县人民政府

县级表彰先进个人一览表

表 11

序号	姓　名	单位及职务	奖　项	授予单位
1	次仁拉姆	定结县编译局	精神文明创建先进个人	中共定结县委、县人民政府
2	拉　姆	定结县总工会	精神文明创建先进个人	中共定结县委、县人民政府
3	吉　旦	定结县机要局	精神文明创建先进个人	中共定结县委、县人民政府
4	朱定睿	定结县委国家安全委员会办公室	精神文明创建先进个人	中共定结县委、县人民政府
5	卓玛益西	定结县委政法委员会	精神文明创建先进个人	中共定结县委、县人民政府
6	陶斯平	定结县委办公室	精神文明创建先进个人	中共定结县委、县人民政府
7	米玛卓嘎	定结县统计局	精神文明创建先进个人	中共定结县委、县人民政府
8	索朗多吉	定结县发展和改革委员会	精神文明创建先进个人	中共定结县委、县人民政府
9	达　普	定结县妇联	精神文明创建先进个人	中共定结县委、县人民政府
10	聂凯君	定结县公安局萨尔乡派出所	精神文明创建先进个人	中共定结县委、县人民政府
11	王　鹏	定结县纪委监委	精神文明创建先进个人	中共定结县委、县人民政府
12	次仁它杰	定结县机关后勤服务中心	精神文明创建先进个人	中共定结县委、县人民政府
13	米　玛	定结县人大常委会办公室	精神文明创建先进个人	中共定结县委、县人民政府
14	索　多	定结县自然资源局	精神文明创建先进个人	中共定结县委、县人民政府
15	拉琼普尺	定结县住房和城乡建设局	精神文明创建先进个人	中共定结县委、县人民政府
16	多吉次仁	定结县文化和旅游局	精神文明创建先进个人	中共定结县委、县人民政府
17	顿　珠	定结县措姆折林创业投资有限责任公司	精神文明创建先进个人	中共定结县委、县人民政府
18	颜洪科	定结县行政审批和便民服务局	精神文明创建先进个人	中共定结县委、县人民政府
19	魏　荣	定结县委巡察工作领导小组办公室	精神文明创建先进个人	中共定结县委、县人民政府
20	杨世强	定结县农业农村局	精神文明创建先进个人	中共定结县委、县人民政府
21	杨　川	定结县民族宗教事务局创建全国民族团结进步示范县领导小组办公室	精神文明创建先进个人	中共定结县委、县人民政府
22	旦增江参	定结县农牧综合服务中心	精神文明创建先进个人	中共定结县委、县人民政府
23	边　珍	定结县商务局	精神文明创建先进个人	中共定结县委、县人民政府
24	宋丹丹	定结县审计局	精神文明创建先进个人	中共定结县委、县人民政府
25	牟江伟	定结县整改办（生态环境分局）	精神文明创建先进个人	中共定结县委、县人民政府
26	扎西顿珠	定结县司法局	精神文明创建先进个人	中共定结县委、县人民政府
27	白　央	定结县委统战部	精神文明创建先进个人	中共定结县委、县人民政府

续表11

序号	姓　名	单位及职务	奖　项	授予单位
28	扎西拉姆	共青团定结县委员会	精神文明创建先进个人	中共定结县委、县人民政府
29	边巴罗布	定结县委督查室	精神文明创建先进个人	中共定结县委、县人民政府
30	杨子东	定结县委宣传部	精神文明创建先进个人	中共定结县委、县人民政府
31	仁增白玛	定结县医疗保障局	精神文明创建先进个人	中共定结县委、县人民政府
32	达瓦扎西	定结县公安局一号便民警务站	精神文明创建先进个人	中共定结县委、县人民政府
33	姚　宇	定结县人民政府办公室	精神文明创建先进个人	中共定结县委、县人民政府
34	仓木拉	定结县政协办公室	精神文明创建先进个人	中共定结县委、县人民政府
35	李冬生	定结县新冠肺炎疫情防控办公室	精神文明创建先进个人	中共定结县委、县人民政府
36	索朗次旦	定结县委组织部	精神文明创建先进个人	中共定结县委、县人民政府
37	玉　吉	定结县卫生健康委员会	精神文明创建先进个人	中共定结县委、县人民政府
38	德　吉	定结县扶贫开发办公室	精神文明创建先进个人	中共定结县委、县人民政府
39	马灿毅	定结县网络安全和信息化办公室	精神文明创建先进个人	中共定结县委、县人民政府
40	耿淼淼	定结县“四讲四爱”活动领导小组办公室	精神文明创建先进个人	中共定结县委、县人民政府
41	满鹏程	定结县琼孜乡	精神文明创建先进个人	中共定结县委、县人民政府
42	普布顿珠	定结县确布乡	精神文明创建先进个人	中共定结县委、县人民政府
43	嘎玛多吉	定结县江嘎镇	精神文明创建先进个人	中共定结县委、县人民政府
44	扎西加布	定结县定结乡	精神文明创建先进个人	中共定结县委、县人民政府
45	次旦扎西	定结县日屋镇	精神文明创建先进个人	中共定结县委、县人民政府
46	尼玛次仁	定结县萨尔乡	精神文明创建先进个人	中共定结县委、县人民政府
47	杨国玺	定结县扎西岗乡	精神文明创建先进个人	中共定结县委、县人民政府
48	益西卓玛	定结县郭加乡	精神文明创建先进个人	中共定结县委、县人民政府
49	次旦多吉	定结县多布扎乡	精神文明创建先进个人	中共定结县委、县人民政府
50	次仁白玛	定结县陈塘镇	精神文明创建先进个人	中共定结县委、县人民政府
51	洛　桑	退休党支部	“四讲四爱”优秀宣讲员	中共定结县委、县人民政府
52	洛桑扎西	日屋镇吉勒村村委会	“四讲四爱”优秀宣讲员	中共定结县委、县人民政府
53	次旺坚参	定结县中学	“四讲四爱”优秀宣讲员	中共定结县委、县人民政府
54	巴桑次仁	县自然资源局不动产登记中心	“四讲四爱”优秀宣讲员	中共定结县委、县人民政府
55	南加伦珠	陈塘镇中心小学	“四讲四爱”优秀宣讲员	中共定结县委、县人民政府
56	普次仁	郭加乡中心小学	“四讲四爱”优秀宣讲员	中共定结县委、县人民政府
57	普　仓	确布乡中心小学	“四讲四爱”优秀宣讲员	中共定结县委、县人民政府
58	边　琼	扎西岗乡中心小学	“四讲四爱”优秀宣讲员	中共定结县委、县人民政府
59	明　珍	定结县完全小学	“四讲四爱”优秀宣讲员	中共定结县委、县人民政府
60	甲　巴	贡强桑旦曲布（寺庙）管理委员会	“四讲四爱”优秀宣讲员	中共定结县委、县人民政府
61	边　巴	陈塘镇人民政府	“四讲四爱”优秀宣讲员	中共定结县委、县人民政府
62	达娃玉珍	多布扎乡扎林村村委会	“四讲四爱”优秀宣讲员	中共定结县委、县人民政府
63	次仁平措	郭加乡乃村村委会	“四讲四爱”优秀宣讲员	中共定结县委、县人民政府

续表11

序号	姓　名	单位及职务	奖　项	授予单位
64	白玛旺加	琼孜乡人民政府	“四讲四爱”优秀宣讲员	中共定结县委、县人民政府
65	洛桑曲珍	确布乡春阿村委会	“四讲四爱”优秀宣讲员	中共定结县委、县人民政府
66	平措次仁	日屋镇人民政府	“四讲四爱”优秀宣讲员	中共定结县委、县人民政府
67	旦增曲吉	萨尔乡普如村委会	“四讲四爱”优秀宣讲员	中共定结县委、县人民政府
68	嘎玛多吉	江嘎镇人民政府	“四讲四爱”优秀宣讲员	中共定结县委、县人民政府
69	旦增格列	定结乡人民政府	“四讲四爱”优秀宣讲员	中共定结县委、县人民政府
70	普布扎西	扎西岗乡乃夏村村委会	“四讲四爱”优秀宣讲员	中共定结县委、县人民政府
71	次　仁	陈塘镇那塘村	“四讲四爱”优秀宣讲员	中共定结县委、县人民政府
72	罗　布	多布扎乡扎西孜村村委会	“四讲四爱”优秀宣讲员	中共定结县委、县人民政府
73	达瓦央宗	郭加乡楚卡村	“四讲四爱”优秀宣讲员	中共定结县委、县人民政府
74	嘎玛多吉	日屋镇中心小学	“四讲四爱”优秀宣讲员	中共定结县委、县人民政府
75	它　决	日屋镇日屋村委会	“四讲四爱”优秀宣讲员	中共定结县委、县人民政府
76	扎西旺久	萨尔乡雪村村委会	“四讲四爱”优秀宣讲员	中共定结县委、县人民政府
77	珠　扎	扎西岗乡古热村委会	“四讲四爱”优秀宣讲员	中共定结县委、县人民政府
78	索朗加布	确布乡确布村	“四讲四爱”优秀宣讲员	中共定结县委、县人民政府
79	旺加布	江嘎镇芒热村村委会	“四讲四爱”优秀宣讲员	中共定结县委、县人民政府
80	阿琼巴桑	定结乡杂兴村村委会	“四讲四爱”优秀宣讲员	中共定结县委、县人民政府
81	王永生	县中学（援藏干部）	定结县2020年民族团结进步模范个人	中共定结县委、县人民政府
82	王　勇	县住房和城乡建设局（援藏干部）	定结县2020年民族团结进步模范个人	中共定结县委、县人民政府
83	李志强	县发展和改革委员会（援藏干部）	定结县2020年民族团结进步模范个人	中共定结县委、县人民政府
84	张　庆	县卫生服务中心（援藏干部）	定结县2020年民族团结进步模范个人	中共定结县委、县人民政府
85	李继河	县中学（援藏教师）	定结县2020年民族团结进步模范个人	中共定结县委、县人民政府
86	王铁山	县中学（援藏教师）	定结县2020年民族团结进步模范个人	中共定结县委、县人民政府
87	许大伟	县中学（援藏教师）	定结县2020年民族团结进步模范个人	中共定结县委、县人民政府
88	李正辉	县中学（援藏教师）	定结县2020年民族团结进步模范个人	中共定结县委、县人民政府
89	杞文宏	县退役军人事务局	定结县2020年民族团结进步模范个人	中共定结县委、县人民政府
90	宋丹丹	县审计局	定结县2020年民族团结进步模范个人	中共定结县委、县人民政府
91	拉姆布赤	陈塘镇中心小学	定结县2020年民族团结进步模范个人	中共定结县委、县人民政府
92	边巴罗布	县税务局	定结县2020年民族团结进步模范个人	中共定结县委、县人民政府
93	仙尕东	县注册登记个体工商户	定结县2020年民族团结进步模范个人	中共定结县委、县人民政府

续表11

序号	姓　名	单位及职务	奖　项	授予单位
94	坚　参	扎西岗乡农牧民建筑队	定结县2020年民族团结进步模范个人	中共定结县委、县人民政府
95	德庆伟色	扎西岗乡	定结县2020年民族团结进步模范个人	中共定结县委、县人民政府
96	罗　布	江嘎镇古娃村	定结县2020年民族团结进步模范个人	中共定结县委、县人民政府
97	尼玛央琼	县人民检察院	定结县2020年民族团结进步模范个人	中共定结县委、县人民政府
98	米　玛	陈塘镇雪雄玛村	定结县2020年民族团结进步模范个人	中共定结县委、县人民政府
99	多　吉	郭加乡切村	定结县2020年民族团结进步模范个人	中共定结县委、县人民政府
100	孙再瑞	多布扎乡	定结县2020年民族团结进步模范个人	中共定结县委、县人民政府
101	江白旦增	日屋镇日屋村	定结县2020年民族团结进步模范个人	中共定结县委、县人民政府
102	巴桑卓玛	共青团定结县委员会	定结县2020年民族团结进步模范个人	中共定结县委、县人民政府
103	央　宗	县政协办公室	定结县2020年民族团结进步模范个人	中共定结县委、县人民政府
104	扎西卓玛	确布乡克阿村党支部	定结县优秀人大代表	县人大常委会
105	扎西群培	县农牧综合服务中心	定结县优秀人大代表	县人大常委会
106	达　顿	县人力资源和社会保障局	定结县优秀人大代表	县人大常委会
107	顿　珠	县民政局	定结县优秀人大代表	县人大常委会
108	扎西顿珠	萨陈公路养护段	定结县优秀人大代表	县人大常委会
109	拉　姆	县总工会	定结县优秀人大代表	县人大常委会
110	尼　琼	县委统战部	定结县优秀人大代表	县人大常委会
111	顿　珠	县人大专门委员会	定结县优秀人大代表	县人大常委会
112	达　瓦	江嘎镇曲米村党支部	定结县优秀人大代表	县人大常委会
113	旺　加	江嘎镇曲米村	定结县优秀人大代表	县人大常委会
114	桑　珠	日屋镇鲁热村	定结县优秀人大代表	县人大常委会
115	边　琼	陈塘镇那塘村	定结县优秀人大代表	县人大常委会
116	卓　嘎	多布扎乡扎西孜村	定结县优秀人大代表	县人大常委会
117	普　珠	确布乡吉堆村	定结县优秀人大代表	县人大常委会
118	达　达	定结乡姆隆村	定结县优秀人大代表	县人大常委会
119	次　旦	琼孜乡库宇村	定结县优秀人大代表	县人大常委会
120	巴　桑	萨尔乡人大主席团	定结县优秀人大代表	县人大常委会
121	加　布	扎西岗乡扎西岗村	定结县优秀人大代表	县人大常委会
122	旦增美列	贡强桑旦曲布寺	定结县优秀人大代表	县人大常委会
123	拉　巴	郭加乡人民政府	定结县优秀人大代表	县人大常委会
124	欧　珠	江嘎镇芒热村	定结县2021年度优秀共产党员	中共定结县委员会
125	拉巴仓决	定结县江嘎镇荣孔村	定结县2021年度优秀共产党员	中共定结县委员会
126	加　布	江嘎镇达那村村委会	定结县2021年度优秀共产党员	中共定结县委员会

续表11

序号	姓　名	单位及职务	奖　项	授予单位
127	次仁平措	郭加乡切村党支部	定结县2021年度优秀共产党员	中共定结县委员会
128	卓　玛	确布乡吉堆村党支部	定结县2021年度优秀共产党员	中共定结县委员会
129	陈王韫玥	确布乡人民政府	定结县2021年度优秀共产党员	中共定结县委员会
130	池邦余	多布扎乡人民政府	定结县2021年度优秀共产党员	中共定结县委员会
131	索　朗	多布扎乡	定结县2021年度优秀共产党员	中共定结县委员会
132	洛　桑	定结乡普洛村党支部	定结县2021年度优秀共产党员	中共定结县委员会
133	明　加	定结乡人民政府	定结县2021年度优秀共产党员	中共定结县委员会
134	拉巴次仁	琼孜乡	定结县2021年度优秀共产党员	中共定结县委员会
135	白玛旺加	琼孜乡	定结县2021年度优秀共产党员	中共定结县委员会
136	普　珠	萨尔乡完全小学	定结县2021年度优秀共产党员	中共定结县委员会
137	欧阳绍凯	萨尔乡人民政府	定结县2021年度优秀共产党员	中共定结县委员会
138	扎西措姆	日屋镇	定结县2021年度优秀共产党员	中共定结县委员会
139	穷　达	日屋镇	定结县2021年度优秀共产党员	中共定结县委员会
140	达娃玉珍	日屋镇德吉村	定结县2021年度优秀共产党员	中共定结县委员会
141	次旦央吉	陈塘镇沃雪村委会	定结县2021年度优秀共产党员	中共定结县委员会
142	刘文华	陈塘镇人民政府	定结县2021年度优秀共产党员	中共定结县委员会
143	桑　旦	陈塘镇那塘村党支部	定结县2021年度优秀共产党员	中共定结县委员会
144	高　静	定结县公安局交警大队	定结县2021年度优秀共产党员	中共定结县委员会
145	旦巴塔杰	定结县公安局二号警务站	定结县2021年度优秀共产党员	中共定结县委员会
146	次旦拉姆	定结县公安局政工纪检室	定结县2021年度优秀共产党员	中共定结县委员会
147	普布扎西	定结县卫生服务中心	定结县2021年度优秀共产党员	中共定结县委员会
148	格桑赤列	定结县卫生健康委员会	定结县2021年度优秀共产党员	中共定结县委员会
149	多吉卓玛	定结县自然资源局	定结县2021年度优秀共产党员	中共定结县委员会
150	旦增伦珠	定结县商务局	定结县2021年度优秀共产党员	中共定结县委员会
151	赵　赫	定结县委办公室	定结县2021年度优秀共产党员	中共定结县委员会
152	扎西群培	定结县农牧综合服务中心	定结县2021年度优秀共产党员	中共定结县委员会
153	朗　加	定结县水利局	定结县2021年度优秀共产党员	中共定结县委员会
154	坚　参	定结县林业和草原局	定结县2021年度优秀共产党员	中共定结县委员会
155	甘小东	定结县税务局	定结县2021年度优秀共产党员	中共定结县委员会
156	米玛塔曲	退休党支部	定结县2021年度优秀共产党员	中共定结县委员会
157	旦木真	退休党支部	定结县2021年度优秀共产党员	中共定结县委员会
158	李志强	县发展和改革委员会	定结县2021年度优秀共产党员	中共定结县委员会
159	谭春夏	定结县边境管理大队	定结县2021年度优秀共产党员	中共定结县委员会
160	梁　婷	定结县边境管理大队	定结县2021年度优秀共产党员	中共定结县委员会
161	齐少华	定结县消防救援大队	定结县2021年度优秀共产党员	中共定结县委员会
162	晏成鹏	日喀则支队执勤三大队定结中队	定结县2021年度优秀共产党员	中共定结县委员会
163	杨国玺	扎西岗乡人民政府	定结县2021年度优秀共产党员	中共定结县委员会
164	次　旦	扎西岗乡普村党支部	定结县2021年度优秀共产党员	中共定结县委员会
165	边　旺	定结县完全小学	定结县2021年度优秀共产党员	中共定结县委员会
166	普布扎西	定结县教育局	定结县2021年度优秀共产党员	中共定结县委员会

续表11

序号	姓　名	单位及职务	奖　项	授予单位
167	普　琼	定结县中学	定结县2021年度优秀共产党员	中共定结县委员会
168	王业超	定结县人民武装部	定结县2021年度优秀共产党员	中共定结县委员会
169	单增罗布	定结县人民检察院	定结县2021年度优秀共产党员	中共定结县委员会
170	索朗央金	定结县人民法院	定结县2021年度优秀共产党员	中共定结县委员会
171	仓　决	定结县人大常委会办公室	定结县2021年度优秀共产党员	中共定结县委员会
172	仓木拉	定结县政协办公室	定结县2021年度优秀共产党员	中共定结县委员会
173	拉　姆	定结县总工会	定结县2021年度优秀共产党员	中共定结县委员会
174	吴大晓	陆军边防第357团教导队	定结县2021年度优秀共产党员	中共定结县委员会
175	尼玛琼达	江嘎镇党委	定结县2021年度优秀党务工作者	中共定结县委员会
176	尼玛普赤	郭加乡党委	定结县2021年度优秀党务工作者	中共定结县委员会
177	孙法乾	确布乡党委	定结县2021年度优秀党务工作者	中共定结县委员会
178	肖龙飞	多布扎乡党委	定结县2021年度优秀党务工作者	中共定结县委员会
179	赤列旦增	定结乡党委	定结县2021年度优秀党务工作者	中共定结县委员会
180	刘　程	琼孜乡人民政府	定结县2021年度优秀党务工作者	中共定结县委员会
181	拉巴普赤	萨尔乡哈隆村党支部	定结县2021年度优秀党务工作者	中共定结县委员会
182	胡小超	日屋镇党委	定结县2021年度优秀党务工作者	中共定结县委员会
183	格桑次仁	陈塘镇藏嘎村党支部	定结县2021年度优秀党务工作者	中共定结县委员会
184	巴桑玉珍	扎西岗乡人民政府	定结县2021年度优秀党务工作者	中共定结县委员会
185	索朗次仁	定结县公安局政工纪检室	定结县2021年度优秀党务工作者	中共定结县委员会
186	洛桑旺堆	定结县卫生服务中心	定结县2021年度优秀党务工作者	中共定结县委员会
187	李　飞	定结县委办公室	定结县2021年度优秀党务工作者	中共定结县委员会
188	日杰罗布	定结县农业农村局	定结县2021年度优秀党务工作者	中共定结县委员会
189	陈晓娟	定结县市场监督管理局	定结县2021年度优秀党务工作者	中共定结县委员会
190	普　琼	定结县教育局	定结县2021年度优秀党务工作者	中共定结县委员会
191	次　仁	定结县委国家安全委员会办公室	定结县2021年度优秀党务工作者	中共定结县委员会
192	索朗加布	定结县委组织部	定结县2021年度优秀党务工作者	中共定结县委员会
193	平措德吉	定结县纪委监委	定结县2021年度优秀党务工作者	中共定结县委员会
194	央金拉姆	江嘎镇人民政府	定结县2021年度优秀基层干部	中共定结县委员会
195	米玛顿珠	江嘎镇人民政府	定结县2021年度优秀基层干部	中共定结县委员会
196	刘振华	郭加乡人民政府	定结县2021年度优秀基层干部	中共定结县委员会
197	德　央	郭加乡人民政府	定结县2021年度优秀基层干部	中共定结县委员会
198	拉巴潘多	确布乡除古村党支部	定结县2021年度优秀基层干部	中共定结县委员会
199	欧　珠	确布乡拉贵村党支部	定结县2021年度优秀基层干部	中共定结县委员会
200	洛桑顿珠	确布乡人民政府	定结县2021年度优秀基层干部	中共定结县委员会
201	罗　杰	多布扎乡人民政府	定结县2021年度优秀基层干部	中共定结县委员会
202	白玛久米	多布扎乡人大主席团	定结县2021年度优秀基层干部	中共定结县委员会
203	措　吉	定结乡农牧综合服务中心	定结县2021年度优秀基层干部	中共定结县委员会
204	刘　建	定结乡党委	定结县2021年度优秀基层干部	中共定结县委员会
205	强巴顿珠	琼孜乡党委	定结县2021年度优秀基层干部	中共定结县委员会
206	嘎玛益西	琼孜乡党委	定结县2021年度优秀基层干部	中共定结县委员会

续表11

序号	姓　名	单位及职务	奖　项	授予单位
207	桂正伟	琼孜乡党委	定结县2021年度优秀基层干部	中共定结县委员会
208	次仁顿珠	琼孜乡库宇村党支部	定结县2021年度优秀基层干部	中共定结县委员会
209	米玛次仁	萨尔乡人民政府	定结县2021年度优秀基层干部	中共定结县委员会
210	巴　珍	萨尔乡库金村党支部	定结县2021年度优秀基层干部	中共定结县委员会
211	吾金顿珠	萨尔乡拉康村委会	定结县2021年度优秀基层干部	中共定结县委员会
212	扎西次仁	日屋镇卫生院	定结县2021年度优秀基层干部	中共定结县委员会
213	巴　旦	日屋镇党委	定结县2021年度优秀基层干部	中共定结县委员会
214	陈永福	日屋镇党委	定结县2021年度优秀基层干部	中共定结县委员会
215	张宝伟	扎西岗乡人民政府	定结县2021年度优秀基层干部	中共定结县委员会
216	拉姆次仁	扎西岗乡乃夏村党支部	定结县2021年度优秀基层干部	中共定结县委员会
217	土旦尼玛	陈塘镇中学	定结县2021年度优秀基层干部	中共定结县委员会
218	格桑仓决	陈塘镇那塘村委会	定结县2021年度优秀基层干部	中共定结县委员会
219	达娃顿珠	陈塘镇藏嘎村委会	定结县2021年度优秀基层干部	中共定结县委员会
220	索朗扎西	确布乡派出所	定结县2021年度优秀基层干部	中共定结县委员会
221	次仁索朗	萨尔乡派出所	定结县2021年度优秀基层干部	中共定结县委员会
222	尼玛卓玛	定结县卫生健康委员会	定结县2021年度优秀基层干部	中共定结县委员会
223	康　伟	定结县委国家安全委员会办公室	定结县2021年度优秀基层干部	中共定结县委员会
224	梁变变	陈塘镇人民政府	定结县2020年度边防工作优秀个人	中共定结县委、县人民政府
225	昂　巴	陈塘镇沃雪村	定结县2020年度边防工作优秀个人	中共定结县委、县人民政府
226	拉　加	陈塘镇雪雄玛村巡山队	定结县2020年度边防工作优秀个人	中共定结县委、县人民政府
227	张　震	日屋镇人民政府	定结县2020年度边防工作优秀个人	中共定结县委、县人民政府
228	次扎西	日屋镇果玛村	定结县2020年度边防工作优秀个人	中共定结县委、县人民政府
229	平　措	日屋镇德吉村委员会	定结县2020年度边防工作优秀个人	中共定结县委、县人民政府
230	巴桑次仁	定结边境管理大队	定结县2020年度边防工作优秀个人	中共定结县委、县人民政府
231	巴　桑	定结县公安局国内安全保卫大队	定结县2020年度边防工作优秀个人	中共定结县委、县人民政府
232	旦增顿珠	陈塘镇卫生院	定结县2020年度边防工作优秀个人	中共定结县委、县人民政府
233	荆　磊	驻地部队岗嘎营贡巴强连乌布其检查站	定结县2020年度边防工作优秀个人	中共定结县委、县人民政府
234	达娃次仁	定结县公安局	“10·25”案件中有立功表现优秀个人	中共定结县委、县人民政府
235	刘相国	驻地部队岗嘎营贡巴强连乌布其检查站	“10·25”案件中有立功表现优秀个人	中共定结县委、县人民政府
236	荆　磊	驻地部队岗嘎营贡巴强连乌布其检查站	“10·25”案件中有立功表现优秀个人	中共定结县委、县人民政府

续表11

序号	姓　名	单位及职务	奖　项	授予单位
237	左乔丹	驻地部队岗巴营塔克逊连	“10·25”案件中有立功表现优秀个人	中共定结县委、县人民政府
238	巴　桑	定结县公安局国内安全保卫大队	“10·25”案件中有立功表现优秀个人	中共定结县委、县人民政府
239	扎西多吉	定结县公安局6379工作站	“10·25”案件中有立功表现优秀个人	中共定结县委、县人民政府
240	曲　扎	定结县6379工作站	“10·25”案件中有立功表现优秀个人	中共定结县委、县人民政府
241	康　林	陈塘镇边境派出所	“10·25”案件中有立功表现优秀个人	中共定结县委、县人民政府
242	张达松	陈塘镇边境派出所	“10·25”案件中有立功表现优秀个人	中共定结县委、县人民政府
243	益西江措	陈塘镇边境派出所	“10·25”案件中有立功表现优秀个人	中共定结县委、县人民政府
244	王昱龙	陈塘镇边境派出所	“10·25”案件中有立功表现优秀个人	中共定结县委、县人民政府
245	代　洋	陈塘镇边境派出所	“10·25”案件中有立功表现优秀个人	中共定结县委、县人民政府
246	何宗俊	陈塘镇边境派出所	“10·25”案件中有立功表现优秀个人	中共定结县委、县人民政府
247	多吉加布	萨尔乡派出所	“10·25”案件中有立功表现优秀个人	中共定结县委、县人民政府
248	罗桑旺加	定结县公安局6379工作站	“10·25”案件中有立功表现优秀个人	中共定结县委、县人民政府
249	索朗平措	定结县公安局森林大队	“10·25”案件中有立功表现优秀个人	中共定结县委、县人民政府
250	普布扎西	定结县公安局刑侦大队	“10·25”案件中有立功表现优秀个人	中共定结县委、县人民政府
251	邓世能	定结县边境管理大队	“10·25”案件中有立功表现优秀个人	中共定结县委、县人民政府
252	陈　冬	定结县边境管理大队	“10·25”案件中有立功表现优秀个人	中共定结县委、县人民政府
253	格桑赤列	定结县卫生健康委员会	“10·25”案件中有立功表现优秀个人	中共定结县委、县人民政府
254	扎西多吉	县人民医院	“10·25”案件中有立功表现优秀个人	中共定结县委、县人民政府
255	曲　珍	陈塘镇卫生院	“10·25”案件中有立功表现优秀个人	中共定结县委、县人民政府
256	索朗次仁	萨尔乡中心小学	2020—2021学年优秀教师	中共定结县委、县人民政府
257	扎西平措	琼孜乡中心小学	2020—2021学年优秀教师	中共定结县委、县人民政府
258	扎西卓嘎	定结县中学	2020—2021学年优秀教师	中共定结县委、县人民政府
259	龙兴伟	定结县中学	2020—2021学年优秀教师	中共定结县委、县人民政府
260	达　娃	定结县中学	2020—2021学年优秀教师	中共定结县委、县人民政府
261	赵新勇	定结县中学	2020—2021学年优秀教师	中共定结县委、县人民政府
262	次仁多杰	定结县中学	2020—2021学年优秀教师	中共定结县委、县人民政府

续表11

序号	姓　名	单位及职务	奖　项	授予单位
263	江白次旦	日屋镇中心小学	2020—2021学年优秀教师	中共定结县委、县人民政府
264	巴桑吉律	江嘎镇希望幼儿园	2020—2021学年优秀教师	中共定结县委、县人民政府
265	论珠多吉	定结县完全小学	2020—2021学年优秀教师	中共定结县委、县人民政府
266	索朗玉珍	定结县完全小学	2020—2021学年优秀教师	中共定结县委、县人民政府
267	次仁卓玛	定结乡中心小学	2020—2021学年优秀教师	中共定结县委、县人民政府
268	顿珠多布	扎西岗乡中心小学	2020—2021学年优秀教师	中共定结县委、县人民政府
269	次　普	扎西岗乡中心小学	2020—2021学年优秀教师	中共定结县委、县人民政府
270	边巴扎西	确布乡中心小学	2020—2021学年优秀教师	中共定结县委、县人民政府
271	次仁玉珍	郭加乡中心小学	2020—2021学年优秀教师	中共定结县委、县人民政府
272	格桑德吉	陈塘镇中心小学	2020—2021学年优秀教师	中共定结县委、县人民政府
273	巴桑普赤	陈塘镇中心小学	2020—2021学年优秀教师	中共定结县委、县人民政府
274	贡布次仁	定结县中学	2020—2021学年优秀班主任	中共定结县委、县人民政府
275	索朗扎西	定结县中学	2020—2021学年优秀班主任	中共定结县委、县人民政府
276	德　吉	定结县中学	2020—2021学年优秀班主任	中共定结县委、县人民政府
278	普　尺	定结县中学	2020—2021学年优秀班主任	中共定结县委、县人民政府
279	旺　姆	定结乡中心小学	2020—2021学年优秀班主任	中共定结县委、县人民政府
280	琼　达	多布扎乡中心小学	2020—2021学年优秀班主任	中共定结县委、县人民政府
281	桑　姆	琼孜乡中心小学	2020—2021学年优秀班主任	中共定结县委、县人民政府
282	边巴卓玛	确布乡中心小学	2020—2021学年优秀班主任	中共定结县委、县人民政府
283	琼　拉	萨尔乡中心小学	2020—2021学年优秀班主任	中共定结县委、县人民政府
284	罗　吉	定结县完全小学	2020—2021学年优秀班主任	中共定结县委、县人民政府
285	拉巴卓玛	定结县完全小学	2020—2021学年优秀班主任	中共定结县委、县人民政府
286	旦增卓嘎	定结县幼儿园	2020—2021学年优秀班主任	中共定结县委、县人民政府
287	朗　杰	扎西岗乡中心小学	2020—2021学年优秀班主任	中共定结县委、县人民政府
288	巴桑卓嘎	郭加乡中心小学	2020—2021学年优秀班主任	中共定结县委、县人民政府
289	央　宗	日屋镇中心小学	2020—2021学年优秀班主任	中共定结县委、县人民政府
290	平措卓嘎	陈塘镇中心小学	2020—2021学年优秀班主任	中共定结县委、县人民政府
291	群宗卓嘎	陈塘镇中心小学	2020—2021学年优秀班主任	中共定结县委、县人民政府
292	普　顿	定结县中学	2020—2021学年优秀教育工作者	中共定结县委、县人民政府
293	伦　珠	定结县中学	2020—2021学年优秀教育工作者	中共定结县委、县人民政府
294	曲旦见措	定结县中学	2020—2021学年优秀教育工作者	中共定结县委、县人民政府
295	李　雷	琼孜乡中心小学	2020—2021学年优秀教育工作者	中共定结县委、县人民政府
296	王敏红	多布扎乡中心小学	2020—2021学年优秀教育工作者	中共定结县委、县人民政府
297	次旺央吉	定结乡中心小学	2020—2021学年优秀教育工作者	中共定结县委、县人民政府
298	加　布	郭加乡中心小学	2020—2021学年优秀教育工作者	中共定结县委、县人民政府
299	尼玛多吉	县教育局督导室	2020—2021学年优秀教育工作者	中共定结县委、县人民政府
300	白玛石达	县教育局财务室	2020—2021学年优秀教育工作者	中共定结县委、县人民政府
301	加　措	县教育局财务室	2020—2021学年优秀教育工作者	中共定结县委、县人民政府
302	普　琼	县教育局办公室	2020—2021学年优秀教育工作者	中共定结县委、县人民政府
303	多　吉	县教育局教研室	2020—2021学年优秀教育工作者	中共定结县委、县人民政府
304	江白落珠	县教育局教研室	2020—2021学年优秀教育工作者	中共定结县委、县人民政府

续表11

序号	姓　名	单位及职务	奖　项	授予单位
305	次　仁	县教育局项目办公室	2020—2021 学年优秀教育工作者	中共定结县委、县人民政府
306	次仁顿珠	定结县中学	2020—2021 学年教学能手奖	中共定结县委、县人民政府
307	杨　戟	定结县中学	2020—2021 学年教学能手奖	中共定结县委、县人民政府
308	朗　珍	定结县中学	2020—2021 学年教学能手奖	中共定结县委、县人民政府
309	次旦卓嘎	定结县中学	2020—2021 学年教学能手奖	中共定结县委、县人民政府
310	加　央	定结县中学	2020—2021 学年教学能手奖	中共定结县委、县人民政府
311	央　金	定结县中学	2020—2021 学年教学能手奖	中共定结县委、县人民政府
312	白玛金珠	萨尔乡中心小学	2020—2021 学年教学能手奖	中共定结县委、县人民政府
313	片　多	确布乡中心小学	2020—2021 学年教学能手奖	中共定结县委、县人民政府
314	卓玛（大）	定结县完全小学	2020—2021 学年教学能手奖	中共定结县委、县人民政府
315	何晓燕	萨尔乡中心小学	2020—2021 学年教学能手奖	中共定结县委、县人民政府
316	郭　超	定结县中学	2020—2021 学年教学技能奖	中共定结县委、县人民政府
317	索朗扎西	定结县中学	2020—2021 学年教学技能奖	中共定结县委、县人民政府
318	美　珍	定结县中学	2020—2021 学年教学技能奖	中共定结县委、县人民政府
319	次仁白姆	定结县中学	2020—2021 学年教学技能奖	中共定结县委、县人民政府
320	朗　珍	定结县中学	2020—2021 学年教学技能奖	中共定结县委、县人民政府
321	曲旦见措	定结县中学	2020—2021 学年教学技能奖	中共定结县委、县人民政府
322	卓　玛	陈塘镇中心小学	2020—2021 学年教学技能奖	中共定结县委、县人民政府
323	达　珍	扎西岗乡中心小学	2020—2021 学年教学技能奖	中共定结县委、县人民政府
324	次旺罗布	日屋镇中心小学	2020—2021 学年教学技能奖	中共定结县委、县人民政府
325	李军瑶	定结县中学	2020—2021 学年名教师	中共定结县委、县人民政府
326	确　巴	定结县完全小学	2020—2021 学年名教师	中共定结县委、县人民政府
327	次仁玉珍	扎西岗乡中心小学	2020—2021 学年名教师	中共定结县委、县人民政府
328	尼玛扎西	定结县中学	2020—2021 学年名班主任	中共定结县委、县人民政府
329	普布吉巴	萨尔乡中心小学	2020—2021 学年名班主任	中共定结县委、县人民政府
330	普布仓决	陈塘镇中心小学	2020—2021 学年名班主任	中共定结县委、县人民政府
331	边　琼	扎西岗乡中心小学	2020—2021 学年名校长	中共定结县委、县人民政府
332	索朗普尺	琼孜乡强木村幼儿园	2020—2021 学年优秀保教员	中共定结县委、县人民政府
333	琼　阿	琼孜乡乃萨村幼儿园	2020—2021 学年优秀保教员	中共定结县委、县人民政府
334	米玛拉姆	萨尔乡中心小学	2020—2021 学年优秀保教员	中共定结县委、县人民政府
335	达娃普赤	萨尔乡中心小学	2020—2021 学年优秀保教员	中共定结县委、县人民政府
336	德　吉	江嘎镇希望幼儿园	2020—2021 学年优秀保教员	中共定结县委、县人民政府
337	拉巴普赤	江嘎镇希望幼儿园	2020—2021 学年优秀保教员	中共定结县委、县人民政府
338	片　多	江嘎镇古娃村幼儿园	2020—2021 学年优秀保教员	中共定结县委、县人民政府
339	白　珍	定结县幼儿园	2020—2021 学年优秀保教员	中共定结县委、县人民政府
340	次旦卓玛	多布扎乡中心小学	2020—2021 学年优秀保教员	中共定结县委、县人民政府
341	旦增桑姆	定结乡双语幼儿园	2020—2021 学年优秀保教员	中共定结县委、县人民政府
342	宗　吉	陈塘镇双语幼儿园	2020—2021 学年优秀保教员	中共定结县委、县人民政府
343	旦　增	陈塘镇那塘村幼儿园	2020—2021 学年优秀保教员	中共定结县委、县人民政府
344	吉　巴	郭加乡中心小学	2020—2021 学年优秀保教员	中共定结县委、县人民政府
345	白玛格桑	确布乡春阿村幼儿园	2020—2021 学年优秀保教员	中共定结县委、县人民政府

续表11

序号	姓　名	单位及职务	奖　项	授予单位
346	它　曲	扎西岗乡中心小学	2020—2021 学年优秀保教员	中共定结县委、县人民政府
347	吉　巴	日屋镇中心小学	2020—2021 学年优秀保教员	中共定结县委、县人民政府
348	琼　达	郭加乡中心小学	2020—2021 学年优秀保教员	中共定结县委、县人民政府
349	次仁普尺	琼孜乡中心小学	2020—2021 学年优秀后勤工作者	中共定结县委、县人民政府
350	拉巴扎西	萨尔乡中心小学	2020—2021 学年优秀后勤工作者	中共定结县委、县人民政府
351	次旦卓嘎	江嘎镇希望幼儿园	2020—2021 学年优秀后勤工作者	中共定结县委、县人民政府
352	次　旦	定结县完全小学	2020—2021 学年优秀后勤工作者	中共定结县委、县人民政府
353	平措卓玛	定结县完全小学	2020—2021 学年优秀后勤工作者	中共定结县委、县人民政府
354	桑　珠	定结县幼儿园	2020—2021 学年优秀后勤工作者	中共定结县委、县人民政府
355	次仁宗吉	多布扎乡中心小学	2020—2021 学年优秀后勤工作者	中共定结县委、县人民政府
356	琼拉姆	定结乡中心小学	2020—2021 学年优秀后勤工作者	中共定结县委、县人民政府
357	白　玛	陈塘镇中心小学	2020—2021 学年优秀后勤工作者	中共定结县委、县人民政府
358	边　措	确布乡中心小学	2020—2021 学年优秀后勤工作者	中共定结县委、县人民政府
359	仁　增	陈塘镇初级中学	2020—2021 学年优秀后勤工作者	中共定结县委、县人民政府
360	格　桑	陈塘镇初级中学	2020—2021 学年优秀后勤工作者	中共定结县委、县人民政府
361	旦增曲珍	陈塘镇初级中学	2020—2021 学年优秀后勤工作者	中共定结县委、县人民政府
362	阿旺卓玛	陈塘镇初级中学	2020—2021 学年优秀后勤工作者	中共定结县委、县人民政府
363	尼　尼	扎西岗乡中心小学	2020—2021 学年优秀后勤工作者	中共定结县委、县人民政府
364	朗　加	日屋镇中心小学	2020—2021 学年优秀后勤工作者	中共定结县委、县人民政府
365	江　巴	江嘎镇	定结县第二届职工运动会男子 100 米短跑比赛一等奖	中共定结县委、县人民政府
366	米玛顿珠	郭加乡	定结县第二届职工运动会男子 100 米短跑比赛二等奖	中共定结县委、县人民政府
367	见白扎西	县人民法院	定结县第二届职工运动会男子 100 米短跑比赛三等奖	中共定结县委、县人民政府
368	尼　仓	定结乡	定结县第二届职工运动会女子 100 米短跑比赛一等奖	中共定结县委、县人民政府
369	次　曲	确布乡	定结县第二届职工运动会女子 100 米短跑比赛二等奖	中共定结县委、县人民政府
370	邵子建	团县委	定结县第二届职工运动会女子 100 米短跑比赛三等奖	中共定结县委、县人民政府
371	多布杰	县市场监督管理局	定结县第二届职工运动会乒乓球比赛一等奖	中共定结县委、县人民政府
372	米玛顿珠	郭加乡	定结县第二届职工运动会乒乓球比赛二等奖	中共定结县委、县人民政府
373	普布次仁	县司法局	定结县第二届职工运动会乒乓球比赛三等奖	中共定结县委、县人民政府
374	旦　增	江嘎镇	定结县第二届职工运动会台球比赛一等奖	中共定结县委、县人民政府
375	格　桑	县供电有限公司	定结县第二届职工运动会台球比赛二等奖	中共定结县委、县人民政府
377	普布顿珠	县水利局	定结县第二届职工运动会台球比赛三等奖	中共定结县委、县人民政府

续表11

序号	姓　名	单位及职务	奖　项	授予单位
378	平　措	确布乡	定结县第二届职工运动会男子压架比赛奖一等奖	中共定结县委、县人民政府
379	尼玛次仁	琼孜乡	定结县第二届职工运动会男子压架比赛奖二等奖	中共定结县委、县人民政府
380	确　巴	多布扎乡	定结县第二届职工运动会男子压架比赛奖三等奖	中共定结县委、县人民政府
381	洛　桑	江嘎镇	定结县第二届职工运动会男子抱沙袋比赛一等奖	中共定结县委、县人民政府
382	扎　西	陈塘镇	定结县第二届职工运动会男子抱沙袋比赛二等奖	中共定结县委、县人民政府
383	达瓦扎西	萨尔乡	定结县第二届职工运动会男子抱沙袋比赛三等奖	中共定结县委、县人民政府
384	桑　姆	确布乡	定结县第二届职工运动会女子抱沙袋比赛一等奖	中共定结县委、县人民政府
385	阿　姆	扎西岗乡	定结县第二届职工运动会女子抱沙袋比赛二等奖	中共定结县委、县人民政府
386	央　宗	琼孜乡	定结县第二届职工运动会男子抱沙袋比赛三等奖	中共定结县委、县人民政府
387	阿旺益西	郭加乡	定结县第二届职工运动会男子骰子比赛一等奖	中共定结县委、县人民政府
388	边　巴	琼孜乡	定结县第二届职工运动会男子骰子比赛二等奖	中共定结县委、县人民政府
389	旦　增	日屋镇	定结县第二届职工运动会男子骰子比赛三等奖	中共定结县委、县人民政府
390	德吉拉姆	县纪委监委	2019—2021年连续三年年终考核“优秀”等次记三等功公务员	中共定结县委、县人民政府
391	陈永福	日屋镇党委	2019—2021年连续三年年终考核“优秀”等次记三等功公务员	中共定结县委、县人民政府
392	强巴顿珠	琼孜乡党委	2019—2021年连续三年年终考核“优秀”等次记三等功公务员	中共定结县委、县人民政府
393	梁娟霞	县委组织部	2019—2021年连续三年年终考核“优秀”等次记三等功公务员	中共定结县委、县人民政府
394	扎西旺堆	定结县公安局法制大队	2019—2021年连续三年年终考核“优秀”等次记三等功公务员	中共定结县委、县人民政府
395	仁增旺加	定结县公安局3号便民警务站	2019—2021年连续三年年终考核“优秀”等次记三等功公务员	中共定结县委、县人民政府
396	陈　鑫	定结县公安局确布乡派出所	2019—2021年连续三年年终考核“优秀”等次记三等功公务员	中共定结县委、县人民政府
397	尼　玛	定结县民政局	2019—2021年连续三年年终考核“优秀”等次记三等功公务员	中共定结县委、县人民政府
398	央　宗	定结县外事办公室	2019—2021年连续三年年终考核“优秀”等次记三等功公务员	中共定结县委、县人民政府
399	次仁德吉	定结县城市管理和综合执法局	2019—2021年连续三年年终考核“优秀”等次记三等功公务员	中共定结县委、县人民政府
400	拉巴琼达	定结县阿布入寺管理委员会	2019—2021年连续三年年终考核“优秀”等次记三等功公务员	中共定结县委、县人民政府
401	洛　桑	定结县人民法院	2019—2021年连续三年年终考核“优秀”等次记三等功公务员	中共定结县委、县人民政府

续表11

序号	姓　名	单位及职务	奖　项	授予单位
402	宋庆辉	日屋镇党委	2019—2021年连续三年年终考核“优秀”等次记三等功公务员	中共定结县委、县人民政府
403	杨国玺	扎西岗乡党委	2019—2021年连续三年年终考核“优秀”等次记三等功公务员	中共定结县委、县人民政府
404	王为正	陈塘镇人民政府	2019—2021年连续三年年终考核“优秀”等次记三等功公务员	中共定结县委、县人民政府
405	魏　荣	定结乡人民政府	2019—2021年连续三年年终考核“优秀”等次记三等功公务员	中共定结县委、县人民政府
406	巴桑旺姆	日屋镇人民政府	2019—2021年连续三年年终考核“优秀”等次记三等功公务员	中共定结县委、县人民政府
407	边巴家庭	江嘎镇古娃村	“五比”竞赛“五星户”	中共定结县委、县人民政府
408	多吉加参家庭	江嘎镇古娃村	“五比”竞赛“五星户”	中共定结县委、县人民政府
409	巴旦家庭	江嘎镇古娃村	“五比”竞赛“五星户”	中共定结县委、县人民政府
410	扎西旺家庭	江嘎镇古娃村	“五比”竞赛“五星户”	中共定结县委、县人民政府
411	阿旺旦增家庭	江嘎镇古娃村	“五比”竞赛“五星户”	中共定结县委、县人民政府
412	丹增多吉家庭	江嘎镇芒热村	“五比”竞赛“五星户”	中共定结县委、县人民政府
413	格桑家庭	江嘎镇芒热村	“五比”竞赛“五星户”	中共定结县委、县人民政府
414	旺加布家庭	江嘎镇芒热村	“五比”竞赛“五星户”	中共定结县委、县人民政府
415	阿旺家庭	江嘎镇曲米村	“五比”竞赛“五星户”	中共定结县委、县人民政府
416	平措卓玛家庭	江嘎镇曲米村	“五比”竞赛“五星户”	中共定结县委、县人民政府
417	拉姆家庭	江嘎镇曲米村	“五比”竞赛“五星户”	中共定结县委、县人民政府
418	次仁尼玛家庭	江嘎镇曲米村	“五比”竞赛“五星户”	中共定结县委、县人民政府
419	格桑家庭	江嘎镇曲米村	“五比”竞赛“五星户”	中共定结县委、县人民政府
420	央宗家庭	江嘎镇曲米村	“五比”竞赛“五星户”	中共定结县委、县人民政府
421	阿姆家庭	江嘎镇曲米村	“五比”竞赛“五星户”	中共定结县委、县人民政府
422	普吉家庭	江嘎镇曲米村	“五比”竞赛“五星户”	中共定结县委、县人民政府
423	普布次仁家庭	江嘎镇曲米村	“五比”竞赛“五星户”	中共定结县委、县人民政府
424	仓决家庭	江嘎镇曲米村	“五比”竞赛“五星户”	中共定结县委、县人民政府
425	加参家庭	江嘎镇曲米村	“五比”竞赛“五星户”	中共定结县委、县人民政府
426	旦巴塔杰家庭	江嘎镇曲米村	“五比”竞赛“五星户”	中共定结县委、县人民政府
427	拉宗普赤家庭	江嘎镇曲米村	“五比”竞赛“五星户”	中共定结县委、县人民政府
428	旦增伦珠家庭	江嘎镇曲米村	“五比”竞赛“五星户”	中共定结县委、县人民政府
429	阿旺宗巴家庭	江嘎镇曲米村	“五比”竞赛“五星户”	中共定结县委、县人民政府
430	格桑家庭	江嘎镇曲米村	“五比”竞赛“五星户”	中共定结县委、县人民政府

续表11

序号	姓　名	单位及职务	奖　项	授予单位
431	占堆家庭	江嘎镇曲米村	“五比”竞赛“五星户”	中共定结县委、县人民政府
432	加措家庭	江嘎镇曲米村	“五比”竞赛“五星户”	中共定结县委、县人民政府
433	扎西加布家庭	江嘎镇曲米村	“五比”竞赛“五星户”	中共定结县委、县人民政府
434	达娃塔曲家庭	江嘎镇达那村	“五比”竞赛“五星户”	中共定结县委、县人民政府
435	云旦欧珠家庭	江嘎镇达那村	“五比”竞赛“五星户”	中共定结县委、县人民政府
436	拉姆家庭	江嘎镇达那村	“五比”竞赛“五星户”	中共定结县委、县人民政府
437	达娃家庭	江嘎镇达那村	“五比”竞赛“五星户”	中共定结县委、县人民政府
438	普次仁家庭	江嘎镇达那村	“五比”竞赛“五星户”	中共定结县委、县人民政府
439	扎西南木加家庭	江嘎镇达那村	“五比”竞赛“五星户”	中共定结县委、县人民政府
440	达娃珍玛家庭	江嘎镇达那村	“五比”竞赛“五星户”	中共定结县委、县人民政府
441	加措家庭	江嘎镇达那村	“五比”竞赛“五星户”	中共定结县委、县人民政府
442	珍琼家庭	江嘎镇达那村	“五比”竞赛“五星户”	中共定结县委、县人民政府
443	普布扎西家庭	江嘎镇达那村	“五比”竞赛“五星户”	中共定结县委、县人民政府
444	塔杰家庭	江嘎镇达那村	“五比”竞赛“五星户”	中共定结县委、县人民政府
445	明吉家庭	江嘎镇达那村	“五比”竞赛“五星户”	中共定结县委、县人民政府
446	曲培家庭	江嘎镇达那村	“五比”竞赛“五星户”	中共定结县委、县人民政府
447	尼玛家庭	江嘎镇达那村	“五比”竞赛“五星户”	中共定结县委、县人民政府
448	罗布家庭	江嘎镇江嘎村	“五比”竞赛“五星户”	中共定结县委、县人民政府
449	扎西顿珠家庭	江嘎镇江嘎村	“五比”竞赛“五星户”	中共定结县委、县人民政府
450	曲珍家庭	江嘎镇江嘎村	“五比”竞赛“五星户”	中共定结县委、县人民政府
451	多杰家庭	江嘎镇江嘎村	“五比”竞赛“五星户”	中共定结县委、县人民政府
452	加布家庭	江嘎镇江嘎村	“五比”竞赛“五星户”	中共定结县委、县人民政府
453	米玛加布家庭	江嘎镇江嘎村	“五比”竞赛“五星户”	中共定结县委、县人民政府
454	边巴家庭	江嘎镇江嘎村	“五比”竞赛“五星户”	中共定结县委、县人民政府
455	拉巴家庭	江嘎镇江嘎村	“五比”竞赛“五星户”	中共定结县委、县人民政府
456	米玛家庭	江嘎镇江嘎村	“五比”竞赛“五星户”	中共定结县委、县人民政府
457	加措家庭	江嘎镇江嘎村	“五比”竞赛“五星户”	中共定结县委、县人民政府
458	巴桑家庭	江嘎镇江嘎村	“五比”竞赛“五星户”	中共定结县委、县人民政府
459	旦木真家庭	江嘎镇江嘎村	“五比”竞赛“五星户”	中共定结县委、县人民政府
460	桑姆家庭	江嘎镇江嘎村	“五比”竞赛“五星户”	中共定结县委、县人民政府
461	罗布家庭	江嘎镇江嘎村	“五比”竞赛“五星户”	中共定结县委、县人民政府
462	米玛家庭	江嘎镇江嘎村	“五比”竞赛“五星户”	中共定结县委、县人民政府
463	热杰家庭	江嘎镇江嘎村	“五比”竞赛“五星户”	中共定结县委、县人民政府
464	南木加家庭	江嘎镇江嘎村	“五比”竞赛“五星户”	中共定结县委、县人民政府

续表11

序号	姓　名	单位及职务	奖　项	授予单位
465	达娃家庭	江嘎镇江嘎村	“五比”竞赛“五星户”	中共定结县委、县人民政府
466	尼玛央家庭	江嘎镇江嘎村	“五比”竞赛“五星户”	中共定结县委、县人民政府
467	普珍家庭	江嘎镇荣孔村	“五比”竞赛“五星户”	中共定结县委、县人民政府
468	次仁欧珠家庭	江嘎镇荣孔村	“五比”竞赛“五星户”	中共定结县委、县人民政府
469	巴桑加布家庭	江嘎镇荣孔村	“五比”竞赛“五星户”	中共定结县委、县人民政府
470	旺堆家庭	江嘎镇荣孔村	“五比”竞赛“五星户”	中共定结县委、县人民政府
471	普赤家庭	江嘎镇荣孔村	“五比”竞赛“五星户”	中共定结县委、县人民政府
472	边巴家庭	江嘎镇荣孔村	“五比”竞赛“五星户”	中共定结县委、县人民政府
473	吉巴家庭	江嘎镇荣孔村	“五比”竞赛“五星户”	中共定结县委、县人民政府
474	扎西罗布家庭	江嘎镇荣孔村	“五比”竞赛“五星户”	中共定结县委、县人民政府
475	西热卓玛家庭	江嘎镇荣孔村	“五比”竞赛“五星户”	中共定结县委、县人民政府
476	扎琼家庭	江嘎镇荣孔村	“五比”竞赛“五星户”	中共定结县委、县人民政府
477	普布扎西家庭	萨尔乡普如村	“五比”竞赛“五星户”	中共定结县委、县人民政府
478	吉宗家庭	萨尔乡普如村	“五比”竞赛“五星户”	中共定结县委、县人民政府
479	旺加家庭	萨尔乡普如村	“五比”竞赛“五星户”	中共定结县委、县人民政府
480	贡布家庭	萨尔乡夺姆村	“五比”竞赛“五星户”	中共定结县委、县人民政府
481	央珍家庭	萨尔乡夺姆村	“五比”竞赛“五星户”	中共定结县委、县人民政府
482	顿珠家庭	萨尔乡夺姆村	“五比”竞赛“五星户”	中共定结县委、县人民政府
483	阿旺旦增家庭	萨尔乡夺姆村	“五比”竞赛“五星户”	中共定结县委、县人民政府
484	次仁顿珠家庭	萨尔乡夺姆村	“五比”竞赛“五星户”	中共定结县委、县人民政府
485	旺加家庭	萨尔乡哈隆村	“五比”竞赛“五星户”	中共定结县委、县人民政府
486	普布格桑家庭	萨尔乡哈隆村	“五比”竞赛“五星户”	中共定结县委、县人民政府
487	次仁多吉家庭	萨尔乡哈隆村	“五比”竞赛“五星户”	中共定结县委、县人民政府
488	尼玛扎西家庭	萨尔乡哈隆村	“五比”竞赛“五星户”	中共定结县委、县人民政府
489	群培家庭	萨尔乡哈隆村	“五比”竞赛“五星户”	中共定结县委、县人民政府
490	尼玛卓玛家庭	萨尔乡拉康村	“五比”竞赛“五星户”	中共定结县委、县人民政府
491	多吉家庭	萨尔乡拉康村	“五比”竞赛“五星户”	中共定结县委、县人民政府
492	措姆家庭	萨尔乡拉康村	“五比”竞赛“五星户”	中共定结县委、县人民政府
493	平措家庭	萨尔乡拉康村	“五比”竞赛“五星户”	中共定结县委、县人民政府
494	旦增旦巴家庭	萨尔乡拉康村	“五比”竞赛“五星户”	中共定结县委、县人民政府
495	次珍家庭	萨尔乡拉康村	“五比”竞赛“五星户”	中共定结县委、县人民政府

续表11

序号	姓　名	单位及职务	奖　项	授予单位
496	阿旺桑姆家庭	萨尔乡普圭村	“五比”竞赛“五星户”	中共定结县委、县人民政府
497	旦增加布家庭	萨尔乡普圭村	“五比”竞赛“五星户”	中共定结县委、县人民政府
498	巴桑参木决家庭	萨尔乡普圭村	“五比”竞赛“五星户”	中共定结县委、县人民政府
499	旦增多吉家庭	萨尔乡普圭村	“五比”竞赛“五星户”	中共定结县委、县人民政府
500	益西旺久家庭	萨尔乡雪村	“五比”竞赛“五星户”	中共定结县委、县人民政府
501	加布家庭	萨尔乡雪村	“五比”竞赛“五星户”	中共定结县委、县人民政府
502	它决家庭	萨尔乡雪村	“五比”竞赛“五星户”	中共定结县委、县人民政府
503	格桑家庭	萨尔乡雪村	“五比”竞赛“五星户”	中共定结县委、县人民政府
504	群培家庭	萨尔乡雪村	“五比”竞赛“五星户”	中共定结县委、县人民政府
505	央宗家庭	萨尔乡雪村	“五比”竞赛“五星户”	中共定结县委、县人民政府
506	格桑索朗家庭	萨尔乡雪村	“五比”竞赛“五星户”	中共定结县委、县人民政府
507	江白罗布家庭	萨尔乡雪村	“五比”竞赛“五星户”	中共定结县委、县人民政府
508	琼次仁家庭	萨尔乡雪村	“五比”竞赛“五星户”	中共定结县委、县人民政府
509	塔杰家庭	萨尔乡雪村	“五比”竞赛“五星户”	中共定结县委、县人民政府
510	多布杰家庭	萨尔乡雪村	“五比”竞赛“五星户”	中共定结县委、县人民政府
511	吴坚曲旺家庭	萨尔乡雪村	“五比”竞赛“五星户”	中共定结县委、县人民政府
512	甲巴家庭	萨尔乡雪村	“五比”竞赛“五星户”	中共定结县委、县人民政府
513	旦增切热家庭	萨尔乡郭庆村	“五比”竞赛“五星户”	中共定结县委、县人民政府
514	吉琼家庭	萨尔乡郭庆村	“五比”竞赛“五星户”	中共定结县委、县人民政府
515	小巴桑次仁家庭	萨尔乡郭庆村	“五比”竞赛“五星户”	中共定结县委、县人民政府
516	边巴家庭	萨尔乡郭庆村	“五比”竞赛“五星户”	中共定结县委、县人民政府
517	索朗次仁家庭	萨尔乡郭庆村	“五比”竞赛“五星户”	中共定结县委、县人民政府
518	尼玛加布家庭	萨尔乡郭庆村	“五比”竞赛“五星户”	中共定结县委、县人民政府
519	大巴桑次仁家庭	萨尔乡郭庆村	“五比”竞赛“五星户”	中共定结县委、县人民政府
520	尼玛加布家庭	萨尔乡郭庆村	“五比”竞赛“五星户”	中共定结县委、县人民政府
521	吉律家庭	萨尔乡强布村	“五比”竞赛“五星户”	中共定结县委、县人民政府
522	次仁吉家庭	萨尔乡强布村	“五比”竞赛“五星户”	中共定结县委、县人民政府
523	罗布家庭	萨尔乡强布村	“五比”竞赛“五星户”	中共定结县委、县人民政府

续表11

序号	姓 名	单位及职务	奖 项	授予单位
524	旺加家庭	萨尔乡扎西岗村	“五比”竞赛“五星户”	中共定结县委、县人民政府
525	次仁卓嘎家庭	萨尔乡扎西岗村	“五比”竞赛“五星户”	中共定结县委、县人民政府
526	桑珠家庭	琼孜乡哲圭村	“五比”竞赛“五星户”	中共定结县委、县人民政府
527	罗桑曲培家庭	琼孜乡哲圭村	“五比”竞赛“五星户”	中共定结县委、县人民政府
528	尼玛家庭	琼孜乡哲圭村	“五比”竞赛“五星户”	中共定结县委、县人民政府
529	卓嘎家庭	琼孜乡哲圭村	“五比”竞赛“五星户”	中共定结县委、县人民政府
530	扎西顿珠家庭	琼孜乡哲圭村	“五比”竞赛“五星户”	中共定结县委、县人民政府
531	加措家庭	琼孜乡羌姆村	“五比”竞赛“五星户”	中共定结县委、县人民政府
532	南木加家庭	琼孜乡羌姆村	“五比”竞赛“五星户”	中共定结县委、县人民政府
533	旦木真拉姆家庭	琼孜乡羌姆村	“五比”竞赛“五星户”	中共定结县委、县人民政府
534	达娃顿珠家庭	琼孜乡德卡村	“五比”竞赛“五星户”	中共定结县委、县人民政府
535	尼玛占都家庭	琼孜乡德卡村	“五比”竞赛“五星户”	中共定结县委、县人民政府
536	穷仁家庭	琼孜乡德卡村	“五比”竞赛“五星户”	中共定结县委、县人民政府
537	拉巴家庭	琼孜乡德卡村	“五比”竞赛“五星户”	中共定结县委、县人民政府
538	边吉家庭	琼孜乡东热村	“五比”竞赛“五星户”	中共定结县委、县人民政府
539	尼玛普尺家庭	琼孜乡东热村	“五比”竞赛“五星户”	中共定结县委、县人民政府
540	顿珠家庭	琼孜乡塔嘎拓村	“五比”竞赛“五星户”	中共定结县委、县人民政府
541	多布杰家庭	琼孜乡塔嘎拓村	“五比”竞赛“五星户”	中共定结县委、县人民政府
542	加布家庭	琼孜乡塔嘎拓村	“五比”竞赛“五星户”	中共定结县委、县人民政府
543	普布家庭	琼孜乡塔嘎拓村	“五比”竞赛“五星户”	中共定结县委、县人民政府
544	罗布家庭	琼孜乡姆村	“五比”竞赛“五星户”	中共定结县委、县人民政府
545	坚参家庭	琼孜乡姆村	“五比”竞赛“五星户”	中共定结县委、县人民政府
546	卓玛家庭	琼孜乡姆村	“五比”竞赛“五星户”	中共定结县委、县人民政府
547	尼玛顿珠家庭	琼孜乡姆村	“五比”竞赛“五星户”	中共定结县委、县人民政府
548	嘎玛顿珠家庭	琼孜乡姆村	“五比”竞赛“五星户”	中共定结县委、县人民政府
549	米玛家庭	琼孜乡姆村	“五比”竞赛“五星户”	中共定结县委、县人民政府
550	加布家庭	琼孜乡姆村	“五比”竞赛“五星户”	中共定结县委、县人民政府
551	贡布家庭	琼孜乡姆村	“五比”竞赛“五星户”	中共定结县委、县人民政府
552	边巴确巴家庭	琼孜乡姆村	“五比”竞赛“五星户”	中共定结县委、县人民政府
553	顿珠家庭	琼孜乡姆村	“五比”竞赛“五星户”	中共定结县委、县人民政府
554	旦木真家庭	琼孜乡琼孜村	“五比”竞赛“五星户”	中共定结县委、县人民政府

续表11

序号	姓　名	单位及职务	奖　项	授予单位
555	仓木穷家庭	琼孜乡琼孜村	“五比”竞赛“五星户”	中共定结县委、县人民政府
556	仓决家庭	琼孜乡琼孜村	“五比”竞赛“五星户”	中共定结县委、县人民政府
557	明珍家庭	琼孜乡琼孜村	“五比”竞赛“五星户”	中共定结县委、县人民政府
558	拉巴家庭	琼孜乡琼孜村	“五比”竞赛“五星户”	中共定结县委、县人民政府
559	它决家庭	琼孜乡库宇村	“五比”竞赛“五星户”	中共定结县委、县人民政府
560	江白家庭	琼孜乡库宇村	“五比”竞赛“五星户”	中共定结县委、县人民政府
561	占堆家庭	琼孜乡楚纳村	“五比”竞赛“五星户”	中共定结县委、县人民政府
562	次仁家庭	琼孜乡楚纳村	“五比”竞赛“五星户”	中共定结县委、县人民政府
563	扎西参木决家庭	琼孜乡楚纳村	“五比”竞赛“五星户”	中共定结县委、县人民政府
564	次旺伦珠家庭	琼孜乡楚纳村	“五比”竞赛“五星户”	中共定结县委、县人民政府
565	旦巴家庭	琼孜乡乃萨村	“五比”竞赛“五星户”	中共定结县委、县人民政府
566	曲珍家庭	琼孜乡乃萨村	“五比”竞赛“五星户”	中共定结县委、县人民政府
567	仓木决家庭	琼孜乡乃萨村	“五比”竞赛“五星户”	中共定结县委、县人民政府
568	白玛它曲家庭	琼孜乡朗玛村	“五比”竞赛“五星户”	中共定结县委、县人民政府
569	普次仁家庭	日屋镇德吉村	“五比”竞赛“五星户”	中共定结县委、县人民政府
570	扎西家庭	日屋镇德吉村	“五比”竞赛“五星户”	中共定结县委、县人民政府
571	洛入家庭	日屋镇德吉村	“五比”竞赛“五星户”	中共定结县委、县人民政府
572	贵桑家庭	日屋镇德吉村	“五比”竞赛“五星户”	中共定结县委、县人民政府
573	尼玛普尺家庭	日屋镇德吉村	“五比”竞赛“五星户”	中共定结县委、县人民政府
574	加措家庭	日屋镇德吉村	“五比”竞赛“五星户”	中共定结县委、县人民政府
575	玉珍家庭	日屋镇德吉村	“五比”竞赛“五星户”	中共定结县委、县人民政府
576	尼玛家庭	日屋镇德吉村	“五比”竞赛“五星户”	中共定结县委、县人民政府
577	卓嘎家庭	日屋镇德吉村	“五比”竞赛“五星户”	中共定结县委、县人民政府
578	拉旺家庭	日屋镇吉勒村	“五比”竞赛“五星户”	中共定结县委、县人民政府
579	尼玛它确家庭	日屋镇吉勒村	“五比”竞赛“五星户”	中共定结县委、县人民政府
580	央金家庭	日屋镇吉勒村	“五比”竞赛“五星户”	中共定结县委、县人民政府
581	普布顿珠家庭	日屋镇吉勒村	“五比”竞赛“五星户”	中共定结县委、县人民政府
582	赤列家庭	日屋镇吉勒村	“五比”竞赛“五星户”	中共定结县委、县人民政府
583	益西家庭	日屋镇吉勒村	“五比”竞赛“五星户”	中共定结县委、县人民政府
584	桑珠家庭	日屋镇日屋村	“五比”竞赛“五星户”	中共定结县委、县人民政府
585	阿旺旦增家庭	日屋镇日屋村	“五比”竞赛“五星户”	中共定结县委、县人民政府
586	次旺普尺家庭	日屋镇日屋村	“五比”竞赛“五星户”	中共定结县委、县人民政府
587	格旺家庭	日屋镇日屋村	“五比”竞赛“五星户”	中共定结县委、县人民政府

续表11

序号	姓　名	单位及职务	奖　项	授予单位
588	旦增央吉家庭	日屋镇日屋村	“五比”竞赛“五星户”	中共定结县委、县人民政府
589	吉宗家庭	日屋镇鲁热村	“五比”竞赛“五星户”	中共定结县委、县人民政府
590	古入家庭	日屋镇鲁热村	“五比”竞赛“五星户”	中共定结县委、县人民政府
591	拉旺德吉家庭	日屋镇鲁热村	“五比”竞赛“五星户”	中共定结县委、县人民政府
592	旺青家庭	日屋镇果玛村	“五比”竞赛“五星户”	中共定结县委、县人民政府
593	普布次仁家庭	日屋镇果玛村	“五比”竞赛“五星户”	中共定结县委、县人民政府
594	拉巴家庭	日屋镇果玛村	“五比”竞赛“五星户”	中共定结县委、县人民政府
595	旦增洛旦家庭	日屋镇果玛村	“五比”竞赛“五星户”	中共定结县委、县人民政府
596	多布吉家庭	多布扎乡扎林村	“五比”竞赛“五星户”	中共定结县委、县人民政府
597	拉平家庭	多布扎乡扎林村	“五比”竞赛“五星户”	中共定结县委、县人民政府
598	扎西家庭	多布扎乡扎林村	“五比”竞赛“五星户”	中共定结县委、县人民政府
599	石拉顿珠家庭	多布扎乡扎林村	“五比”竞赛“五星户”	中共定结县委、县人民政府
600	达瓦家庭	多布扎乡扎林村	“五比”竞赛“五星户”	中共定结县委、县人民政府
601	桑珠家庭	多布扎乡扎林村	“五比”竞赛“五星户”	中共定结县委、县人民政府
602	格桑次旺家庭	多布扎乡洛巴村	“五比”竞赛“五星户”	中共定结县委、县人民政府
603	赤列旺姆家庭	多布扎乡洛巴村	“五比”竞赛“五星户”	中共定结县委、县人民政府
604	拉旺家庭	多布扎乡扎西孜村	“五比”竞赛“五星户”	中共定结县委、县人民政府
605	阿琼家庭	多布扎乡扎西孜村	“五比”竞赛“五星户”	中共定结县委、县人民政府
606	贡嘎次仁家庭	多布扎乡扎西孜村	“五比”竞赛“五星户”	中共定结县委、县人民政府
607	次仁塔曲家庭	多布扎乡多布扎村	“五比”竞赛“五星户”	中共定结县委、县人民政府
608	达瓦扎西家庭	多布扎乡多布扎村	“五比”竞赛“五星户”	中共定结县委、县人民政府
609	达瓦确巴家庭	多布扎乡多布扎村	“五比”竞赛“五星户”	中共定结县委、县人民政府
610	边巴多布杰家庭	多布扎乡多布扎村	“五比”竞赛“五星户”	中共定结县委、县人民政府
611	次旦朗加家庭	多布扎乡多布扎村	“五比”竞赛“五星户”	中共定结县委、县人民政府
612	加参家庭	多布扎乡多布扎村	“五比”竞赛“五星户”	中共定结县委、县人民政府
613	次仁多布杰家庭	多布扎乡多布扎村	“五比”竞赛“五星户”	中共定结县委、县人民政府
614	央增家庭	多布扎乡聂孜村	“五比”竞赛“五星户”	中共定结县委、县人民政府
615	南加家庭	多布扎乡聂孜村	“五比”竞赛“五星户”	中共定结县委、县人民政府
616	拉巴次仁家庭	多布扎乡聂孜村	“五比”竞赛“五星户”	中共定结县委、县人民政府

续表11

序号	姓　名	单位及职务	奖　项	授予单位
617	曲培家庭	多布扎乡那仁村	“五比”竞赛“五星户”	中共定结县委、县人民政府
618	拉巴家庭	确布乡麦卡村	“五比”竞赛“五星户”	中共定结县委、县人民政府
619	普布次仁家庭	确布乡麦卡村	“五比”竞赛“五星户”	中共定结县委、县人民政府
620	小米玛家庭	确布乡麦卡村	“五比”竞赛“五星户”	中共定结县委、县人民政府
621	尼玛顿珠家庭	确布乡克阿村	“五比”竞赛“五星户”	中共定结县委、县人民政府
622	米次家庭	确布乡克阿村	“五比”竞赛“五星户”	中共定结县委、县人民政府
623	洛追家庭	确布乡吉堆村	“五比”竞赛“五星户”	中共定结县委、县人民政府
624	古入仁增家庭	确布乡吉堆村	“五比”竞赛“五星户”	中共定结县委、县人民政府
625	扎西平措家庭	确布乡吉堆村	“五比”竞赛“五星户”	中共定结县委、县人民政府
626	次桌阿姆家庭	确布乡吉堆村	“五比”竞赛“五星户”	中共定结县委、县人民政府
627	明玛家庭	确布乡吉堆村	“五比”竞赛“五星户”	中共定结县委、县人民政府
628	旦增家庭	确布乡春阿村	“五比”竞赛“五星户”	中共定结县委、县人民政府
629	卓嘎家庭	确布乡春阿村	“五比”竞赛“五星户”	中共定结县委、县人民政府
630	次旦家庭	确布乡春阿村	“五比”竞赛“五星户”	中共定结县委、县人民政府
631	普次仁家庭	确布乡春阿村	“五比”竞赛“五星户”	中共定结县委、县人民政府
632	次仁扎西家庭	确布乡莎拉岗村	“五比”竞赛“五星户”	中共定结县委、县人民政府
633	云旦家庭	确布乡除古村	“五比”竞赛“五星户”	中共定结县委、县人民政府
634	扎西家庭	确布乡除古村	“五比”竞赛“五星户”	中共定结县委、县人民政府
635	其美加布家庭	确布乡拉隆村	“五比”竞赛“五星户”	中共定结县委、县人民政府
636	多吉家庭	确布乡拉隆村	“五比”竞赛“五星户”	中共定结县委、县人民政府
637	巴桑家庭	确布乡拉隆村	“五比”竞赛“五星户”	中共定结县委、县人民政府
638	旺久家庭	确布乡拉贵村	“五比”竞赛“五星户”	中共定结县委、县人民政府
639	边巴次仁家庭	确布乡拉贵村	“五比”竞赛“五星户”	中共定结县委、县人民政府
640	罗热家庭	确布乡确布村	“五比”竞赛“五星户”	中共定结县委、县人民政府
641	达旺家庭	确布乡确布村	“五比”竞赛“五星户”	中共定结县委、县人民政府
642	普琼家庭	确布乡确布村	“五比”竞赛“五星户”	中共定结县委、县人民政府
643	普加家庭	扎西岗乡仲康村	“五比”竞赛“五星户”	中共定结县委、县人民政府
644	南木加家庭	扎西岗乡普村	“五比”竞赛“五星户”	中共定结县委、县人民政府
645	米玛穷拉家庭	扎西岗乡普村	“五比”竞赛“五星户”	中共定结县委、县人民政府
646	达瓦扎西家庭	扎西岗乡普村	“五比”竞赛“五星户”	中共定结县委、县人民政府

续表11

序号	姓　名	单位及职务	奖　项	授予单位
647	扎西次仁家庭	扎西岗乡普村	“五比”竞赛“五星户”	中共定结县委、县人民政府
648	扎西顿珠家庭	扎西岗乡普村	“五比”竞赛“五星户”	中共定结县委、县人民政府
649	次仁琼达家庭	扎西岗乡普村	“五比”竞赛“五星户”	中共定结县委、县人民政府
650	巴桑顿珠家庭	扎西岗乡普村	“五比”竞赛“五星户”	中共定结县委、县人民政府
651	达增家庭	扎西岗乡乃夏村	“五比”竞赛“五星户”	中共定结县委、县人民政府
652	欧珠加参家庭	扎西岗乡乃夏村	“五比”竞赛“五星户”	中共定结县委、县人民政府
653	罗布家庭	扎西岗乡乃夏村	“五比”竞赛“五星户”	中共定结县委、县人民政府
654	扎西旺久家庭	扎西岗乡乃夏村	“五比”竞赛“五星户”	中共定结县委、县人民政府
655	尼加家庭	扎西岗乡乃夏村	“五比”竞赛“五星户”	中共定结县委、县人民政府
656	巴桑顿珠家庭	扎西岗乡乃夏村	“五比”竞赛“五星户”	中共定结县委、县人民政府
657	卓嘎家庭	扎西岗乡乃夏村	“五比”竞赛“五星户”	中共定结县委、县人民政府
658	珠扎家庭	扎西岗乡古热村	“五比”竞赛“五星户”	中共定结县委、县人民政府
659	阿旺家庭	扎西岗乡古热村	“五比”竞赛“五星户”	中共定结县委、县人民政府
660	洛桑家庭	扎西岗乡古热村	“五比”竞赛“五星户”	中共定结县委、县人民政府
661	曲桑家庭	扎西岗乡古热村	“五比”竞赛“五星户”	中共定结县委、县人民政府
662	多吉家庭	扎西岗乡扎西岗村	“五比”竞赛“五星户”	中共定结县委、县人民政府
663	多吉平措家庭	扎西岗乡扎西岗村	“五比”竞赛“五星户”	中共定结县委、县人民政府
664	曲珍家庭	扎西岗乡扎西岗村	“五比”竞赛“五星户”	中共定结县委、县人民政府
665	白玛央家庭	扎西岗乡扎西岗村	“五比”竞赛“五星户”	中共定结县委、县人民政府
666	贵桑次旺家庭	扎西岗乡扎西岗村	“五比”竞赛“五星户”	中共定结县委、县人民政府
667	吉巴家庭	扎西岗乡扎西岗村	“五比”竞赛“五星户”	中共定结县委、县人民政府
668	次仁旺旦家庭	扎西岗乡扎西岗村	“五比”竞赛“五星户”	中共定结县委、县人民政府
669	次央家庭	扎西岗乡扎西岗村	“五比”竞赛“五星户”	中共定结县委、县人民政府
670	冯琼家庭	扎西岗乡扎西岗村	“五比”竞赛“五星户”	中共定结县委、县人民政府
671	尼玛顿拉家庭	扎西岗乡扎西岗村	“五比”竞赛“五星户”	中共定结县委、县人民政府
672	边珍家庭	扎西岗乡白玛村	“五比”竞赛“五星户”	中共定结县委、县人民政府
673	格桑家庭	定结乡曲热村	“五比”竞赛“五星户”	中共定结县委、县人民政府
674	白玛洛桑家庭	定结乡曲热村	“五比”竞赛“五星户”	中共定结县委、县人民政府
675	旦木珍家庭	定结乡定结村	“五比”竞赛“五星户”	中共定结县委、县人民政府
676	格桑拉姆家庭	定结乡定结村	“五比”竞赛“五星户”	中共定结县委、县人民政府
677	玉珍家庭	定结乡定结村	“五比”竞赛“五星户”	中共定结县委、县人民政府

续表11

序号	姓　名	单位及职务	奖　项	授予单位
678	次仁卓玛家庭	定结乡定结村	“五比”竞赛“五星户”	中共定结县委、县人民政府
679	旺久家庭	定结乡定结村	“五比”竞赛“五星户”	中共定结县委、县人民政府
680	塔决家庭	定结乡定结村	“五比”竞赛“五星户”	中共定结县委、县人民政府
681	顿珠家庭	定结乡定结村	“五比”竞赛“五星户”	中共定结县委、县人民政府
682	扎西次旺家庭	定结乡定结村	“五比”竞赛“五星户”	中共定结县委、县人民政府
683	央金家庭	定结乡定结村	“五比”竞赛“五星户”	中共定结县委、县人民政府
684	索朗家庭	定结乡定结村	“五比”竞赛“五星户”	中共定结县委、县人民政府
685	次仁欧珠家庭	定结乡拉强村	“五比”竞赛“五星户”	中共定结县委、县人民政府
686	白玛央金家庭	定结乡姆隆村	“五比”竞赛“五星户”	中共定结县委、县人民政府
687	罗增家庭	定结乡姆隆村	“五比”竞赛“五星户”	中共定结县委、县人民政府
688	扎西卓玛家庭	定结乡姆隆村	“五比”竞赛“五星户”	中共定结县委、县人民政府
689	石达平措家庭	定结乡姆隆村	“五比”竞赛“五星户”	中共定结县委、县人民政府
690	央宗家庭	定结乡姆隆村	“五比”竞赛“五星户”	中共定结县委、县人民政府
691	欧姆家庭	定结乡姆隆村	“五比”竞赛“五星户”	中共定结县委、县人民政府
692	曲珍家庭	定结乡普洛村	“五比”竞赛“五星户”	中共定结县委、县人民政府
693	确增家庭	定结乡普洛村	“五比”竞赛“五星户”	中共定结县委、县人民政府
694	古律家庭	定结乡杂兴村	“五比”竞赛“五星户”	中共定结县委、县人民政府
695	确巴扎西家庭	定结乡杂兴村	“五比”竞赛“五星户”	中共定结县委、县人民政府
696	班典扎西家庭	定结乡杂兴村	“五比”竞赛“五星户”	中共定结县委、县人民政府
697	古律家庭	定结乡杂兴村	“五比”竞赛“五星户”	中共定结县委、县人民政府
698	琼达家庭	定结乡杂兴村	“五比”竞赛“五星户”	中共定结县委、县人民政府
699	索朗家庭	郭加乡楚卡村	“五比”竞赛“五星户”	中共定结县委、县人民政府
700	贡嘎家庭	郭加乡楚卡村	“五比”竞赛“五星户”	中共定结县委、县人民政府
701	巴旦家庭	郭加乡楚卡村	“五比”竞赛“五星户”	中共定结县委、县人民政府
702	白玛家庭	郭加乡楚卡村	“五比”竞赛“五星户”	中共定结县委、县人民政府
703	拉巴家庭	郭加乡切村	“五比”竞赛“五星户”	中共定结县委、县人民政府
704	旦增多吉家庭	郭加乡切村	“五比”竞赛“五星户”	中共定结县委、县人民政府
705	久美家庭	郭加乡切村	“五比”竞赛“五星户”	中共定结县委、县人民政府
706	旺久家庭	郭加乡准贡村	“五比”竞赛“五星户”	中共定结县委、县人民政府
707	扎西顿珠家庭	郭加乡白堆村	“五比”竞赛“五星户”	中共定结县委、县人民政府
708	拉巴次仁家庭	郭加乡乃村	“五比”竞赛“五星户”	中共定结县委、县人民政府
709	吴金家庭	陈塘镇那塘村	“五比”竞赛“五星户”	中共定结县委、县人民政府
710	杰巴家庭	陈塘镇那塘村	“五比”竞赛“五星户”	中共定结县委、县人民政府

续表11

序号	姓　名	单位及职务	奖　项	授予单位
711	久松家庭	陈塘镇那塘村	“五比”竞赛“五星户”	中共定结县委、县人民政府
712	边琼家庭	陈塘镇那塘村	“五比”竞赛“五星户”	中共定结县委、县人民政府
713	宗玛家庭	陈塘镇那塘村	“五比”竞赛“五星户”	中共定结县委、县人民政府
714	扎南家庭	陈塘镇那塘村	“五比”竞赛“五星户”	中共定结县委、县人民政府
715	普塔尔家庭	陈塘镇沃雪村	“五比”竞赛“五星户”	中共定结县委、县人民政府
716	次央家庭	陈塘镇沃雪村	“五比”竞赛“五星户”	中共定结县委、县人民政府
717	普赤家庭	陈塘镇沃雪村	“五比”竞赛“五星户”	中共定结县委、县人民政府
718	次仁旺久家庭	陈塘镇沃雪村	“五比”竞赛“五星户”	中共定结县委、县人民政府
719	米玛家庭	陈塘镇沃雪村	“五比”竞赛“五星户”	中共定结县委、县人民政府
720	旺格家庭	陈塘镇沃雪村	“五比”竞赛“五星户”	中共定结县委、县人民政府
721	石多家庭	陈塘镇沃雪村	“五比”竞赛“五星户”	中共定结县委、县人民政府
722	尼玛家庭	陈塘镇沃雪村	“五比”竞赛“五星户”	中共定结县委、县人民政府
723	曲旺家庭	陈塘镇沃雪村	“五比”竞赛“五星户”	中共定结县委、县人民政府
724	普布次仁家庭	陈塘镇沃雪村	“五比”竞赛“五星户”	中共定结县委、县人民政府
725	达娃家庭	陈塘镇沃雪村	“五比”竞赛“五星户”	中共定结县委、县人民政府
726	旺堆家庭	陈塘镇莎列村	“五比”竞赛“五星户”	中共定结县委、县人民政府
727	巴旦家庭	陈塘镇莎列村	“五比”竞赛“五星户”	中共定结县委、县人民政府
728	阿旺曲培家庭	陈塘镇莎列村	“五比”竞赛“五星户”	中共定结县委、县人民政府
729	旦萨家庭	陈塘镇莎列村	“五比”竞赛“五星户”	中共定结县委、县人民政府
730	布给家庭	陈塘镇莎列村	“五比”竞赛“五星户”	中共定结县委、县人民政府
731	拉加家庭	陈塘镇莎列村	“五比”竞赛“五星户”	中共定结县委、县人民政府
732	珠巴家庭	陈塘镇莎列村	“五比”竞赛“五星户”	中共定结县委、县人民政府
733	顿珠家庭	陈塘镇莎列村	“五比”竞赛“五星户”	中共定结县委、县人民政府
734	拉巴确达家庭	陈塘镇藏嘎村	“五比”竞赛“五星户”	中共定结县委、县人民政府
735	大普布家庭	陈塘镇藏嘎村	“五比”竞赛“五星户”	中共定结县委、县人民政府
736	贵桑家庭	陈塘镇藏嘎村	“五比”竞赛“五星户”	中共定结县委、县人民政府
737	次旦平措家庭	陈塘镇藏嘎村	“五比”竞赛“五星户”	中共定结县委、县人民政府
738	增仁家庭	陈塘镇藏嘎村	“五比”竞赛“五星户”	中共定结县委、县人民政府
739	拉巴次仁家庭	陈塘镇藏嘎村	“五比”竞赛“五星户”	中共定结县委、县人民政府
740	拉巴扎西家庭	陈塘镇雪雄玛村	“五比”竞赛“五星户”	中共定结县委、县人民政府
741	加布家庭	陈塘镇雪雄玛村	“五比”竞赛“五星户”	中共定结县委、县人民政府
742	旦增卓玛家庭	陈塘镇雪雄玛村	“五比”竞赛“五星户”	中共定结县委、县人民政府
743	罗布（罗罗）家庭	陈塘镇雪雄玛村	“五比”竞赛“五星户”	中共定结县委、县人民政府
744	觉巴家庭	陈塘镇雪雄玛村	“五比”竞赛“五星户”	中共定结县委、县人民政府
745	曲培家庭	陈塘镇雪雄玛村	“五比”竞赛“五星户”	中共定结县委、县人民政府

续表11

序号	姓　名	单位及职务	奖　项	授予单位
746	益萨家庭	陈塘镇雪雄玛村	“五比”竞赛“五星户”	中共定结县委、县人民政府
747	久美家庭	陈塘镇雪雄玛村	“五比”竞赛“五星户”	中共定结县委、县人民政府
748	边琼家庭	陈塘镇雪雄玛村	“五比”竞赛“五星户”	中共定结县委、县人民政府
749	多琼家庭	陈塘镇比塘村	“五比”竞赛“五星户”	中共定结县委、县人民政府
750	多吉家庭	陈塘镇比塘村	“五比”竞赛“五星户”	中共定结县委、县人民政府
751	顿珠家庭	陈塘镇比塘村	“五比”竞赛“五星户”	中共定结县委、县人民政府
752	尼玛家庭	陈塘镇比塘村	“五比”竞赛“五星户”	中共定结县委、县人民政府
753	拉巴家庭	陈塘镇比塘村	“五比”竞赛“五星户”	中共定结县委、县人民政府
754	昂给家庭	陈塘镇比塘村	“五比”竞赛“五星户”	中共定结县委、县人民政府
755	普布次仁家庭	陈塘镇比塘村	“五比”竞赛“五星户”	中共定结县委、县人民政府
756	拉巴家庭	陈塘镇比塘村	“五比”竞赛“五星户”	中共定结县委、县人民政府
757	罗布家庭	陈塘镇比塘村	“五比”竞赛“五星户”	中共定结县委、县人民政府
758	群培家庭	陈塘镇比塘村	“五比”竞赛“五星户”	中共定结县委、县人民政府

附 录

定结宗格错（县方志办　提供）

机构及其负责人

中国共产党定结县委员会及所属工作部门

中国共产党定结县委员会

书　记　李运生（6月离职）
　　　　陶明君（6月任职）

副书记
　　　　贡　嘎（藏族，6月离职）
　　　　巴　桑（藏族）
　　　　次　琼（藏族）
　　　　高剑锋（5月任职）

常务副书记
　　　　张万财（援藏干部）

常　委　罗　布（藏族，6月离职）
　　　　巴　次（藏族，5月离职）
　　　　尼玛顿珠（藏族）
　　　　徐　正（5月离职）
　　　　边巴普琼（5月任职）
　　　　成海亮
　　　　顾明哲（援藏干部）
　　　　雷广军
　　　　葛　德（藏族）
　　　　花　霞（女，5月任职）
　　　　马跃军（5月任职）
　　　　林立鹏（5月任职）

县委办公室

主　任　陶斯平（4月离职）
　　　　岳玉龙（4月任职）

副主任　严　欢（女，12月离职）
　　　　旦巴达杰（藏族，4月离职）
　　　　格桑次仁（藏族，4月离职）
　　　　洛桑聂扎（藏族，4月任职）

机要局长
　　　　严　欢（女）

组织部（县委机构编制委员会办公室）

部　长　成海亮

常务副部长
　　　　边　巴（藏族，4月离职）
　　　　达瓦次仁（藏族，12月任职）

副部长　高延超（4月离职）
　　　　刘正威（4月任职）
　　　　杨　浩（白族）
　　　　洛桑卓玛（女，藏族，4月任职）
　　　　索朗加布（藏族）

县委机构编制委员会办公室主任

　　　　高延超（4月离职）
　　　　刘正威（4月任职）

电子政务中心主任

　　　　旦珍罗布（藏族，12月任职）

宣传部

部　长　雷广军

常务副部长
　　　　边巴扎西（藏族，4月离职）
　　　　李　敏（4月任职）

副部长
　　　　边巴普赤（女，藏族，4月任职）
　　　　旦增尼玛（藏族，4月任职）
　　　　尼玛平措（藏族）
　　　　许皎凤（女，4月离职）
　　　　普　尺（女，藏族，4月任职）
　　　　拉巴仓决（女，藏族）

统战部

部　长　尼玛顿珠（藏族）

常务副部长

张旭光（4月任职，7月离职）

副部长

占　堆（藏族，12月离职）
普　确（藏族，4月离职）
尼　琼（藏族，4月任职）
曲　桑（藏族，12月任职）
多吉旦珍（藏族，12月离职）

贡强桑旦曲布寺（曲果德庆林寺）管理委员会

主　任

曲　桑（藏族，12月离职）

副主任

拉巴琼达（藏族，12月离职）
朱定睿（12月任职）

阿布入寺管理委员会

主　任

多吉旦珍（藏族，12月任职）

副主任

阿旺曲扎（藏族，12月任职）
拉巴琼达（藏族，12月任职）

政法委员会

书　记　葛　德（藏族）

常务副书记

普　琼（藏族，12月离职）
格桑次仁（藏族，12月任职）

副书记

白玛多吉（藏族，4月离职）
李龙年（4月任职）
许皎凤（女，4月任职）
韦成鹏（4月离职）
罗　桑（藏族，4月任职）

国家安全委员会办公室

主　任　葛　德（藏族）

常务副主任

次旦朗杰（藏族，12月离职）

副主任

次　仁（女，藏族）
康　伟（4月任职）

县委巡察工作领导小组办公室

主　任　次　旺（藏族）

副主任

韦成鹏（4月任职）

县委巡察组

组　长　薛章福（4月离职）
旺　加（藏族，4月任职）

副组长

巴桑次仁（藏族）

县委党校

校　长　成海亮

常务副校长

次旦巴珠（藏族，4月离职）
白玛多吉（藏族，4月任职，12月离职）
严　欢（女，12月任职）

副校长

索朗伦珠（藏族）

定结县人民代表大会常务委员会及所属委、室

定结县第十四届人民代表大会常务委员会

主　任　巴　桑（藏族）

副主任　多　拉（藏族，5月离职）
王吉荣（5月离职）
巴　桑（藏族）
热　旦（藏族）
格桑扎西（藏族，5月任职）
陶忠新（5月任职）

委　员

巴　桑（藏族）、巴　桑（藏族）、巴　旦（藏族）、扎西群培（藏族）、尼玛次仁（藏族）、旦巴达杰（藏族）、旦增旺姆（女，藏族）、平措旺加（藏族）、次旦多吉（藏族）、多　拉（藏族）、米　玛（藏族）、刘正威、李　敏、拉　姆（女，藏族）、旺庆格列（藏族）、陶忠新、热旦（藏族）、格桑扎西（藏族）、格桑次仁（藏族）、格桑旺珍（女，藏族）、顿　珠（藏族）、索朗次仁（藏族）、

普　确（藏族）、普　琼（藏族）、满鹏程。

县人大常委会办公室

主　任　米　玛（藏族）

副主任　仓　决（女，藏族）

县人大法制财政科教委员会

主任委员

顿　珠（藏族）

副主任委员

普　确（藏族，4月任职）

成　员

仁青欧珠（藏族）、白玛久米（藏族）、次旦央宗（女，藏族）

定结县人民政府及其组成部门、所属单位

县人民政府

县　长　贡　嘎（藏族，6月离职）

次　琼（藏族，7月任职）

常务副县长

次　琼（藏族，7月离职）

边巴普琼（藏族，5月任职）

副县长　徐　正（5月离职）

顾明哲（援藏干部）

次仁加布（藏族，6月离职）

花　霞（女）

巴　顿（藏族，5月离职）

莫向波（土家族）

次仁顿珠（藏族，5月任职）

普　琼（藏族，5月任职）

达娃次仁（藏族，5月任职）

索　旺（藏族，5月离职）

丁丽敏（女，6月任职）

县人民政府办公室

主　任　次旦扎西（藏族，4月任职，6月离职）

次旦朗杰（藏族，12月任职）

副主任　达瓦欧珠（藏族，4月离职）

周　亮（4月离职）

扎　西（藏族）

央　宗（女，藏族，4月任职）

李冬升（4月任职）

外事办公室

主　任　王春玲（女，4月离职）

加　参（藏族，4月任职）

副主任

旺　加（藏族，4月离职）

格桑央宗（女，藏族，4月任职）

央　宗（女，藏族）

发展和改革委员会

主　任　旦　平（藏族，12月离职）

副主任

李志强（援藏干部）

罗布顿珠（藏族，12月离职）

沈玉军（4月离职）

群　旦（藏族，4月任职）

王　硕（12月任职）

教育（体育）局

局　长　索朗旺堆（藏族）

副局长

普布扎西（藏族）

晋　卓（女，藏族）

教研室主任

白玛卓嘎（女，藏族，12月任职）

县双语幼儿园园长

尼玛琼达（女，藏族）

萨尔乡中心小学校长

普　珠（藏族）

琼孜乡中心小学校长

塔　曲（藏族）

定结乡中心小学校长

群　培（藏族）

多布扎乡中心小学校长

次旺久典（藏族）

扎西岗乡中心小学校长

边　琼（藏族）

确布乡中心小学校长

巴桑次仁（藏族）

郭加乡中心小学校长

普次仁（藏族，6月离职）

巴桑加布（藏族，6月任职）

日屋镇中心小学校长

甲木多（藏族）

陈塘镇中心小学校长

巴桑加布（藏族，6月离职）

普次仁（藏族，6月任职，12月离职）

赵新勇（12月任职）

江嘎镇希望幼儿园园长

平措吉巴（女，藏族）

公安局

党委书记、局长

葛　德（藏族）

党委副书记、政委

达娃次仁（藏族）

党委委员、副局长

次仁旺拉（藏族）

普　贵（藏族）

办公室主任

索朗次仁（藏族）

政工纪检室主任

尼玛平措（藏族）

法制大队大队长

扎西旺堆（藏族）

情报中心主任

曲　吉（女，藏族）

国内安全保卫大队大队长

古　入（藏族）

网络安全保卫大队大队长

胡续宝

看守所所长

旺次仁（藏族）

交通警察大队大队长

边　顿（藏族）

刑警大队大队长

次仁扎西（藏族）

治安大队大队长

巴桑次仁（藏族）

县森林公安局局长

索朗平措（藏族，6月离职）

县公安局森林警察大队大队长

索朗平措（藏族，6月任职）

一号警务站站长

达瓦扎西（藏族）

一号警务站副站长

达　琼（藏族）

扎西顿珠（藏族）

二号警务站站长

次旦曲达（藏族）

二号警务站副站长

米玛顿珠（藏族）

三号警务站站长

扎西顿珠（藏族）

三号警务站副站长

次多杰（藏族）

尼玛顿珠（藏族）

扎西岗乡派出所教导员

次仁顿珠（藏族）

扎西岗乡派出所所长

巴桑见才（藏族）

扎西岗乡派出所副所长

桑珠旺杰（藏族）

确布乡派出所所长

索朗扎西（藏族）

确布乡派出所教导员

普布次仁（藏族）

确布乡派出所副所长

贡　嘎（藏族）

萨尔乡派出所教导员

索朗扎西（藏族）

萨尔乡派出所所长

多吉加布（藏族）

萨尔乡派出所副所长

次仁索朗（藏族）

萨尔乡公安检查站教导员

索朗次仁（藏族）

萨尔乡公安检查站站长

钟　磊

萨尔乡公安检查站副站长
亚　培（藏族）

民政局

局　长　张旭光（4月离职）
边　珍（女，藏族，4月任职）

副局长　洛桑聂扎（藏族，4月离职）
顿　珠（藏族，4月任职）
达娃普尺（女，藏族）

特困人员集中供养服务中心主任
次仁顿珠（藏族，12月任职）

退役军人事务局

局　长　平　措（藏族，4月离职）
普　琼（藏族，4月任职）

副局长　嘎　珍（女，藏族）
次仁央金（女，藏族）

退役军人服务中心主任
卢　君（12月任职）

司法局

局　长　旺　堆（藏族，8月离职）

副局长　尼玛次仁（藏族）
普布次仁（藏族）
次仁曲珍（女，藏族，12月任职）

财政局

局　长　普　琼（藏族，6月离职）
旦　平（藏族，12月任职）

副局长　普　琼（女，藏族）
格桑卓玛（女，藏族）
黄子祥

审计局

局　长　旦　罗（藏族）

副局长　洛桑平措（藏族）
杨　彬（7月离职）

人力资源和社会保障局

局　长　达　顿（藏族，4月任职）

副局长　加央次仁（藏族，4月离职）
张宝伟（4月离职）
益西卓玛（女，藏族，4月任职）
仁增白玛（女，藏族，4月任职）

社保中心主任
次　松（女，藏族）

社保中心副主任
拉巴潘多（女，藏族）

自然资源局

局　长　达　瓦（藏族，12月离职）
罗布顿珠（藏族，12月任职）

副局长　刘旺昌（4月离职）
巴旦阿律（藏族，4月任职）
多吉卓玛（女，藏族）

不动产登记中心主任
索　多（藏族，12月任职）

日喀则市生态环境局定结县分局

局　长　扎西罗布（藏族）

副局长　巴　潘（女，藏族）

区域环境监测中心副主任
次仁多吉（藏族）

住房和城乡建设局

局　长　曾先强（4月离职）
旦增欧珠（藏族，4月任职）

副局长　王　勇（援藏干部）
群　旦（藏族，4月离职）
洛　旦（藏族，4月离职）
张旭东（4月任职）
顿　珠（藏族，4月任职）

城市管理和综合执法局

局　长　旺次仁（藏族）

副局长　付加辉（4月离职）
次仁德吉（女，藏族）

交通运输局

局　长　达瓦次仁（藏族，12月离职）
多布杰（藏族，12月任职）

副局长　平　措（藏族，8月离职）
旦增曲扎（藏族）
范虎飞（12月任职）

交通运输综合行政执法队队长
旦增曲扎（藏族，12月任职）

水利局

局　长　沈玉军（4月任职）

副局长　朗　加（藏族）

普布顿珠（藏族，4月任职）

农业农村局

局　长　旦　增（藏族，4月离职）

日杰罗布（藏族，4月任职）

副局长　格桑次仁（藏族，12月离职）

杨世强（4月离职）

扎西顿珠（藏族，4月任职）

农业综合行政执法队队长

日杰罗布（藏族，12月任职）

商务局

局　长　边　珍（女，藏族，4月离职）

次旦巴珠（藏族，4月任职）

副局长

多吉平措（藏族）

次丹曲宗（女，藏族）

日屋口岸管委会主任

边巴次仁（藏族）

日屋口岸管委会副主任

琼　拉（女，藏族，4月任职）

卫生健康委员会

主　任　格桑赤列（藏族）

副主任　尼玛卓玛（女，藏族）

徐　鹏（4月离职）

医疗保障局

局　长　岳玉龙（4月离职）

旦　增（藏族，4月任职，12月离职）

副局长　尼琼卓拉（女，藏族）

仁增白玛（女，藏族，4月离职）

文化和旅游局

局　长　边巴普赤（女，藏族，4月任职）

副局长　普布扎西（藏族）

仁　增（女，藏族）

文化市场综合行政执法队队长

仁　增（女，藏族，12月任职）

应急管理局

局　长　旦增欧珠（藏族，4月离职）

旦　增（藏族，4月任职）

副局长　米玛曲珍（女，藏族）

杜虹磊

统计局

局　长　旦增尼玛（藏族，4月离职）

拉巴顿珠（藏族，4月任职）

副局长

巴　桑（女，藏族）

米玛卓嘎（女，藏族）

林业和草原局（珠峰管理分局）

林业和草原局局长

普　琼（藏族，4月离职）

坚　参（藏族，4月任职）

林业和草原局副局长

索朗玉珍（女，藏族）

毛桃义（7月离职）

林业技术服务站站长

欧　珠（藏族）

珠穆朗玛峰国家级自然保护区定结管理分局局长

边巴普赤（女，藏族，4月离职）

平　措（藏族，4月任职，12月离职）

占　堆（藏族，12月任职）

珠穆朗玛峰国家级自然保护区定结管理分局副局长

左　茜（4月离职）

旦增曲吉（藏族，4月任职）

珠穆朗玛峰国家级自然保护区定结县保护中心主任

索　朗（藏族，12月任职）

珠穆朗玛峰国家级自然保护区定结县保护中心副主任

杜天林（12月任职）

民族宗教事务局

局　长　加　参（藏族，4月离职）

边巴扎西（藏族，4月任职，12月离职）

曲　桑（藏族，12月任职）

副局长　巴　桑（女，藏族）

洪斌斌

行政审批和便民服务局

局　长　颜洪科

副局长　顿　珠（藏族，4月离职）
　　　　扎西达娃（藏族）
　　　　索朗德吉（女，藏族，4月任职）

扶贫开发领导小组办公室（脱贫攻坚指挥部办公室，2021年1至6月）

主　任　次仁加布（藏族，6月离职）
副主任　德吉措姆（女，藏族，6月离职）
　　　　袁华强（4月任职，6月离职）

乡村振兴局（2021年6月至12月）

副局长　德吉措姆（女，藏族，6月任职）
　　　　袁华强（6月任职）

市场监督管理局

局　长　多布杰（藏族，12月离职）
副局长　陈晓娟（女）
　　　　都　嘎（女，藏族）
市场监督综合行政执法队队长
　　　　都　嘎（女，藏族，12月任职）

藏语文工作委员会办公室（编译局）

局　长　边巴次仁（藏族）
副局长　次仁拉姆（女，藏族）

信访局

局　长　旦　增（藏族，4月离职）
　　　　曾先强（4月任职）
副局长　拉姆次仁（女，藏族）
　　　　普琼次仁（藏族，4月任职）
信访接待中心主任
　　　　晋　美（藏族，12月离职）
　　　　巴桑次仁（藏族，12月任职）

文化广播影视服务中心（站）

主　任（站长）
　　　　格　桑（藏族，6月免主任，任站长职务）
副主任（副站长）
　　　　顿　珠（藏族，6月免副主任，任副站长职务）
　　　　尼　珍（女，藏族，6月免副主任、任副站长职务，12月离职）

融媒体中心

主　任　晋　美（藏族，12月任职）
副主任　尼　珍（女，藏族12月任职）

人民医院（卫生服务中心）

主　任　张　庆（援藏干部）
副主任　普布扎西（藏族）
　　　　洛桑旺堆（藏族）
　　　　扎西多吉（藏族）

农牧综合服务中心

主　任　扎西群培（藏族）
副主任　宗　巴（女，藏族）
　　　　益西格顿（藏族）

县中学

党支部书记
　　　　加　措（藏族）

校长、支部副书记
　　　　王永生（援藏干部）
副校长
　　　　次　罗（藏族）
　　　　小加措（藏族）
　　　　龙兴伟
　　　　李继河（援藏教师）

县完全小学

校　长　扎西顿珠（藏族）
副校长　占　堆（藏族）
　　　　边　旺（藏族）

中国人民政治协商会议定结县委员会及所属委、室

中国人民政治协商会议定结县委员会

主　席　中扎西（藏族）
副主席　多布杰（藏族，5月离职）
　　　　次　朗（藏族，5月任职）
　　　　拉　顿（藏族）
　　　　曹向阳（5月离职）
　　　　巴桑扎西（藏族，5月离职）
　　　　边巴仓决（女，藏族，5月任职）
　　　　陈正伟（5月任职）

政协第三届定结县委员会常务委员会委员

中扎西（藏族）、巴　桑（藏族）、旦增贡桑（藏族）、旦增罗布（藏族）、尼玛扎西（藏族）、甲　巴（藏族）、边巴仓决（女，藏族）、边巴扎西（藏族）、加央扎西（藏族）、次　朗（藏族）、陈正伟、坚　参（藏族）、拉　顿（藏族）、旺　久（藏族）、索朗次仁（藏族）、班旦扎西（藏族）、塔　杰（藏族）。

政协办公室

主　任　索　朗（藏族，4月离职）

　　　　贺谭红（女，4月任职）

副主任　仓木拉（女，藏族）

提案经济法制委员会

主　任　塔　杰（藏族）

副主任　旦　增（藏族，4月任职）

兼职委员

索　朗（藏族）

尼　琼（藏族）

薛章福

中国共产党定结县纪律检查委员会

纪委书记、监委主任

巴　次（藏族，5月离职）

马跃军（5月任纪委书记，7月任监委主任）

纪委副书记、监委副主任

陈　剑（4月离职）

德吉拉姆（女，藏族）

陈乾韬（4月任职）

监察委委员

吴江涛

平措德吉（女，藏族）

德吉卓玛（女，藏族，4月任职）

监督检查室主任

达娃卓嘎（女，藏族，4月任职）

审查调查室主任

德吉卓玛（女，藏族，4月任职）

综合办公室主任

色　珍（女，藏族，4月任职）

纪检监察信息中心主任

德　吉（女，藏族，12月任职）

定结县人民法院、定结县人民检察院

定结县人民法院

院　长、党组书记

拉巴扎西（藏族，6月离职）

拉　加（藏族，7月任职）

副院长

扎西顿珠（藏族，12月离职）

宋　谋（6月离职）

党组副书记

尼玛普赤（女，藏族）

立案庭庭长

洛　桑（女，藏族）

执行局局长

边　珍（女，藏族）

办公室主任

拉巴仓拉（女，藏族）

政治部主任

刘宏颖

定结县人民检察院

检察长、党组书记

严恩祥

副检察长

单增罗布（藏族）

党组成员、公诉科科长

央　宗（女，藏族）

党组成员、综合业务部主任

落桑扎西（藏族）

党组成员、检察业务部主任

池梦宇

综合部主任

尼玛伦珠（藏族）

人民团体

总工会

主　席　日杰罗布（藏族，4月离职）
　　　　索　朗（藏族，4月任职）
副主席　拉　姆（女，藏族）

共青团定结县委员会

书　记　次旦央宗（女，藏族）
副书记　扎西拉姆（女，藏族）

妇女联合会

主　席　李　婵（女，4月离职）
　　　　边巴吉巴（女，藏族，4月任职）
副主席　达　普（女，藏族）

中央直属、自治区直属驻定结县单位

定结县边境管理大队

大队长　旦增欧珠（藏）
教导员　邓世能
副大队长
　　　　杨贵鹏（7月任职）
陈塘边境派出所所长
　　　　格桑达娃（藏族，7月免职）
陈塘边境派出所教导员
　　　　康　林
陈塘边境派出所副所长
　　　　益西旦增（藏族，7月任职，履行所长职责）
江嘎边境派出所所长
　　　　平措多布杰（藏族）
江嘎边境派出所副所长
　　　　艾东平（7月免职）
　　　　刘　凯（7月任职）
定结边境派出所教导员
　　　　艾东平（7月任职）
定结边境派出所副所长
　　　　刘　凯（7月免职）
　　　　巴桑次仁（藏族，1月任职）
郭加边境派出所所长
　　　　曾明亮（7月任职）
郭加边境派出所副所长
　　　　罗峻仁

琼孜边境派出所副所长
　　　　吴宗拯
　　　　格桑尼玛（藏族）
多布扎边境派出所教导员
　　　　罗曹鑫（7月任职）
多布扎边境派出所副所长
　　　　谭　念
萨尔边境派出所所长
　　　　梅国林（7月任职）
萨尔边境派出所教导员
　　　　蒋新庭（7月任职）
萨尔边境派出所副所长
　　　　次　旺（藏族，7月免职）
　　　　蒋新庭（7月免职）
日屋边境派出所所长
　　　　扎西顿珠（藏族，7月任职）
日屋边境派出所副所长
　　　　扎西顿珠（藏族，7月免职）
　　　　李　飞
　　　　张正巧（1月任职）
几脚桥边境检查站站长
　　　　安文坤
几脚桥边境检查站副站长
　　　　欧阳广思
　　　　李　榕

定结县消防救援大队

大队长　何玉波
教导员　才旦同珠（藏族）

国家税务总局定结县税务局

局　长　边巴罗布（藏族）
纪检组组长
　　　　王　云（5月离职）
　　　　扎　多（藏族，5月任职）
副局长　扎　多（藏族，5月离职）

陈 晨（5月任职）

县气象局

局 长 旦增念扎（藏族）

日喀则公路分局定结公路养护段

段 长

叶德荣

支部书记 普布顿珠（藏族）

副段长 扎西顿珠（藏族，9月离职）

米玛次仁（藏族，9月任职）

中国邮政集团公司定结县分公司

经 理 琼 达（藏族）

中国电信集团公司日喀则分公司定结县电信局

局 长 洛桑旦增（藏族）

中国移动定结县分公司

经 理 明 加（藏族）

中国联通定结县联通营业部

营业部经理

米 玛（藏族）

中国石油销售公司日喀则分公司定结加油站

站 长 次旦普赤（女，藏族，6月离职）

曲 珍（女，藏族，6月任职）

金融机构

中国农业银行股份有限公司定结县支行

总支部书记、行长

王晓倩（女，1月任职）

副行长 巴桑顿珠（藏族，1月离职）

次旦平措（藏族，1月任职）

纪检委员、副行长

次旦平措（藏族，1月离职）

张树亮（1月任职）

国有公司

定结县措姆折林创业投资有限责任公司

董事长、总经理

达娃珍玛（女，藏族）

副董事长、措姆折林创业投资有限责任公司扶贫开发分公司经理

旺 加（藏族）

董 事

平 措（藏族）

小尼玛（藏族）

监事会主席

巴 桑（藏族）

监事会监事

多 吉（藏族）

巴 次（藏族）

次仁它确（藏族）

次旺罗布（藏族）

定结县措姆折林农村客运有限责任公司

董事长兼任法人

平措多杰（藏族）

董 事

德 吉（藏族）

旦增赤列（藏族）

次仁旺（藏族）

监事会监事

扎西平措（藏族）

普 布（藏族）

贡 嘎（藏族）

琼 达（藏族）

次 平（藏族）

定结县供电公司

经 理 巴 次（藏族）

副经理 索 次（藏族）

普 布（藏族）

定结县粮食公司

经 理 白 朗（藏族）

乡（镇）

江嘎镇

党委书记

达瓦次仁（藏族，4月离职）

达娃次仁（藏族，4月任职）

党委副书记、政府镇长

姚　虎

党委副书记、人大主席

顿　珠（藏族，4月离职）

尼玛次仁（藏族，4月任职）

党委副书记

旦增旺姆（女，藏族，4月离职）

扎西顿珠（藏族，4月任职）

政法委员、政府副镇长

王昌青（4月任政法委员）

统战委员、人大副主席

边　珍（女，藏族，4月任职）

纪委书记、监察室主任

吕文敏

政法委员、政府副镇长

普布顿珠（藏族，4月离职）

组织委员

贺谭红（女，4月离职）

张艳丽（女，4月任职）

宣传委员

次　旦（女，藏族，4月离职）

强久拉姆（女，藏族，4月任职）

人大副主席

琼　拉（女，藏族，4月离职）

政府副镇长

左　茜（4月任职）

米玛顿珠（藏族）

农牧综合服务中心主任

次仁央吉（女，藏族）

后勤服务中心主任

边巴普赤（女，藏族）

文化服务中心主任

次　央（女，藏族）

卫生院院长

南加旺堆（藏族）

萨尔乡

党委书记

坚　参（藏族，4月离职）

陶忠新（4月任职）

党委副书记、政府乡长

林立鹏（4月离职）

索朗多吉（藏族，4月任职）

党委副书记、人大主席

尼玛次仁（藏族，4月离职）

满鹏程（土家族，4月任职）

党委副书记

张　磊（4月离职）

洛桑曲珍（女，藏族，4月任职）

政法委员

欧阳绍凯

统战委员、政府副乡长

邹世君

纪委书记、监察室主任

索朗措姆（女，藏族）

组织委员

尼玛琼达（女，藏族，4月离职）

高文雄（彝族，4月任职）

宣传委员

旦增曲吉（女，藏族，4月离职）

王　骏（4月任职）

政府副乡长

平措顿珠（藏族，4月离职）

王　骏（4月任职）

米玛次仁（藏族，4月任职）

人大副主席

巴　桑（藏族）

农牧综合服务中心主任

尼玛拉珍（女，藏族）

文化服务中心主任

尼　玛（藏族）

卫生院院长

班　久（藏族）

扎西岗乡

党委书记

琼　达（藏族，4月离职）

陈正伟（4月任职）

党委副书记、政府乡长

李　敏（4月离职）

旺　堆（藏族，4月任职）

党委副书记、人大主席

旺　堆（藏族，4月离职）

旦增旺姆（女，藏族，4月任职）

党委副书记

索朗多吉（藏族，4月离职）

徐　鹏（4月任职）

纪委书记、监察室主任

巴桑玉珍（女，藏族）

宣传委员

格桑卓嘎（女，藏族，4月离职）

张宝伟（4月任职）

组织委员

普布扎西（藏族）

政法委员

袁华强（4月离职）

杨国玺（4月任职）

统战委员、人大副主席

格桑卓嘎（女，藏族，4月任职）

统战委员、政府副乡长

杨国玺（4月离职）

政府副乡长

色　珍（女，藏族，4月离职）

张宝伟（4月任职）

唐云龙（4月任职）

嘎玛多吉（藏族，12月任职）

人大副主席

王喜能（4月离职）

后勤服务中心主任

仁增潘多（女，藏族）

卫生院院长

旦　增（藏族）

琼孜乡

党委书记

王吉荣（4月离职）

强巴顿珠（藏族，4月任职）

党委副书记、政府乡长

强巴顿珠（藏族，4月离职）

付加辉（4月任职）

党委副书记、人大主席

边巴吉巴（女，藏族，4月离职）

格桑旺珍（女，藏族，4月任职）

党委副书记

拉巴次仁（藏族，4月离职）

嘎玛益西（藏族，4月任职）

纪委书记、监察室主任

文　森

政法委员、人民武装部部长、副乡长

多吉旦增（藏族，4月任副乡长）

组织委员

满鹏程（土家族，4月离职）

桂正伟（4月任职）

宣传委员

索朗曲宗（女，藏族）

统战委员、政府副乡长

普布仓决（女，藏族，4月离职）

统战委员、人大副主席

冯　枭（4月任职）

政府副乡长

嘎玛益西（藏族，4月离职）

陈星蓬（4月任职）

次旦顿珠（藏族，12月任职）

人大副主席

桂正伟（4月离职）

农牧综合服务中心主任

阿旺曲吉（女，藏族）

文化服务中心主任

措　姆（女，藏族）

卫生院院长

旺　久（藏族）

陈塘镇

党委书记

曹向阳（4月离职）

林立鹏（4月任职）

党委副书记、政府镇长

拉巴顿珠（藏族，4月离职）

桑旦赤列（藏族，4月任职）

党委副书记、人大主席

达娃次仁（藏族，4月离职）

旺庆格列（藏族，4月任职）

党委副书记

桑旦赤列（藏族，4月离职）

刘叿昌（4月任职）

政法委员、副镇长

刘文华（4月任副镇长）

纪委书记、监察室主任

张　鸿（4月离职）

次　邓（藏族，4月任职）

组织委员

洛桑曲珍（女，藏族，4月离职）

索朗次旦（藏族，12月任职）

宣传委员

次　邓（藏族，4月离职）

向声权（4月任职）

统战委员、政府副镇长

旺庆格列（藏族，4月离职）

统战委员、人大副主席

次　旦（藏族，4月任职）

政府副镇长

王为正

索朗次仁（藏族，4月离职）

次　邓（藏族，4月离职）

旦增诺平（藏族，4月任职）

人大副主席

次仁曲珍（女，藏族，4月离职）

农牧综合服务中心主任

白玛多吉（藏族）

卫生院院长

旦增顿珠（藏族，5月任职）

后勤服务中心主任

格桑罗布（藏族）

郭加乡

党委书记

热　旦（藏族，4月离职）

李　婵（女，4月任职）

党委副书记、政府乡长

陈正伟（4月离职）

米玛次仁（4月任职）

党委副书记、人大主席

米玛次仁（藏族，4月离职）

旦巴达杰（藏族，4月任职）

党委副书记

洛桑卓玛（女，藏族，4月离职）

曲　央（女，藏族，12月任职）

纪委书记、监察室主任

德吉卓玛（女，藏族，4月离职）

普布卓玛（女，藏族，4月任职）

组织委员

尼玛普赤（女，藏族，4月离职）

杞文宏（4月任职）

宣传委员

益西卓玛（女，藏族，4月离职）

尼玛普赤（女，藏族，4月任职）

统战委员、政府副乡长

次　央（女，藏族，4月免副乡长）

政法委员、副乡长

康　伟（4月离职）

周　亮（4月任职）

政府副乡长

刘振华（苗族）

高俊杰（4月任职）

人大副主席

高俊杰（4月离职）

次　央（女，藏族，4月任职）

农牧服务中心主任

拉旺次仁（藏族）

卫生院院长

旦增罗布（藏族）

日屋镇

党委书记

次旦扎西（藏族，4月离职）

陈永福（白族，4月任职）

党委副书记、镇长

陈永福（白族，4月离职）

洛桑平措（藏族，4月任职）

党委副书记、人大主席

巴　旦（藏族）

党委副书记

格桑旺珍（女，藏族，4月离职）

洛　旦（藏族，4月任职）

纪委书记、监察室主任

次　央（女，藏族）

政法委员、人民武装部部长、副镇长

张　震（4月任副镇长）

组织委员

胡小超

统战委员、人大副主席

仁青欧珠（藏族，4月任人大副主席）

宣传委员

南珍拉姆（女，藏族，4月离职）

宋庆辉（4月任职）

统战委员、政府副镇长

仁青欧珠（藏族，4月免副镇长）

政府副镇长

孙明恒

拉珍拉姆（女，藏族，4月任职）

后勤服务中心主任

尼　珍（女，藏族）

卫生院院长

扎西次仁（藏族）

多布扎乡

党委书记

达　顿（藏族，4月离职）

边巴仓决（女，藏族，4月任职）

党委副书记、政府乡长

刘正威（4月离职）

张　磊（4月任职）

党委副书记、人大主席

洛桑平措（藏族，4月离职）

次旦多吉（藏族，4月任职）

党委副书记

边巴仓决（女，藏族，4月离职）

肖龙飞（4月任职）

纪委书记、监察室主任

央　宗（女，藏族）

政法委员、人民武装部部长

张旭东（4月离职）

曾　勇（4月任职）

宣传委员、副乡长

池邦余（4月任副乡长）

组织委员

肖龙飞（4月离职）

巴桑欧珠（藏族，12月任职）

统战委员、政府副乡长

白玛久米（藏族，4月免副乡长）

统战委员、人大副主席

白玛久米（藏族，4月任人大副主席）

政府副乡长

罗　杰

吉　旦（女，藏族，4月任职）

人大副主席

次　珍（女，藏族，4月离职）

农牧服务中心主任

次仁吉（女，藏族）

文化服务中心主任

嘎玛桑珠（藏族）

卫生院院长

白玛旺加（藏族，12月任职）

确布乡

党委书记

拉　顿（藏族，4月离职）

边　巴（藏族，4月任职）

党委副书记、政府乡长

李龙年（4月离职）

赵祖银（4月任职）

党委副书记、人大主席

赵祖银（4月离职）

格桑次仁（藏族，4月任职）

党委副书记

格桑央宗（女，藏族，4月离职）

加央次仁（藏族，4月任职）

纪委书记、监察室主任

达娃卓嘎（女，藏族，4月离职）

次拉姆（女，藏族，4月任职）

组织委员

王晓艳（女，4月离职）

孙法乾（4月任职）

统战委员、人大副主席

次　珍（女，藏族，4月任职）

政法委员、人民武装部部长

阿旺曲扎（藏族，4月离职）

范　潘（4月任职）

宣传委员

次拉姆（女，藏族，4月离职）

杨红良（12月任职）

统战委员、政府副乡长

普琼次仁（藏族，4月离职）

人大副主席

洛桑顿珠（藏族，4月离职）

政府副乡长

孙法乾（4月离职）

杨世强（4月任职）

洛桑顿珠（藏族，4月任职）

杨红良（12月任职）

农牧综合服务中心主任

尼玛潘多（女，藏族）

卫生院院长

次仁曲吉（藏族，12月任职）

定结乡

党委书记

旦　增（藏族，4月离职）

高延超（4月任职）

党委副书记、政府乡长

陈乾韬（4月离职）

达次仁（藏族，4月任职）

党委副书记、人大主席

尼　琼（藏族，4月离职）

索朗次仁（藏族，4月任职）

党委副书记

达次仁（藏族，4月离职）

赤列旦增（藏族，4月任职）

纪委书记、监察室主任

次旦卓嘎（女，藏族）

政法委员、副乡长

明　加（藏族，4月任职）

统战委员、人大副主席

普布仓决（女，藏族，4月任职）

宣传委员

曾　勇（4月离职）

刘　建（4月任职）

组织委员

刘　建（4月离职）

赵　涛（4月任职）

政府副乡长

赤列旦增（藏族，4月离职）

杨姜华

魏　荣（4月任职）

统战委员、政府副乡长

罗　桑（藏族，4月离职）

人大副主席　明　加（藏族，4月离职）

农牧服务中心主任　措　吉（藏族）

文化服务中心主任　拉巴普赤（女，藏族）

后勤服务中心主任　格桑央吉（女，藏族）

卫生院院长　普布欧珠（藏族）

中国共产党定结县第十次代表大会工作报告

——百年逐梦启新程　砥砺前行谱新篇
奋力建设团结富裕文明和谐美丽的社会主义现代化新定结

（2021年6月30日中国共产党定结县第十次代表大会审议通过）

县委书记　陶明君

中国共产党定结县第十次代表大会，是在全县圆满收官“十三五”、谋篇布局“十四五”的重要时刻，是在“两个一百年”奋斗目标历史交汇的关键节点，召开的一次十分重要的大会。大会的主题是：坚持以习近平新时代中国特色社会主义思想为指导，深入学习贯彻党的十九大、十九届二中、三中、四中、五中全会和中央第七次西藏工作座谈会精神，学习贯彻区党委九届九次全会暨区党委经济工作会议精神、中共日喀则市第二次代表大会精神、市委二届二次全会暨市委经济工作会议精神，立足新发展阶段、贯彻新发展理念、构建新发展格局，统筹推进“五位一体”总体布局、协调推进“四个全面”战略布局，正确处理好“十三对”关系，全力抓好“稳定、发展、生态、强边”四件大事，大力弘扬“老西藏精神”、“两路”精神，全力推进长治久安和高质量发展，奋力建设团结富裕文明和谐美丽的社会主义现代化新定结。

一、过去五年工作的总结回顾

中国共产党定结县第九次代表大会以来的5年，是波澜壮阔、极不平凡的5年，是笃行致远、砥砺前行的5年，是全县上下思想大解放、观念大转变、工作大突破的5年，是各项事业蒸蒸日上、社会面貌焕然一新、各族群众幸福满满的5年，是人心归聚、政通人和的5年。5年来，在习近平总书记和党中央的特殊厚爱、特殊关怀下，在自治区党委、市委的坚强领导下，在吉林省长春市的无私援助下，在社会各界的关心支持下，县委始终团结带领全县各族干部群众，胸怀“两个大局”，自觉增强“四个意识”、坚定“四个自信”、做到“两个维护”，集中精力抓发展，全力以赴保稳定，千方百计惠民生，不遗余力强生态，以压倒一切困难而不为困难所压倒的决心和勇气，经受住了各种风险考验、困难挑战，解决了许多想解决而没有解决的难题，办成了许多想办而没有办成的大事，各项事业取得了全方位进步、历史性成就。

——五年来，我们笃定前行，坚决贯彻落实习近平总书记关于总体国家安全观的重要论述，稳定的基石更加坚实。一是社会更加和谐和美。持续深化反分裂、反渗透、反暴恐等专项斗争，深入开展断勾连、“净网”、“靖边”等专项行动，持续揭批十四世达赖反动本质，保持了社会大局和谐稳定。严格落实“重点问题要防、难点问题要盯、热点问题要疏、一般问题要复”工作要求，着力排查化解各领域深层次矛盾纠纷，把各类安全隐患消灭在了萌芽状态。扎实开展扫黑除恶打非治乱专项斗争和安全生产专项整治行动，社会治安秩序持续稳定，安全生产形势总体平稳。二是宗教更加和睦和顺。严格执行宗教领域“三不增加”规定，全面推进“十导”工作法，深入开展“遵行四条标准争做先进僧尼”教育实践活动，加强外出学经人员、流动从事宗教活动人员教育管理，引导信教群众理性对待宗教，依法管理宗教水平不断提高，宗教消极影响逐步淡化，藏传佛教与社会主义社会更加适应。三是民族更加交往交融。铸牢中华民族共同体意识，持续巩固全国民族团结进步示范市创建成果，深入开展爱国主义、新旧西藏对比教育和“五观”“两论”教育，全面推广国家通用语言文字，全县各族群众“三个离不开”“五个认同”入脑入心。四是边境更加安全安宁。坚持屯兵和安民并举、固边和兴边并重，加快推进边境地区文化、教育、医疗、生态保护等公共服务和交通、电力、通信、监控、广电“五张网”建设，建成55个边境小康村，“山这边”与“山那边”对比鲜明。军警民联防联控机制不断完善，边防委员会协调职能明显发挥，群防群治力量有效统筹，各类风险隐患及时堵截，边境防控的铜墙铁壁坚如磐石。

——五年来，我们踔厉奋发，坚决贯彻落实习近平新时代中国特色社会主义经济思想，发展的质量更加过硬。2020年，全县地区生产总值（GDP）实现5.5亿元，是2016年的1.54倍，年均增速10.2%以上；地方一般公共财政预算收入完成1755万元，克服疫情影响经济下行压力，实现平稳增长；社会消费品零售总额实现1.35亿元，是2016年的1.75倍，年均增速15%以上；农牧民人均可支配收入实现10120元，是2016年的1.7倍，年均增速14.1%以上。一是基础设施日趋完善。高起点规划、高标准实施了吉隆普水库建设项目、陈塘特色风貌改造项目、陈塘镇夏尔巴第一村开发项目、省道514线萨尔至陈塘公路改扩建项目等一批重大项目，基础设施建设全面加快。全县公路通车里程达到725.09公里，乡镇、村、宗教活动场所公路通达率均达到100%，乡镇通客车率达到100%、建制村通客车率达74%，公路立体交通网络日趋完备；成功并接国网联网工程，电力人口覆盖率达到100%，基层群众生活更加光明；着力实施农村安全饮水巩固提升项目，农村饮水安全普及率达到100%；加强和完善通信网络基础设施建设，行政村光纤宽带、4G信号交叉覆盖率均达到100%，互联网进村入户，视频聊天、网上购物、移动支付成为新的生活方式。二是特色产业提质增效。聚焦聚力有机种养加业、特色旅游业，重点实施了珠峰绵羊、陈塘藏鸡、喜马拉雅黑金耳、夏尔巴特色小城镇和牧村奇林峡高原旅游等产业项目，建立珠峰绵羊养殖基地、陈塘鸡爪谷高新栽培示范基地等，特色产业体系初步建立，产业发展不断壮大；立足“旅游边贸经济带”战略定位，着力融入珠峰旅游环线，加快开发陈塘边境观光游、嘎玛沟徒步探险游等特色旅游产品，“珠峰小江南·神秘陈塘沟”旅游品牌越来越响亮，更多的国内外游客走进陈塘追寻“诗和远方”。三是边贸口岸不断完善。有序推进日屋、陈塘口岸基础设施建设，建成陈塘、日屋口岸国门及旅检楼、入境货物查验场等项目，提升协调服务能力，推动边贸市场快速发展，2020年，全县进出口贸易总额实现5185万元，是2016年的1.37倍，年均增速7.3%以上，边贸经济实现稳步增长。四是城乡面貌焕然一新。投资6.75亿元和7003.67万元实施“4·25”地震灾后项目和县城供排水一、二期工程，扎实推进棚户区改造和安居工程建设，创新开展城市管理工作暨七大专项整治行动，强化市容市貌管理治理，更加完善、更加美丽、更加便捷的宜居县城逐步呈现；大力实施以“神圣国土守护者、幸福家园建设者”为主题的乡村振兴战略，有序推进农村人居环境整治，不断完善乡村基础设施体系，城乡互补、协调发展、共同繁荣的城乡关系加快形成。五是改革活力持续释放。全面深化“放管服”改革，深入推进“互联网+政务服务”，成立优化“一站式”政务服务大厅，圆满完成党政机构改革、农村土地改革等重点改革事项，2020年全县各类市场主体发展到2586户，注册资金27.62亿元，分别是2016年的2倍、7.34倍，年均增速20.98%、71.18%，全县创新发展活力全面释放。六是对口支援不断深化。吉林省长春市第六、七批援藏成效显著，13个援建项目成功落地、9779万元资金在定结开花结果，定结、长春友谊更加厚实。

——五年来，我们同心同德，坚决贯彻落实习近平以人民为中心的发展思想，民生的质感更可触摸。一是脱贫攻坚全面胜利。2018年9月18日，定结县通过国家第三方专项评估组检查验收，完成

1119户4413名贫困人口脱贫摘帽，贫困村、贫困人口、贫困发生率“全面清零”。农牧民群众生活质量显著改善，群众的思想观念、生产生活方式切实转变，吃的越来越丰富，穿的越来越讲究，住得越来越舒适，用得越来越新潮。二是教育事业蓬勃发展。不断提升教育教学质量，大力实施薄弱学校改扩建及村级幼儿园建设等教育项目，认真落实教育“三包”经费及营养改善计划补助，扎实推进控辍保学、大学生资助等工作，全力推进素质教育，2017年顺利通过义务教育均衡发展验收，2018年完成国家三类城市语言文字工作督导评估验收，2019年完成县域内巩固和发展义务教育均衡发展成果暨全面推进素质教育市级督导评估，“五个100%”目标全面完成，5年来，全县54名学生考入山东、北京等省市西藏班，237名学生进入重点高中，全县中小学教学成绩排名从“十二五”时期的末尾提升至全市前列，学前教育入园率从“十二五”时期的25%提升到82.7%，较好地满足了人民群众对教育的期盼和需求，日喀则市西部强县教育战略得到稳步推进。三是医疗保障显著提高。不断完善城乡医疗卫生体系，逐步建立“基层首诊、双向转诊、急慢分治、上下联动”的分级诊疗制度，诊疗病种由原来的40种增加到81种，10个乡镇卫生院、53个村级卫生室基本药物配备使用率达到100%，县人民医院成功创建“二级乙等”综合医院，建立80个基层巡回诊疗服务团队，基层医疗水平明显增强。全力以赴抗击新冠肺炎疫情，建成县级疾控机构核酸实验室，“零确诊”“零感染”“零传播”“零输入”势头持续巩固。建立健全城乡社会保障体系，居民基本养老、基本医疗和大病保险实现全覆盖，群众生活更加安稳。四是就业创业成绩喜人。建立县乡村“保姆式”劳务输出服务体系，成立2家劳务公司，建立90人劳务经纪人队伍，设立1家市级转移就业基地、3家县级转移就业基地，多方位拓展岗位渠道，5年来，全县农牧民实现转移就业34055人67290人次，创收2.49亿元，人均7301元，群众劳务输出专业化、组织化、技能化水平大幅提升，群众收入明显增加。深入推进“八个精准”“六个一批”及“4321”高校毕业生结对帮扶措施，420名大学生通过企事业岗位实现就业，学生和家长“只端铁饭碗、一考定终身”的观念得到明显转变。五是文化事业不断繁荣。大力推动文化惠民工程，实现县有综合文化活动中心、乡乡有综合文化站、村村有农家书屋，全县农牧民广播电视覆盖率达到100%，县电影院、全民健身中心、新华书店投入使用，新时代文明实践中心（所、站）标准化建设有序推进，公共文化服务体系健全完善。成功举办定结县第十五届、十六届夏尔巴文化节，自下而上开展农牧民运动会、产业发展大赛、“珠峰谐韵”大赛、“五比”竞赛、“勤劳致富人家”评比等群众性活动，实现了村村有业余文艺演出队，基层群众精神文化生活得到全面升华。加大文化遗产保护力度，累计公布第三批县级文保单位8处，县级非物质文化遗产名录6个，完成萨尔谐钦第五批国家级非物质文化遗产申报，文化软实力显著增强。

——五年来，我们尊崇自然，坚决贯彻落实习近平生态文明思想，生态的底色更为靓丽。一是生态建设全面加强。大力实施国土绿化行动，稳步推进重点区域造林、防护林体系建设、防沙治沙工程、新一轮退耕还林、湿地补偿试点等重点生态修复项目，5年来完成植树造林1200公顷、建设退耕还林基本口粮田110.33公顷、沙化土地封禁保护9333.33公顷、珠峰保护区湿地补偿试点项目29333.33公顷、防沙治沙4733.33公顷、补植补造苗木47179株，圆满完成“五消除”目标任务，成功创建57个自治区级生态村，申报5个生态示范乡（镇）、20个生态示范村，全县植被覆盖率明显增加，土地沙化趋势得到有效遏制，生态环境质量明显改善，乡村环境更加优美。二是绿色发展活力彰显。着力打好蓝天、碧水、净土三大保卫战，坚决禁止“三高”企业项目落地定结，全面淘汰燃煤锅炉等落后产能，广泛推广农区禁牧、牧区休牧，分类处置生活垃圾，扎实推进厕所革命和河（湖）长制，大力发展生态农牧业、生态旅游业，着力发展林下经济、苗木经济，“自然、健康、低碳、生态”的生活方式成为各族群众的自觉追求。三是生态责任落实有力。严守生态红线底线，严格落实环境保护“党政同责”“一岗双责”“一票否决制”，全面加大环保执法检查力度，持续抓好中央环保督察反馈意见整改工作，一大批环保突出问题得到有效解决，湿地垃圾、白色垃圾、建筑垃圾等得到有效整治，生态安全屏障越筑越牢。

——五年来，我们初心如磐，坚决贯彻落实习近平总书记关于党的建设的重要论述，党建的统领更具全局。一是干部群众政治意识更加坚定。坚持用习近平新时代中国特色社会主义思想、新时代党的治藏方略武装党员干部头脑，“四个意识”融入血脉、“四个自信”坚定有力、“两个维护”自觉践行。持续抓好“两学一做”“不忘初心、牢记使命”主题教育和党史学习教育等党内集中教育活动，认真开展“讲学习、讲忠诚、正风纪、转作风、提效能”“政治标准要更高、党性要求要更严、组织纪律性要更强”专题活动，广大党员干部信仰更加坚定、党性更加坚强。深入开展“四讲四爱”群众教育实践活动，用心用情为群众办实事、解难事，广大农牧民感党恩、听党话、跟党走的信心和决心更加坚定。二是基层党建战斗堡垒更加夯实。全面抓好基层党建“十二件”实事，大力整顿软弱涣散基层党组织，规范建设村级组织活动场所，机关、事业、企业、“两新”组织、群团组织等各领域党组织全面建强、全面过硬，成为党旗高高飘扬的战斗堡垒。扎实推进专合组织建设，不断壮大村级集体经济，广泛推行“支部+合作社+农牧户”发展模式，组建农牧民专业合作社356家，实现70个行政村全覆盖，5年来，全县村集体经济实现创收2360万元、分红1900万元，专合组织实现创收1634万元、分红320余万元，党建促发展的引领作用全面提升。三是干部队伍充满朝气活力。严格落实新时代好干部标准和民族地区好干部“三个特别”要求，树立“五个更重”鲜明导向，5年来推荐市管领导33人，推荐晋升市管职级职务干部41人，提拔调整干部6批次451人，开展职级晋升8批次294人，全县干部队伍结构更趋年轻化、专业化。不断健全完善激励广大干部新时代担当作为工作措施，付出辛勤汗水、作出突出贡献的优秀党员干部得到褒奖，广大党员干部干事创业精气神全面激发。四是从严管党治党驰而不息。大力整治“等靠要”“庸懒散”等不作为、慢作为突出问题和文山会海问题，“四风”问题有效遏制，“两面人”“骑墙派”及时清除，工作作风明显转变，基层减负取得阶段性成效。坚持“三个牢固树立”，深入推进党风廉政建设和反腐败斗争，正确运用监督执纪“四种形态”，坚持惩前毖后、治病救人的方针，坚决查处违反纪律规矩的行为，5年来，共受理问题线索85件116人，其中立案审查39件46人，给予党纪政务处分46人，诫勉谈话25人，约谈6人，组织处理6人，全县政治生态更加清明清朗。

各位代表，同志们！历尽铅华成此景，世间万事出艰辛。这些成绩的取得，最根本在于习近平总书记的特殊厚爱、党中央的特殊关怀，最根本在于习近平新时代中国特色社会主义思想，特别是新时代党的治藏方略的科学指引，是区党委、市委坚强领导的结果，是吉林省长春市无私援助的结果，是驻地军警部队鼎力支持的结果，是历届县委、县政府接续努力的结果，是各族各界爱国统战人士长期合作的结果，是全县各族干部群众团结奋斗的结果。在此，我代表中国共产党定结县第九届委员会，向为定结稳定、发展、生态、强边各项事业作出贡献的同志们、朋友们，表示衷心的感谢并致以崇高的敬意！

二、当前和今后一个时期定结面临的形势

中央第七次西藏工作座谈会阐明了“十个必须”的新时代党的治藏方略，明确了稳定、发展、生态、强边“四件大事”，确定了“两屏、一前沿阵地、一重点地区”的战略定位，西藏各项工作站在了历史的新起点，进入了发展的快车道。当前和今后一个时期，定结各项事业发展进入全面建设现代化的新时期，迈入了“五期叠加”的关键期。机遇与挑战并存，危机与新机同在。我们要增强“四个意识”、坚定“四个自信”、做到“两个维护”，胸怀“两个大局”，经受“四大考验”，化解“四大危险”，坚持一切工作服从服务于“三个赋予、一个有利于”的科学定位，找准自身定位，精准分析优劣，坚持“危机中育新机、变局中开新局”辩证思维，准确识变、科学应变、主动求变，奋力建设团结富裕文明和谐美丽的社会主义现代化

新定结。

横向比，我们主要具有6个方面的优势：一是区位战略优势。定结县地处祖国西南边陲一线，有8个边境乡镇，边境线长176公里，“中央第七次西藏工作座谈会”从维护国家主权、安全、发展利益的大局出发，对边境工作作出重大战略性安排，为我们加快边境发展、深化军民融合、确保边防巩固和边境安全带来了重大机遇。二是对外开放优势。陈塘－日屋口岸基础设施逐步完善，随着国家“一带一路”、新时代推进西部大开发、构建“环喜马拉雅经济合作带”等战略的持续推进，为我县提高口岸开发水平，加快中尼边境口岸通道建设，扩大开放合作、发展边贸经济提供了有利条件。三是独特资源优势。定结作为自治区重点生态功能区，拥有44万亩湿地，喜马拉雅五条沟之一的“陈塘沟”地理位置优越，陈塘夏尔巴民俗文化独特，陈塘特色文化小城镇打造形势大好，乡村生态经济和陈塘边境观光游、徒步探险游、异域风情游等特色旅游发展前景广阔。四是安全和谐优势。经过“十三五”时期的有力实践，全县社会治理体系逐步完善，维护安全稳定长效机制更加健全，各族群众人心思稳、人心思定、人心思进，为社会主义现代化定结建设营造了安全稳定的社会环境。五是党的建设优势。近年来，我们深入开展“三严三实”“两学一做”“不忘初心、牢记使命”等党内集中教育活动，扎实开展“讲学习、讲忠诚、正风纪、转作风、提效能”主题活动，极大提振了广大党员干部干事创业的精气神，狠抓基层党组织建设，基层党组织的政治优势、组织优势得到充分发挥，为推进长治久安和高质量发展奠定了坚实基础。六是群众基础优势。经受了“4·25”地震、新冠肺炎疫情等重大考验，经历了农牧民运动会、产业发展大赛、歌咏比赛、“珠峰谐韵”大赛、群众游园、文艺汇演、勤劳致富人家评比、“五比”竞赛等系列群众性活动的浸润，各族群众感恩奋进、干事创业的热情空前高涨，加快发展的信心更强、底气更足，为我们走好新时代的长征路积蓄了磅礴力量。

纵向比，我们前进道路上还存在6个方面的风险挑战：一是维护稳定风险。定结地处反分裂斗争的最前沿，面对十四世达赖去世转世的重大政治斗争，面对社会治理、安全生产等领域的短板弱项，保持社会大局稳定、实现长治久安压力很大。二是发展制约风险。产业效益发挥不明显，农村基础设施薄弱，农牧业供给能力不足，农牧民增收渠道单一，交通、能源、信息、教育、卫生、文化等政府公共服务能力与群众期盼还有较大差距。三是生态环境风险。生态灾害类型较多，土地承载力较弱，生态保护压力较大，生态文明建设的综合效益不够明显。四是边境安全风险。边防基础设施相对滞后，边境立体防控网络有待完善，边民生产生活条件有待提高，军警民深度融合有待提升，边防巩固和边境安全风险挑战更加复杂。五是返贫致贫风险。政策兜底脱贫比例高，产业扶贫效益不明显，贫困群众内生动力不足，脱贫群众和边缘户群众极易因病、因灾、因学返贫致贫，确保稳定脱贫压力很大。六是人力资源风险。全县人才结构还需优化，人才流失严重，缺乏抓发展善经营的管理人才、医疗教育农牧等领域专技人才，自身造血能力不足。前进的道路不可能一帆风顺，必然会遇到各种困难、挫折，但我们有足够的信心和底气战胜任何困难和挑战。

三、今后五年的指导思想和奋斗目标

未来五年，我们要加快推动定结长治久安和高质量发展，让全县人民过上更加幸福美好的生活，必须紧扣“稳定、发展、生态、强边”四件大事，明确重点任务，抓住关键环节，努力取得各领域各方面工作的新突破，奋力开创各项事业发展新局面。

今后五年全县工作的指导思想是：坚持以习近平新时代中国特色社会主义思想为指导，全面贯彻党的十九大十九届二中、三中、四中、五中全会和中央第七次西藏工作座谈会精神，深入贯彻落实习近平总书记关于西藏工作的重要论述和新时代党的治藏方略，增强“四个意识”、坚定“四个自信”、做到“两个维护”，胸怀“两个大局”，立足新发展阶段、贯彻新发展理念、构建新发展格局，统筹推进“五位一体”总体布局、协调推进

“四个全面”战略布局，坚持稳中求进工作总基调，坚持以人民为中心的发展思想，正确处理好“十三对”关系，大力弘扬“老西藏精神”、“两路”精神，着力抓好“稳定、发展、生态、强边”四件大事，全力推进长治久安和高质量发展，奋力建设团结富裕文明和谐美丽的社会主义现代化新定结。

今后五年全县的奋斗目标是：全县地区生产总值预计完成8.08亿元，地区生产总值年均增速预计为10%，城乡居民人均可支配收入预计达到20887元、19716元，年均预计分别增长8.2%和14%。地方财政一般公共预算收入预计达到3035万元，预计年均增长15%；社会固定资产投资累计完成66.59亿元，预计年均增长15%；社会消费品零售总额达到1.49亿元，预计年均增长2.3%。到2025年，公共服务主要指标接近全市平均水平，经济发展取得新成效、改革开放迈出新步伐、社会文明程度得到新提高、生态文明建设实现新进步、民生福祉达到新水平、社会治理效能得到新提升、党的建设开辟新境界。

（一）突出抓好“稳定”这件大事，推动反分裂斗争从严防渗透破坏活动向打赢尖锐复杂重大政治斗争转变。习近平总书记指出：西藏工作必须坚持以维护祖国统一、加强民族团结为着眼点和着力点，维护稳定仍然是现阶段西藏工作第一位的任务。我们要坚持把维护祖国统一、加强民族团结作为着眼点和着力点，采取更有靶向性、突破性、开创性的举措，着力防范化解各领域重大风险，全面推进治理体系和治理能力现代化，确保国家安全和长治久安。一要全面深入开展反分裂斗争。始终绷紧维护稳定这根弦，做到警钟长鸣、警惕常在，健全完善维稳机制，全面做好涉稳处突准备，持续推进扫黑除恶专项斗争，深化“断血”、断勾连等专项行动，严密防范和坚决打击各种渗透颠覆破坏活动。着眼妥善应对十四世达赖去世转世的重大政治斗争，深入揭批十四世达赖的“三性”本质和“五顶帽子”，教育引导广大僧尼和信教群众增强对大活佛转世的原则共识，自觉与十四世达赖划清界限。巩固扩大政法队伍教育整顿成果，坚决打造过硬政法铁军。二要全面坚持藏传佛教中国化方向。全面贯彻党的宗教工作基本方针，严格落实“十导工作法”，发挥党员干部在推进“中国化”中的主导作用，严格执行宗教领域“三不增加”规定，加强外出学经人员、流动从事宗教活动人员教育管理，深化“遵行四条标准争做先进僧尼”教育实践活动，深化教规教义阐释，淡化宗教消极影响，积极引导宗教与社会主义社会相适应。三要全面铸牢中华民族共同体意识。坚持把铸牢中华民族共同体意识作为战略性任务，精准把握“一”和“多”、“同”和“异”、“恒”和“变”的关系，贯彻落实《西藏自治区民族团结进步模范区创建条例》，深入开展“中华民族一家亲、同心共筑中国梦”主题教育活动，持续推进民族团结“九进”活动，巩固提升全国民族团结进步示范市创建成果，积极创建全国民族团结进步示范县，选树民族团结先进典型，积极促进各民族广泛交往、全面交流、深度交融。四要全面提升社会治理能力。深入推进全面依法治县，加强“八五”普法教育，强化共建共治共享，不断激发驻村驻寺、“网格化”、红袖标、双联户等群防群治力量，加快完善立体化信息化社会治安防控体系，综合运用“五访”工作法化解矛盾纠纷，扎实开展安全生产专项整治，加强防灾减灾体系建设，积极构建统一指挥、专常兼备、上下联动的应急管理体制，推动社会治理体系逐步健全、社会治理能力明显提升。五要全面把牢意识形态领导权。加强党对意识形态工作的全面领导，严格落实意识形态工作责任制，坚持既要“管肚子”、又要“管脑子”，深刻阐释习近平新时代中国特色社会主义思想，培育践行社会主义核心价值观，持续深化“四讲四爱”群众教育实践活动，加快推进新时代文明实践中心（所、站）建设，巩固拓展农牧民运动会、产业发展大赛、“珠峰谐韵”大赛、“五比”竞赛、勤劳致富人家评比等群众性活动成果，使各族群众在理想信念、价值理念、道德观念上紧紧团结在一起。强化互联网思维，加快推进融媒体建设，增强网络舆情技术监控能力，打好网络意识形态攻坚战。

（二）突出抓好“发展”这件大事，推动经济社会由持续健康发展向高质量发展转变。习近平总书记指出，中国共产党人的初心和使命，就是为中国人民谋幸福，为中华民族谋复兴。我们要坚决贯彻以人民为中心的发展思想，立足新发展阶段、贯彻新发展理念、构建新发展格局，按照“三个赋予、一个有利于”要求，统筹处理好“发展”与“安全”、“特色产业发展”与“培育新兴增长点”的关系，让更多群众享受发展成果。一要全力实施乡村振兴。按照产业兴旺、生态宜居、乡风文明、治理有效、生活富裕的总要求，积极推进巩固拓展脱贫攻坚成果同乡村振兴有效衔接，严格落实5年过渡期政策，继续实行“四个不摘”要求，完善防止返贫长效监测和帮扶机制，持续跟踪收入变化和“两不愁三保障”巩固情况，重点在产业发展、专合组织规范提升、易地扶贫搬迁后续帮扶、夯实“十项提升工程”等方面下功夫，大力开展乡村建设行动，全面推进乡村产业、人才、文化、生态、组织“五大振兴”。二要全力发展优势产业。立足本县实际，发展壮大珠峰羊、藏雪鸡、藏香猪、黑金耳产业，深入开展农畜产品精深加工，提升市场销售水平，强化产业支撑带动作用。立足“旅游边贸经济带”战略定位，积极融入珠峰旅游环线，着力打造拉萨—日喀则—岗巴—定结旅游精品路线，完善奇林峡景区服务功能，加快开发陈塘边境观光游、嘎玛沟徒步探险游、异域风情游等特色旅游产品，以旅游促发展、带动群众增收。抓住国家推进“一带一路”倡议和构建“南亚大通道”的机遇，推进日屋、陈塘口岸建设升级，完善口岸、边民互市贸易市场的水电路讯网设施、检验检疫设施和环境卫生设施条件，加快中尼边境口岸通道建设，提高开放水平，促进“口岸经济”“边贸经济”提质增效。三要全力加快项目建设。聚焦“两新一重”建设，谋划一批交通能源、边防公路、数字经济等重大项目，大力推进智慧定结建设，加快建设边境地区通信网、集中供氧供暖、县城污水处理厂、农村安全饮水巩固提升、高标准农田改造、边境乡镇固边能力提升等项目，深化农村公路养护管理体制改革，推进国家级“四好农村路”示范县建设，解决和巩固好群众吃水、用电、出行、通信等问题。以乡村振兴为契机，完善升级城镇市政道路、城镇供排水设施、中心商业配套设施、城镇绿化等市政基础设施建设，提升城市管理专业化、精细化、信息化水平。四要全力促进就业创业。始终把稳就业放在突出位置，落实好自主创业、企业就业、区外就业等政策，积极拓展岗位渠道，持续抓好大学生就业“4321”结对帮扶，力争应届高校毕业生就业率达95%以上。继续落实好“400万元以下政府投资项目交由有资质的农牧民施工企业承建，施工单位中本地农牧民用工占80%以上”规定，以“适时、适地、适才，实际、实用、实效”为基本原则，加强农牧民技能培训，提高劳务输出组织化程度，促进更加充分就业。五要全力推进社会事业。巩固教育“五个100%”成果，完善全面普及国家通用语言文字教育，全面加强学前教育，强化师资队伍建设，推动中小学校思政课建设，提高教育教学质量和水平，确保到2025年，全县适龄幼儿入园率达90%以上。优化医疗卫生资源配置，以县公立医院为龙头，整合乡镇卫生院医疗卫生资源，建立县域紧密型医共体，构建三级联动的县域医疗服务体系，健全公共卫生重大风险研判评估、决策防控协调机制，加强医疗人才队伍建设，提升基层医疗卫生服务能力。完善社会保障体系，健全社会救助、集中供养、残疾人帮扶制度，不断提高群众获得感、幸福感、安全感。健全公共文化服务体系，持续开展“一县一品”“一乡一品”文化品牌活动，落实各项文化惠民政策，加强传统文化、非物质文化遗产和特色风貌保护，着力打造陈塘特色文化名镇。六要全力深化对口支援。加强与吉林省长春市和内地企业的交流合作，进一步完善经济援藏、人才援藏、科技援藏，互补优势、互利共赢，推动援藏工作由“输血型”向“造血型”转变。

（三）突出抓好“生态”这件大事，推动生态治理从保护为主向建设生态文明高地转变。习近平总书记指出，生态环境是关系党的使命宗旨的重大政治问题，也是关系民生的重大社会问题。我们要坚持对历史负责、对子孙后代负责的态度，把生态文明建设摆在更加突出的位置，坚持尊重自然、顺应自然、保护自然，守护好定结的山山水水、一草一木。一要坚定不移实施生态治理工程。强化山水林田湖草沙综合治理，推进实施封山育林和防护林体系建设、生态公益林建设等重点工程，实施好重点乡镇、重点河湖周边植树造林工程，开展绿化提质增量行动，持续巩固消除“无树村”“无树户”成果。深入实施湿地生态效益补偿建设项目，加大湿地保护力度，全面推进“河长制”，强化河湖治理，大力推进污水分离、垃圾分类等基础设施建设，协调做好生态村和生态乡镇创建工作，让定结发展“颜值”更高、“气质”更佳。二要坚定不移走绿色发展道路。依托自然风光和特色优势资源，大力发展生态农牧业、生态旅游业，利用好乡镇生态保护合作社，用好管好生态岗位，让更多群众吃上“生态饭”、走上致富路。综合采取“减煤、控车、抑尘、治源”等多项措施，开展建筑施工扬尘污染、柴油货车尾气污染等专项整治，开展人居环境整治、垃圾污水治理、村容村貌提升、“白色污染”等集中整治，确保定结天蓝、地绿、水清。三要坚定不移加强环保执法检查。严格落实环境保护党政同责、一岗双责，实行生态环境损害责任终身追究制，坚守“三高”企业和项目零审批、零引进底线，提高生态环境保护监管水平，加强珠峰自然保护区执法管护，依法惩治乱砍滥伐、乱捕滥猎等违法行为，巩固中央环保督察巡视整改成果，让生态环境保护从软约束变成不可逾越的高压线。

（四）突出抓好“强边”这件大事，推动边境建设从基础薄弱向富民强边转变。习近平总书记指出，边境地区是国家安全屏障的第一道防线，是捍卫国家主权和领土完整的前沿阵地。我们要坚决贯彻落实党中央强边工作决策部署，紧扣加快边疆发展、确保边疆巩固边境安全这条主线，着力解决稳边固边急需、边民群众急盼的突出问题，不断开创边防安全稳固、社会和谐稳定、民族团结进步、边民安居乐业的新局面。一要着力提升边民生活水平。深入实施兴边富民行动，落实好边民补助，合理提高边境一线巡逻、执勤的群防群治力量补贴标准，提高参与守边、护边、稳边工作积极性，深化群众爱国主义思想教育，自觉争当神圣国土守护者、幸福家园建设者。二要着力加强边境基础设施建设。坚持钱往边境投、人往边境走、政策往边境倾斜，持续推进边境地区文化、教育、医疗、生态保护等公共服务和交通、电力、通信、监控、广电“五张网”建设，不断完善党政军警民“五位一体”边境防控体系，加快打通巡边护边、抵边通道建设，提高边境防控的人防物防技防水平。三要着力推动军民融合深度发展。纵深开展“五共五固”活动，发挥县边防委统筹协调作用和驻军部队、移民警察、公安机关的职责作用，形成各司其职、协调配合、高效运转的工作机制，严厉打击非法出入境活动，着力抓好边境疫情防控，守住“一个进不来、一个出不去”的底线，筑牢边境防控的铜墙铁壁。

四、全面加强党的领导，涵养山清水秀、风清气正的政治生态

习近平总书记强调，要全面推进党的政治建设、思想建设、组织建设、作风建设、纪律建设，把制度建设贯穿其中，深入推进反腐败斗争，不断提高党的建设质量，把党建设成为始终走在时代前列、人民衷心拥护、勇于自我革命、经得起各种风险考验、朝气蓬勃的马克思主义执政党。我们要坚持新时代党的建设总要求和组织路线，坚持“三个牢固树立”，一以贯之推进党的建设新的伟大工程，推动从严管党治党走深走实，确保党始终成为各项事业发展的坚强领导核心。一要大力推进政治铸魂工程。充分发挥党委总揽全局、协调各方的领导核心作用，积极支持和保障人大及其常委会依法行使职权，支持人民政协充分发挥政治协商、民主监督、参政议政职能，推动工会、共青团、妇联等人民团体把各自联系的群众紧密团结在党的周围，加强党外人士培养使用，壮大爱国统一战线，使一切工作顺应时代潮流、符合发展规律、体现人民意愿。要加强理想信念教育，持续深化“不忘初心、牢记使命”主题教育和党史学习教育，引导广大党员用中国特色社会主义理论体系特别是习近平总书记系列重要讲话精神武装头脑，增强“四个意识”、坚定“四个自信”、做到“两个维护”。二要大力推进固本强基工程。坚持以增强政治功能、提升组织力为重点，以党支部标准化规范化建设为抓手，聚焦基本组织、基本队伍、基本活动、基本

制度、基本能力、基本保障，加强农牧区、机关、事业单位、企业和社会组织、媒体网站等方面党的建设，巩固好村“两委”班子成员100%是党员的成果，确保各级党组织和广大党员干部成为带领群众应对风险考验、战胜困难挑战、全心全意为人民服务的坚强政治力量。三要大力推进强筋壮骨工程。坚持新时期好干部标准和民族地区好干部“三个特别”要求，完善干部培养选拔机制，持续优化优胜劣汰、能上能下的干部选拔任用氛围。正确处理好事业发展和干部成长进步的关系，选派干部到边境乡镇、维稳一线、经济发展、生态保护、乡村振兴等吃劲岗位去磨炼，让干部在实践中练就过硬本领。坚持严管和厚爱结合、激励和约束并重，注重“三个区分开来”，落实好《中共日喀则市委员会关于激励干部担当作为实施容错纠错的办法（试行）》，激励干部担当作为，落实好干部政策待遇，积极营造拴心留人的环境。四要大力推进培元健体工程。党的形象关系党的凝聚力、号召力和战斗力。当前，县乡村三级领导班子已配齐，新的领导班子要有新思想、新作风、新成效，带头加强团结，创造性地开展工作，形成奋发有为、干事创业的强大合力；广大党员干部要从自身做起，讲党性、重品行、作表率，大力弘扬初生牛、领墒牛、拓荒牛、老黄牛、孺子牛、珠峰牦牛“六牛”精神，勇挑历史重担，砥砺奋进前行。五要大力推进清风正气工程。严格落实党委主体责任和纪委监督责任，更严、更硬、更紧推进纪律监督、监察监督、巡察监督，扎实做好巡察和整改落实，发挥“利剑”作用，一体推进不敢腐、不能腐、不想腐，推动反腐败斗争向纵深发展，坚决确保干部清正、政府清廉、政治清明。严格执行中央八项规定及其实施细则精神，贯彻落实《中央关于持续解决困扰基层的形式主义问题》精神，坚决反对“四风”特别是形式主义、官僚主义，大力整治“等靠要”“庸懒散”等不作为、慢作为突出问题和文山会海问题，持续为基层减负松绑。

各位代表、同志们！蓝图激发动力，实干铸就梦想。让我们更加紧密团结在以习近平同志为核心的党中央周围，坚持以习近平新时代中国特色社会主义思想为指导，增强“四个意识”、坚定“四个自信”、做到“两个维护”，攻坚克难、实干担当，开拓创新、拼搏进取，确保“十四五”开好局起好步，为建设团结富裕文明和谐美丽的社会主义现代化新定结不懈奋斗。

定结县政府工作报告

（2021年7月12日定结县第十四届人民代表大会第一次会议审议通过）

县委副书记、政府县长 次 琼

过去5年工作回顾

定结县第十三届人民代表大会第一次会议以来，全县上下在党中央、国务院的亲切关怀下，在区党委政府、市委市政府和县委的坚强领导下，在县人大依法监督和县政协民主监督下，我们高举中国特色社会主义伟大旗帜，始终坚持稳中求进工作总基调，以新发展理念引领高质量发展，奋力崛起，凝心聚力谋发展，创新克难求突破，各项事业取得全方位进步、历史性成就。

——五年固本培元，经济增长更加稳健。

2020年全县生产总值完成5.5亿元，比2015年增长74%，年均增长11%；地方一般公共预算收入完成1755万元，比2015年增长73%，年均增长11%；全社会固定资产投资完成8.59亿元，比2015年增长156%，年均增长20%；社会消费品零售总额实现1.35亿元，比2015年增长96%，年均增长14%；农村居民人均可支配收入达到10120元，比2015年增长86%，年均增长13.2%；农村经济总量完成4.06亿元，比2015年增长129%，年均增长18%；工业总产值实现998.07万元，比2015年增长35%，年均增长6%。

——五年精准施策，脱贫攻坚成果丰硕。

把脱贫攻坚作为重大政治任务，牢固树立“扶真贫、真扶贫、真脱贫”的工作理念，聚焦“六个精准”“五个一批”政策，举全县之力，扎实推进精准扶贫、精准脱贫。全县“十三五”时期1119户贫困户、4413个贫困人口全部脱贫，完成了消除绝对贫困的艰巨任务，实现了长期以来的定结脱贫梦想！一是“两不愁三保障”全面实现。易地扶贫搬迁工作成效显著，琼孜乡哲贵村、江嘎镇曲米村、陈塘镇夏尔巴第一村安置点全面建成，274户、1112人搬入了安全、舒适、明亮的钢筋混凝土新房，彻底告别了四面漏风的土坯房，人畜混居现象得到彻底解决。先后建成江嘎镇曲米村幼儿园、陈塘中学及夏尔巴第一村幼儿园，建档立卡家庭子女享受到优质教育资源，贫困家庭辍学学生实现动态清零。脱贫攻坚，不仅取得了物质上的硕果累累、也取得了精神上的丰硕成果。没有一名群众因病返贫，没有一个家庭因病拖垮，建档立卡家庭实现了病有所医、学有所教、住有所居。二是脱贫群众收入显著增长。以“有好的市场前景、有好的经营主体、有好的利益联结机制、有好的科技支撑”为导向，大力推进产业发展，强力抓好转移就业、劳务输出，全县4413人实现了不离乡不离土就地增收致富，我县建档立卡户生活越过越好。三是脱贫群众精神风貌焕然一新。坚持“扶贫先扶志，扶贫必扶智”，深入开展“四讲四爱”群众演讲比赛、“五比”竞赛、“五下乡”等活动，大力宣传党的惠民政策，强化社会主义核心价值观和中华民族共同体意识教育，加强典型示范引领，完善村规民约，推进移风易俗，淡化宗教消极影响，激发脱贫群众奋发向上的精气神，用自身双手缔造幸福美好生活的精神在每一名脱贫群众中深深扎根。“饮水不忘挖井人、脱贫不忘共产党”的意识更加深入人心，“感党恩、听党话、跟党走”信心决心越发强烈。

——五年持续攻坚，项目建设成绩斐然。

始终坚持基础先行，基础设施建设突飞猛进。全县实施各类建设项目659个，全县社会固定资产投资累计完成55.98亿元，强力推动经济社会快速发展。一是水利基础设施不断提升，投资3.39亿元，实施25个水利工程项目。吉隆普水库建设项目、确布乡灌渠工程等大型项目全面完成，大力实施饮水安全工程等，补齐了水利短板，解决了全县10个乡（镇）70个行政村的安全饮水问题。二是交通出行不断便捷畅通，全县公路建设总投资23.27亿元，省道514线萨尔至陈塘公路改建工程，国道219线萨嘎至康马县改建工程全面建成，实施农村公路建设项目37个，农村公路危桥及安防工程总投资1679.46万元，县级客运站维修及日屋镇客运站建设总投资246.8万元，本级财政解决65万元购置农村客运营运车3辆。目前，全县通车（通畅）总里程725.09公里，乡（镇）公路通畅率达100%，行政村公路通畅率达94%（陈塘镇夏营地四个行政村外），自然村公路通畅率达80%，旅游景点公路通畅率达40%，乡镇客运通车率达100%，行政村客运通车率达74%。全县公路四通八达，搭起幸福路，彻底解决群众出行难等问题。三是网络电力保障力不断提升，全县通信设施设备更加齐全，通信覆盖率达到100%，落实提速降费政策，宽带、4G网络在10个乡镇、行政村实现全覆盖，信息化水平有新的提升。供电设施能力不断提高，供电保障率基本实现100%。

——五年转型升级，产业布局持续优化。

农牧业加速发展。实施总投资为5675万元的定结县岗巴羊规模化养殖场建设项目、定结县喜马拉雅黑金耳人工栽培种植项目，本级财政投入1989.96万元扶持苗圃基地、养殖业、人工种草、种植业等各类产业项目，积极完善产业利益联结机制，覆盖乡镇1046户3943人。累计推广良种377.625万公斤，累计粮油产量达0.34万吨。2020年牲畜存栏达21.37万头（只、匹），“十三五”期间共出栏牲畜30.73万头（只、匹），年均出栏率达27.90%。

服务业提质增效。高质量制定《日喀则市定结县旅游发展总体规划（2014—2025年）》，陈塘沟、羌姆石窟、牧村土林、多布扎湖、美女湖、阿布入寺、萨尔曲果德庆林寺、贡强桑丹曲布寺8处景区被评为国家AAA级旅游景区，累计接待旅游12.45万人次，实现旅游总收入4208.65万元。举办夏尔巴文化节、农牧民运动会、产业大赛等活动，实现总交易额1589.29万元。

经营主体逐步健全。全县私营企业达288家、农牧民专业合作社达356家，全面完成“5个100%”入社工作，特色产业体系初步建立，有力推动经济飞速发展。

——五年协调发展，城乡面貌大幅改观。

坚持城乡统筹发展，大力实施城镇建设，城乡面貌焕然一新。特色城镇建设有力，建成总投资5910万元的特色风貌改造项目，投入2.77亿元打造陈塘镇夏尔巴第一村，陈塘特色小城镇打造成型。边境小康村加快建设，完成投资5.32亿元，改善边境群众生产生活条件，完善农牧区基础设施，落实相关富民产业，提高了边境群众的幸福感、获得感、安全感。我县边民群众扎根边疆、建设边疆、保卫边疆的愿望越发强烈，成为“做神圣国土守护者、幸福家园建设者”的生动写照。“4·25”地震灾后恢复重建工作全面完成，总投资6.75亿元的71个灾后恢复重建项目全部高标准完成，夺取灾后恢复重建重大胜利，实现从土坯房到钢筋混凝土房、从砂石路到柏油路的巨大转变，形成“四纵四横一环”新城镇格局，全县焕发崭新面貌。

——五年攻坚克难，社会局势和谐稳定。

我县紧紧围绕“平安定结”这一主线，严厉打击各类违法犯罪活动，持续巩固和谐稳定的社会局面和安定良好的治安秩序。一是社会治安持续推进，近五年全县刑事案件共立案51起、破案30起，破案率60%，命案全部侦破，侦办处理各类行政案件132起、破案率100%，扫黑除恶专项斗争不断推进，持续打击电信网络诈骗行为。落实党政军警民五位一体联勤联控，着力构建“人人是哨兵、户户是哨所、村村是堡垒、生产是执勤、放牧是巡逻、处处有防范”的工作格局，在176公里的边境线上，构筑起了边防巩固、边境安宁的铜墙铁壁。

创新信访“八化”机制，把各类矛盾纠纷化解在萌芽状态。来信来访共61件，已妥善解决61件，化解率100%，5年里未发生重特大安全生产事故，全县人民群众安全感明显提升。二是民族团结持续巩固，大力开展反分裂斗争教育，引导全县各族群众自觉与十四世达赖及其集团划清界限，树牢“团结稳定是福、分裂动乱是祸”的理念，县本级财政落实120万元民族团结专项经费用于民族团结进步教育，各族群众“三个离不开”“五个认同”、中华民族共同体意识更加牢固。三是全面依法管理寺庙，坚持藏传佛教中国化方向，严守“三个不增加”底线，扎实开展“遵行四条标准、争做先进僧尼”教育实践活动，充分发挥爱国宗教人士作用，全面落实利寺惠僧政策，教育引导信教群众理性对待宗教、淡化宗教消极影响，把过好今生幸福生活作为追求目标。

——五年共建共享，民生福祉稳步提高。

教育事业成效显著。教育投入持续增长，坚持把优先保障教育经费作为重中之重，将每年不低于上年财政收入25%的比例投入教育，中小学教学成绩从“十二五”的末尾上升到全市前列，学前教育普及率从“十二五”的58%提高到82%，教学质量得到质的提升。教育保障持续加强，投入1460万元用于县中学校舍维修改造，“三包”经费及营养改善计划补助全部落实。教学条件持续改善，2016年以来，总投资达2.26亿元，提升义务教育优质均衡发展水平，改善小规模学校办学条件，狠抓实现“五个100%”目标，控辍保学、学前教育、建档立卡贫困大学生资助、中职招生、教育援藏、信息化建设等取得长足发展，让农牧民群众子女送得来、留得住、学得好。

医疗卫生服务水平大有提升。抓实健康扶贫不松懈，实现全县建档立卡贫困人口大病专项救治全面覆盖，建档立卡贫困户签约率全覆盖，全县建档立卡贫困户物理体检完成率100%。提升医疗水平不松懈，县人民医院成功创建“二级乙等”综合医院，医疗救治水平大幅改善。不断加强对慢性病、常见病防治宣传，增强群众的健康意识和疾病防护能力。持续增加资金投入，持续改善乡镇卫生院医疗条件，妇幼保健院、藏医院等医疗卫生项目落地实施，村级卫生室实现全覆盖。住院分娩、“一孩双女”等政策性资金全部兑现。对基层卫生人员开展技能培训，派遣骨干力量，解决我县医疗卫生专业人员短缺问题，增强医疗卫生队伍力量。

社会保障坚强有力。坚持“以人为本”的服务理念，全县农牧民实现转移就业67290人次，创收2.49亿元，人均7311元；为农牧民提供就业技能培训5983人次，各项指标均超过年度目标任务；县、乡、村三级劳动就业社会保障服务全覆盖，全县城镇登记失业率控制在3%以内。城乡养老保险参保率达100%。社会保险待遇水平不断提高。发放60岁以上参保人员待遇养老金7.7余万人次1450余万元，城乡居民养老保险待遇由人均180元/月提高到人均205元/月。在全县建立了民工工资保证金制度，累计收到劳动监察投诉案件43件，结案率达100%。做好劳动人事争议仲裁，全县累计受理劳动人事争议仲裁案件3件，结案率100%。

文化事业繁荣兴盛。文艺创作不断繁荣发展，完成夏尔巴歌舞、陈塘玛尼戏、鸡爪谷酒等非遗项目拍摄保护工作；成功申报萨尔谐钦国家级非物质文化遗产，10支民间藏戏队成功申报自治区藏戏队名录，并将夏尔巴玛尼戏列入单独的剧种。文物保护工作取得新突破。“十三五”期间，成功申报自治区级文物单位5处，文物保护依法有序开展。文化基础不断夯实，70个行政村全部组建文艺演出队，文化事业精彩纷呈。新闻宣传成效明显。五年来，投入839万元，实施4大类广播电视基础设施建设项目，全县农牧民广播电视覆盖率达100%。充分发挥广电舆论宣传主阵地作用，坚持正确舆论导向积极宣传定结、推介定结，形成声势，集成亮点，起到构建良好社会主流舆论氛围的作用。

——五年标本兼治，环境质量明显改善。

抓生态文明大建设，坚持以习近平生态文明思想为指导，坚决贯彻“绿水青山就是金山银山”的理念，统筹打好蓝天、碧水、净土三大保卫战。坚持“保护优先、重点治理”的原则，完成林业工程投资2.35亿元，大力实施植树造林1200公顷，退耕还林基本口粮田建设110.33公顷，沙化土地封禁保护区9333.33公顷，珠峰保护区湿地补偿试点项目29333.33公顷，防沙治沙4733.33公顷。抓生态文明大监管，完成中央环保督察及“回头看”、自治区级环保督察问题整改，践行生态文明理念，加强生态文明监管。抓生态文明大创建，成功创建自治区级生态村57个，上报20个村提档升级生态示范村。“五消除”工作补植补造总计4.7万株，圆满完成既定目标任务。珠峰保护区管理工作科学规范合理有效开展，“河长制”全面建立，生态文明观念深入人心，定结的天更蓝，水更绿，气更清，生态安全屏障更加坚实。

——五年探索实践，改革创新活力凸显。

政务服务更加高效，坚持以人民为中心的发展理念，全力深化“放管服”改革，推进“互联网+政务服务”工作，努力打造依法、公开、便民、高效的政务服务体系，继续深入推进“一门、一网、一次”政务改革。开展“减证便民”专项行动，优化营商环境，推进全程电子化便利注册登记，着力解决困扰企业和群众的问题，政务服务环境更加便捷、高效。医疗改革持续向好，建立基本医保、医疗救助等“一站式”便民服务窗口，形成了与全国统一、同步的城乡居民基本医疗保险制度，提高基木医疗保险的运行质量和效率，切实提升服务群众能力。对外开放持续扩大，立足国家“一带一路”和南亚大通道建设，推动对尼商贸发展，进出口额逐年增长，对外贸易取得丰硕成效。对口支援更加深入，吉林省长春市不断深化援藏内涵，“十三五”期间共计实施计划内外项目17项，投入资金达1.01亿元，派出医疗援藏技术人员21人，“万名支教”教师40人次，从经济、教育、医疗、技术、就业、人才等方面为定结发展注入强大动力。已累计选派11批298人次组成援藏人才队伍，为定结各项事业贡献源源不断的力量。

——五年从严施政，自身建设不断加强。

法治政府建设成效显著，坚持以人民满意为最高追求，努力打造人民满意政府。坚持把依法行政贯穿政府工作的各个领域、各个层面、各个环节，用法治思维履职尽责。自觉接受人大及其常委会的法律监督和政协的民主监督，强化行政监察和审计监督，确保行政权力在阳光下运行。廉洁政府建设扎实推进，认真落实党风廉政建设主体责任和“一岗双责”，扎实推进“不敢腐、不能腐、不想腐、、”的体制机制建设。加强对重点领域和关键环节的廉政风险防控，打造清廉政府。为民政府打造有力有效，巩固“两学一做”、“不忘初心、牢记使命”主题教育成果，严格贯彻中央八项规定，持续整治“四风”，推动基层减负落地见效，牢固树立为民服务宗旨，实现发展成果全民共享。

五年来，在县委坚强领导下，全县各项事业取得优异成绩，双拥优抚、国防动员、人民武装、预备役工作成效显著；妇女儿童、残疾人、老年人合法权益得到更加充分保障；编译、统计、外事、工会、群团、档案、邮政等各项工作成绩斐然，为推动定结高质量发展贡献了力量。

面对新冠肺炎疫情的严峻挑战，政府坚持把人民群众的身体健康和生命安全放在首位，全县上下团结一心，共克时艰。自发生疫情后，按照“内防反弹、外防输入”要求，及时成立了疫情防控工作领导小组，制定全县疫情防控工作方案，确保了疫情防控工作扎实有序有效。自疫情发生以来，为落实我县疫情防控工作，上级党委政府投入4177.01万元、县本级政府划拨400万元疫情防控经费，全县社会各界人士累计投入慰问物资折合人民币97万元，汇聚起排山倒海的磅礴力量。全县党政军警民联防联控、联勤联动力量全部投入，众志成城。我县疫情防控取得阶段性成果，确保了全县安宁，边境安全。

五年来，我们的付出是巨大的，我们的投入是全面的，我们的精神是动人的。我们深刻认识到，取得这样的喜人成就，最根本的是坚持中国共产党的领导，坚定“四个自信”、增强“四个意识”、做到“两个维护”，坚持新时代党的治藏方略，推动党的大政方针在定结开花结果，落地生根。最重要的是坚持维护祖国统一、加强民族团结，巩固深化和谐安宁的社会大局和团结和谐的民族关系，铸牢中华民族共同体意识。最主要的是坚持改善民生，凝聚人心，坚持以人民为中心的发展思想，贯彻新发展理念，构建新发展格局，紧紧围绕发展是解决一切问题的根本，全力以赴打赢脱贫攻坚战，推动脱贫攻坚同乡村振兴有效衔接，实现稳定发展、和谐发展。

各位代表，五年来的成就是全方面历史性的，取得这样的成绩，得益于以习近平同志为核心的党中央的特殊关心关爱，得益于自治区党委政府、市委市政府坚强领导的结果，得益于吉林省长春市无私援助，得益于社会各界人士的关心支持，得益于县委把准方向，统揽全局，精准谋划。在此，我代表县人民政府向全县各族群众，向各位人大代表、政协委员，向吉林省长春市各位援藏人才，向全县解放军、武警官兵，向关心支持定结发展事业的社会各界人士表示崇高敬意和衷心感谢！

当前我们面临“五期叠加”的重要历史阶段，我们更加充分认识到，发展依然存在不足和短板：主要是疫情防控和边境维稳任务依然形势严峻，挑战巨大；发展不平衡不充分的问题依然突出；产业发展面临的瓶颈问题依然明显；发展力量不够强与发展意愿突出的矛盾依然存在；政府工作需要提高的地方还有很多，我们将直面困难，迎接挑战，以更加一往无前的奋斗姿态和永不懈怠的精神状态做好工作。

今后五年的发展总体要求和目标任务

“十四五”时期是我县准确把握新发展阶段、全面贯彻新发展理念、积极融入新发展格局，奋力建设美丽定结、共圆复兴梦想的关键时期。我们要抢抓用好新发展机遇，奋力赶超、加速崛起。定结县“十四五”时期经济社会发展的指导思想是：高举中国特色社会主义伟大旗帜，以习近平新时代中国特色社会主义思想为指导，深入贯彻落实党的十九大和十九届二中、三中、四中、五中全会和区党委九届九次全会暨区党委经济工作会议及市委二届二次全会暨市委经济工作会议精神，深入贯彻落实中央第七次西藏工作座谈会精神，深入贯彻落实习近平总书记关于西藏工作的重要论述和新时代党的治藏方略，增强“四个意识”、坚定“四个自信”、做到“两个维护”，胸怀“两个大局”，坚持统筹推进“五位一体”总体布局、协调推进“四个全面”战略布局。坚持稳中求进工作总基调，以推动高质量发展为主题，以深化供给侧结构性改革为主线，以改革创新为根本动力，以满足人民日益增长的美好生活需要为根本目的，以正确处理好“十三对关系”为工作方法，大力弘扬“老西藏精神”、“两路”精神和“珠峰精神”，着力抓好稳定、发展、生态、强边“四件大事”，确保国家安全和长治久安，确保人民生活水平不断提高，确保生态环境良好，奋力推进定结长治久安和高质量发展。

“十四五”时期经济社会发展总体目标是：全县生产总值预计完成8.08亿元，生产总值年均增速预计10%；地方财政一般预算收入预计3035万元，年均增速预计为15%；社会固定资产投资累计完成66.59亿元，预计年均增长15%，城乡居民农村人均可支配收入预计分别达20887元、19716元，年均预计分别增长8.2%和14%，社会消费品零售总额预计达1.49亿元，预计年均增长2.3%。到“十四五”末，基本公共服务主要指标达到或接近全国平均水平，为实现上述目标，要重点抓好10个方面任务的落实：

一、完善布局，优化县域发展空间

优化县域空间布局。立足资源禀赋、环境承载和发展实际，坚持点、线、面相结合的发展方式，构建“两轴三点一环线”的空间布局，促进发展要素向中心城区集中，推动公共服务向农牧区延伸，推动全县经济发展。着力打造江嘎—萨尔—日屋—陈塘沿线优势区域主要发展轴；重点打造琼孜乡一个中心乡镇，带动周边一般乡镇发展的次要发展轴。建设以江嘎镇为中心，以琼孜乡、陈塘镇为重要节点的“2小时经济圈”。以郭加—确布—扎西岗—多布扎—定结—琼孜—萨尔为环线，以珠峰羊发展为龙头，走特色农业、农副产品加工业、畜牧产品商业化道路。优化“三生”发展空间。坚持人口、资源与环境相均衡，经济、社会、生态效益相统一，保证生产空间，美化生活空间，扩大生态空间。以江嘎镇商业服务业经济中心区为基础，努力推动日屋镇形成口岸经济贸易区、陈塘镇形成旅游贸易区、其他七乡镇形成农牧区，构建集约高效的生产空间。保护高原生态环境，实现经济与人口、资源、环境协调发展，打造宜居适度的生活空间。加强对自然保护区、湿地和风景名胜区的保护，推进生物多样性保护，创建美丽纯净的生态空间。

二、优化结构，提升产业发展水平

加快构建现代产业体系、生产体系、经营体系。提质发展以生态农牧业为主的第一产业，适度发展农副产品及工艺品加工业等第二产业，大力发展旅游业和以商贸服务业为主的第三产业。提质发展生态农牧业。提质发展以生态农牧业为主的第一产业，调整农牧业产业结构，优化农牧业区域布局。大力发展高原特色优质农牧产品生产，扶持珠峰牛羊、藏香猪、藏鸡、鸡爪谷、经济林木、林下产品等项目，打造一批高产、优质、高效、生态、安全的精品农牧业生产区，继续实施好珠峰牛羊经济带、绵羊短期育肥和扩繁场、日屋牦牛养殖等项目，加快高标准农田建设，实现特色农牧产品增品种、提品质、创品牌，促进边民增收致富。推动发展生态绿色产业。逐步发展高原绿色食（饮）品业，提升鸡爪谷酒酿造工艺和酿造规模，加强鸡爪谷产业培育，延伸鸡爪谷产业链，提高鸡爪谷加工产品附加值，推进朗普孜酿酒生产基地建设，挖掘夏尔巴特色民族手工艺品。利用现代化技术提高育种水平，提高藏药材人工种植技术，逐步增加藏药材产量，探索藏药规范化种植。培育壮大节能环保产业、清洁能源产业，推进资源全面节约和循环利用，推进农业清洁生产。大力发展第三产业。改造提升传统服务业，加强内外统筹，不断拓宽商贸、餐饮、住宿等传统服务业领域，提高服务业水平。紧紧围绕“旅游活县”战略，把定结县打造成为高原自然生态观光旅游胜地、中尼边贸民俗旅游胜地、神秘夏尔巴原生态文化旅游胜地。调整优化产业布局。结合珠峰牛羊经济圈建设、陈塘独特资源和环境等优势，全面优化空间开发布局，调整产业布局，形成江嘎商业服务业经济中心区、日屋镇口岸经济贸易区、陈塘镇口岸经济贸易区及旅游贸易区、其他七乡镇形成特色生态农牧区。

三、固本强基，增强发展支撑能力

以补齐短板、完善体系、保障发展为原则，逐步形成综合性、现代化、符合定结实际的基础设施体系，增强基础设施对经济社会高质量发展的保障能力。构建现代交通体系。进一步提高公路交通对综合交通体系及社会经济发展的支撑服务能力。全面推进农村公路养护管理体制改革，建立健全路产路权制度，积极申报创建国家级“四好农村路”示范县。推进定结县客运站点、货运站点升级改造建设项目，新建除日屋镇和陈塘镇外其余8个乡镇客运站，新建56个建制村和自然村客运停靠点，保障农牧民群众“行有所乘”，补齐农村地区物流基础设施建设短板，构建现代化立体交通体系。推进水利基础设施建设。围绕国家和西藏主体功能区划格局及定结县水安全总体目标，根据区域水土资源、生态环境承载能力及生态环境保护要求，深化水利改革，合理开发水资源，继续加大水利基础设施建设，实现水利跨越式发展。不断增强能源保障能力。加快推进能源供给侧结构性改革，完善设施体系及运行调节机制，支持电力“十四五”规划落地，实施藏中电网定结段扩网升级延伸工程，着力提升能源安全保障水平，加快构建绿色低碳、安全高效、城乡一体、区域协同的现代能源体系。大力推进智慧定结建设。加快推进现代信息基础设施建设。全面布局5G等新型基础设施建设，构建线上线下相衔接的信息服务网络，全面提升网络传播和管理能力。加快“互联网+”在政务服务、农牧产业、旅游交通、公共服务、边境安全、军民融合、城市管理、智慧产业等领域的应用。实施“数字定结”建设，鼓励和引导社会资本参与全县电子政务建设，推进智慧定结建设。健全应急防灾减灾救灾体系。完善灾种防抗系统，建立和健全综合防灾减灾体系，提高对重大自然灾害的预警能力。严格落实安全生产“一岗双责”责任制，推动建筑施工领域安全规范化建设，有效地保护人民生命及财产安全，保障社会稳定和经济可持续发展。

四、宜居宜商，发展边境城镇经济

以新型城镇化建设和乡村振兴为抓手，以边境地区高质量发展为契机，推进新型城镇化发展、高质量发展和城乡融合发展，大力提升定结县中心城区的城市服务功能和经济功能，完善中心城区的基础保障能力、产业支撑能力和综合服务能力，不断增强城区集聚力、辐射力和带动力。完善县城基础设施。以建设更宜居、更宜业、更美丽的中心城区为基本目标，建立绿色低碳的市政基础设施体系，加快污水处理设施及配套管网建设，推进集中供暖设施工程，推进垃圾分类和资源化利用，实施中心城区公厕改造工程，提升中心城区公共服务设施功能，进一步增强城市运行和高质量发展的基础保障。完善产业平台配套。进一步完善城市产业支撑功能，促进城市经济发展。充分发挥产业的辐射带动作用，引导产业向中心城区、特色小城镇集聚发展。加快建设农产品和食品仓储保鲜、冷链物流、集中配送、产地市场等配套设施，支持农产品流通企业、电商、批发市场与区域特色产业精准对接。增强城市经济对全县经济高质量发展的带动力。提升综合服务功能。突出多元商贸、高原特色和口岸特色，加大商业基础设施和营商环境建设力度，将中心城区打造成商业配套完善、行业业态齐全、商业特色突出的区域商贸中心区。大力推进绿色发展，营造安全消费环境，实现城镇经济高质量发展。提高城市管理水平。完善道路交通、园林绿化、河道管理、市容环卫和城管执法等领域的标准规范，提升县城管理服务的精细化、智慧化、人性化、社会化水平，提高中心城区综合承载和资源优化配置能力。

五、城乡融合，全面推进乡村振兴

民族要复兴，乡村必振兴。实施以“神圣国土守护者、幸福家园建设者”为主题的乡村振兴战略，到“十四五”末，全县脱贫攻坚成果巩固拓展，乡村振兴全面推进，脱贫人口致富能力显著增强，低收入人口分类帮扶长效机制更加完善，农牧民群众收入稳步提高。巩固拓展脱贫攻坚成果。全面落实“四个不摘”要求，保持脱贫攻坚形成的组织指挥体系、政策保障体系、基层组织体系和全社会参与机制稳定，将建立防止返贫长效机制纳入实施乡村振兴战略统筹安排、一体推进、常态实施。全力落实增收举措，确保今后五年农村居民人均可支配收入年均增长14%左右。分类推进乡村振兴。根据我县不同村庄的经济发展水平、区位条件、资源禀赋、历史文化传承，综合考虑人口、产业、基础设施等条件，大力发展现代农业、推进生活方式城镇化，为城乡融合发展提供实践支撑、坚持连片保护与适度开发并重等不同类型村庄的发展方向。改善乡村人居环境。推进美丽乡村建设，提升村容村貌水平，推进垃圾污水治理，实施乡村污染管控和修复，推进农村厕所革命，强化农业面源污染治理，实施乡村生态治理，不断改善乡村人居环境，共建美丽定结。全面振兴乡村经济。实施乡村建设行动，深化农村改革，以现代农业为基础，以农村一、二、三产业融合发展、乡村文化旅游等新产业新业态为重要补充，实现乡村经济多元化和农业全产业链发展，全力推动乡村特色优势产业提质增效、提档升级。提升乡村公共服务。优先安排农村基础设施、社会保障体系、公共文化体系建设，填补空白和短板，实现农村基本公共服务从有到好的转变，促进城乡基本公共服务从形式上的普惠上升到实质上的公平。健全乡村治理体系。推动乡村社会治理和服务重心向基层下移，推进自治、法治、德治相结合的乡村治理体系和治理能力现代化，夯实乡村治理基础。健全乡村公共法律服务体系，加强农村思想道德建设，践行社会主义核心价值观，倡导诚信道德规范，深入推进平安乡村建设、法治乡村建设，基层组织建设持续加强，乡风文明建设取得显著进展。

六、口岸带动，积极扩大对外开放

立足发展优势，坚持改革开放，全力实现发展定位和目标。积极扩大对外开放，扩大贸易规模，形成贸易特色，依托日屋、陈塘贸易通道，着力构建日屋贸易发展带和陈塘贸易发展带。充分发挥日屋—陈塘口岸的沿边、通道条件和区位优势，加强与尼泊尔的互联互通和全方位合作，推进中尼合作，深化与腹地的互动，吸引物流、人流、信息流汇集，发挥日屋—陈塘口岸作为中尼两国贸易通道和交流平台的功能，加强与尼泊尔的经贸合作与人员往来，优化贸易结构，扩大经济辐射力。大力发展口岸贸易和相关产业，加强口岸贸易与口岸地区资源利用、特色产业发展、城镇建设的互动，促进兴县富民，带动全县经济社会发展，成为定结县经济社会发展的重要增长极。充分发挥日屋－陈塘口岸的优势条件，健全口岸基础设施体系，完备电子口岸，大力提高贸易便利化水平，提升对外贸易规模和质量，实现贸易规模快速增长，口岸对中尼边境地区发展的带动作用显著增强，在西藏自治区构建全面开放格局和新发展格局中发挥更大作用。构筑口岸空间发展新格局。依托日屋镇（德吉村）、陈塘镇藏嘎村和日屋镇扎西热嘎区域，构建各具特色的日屋贸易发展带和陈塘贸易发展带。坚持因地制宜、守土固边的原则，以建设旅游小城镇、生态城镇为契机，促进商贸、休闲、娱乐及特色产品加工等行业集聚发展，促进边境地区日屋综合型城镇和陈塘贸易型城镇建设。继续推进扩大对外开放。抓住“一带一路”重大机遇，深化区域合作，推进实施陈塘口岸中尼友谊桥建设工程等重点援助项目，加强与尼泊尔的互联互通和全方位合作。借助“一带一路”有利时机和“互联网+电商”这两个支点，加快实施“走出去”，促进定结三大产业积极融入国际市场。

七、民生福祉，人人共享发展成果

坚持以人民为中心的发展思想，不断改善基础设施条件和人居环境，补齐社会事业短板，更好保障和改善民生，确保幼有所育、学有所教、劳有所得、病有所医、老有所养、住有所居、弱有所扶，不断增强人民群众获得感、幸福感和安全感。优先发展教育事业。全面贯彻党的教育方针，完善现有教育设施及师资力量，加大教育信息化投入力度，加快推进国家中小学网络云平台和西藏珠峰旗云优质资源公共服务平台，提高全民素质，持续加大教育投入，形成布局合理、设施齐全的现代化教育体系，全面提高义务教育质量，义务教育巩固率保持在98%以上。提升公共卫生水平。围绕建设“健康定结”，扎实推进县域综合医疗改革，提升医疗卫生信息化水平，完善医疗卫生设施布局，形成县卫生机构、乡（镇）卫生院、村居卫生室相配套的三级医疗体系，发展智慧医疗和远程医疗，加大医疗卫生服务设施建设资金投入力度。积极推进陈塘镇、日屋镇口岸医院建设，加强突发公共卫生事件应急体系建设，完善预防和控制工作机制，做好处理各类突发公共卫生事件应急预案，持续抓好疫情防控，提高藏医药服务可及性和可得性，全面提升公共卫生服务水平。繁荣公共文体事业。统筹城乡公共文化设施布局、服务提供、队伍建设、资金保障，均衡配置公共文化资源。加大县乡（镇）村文化人才岗位编制设置，推动和支持专业艺术团、群众文艺队规范化建设。办好民族民间歌舞乐展演、传统戏剧曲艺会演，组织好重要民族传统节庆、文化和自然遗产日、非物质文化遗产展演展示活动，不断丰富全民健身和农牧民运动会等群众性赛事活动形式，积极营造人人健身的浓厚氛围。着力打造以城镇居民、农牧区居民需求为导向，以城镇居民、农牧区居民满意度为目的的公共文化服务体系。积极探索我县历史文化文物古迹保护制度体系建设，加大以羌姆石窟寺为主的我县文物古迹保护力度。提升社会保障水平。以改革和完善社会救助制度为抓手，进一步健全体系、对象精准、动态监测、分层施策、形成合力，保障困难群体基本生活权益。建立和完善覆盖城乡居民的社会保障体系，实现城乡居民和职工基本医疗保险、养老保险全覆盖，工伤、生育、失业保险“应保尽保”。完善社会救助、社会福利、慈善事业、优抚安置等制度，不断强化特困供养基础建设和管理，完善儿童福利设施和未成年人救助保护设施。推进民政领域“互联网+政务服务”和“智慧民政”信息化建设，推进婚姻登记规范化管理及信息资源共享，加强民法典婚姻知识宣传。完善残疾人“两项补贴”标准动态调整机制，依托残疾人综合服务中心为贫困残疾人提供康复、治疗的社会化照护服务。实现更加充分就业。完善公共就业服务体系，加强公共就业培训服务载体和能力建设。实施更加积极的就业创业政策，逐步实现就业更加充分，覆盖城乡居民的社会保障体系更加完善，工资收入分配格局更加合理有效，劳动关系更加和谐稳定，力争到2025年，全县劳动合同签订率达到100%。切实保障高校毕业生、农民工和农村富余劳动力、就业困难人员“三大群体”就业。培养造就结构优化、布局合理、素质优良的人才队伍，使定结县成为人才强县。

八、绿色发展，推进生态文明建设

准确把握西藏是国家重要的生态安全屏障战略定位，坚持生态保护第一，守住自然生态安全边界。大力推进自治区级生态乡（镇）村创建工作，争创全国生态文明示范县。“十四五”期末，定结县区域生态环境质量明显改善，城镇环境质量达到高质量的生态环境要求，生态安全屏障更加牢固，实现资源环境与经济、社会协调发展。加强生态环境空间管控。“十四五”期间，根据《关于划定并严守生态保护红线的若干意见》，在重点生态功能区、生态环境敏感区和脆弱区划定生态保护红线，以生态保护红线为生态安全底线和警戒线，形成定结县生态安全总体格局。积极落实国家生态补偿机制，完善耕地、草原、森林、湿地、水生生物等生态补偿政策，逐步建立水生态保护补助奖励机制。持续改善生态环境质量。采取综合环境保护措施，对环境进行综合的整治和管理，加强对县域内除尘设施的管理，进一步提高城镇清洁能源使用率，对汇水区进行水质监控，推动“千吨万人”以上农村饮用水水源地调查评估和保护区划定，加强饮用水水源地环境监管，保证人民的用水质量和用水安全。到“十四五”期末，大气环境质量的各项指标均保持在国家《环境空气质量标准》I级标准范围内，城镇污水处理率达到100%，噪声环境质量达到零类功能区标准，生活垃圾日处理量规模为10吨。加强生态环境保护修复。坚持节约优先、保护优先、自然恢复为主，守住自然生态安全边界。实施湿地保护与恢复工程，治理退化湿地，提高湿地的水源涵养能力，确保水生态安全。保护野生动物，对猎杀野生动物的行为进行惩治，保护县域内珍贵的野生动物资源。统筹考虑山水林田湖草，按照宜耕则耕、宜林则林、宜草则草、宜荒则荒的原则，全面做好保护和修复，促进各类自然生态系统安全稳定。提倡勤俭节约的生活方式，倡导绿色消费、绿色出行、绿色办公等生活理念，营造保护生态、崇尚绿色生活的社会氛围，加快推动绿色低碳发展。全面提升环境监管能力。实行最严格的生态环境保护制度，坚持保护和修复并重，建立市场化、多元化生态补偿机制，统筹山水林田湖草系统治理，加强地下水的监测、监控及污染防治。根据新形势下环境检查执法工作需求，配置精良的仪器装备，全面更新交通、取证和信息化等执法装备配置，建设移动执法系统，着力打造专业的环境管理人才队伍，推动环境违法从后果严惩向行为严惩转变。

九、依法治县，维护稳定安全

高举习近平新时代中国特色社会主义思想伟大旗帜，坚定不移贯彻新时代党的治藏方略，提高党的执政能力和领导水平，着力构建职责明确、依法行政的政府治理体系。全力推进定结长治久安和高质量发展。维护和巩固社会稳定。坚持民族区域自治制度，不断铸牢中华民族共同体意识。牢记定结人民肩负着守护庄严国门、守护中华安康的重任，牢固树立稳定压倒一切的思想，深入开展反分裂、反渗透、反颠覆、反邪教斗争。高度重视公共安全问题的预防、预警、反应和处置，建立健全社会治安、网络安全等领域公共安全体系和突发公共事件应急体系，降低刑事案件的发生率，确保破案率达95%以上。全面贯彻党的民族宗教政策，坚持我国宗教中国化方向，依法管理宗教事务，确保宗教领域和谐稳定。确保边防巩固边境安全。牢固树立总体国家安全观，坚持“屯兵与安民并举、固边与兴边并重”的工作思路，立体推进边境防控工作，聚焦维护稳定，形成拱卫安全强大合力，深化边境地区军民融合发展，积极打造乡镇军地共建基层党组织示范点。进一步加强边境乡镇、边境村居基础设施建设，夯实边境产业基础。加快边境人防、物防、技防能力建设，确保边防巩固边境安全。

十、转变职能，深入改革创新

高举习近平新时代中国特色社会主义思想伟大旗帜，以中央全面深化改革委员会系列会议精神为引领，以高度的政治自觉、思想自觉和行动自觉，坚定不移把定结县各领域改革发展推向深入。深化“放管服”改革。深化简政放权，努力建设人民满意的服务型政府。深化“证照分离”改革，大力推进涉企审批环节。健全跨部门综合监管制度，大力推进“互联网+监管”，提升监管能力，加大失信惩处力度。加强数字政府建设，建立健全政务数据共享协调机制，推动电子证照扩大应用领域和全国互通互认，实现更多政务服务事项网上办、掌上办、一次办。优化整合提升县乡村政务服务大厅“一站式”功能，推动实现“最多跑一次”。加快推进“互联网+政务服务”向基层延伸，达到乡（镇）村（居）全覆盖。加快全国一体化在线政务服务平台建设，政务服务事项全部纳入平台办理，全面实现“一网通办”。加强要素领域改革。贯彻落实《中共中央国务院关于构建更加完善的要素市场化配置体制机制的意见》，保障各类市场主体依法平等使用资金、技术、人力资源、土地使用权及其他自然资源等各类生产要素和公共服务资源，加快提升要素市场化配置程度。深入推动农业农村改革。按照中央统一部署，审慎稳妥推进农村土地制度改革。落实完善农村土地“三权分置”要求，完成土地承包经营权、农村宅基地使用权确权、农村集体土地所有权登记颁证工作。继续实施基本草场和基本农田保护制度，加强对草原、耕地的物权保护，引导农牧区耕地、草原经营权有序流转。建立完善农村各类产权流转交易机制，完善农村产权抵押担保权能，逐步扩大土地承包经营权抵押贷款试点经验，激活乡村沉睡的要素资源，实现“小农户与现代农业发展的有机衔接”。完善城镇化发展机制。根据城镇化改革方向和要求，健全城乡统筹规划制度，构建城乡融合社会治理体系，优化公共资源城乡配置，加大“人地钱”挂钩配套政策力度，重点推进人口管理、土地管理、城镇住房等领域的改革创新，以工补农、以城带乡，推动形成工农互促、城乡互补、全面融合、协调发展、共同繁荣的新型工农城乡关系。

各位代表，梦想源于希望，实干成就辉煌。新时代有新气象，新起点有新目标。时代潮流，唯实干者进，唯奋斗者赢。“十四五”是定结县新征程开始的重要历史时期，蓝图已经绘就，海阔天高，前景令人憧憬。站在新的历史起点上，有习近平总书记和党中央的关心关怀，全县各族人民要在中央西藏工作重要原则指导下，发扬珠峰精神，解放思想，与时俱进，同心同德，奋发向上，积极探索具有定结县特点的发展模式和道路，努力开创新时代经济社会发展的崭新局面，为建设团结富裕文明和谐美丽的社会主义现代化新定结不懈奋斗。

名词解释

1.绝对贫困：绝对贫困又叫生存贫困。是指在一定的社会生产方式和生活方式下，个人和家庭依靠其劳动所得和其他合法收入不能维持最基本的生存需求。

2.两不愁三保障：“两不愁三保障”是中国在易地扶贫搬迁中提出的主要目标。“两不愁”即不愁吃、不愁穿，“三保障”即义务教育、基本医疗、住房安全有保障。

3.民族团结“三个离不开”：汉族离不开少数民族、少数民族离不开汉族、各少数民族之间也相互离不开。

4.“五个认同”：各族群众增强对伟大祖国的认同、对中华民族的认同、对中华文化的认同、对中国共产党的认同、对中国特色社会主义的认同，是维护民族地区社会稳定、长治久安的重要基础，也是维护民族地区意识形态安全的坚固堡垒。

5.法治政府：指从决策到执行及监督的整个过程都纳入法治化轨道，权利与责任紧密相连，集阳光政府，有限政府，诚信政府，责任政府于一身，并用法律加以固定即为法治政府。

6.“放管服”改革：指简政放权、放管结合、优化服务的简称。“放”即简政放权，降低准入门槛。“管”即创新监管，促进公平竞争。“服”即高效服务，营造便利环境。

7.“互联网+政务服务”平台：将互联网技术运用在政务服务工作中，实现部门间数据共享，减少信息传递的资金、人力、时间成本，让群众和企业少跑腿、好办事、不添堵。

8.“四风”：指形式主义、官僚主义、享乐主义和奢靡之风。

9.“四个意识”：指大局意识，政治意识，看齐意识，核心意识。

10.“四个自信”：中国特色社会主义道路自信、理论自信，文化自信、制度自信。

11.“两个维护”：指坚决维护习近平总书记党中央的核心、全党的核心地位，坚决维护党中央权威和集中统一领导。

12.“六稳”工作：指稳就业、稳金融、稳外贸、稳外资、稳投资、稳预期。

13.“六保”任务：指保居民就业、保基本民生、保市场主体、保粮食能源安全、保产业链供应链稳定、保基层运转。

14.三大攻坚战：指防范化解重大风险、精准脱贫、污染防治，是在十九大报告中首次提出的新表述。

15.高质量发展：高质量发展是2017年中国共产党第十九次全国代表大会首次提出的新表述，表明中国经济由高速增长阶段转向高质量发展阶段。

16.乡村振兴战略。指习近平同志2017年10月18日在党的十九大报告中提出的战略。十九大报告指出，农业农村农民问题是关系国计民生的根本性问题，必须始终把解决好“三农”问题作为全党工作的重中之重，实施乡村振兴战略。

17.“三个不增加”：宗教活动场所和规模不增加、僧尼定员数不增加、宗教活动不增加。

18.“四个不摘”：摘帽不摘责任、摘帽不摘帮扶、摘帽不摘政策、摘帽不摘监管。

19.“旅游+”：指充分发挥旅游业的拉动力、融合能力，及催化、集成作用，大力发展旅游+农业、工业、交通、体育、卫生、健康、科技、航空等，为相关产业和领域发展提供旅游平台，插上“旅游”翅膀，形成新业态，提升其发展水平和综合价值。

20.“互联网+”：指创新2.0下的互联网发展的新业态，也是知识社会创新2.0推动下的互联网形态演进及其催生的经济社会发展新形态。

21.农村电子商务：指通过网络平台嫁接各种服务于农村的资源，拓展农村信息服务业务、服务领域，使之兼而成为遍布县、乡（镇）、村的“三农”信息服务站。作为农村电子商务平台的实体终端直接扎根于农村服务于“三农”，真正使“三农”服务落地，使农牧民成为平台的最大受益者。

定结县差旅费管理办法

［2021年9月13日定结县人民政府党组2021年第12次会议、
2021年10月18日十届县委第8次常委会（扩大）会议审议通过］

第一章 总 则

第一条 为贯彻落实自治区党委、政府，市委、市政府关于完善差旅管理规定的决策部署，进一步提高定结县出差费用管理的科学性、规范性、实用性，强化预算约束，倡导勤俭节约，增强绩效理念，结合《西藏自治区财政厅 审计厅关于印发〈西藏自治区差旅管理办法〉的通知》（藏财行〔2020〕10号）文件要求，结合我县实际，制定本管理办法。

第二条 本办法适用于定结县各级党政机关、人大常委会机关、行政机关、政协机关、监察机关、审判机关、检察机关、人民团体和参照公务员法管理的事业单位。

第三条 差旅费是指工作人员临时到常驻地以外地区公务出差所发生的城市间交通费、住宿费、伙食补助费。公务出差包括参会培训、考察调研、执法执勤、检查指导等公务活动。

第四条 出差人员的城市间交通费、住宿费在规定的标准内凭据报销；出差人员的伙食补助费在规定标准内定额包干。

第五条 各单位应当建立健全出差审批备案制度，统筹安排各项出差活动，切实减轻基层负担；各单位须加强资金绩效考核，强化预算约束，控制经费总量。

第六条 定结县将按照国家政策调整情况，适时调整各项差旅费标准。

第二章 城市间交通费

第七条 城市间交通费是指工作人员因公到常住地以外地区出差乘坐火车、轮船、飞机等交通工具所发生的费用。城市间交通费应当执行按照规定等级乘坐交通工具的费用标准。出差人员应当按照规定等级乘坐交通工具。县级及相当职务人员、科级及相当职务人员、其余人员出差时交通工具包括火车硬席（硬座、硬卧），高铁/动车二等座、全列软席列车二等座；轮船（不包括旅游船）三等舱；飞机经济舱；其他交通工具（不包括出租车小汽车）凭据报销（乘坐飞机需发票及登机牌）。

第三章 住宿费

第八条 住宿费是指出差路途期间入住宾馆（包括饭店、招待所）发生的房租费用。出差人员可在规定住宿费标准上限内自行选择入住宾馆（除日喀则市外）。

县级及相当职务人员、科级及相当职务人员、其余人员出差、开会、培训期间在拉萨市所在地住宿费旺季530元/天・人，淡季350元/天・人；在其他市（地）住宿费旺季400元/天・人，淡季300元/天・人；在其他县（区）住宿费旺季400元/天・人，淡季300元/天・人；在日喀则市出差、开会、培训期间，未统一安排住宿的县级及相当职务人员、科级及相当职务人员、其余人员，必须入住定结县驻日喀则市办事处（除特殊情况），淡季、旺季均为300元/天・人（如遇定结县驻日喀则市办事处房间已满的情况下可住其他宾馆，按定结县驻日喀则市办事处住宿费标准执行，住宿发票经办事处主任签字盖章方可报销）；县级及相当职务人员、科级及相当职务人员及其余人员在陈塘住宿淡季、旺季均200元/天·人；县域其他乡镇住宿标准按照乡镇实际价格依行政事业单位资金往来结算票据或电子收据为凭报销。

注：旺季为5月1日至10月9日，淡季为10月10日至次年4月30日。

第九条　区外出差住宿费标准依照财政部有关规定执行（详见附表）。

第四章　伙食补助费

第十条　伙食补助费是指对工作人员在出差期间给予的伙食补助费用。

伙食补助费按出差自然（日历）天数计算；出差7天以内（含7天）每人每天120元，超过7天超出部分，每人每天80元。县域内下乡人员每人每天50元伙食补助费，当日既下乡又出差按就高不就低原则发放补助。在市内出差，县城内下乡不能返回的伙食补助费按前述规定执行。

出差人员应当自行用餐。凡由接待单位统一安排用餐的，应当向接待单位交纳伙食费。

第五章　调动、搬迁的差旅费

第十一条　工作人员因区内工作调动所发生的城市间交通费、住宿费、伙食补助费按本办法执行，由调入单位凭据报销，退休人员搬迁费由原单位所在财政凭据定结县离退休老干部行李托运证明为据单位包干使用。

工作人员跨省（区）调动工作所发生的行李、家具等托运费，县级及相当职务人员、科级及相当职务人员及其余人员每人3000元予以补助，包干使用。

第十二条　由部队转业到地方工作的干部，其差旅费按照解放军后勤部的有关规定，由所在部队按合理路线、规定标准计发，到达调入单位后结算，多退少补，作为增加或减少调入单位的差旅费处理。

第六章　报销管理

第十三条　出差人员如需接待单位或其他单位安排用餐或提供交通工具的，应提前告知控制标准，并按照标准缴纳伙食费，索取相应的行政事业单位资金往来结算票据、税务发票或其他交款凭证。

第十四条　接待单位或其他单位安排用餐的，以勤俭节约的原则，就近就便就餐，超标不补，也不得另行报销。

接待单位或其他单位提供交通工具的，应按“八项规定”要求集中乘车，严控随行车辆，合规使用车型。

第十五条　各单位收到出差人员交纳的伙食费后，按规定做好账务处理，分类核算。所收取费用可用于本单位同类费用支出或作收入处理。

第十六条　出差人员原则上使用微信、支付宝及网银结算。在单位食堂用餐、用车等结算时，条件允许的情况下，可使用微信、支付宝、网银等非现金方式进行支付。确因在乡村等边远地区出差，无法使用微信、支付宝、网银结算的，可刷卡结算或现金结账，经财务负责人、单位领导审核批准后方可报销。

第十七条　出差人员在出行结束后应当及时办理报销手续。

第十八条　城市间交通费按规定等级乘坐交通工具的费用标准凭据报销。出差人员应当严格按规定等级乘坐交通工具，未按规定等级乘坐交通工具的，超支不补；乘坐低于规定等级的交通工具的，在规定标准内据实报销，不领取差价补助。

第十九条　住宿费应严格按照规定的区内外住宿标准限额报销。

第二十条　伙食补助费由出差人员派出单位发放，并规范支款凭证。出差人员交纳的伙食费等交款凭证仅作包干补助发放时的证明材料，不作报销凭据。

第二十一条　各级各单位应制定差旅费管理的内控细则，单位领导、财务部门须严格按规定审核报销差旅费。任何报销手续不完备、要素不齐全的，超范围、超标准、超总量、不合规的费用均不得报销。

第七章　监督问责

第二十二条　各单位应在出差人员限定标准内，确定本单位伙食费收费标准，并合理科学安排食宿。不得以任何名义免收、少收或变相补助出差人员应交住宿、伙食等费用。

第二十三条　各级各单位严禁安排无实质内容、无明确公务目的的出差活动，严禁以任何名义或方式开展与工作无关的学习交流、考察调研等变相旅游活动，并应当强化单位的差旅费监督检查，发现问题及时处理，重大问题向相关部门报告。各单位应当自觉接受监察、巡视、审计、财政等部门对差旅费的监督检查。

第二十四条　财政部门应当联合各单位对差旅费安排和使用情况进行绩效评价。主要内容包括：（一）差旅费使用的内控审批制度是否健全，是否按规定履行内控审批手续；（二）差旅费使用的范围和标准是否符合规定；（三）差旅费报销是否符合规定；（四）差旅费承担主体是否有违规转嫁情况；（五）差旅费的绩效评价结果运用等其他情况。

第二十五条　任何单位和个人不得以弄虚作假、虚报冒领等手段套取差旅费。有下列行为之一的，依照《财政违法行为处罚处分条例》等相关规定，追究相关单位和人员的责任。

以会议、培训为名列支、隐匿差旅费的；

无差旅费管理内控细则的；

虚报冒领差旅费的；

擅自扩大差旅费开支范围和提高开支标准的；

不按规定审核报销差旅费的；

向其他单位、企业、个人转嫁差旅费的；

非税收入中违规支出差旅费的；

其他违反本办法规定行为的。

第八章　附则

第二十六条　参加会议、培训期间的伙食费和住宿费应由举办方统筹考虑。特殊情况确未解决食宿的，参照前述相关规定执行。

第二十七条　本办法适用于各单位工作人员开展公务活动。

第二十八条　本办法由县财政局负责解释。

第二十九条　本办法自印发之日起施行。2016年1月1日起执行的《定结县差旅管理办法》同时废止。

定结县农村公路管理养护体制改革方案

（定结县人民政府党组2021年第11次会议、中共定结县第十届委员会会第4次常委会议研究通过）

根据《西藏自治区政府办公厅关于印发西藏自治区深化农村公路管理养护体制改革实施方案的通知》文件要求，为进一步贯彻落实习近平总书记关于“四好农村路”重要指示精神，切实加强全县农村公路管理养护工作，建立管理养护长效机制，巩固建设成果，更好地服务农牧区经济社会发展及乡村振兴。结合定结县实际，现制定定结县农村公路管理养护体制改革实施方案如下：

一、总体要求

（一）指导思想。以习近平新时代中国特色社会主义思想为指导，全面贯彻落实党的十九大和十九届二中、三中、四中、五中全会精神，认真贯彻落实习近平总书记关于“四好农村路”的重要指示精神，按照自治区党委、政府和市委、市政府决策部署，践行以人民为中心的发展思想，紧围绕打赢脱贫攻坚战、实施乡村振兴战略和统筹城乡发展，深化农村公路管理养护体制改革，加快构建适应经济社会发展阶段符合农牧区特点的农村公路管理养护体系，推动“四好农村路”高质量发展，为全县广大农牧民群众致富奔小康、加快推进农业农村现代化提供更好保障。

（二）基本原则。通过改革，消除制约“四好农村路”高质量发展的体制机制障碍，切实解决管好、护好的短板问题，建立农村公路管理养护长效机制。通过构建“区市统筹、县级负责、乡村齐抓、社会参与”的农村公路管理养护责任体系，推动落实县级人民政府的主体责任。加大各级财政投入，拓宽投融资渠道，建立财政投入为主、多渠道融资的农村公路管养资金保障体系。分类有序推进养护市场化改革，坚持绿色发展、融合发展，推进农村公路高质量发展。

（三）工作目标。到2022年，基本建立权责清晰、齐抓共管的农村公路管理养护体制机制，形成财政投入职责明确、社会力量积极参与的格局，农村公路治理能力明显提高，治理体系初步形成。农村公路通行条件和路域环境明显提升，交通保障能力显著增强。农村公路管理养护主体责任全面落实，农村公路列养率达到100%，年均养护工程比例和中等及以上农村公路占比不断提升。到2035年，全面建成体系完备、运转高效的农村公路管理养护体制机制，基本实现城乡公路交通基本公共服务均等化，路况水平和路域环境不断改善，农村公路治理能力全面提高，治理体系全面完善。

二、管理养护方式

为进一步加强全县农村公路养护管理，提高农村公路服务水平，逐步建立农村公路养护管理长效机制，将农村公路管理养护工作纳入“三农”工作统筹谋划中。同时将农村公路管理养护工作全部交由定结县措姆折林农村客运有限责任公司，相关养护机具一并移交，建立路长制和护路员，并充分吸纳当地群众及劳务输出合作社。

三、养护内容划分、标准及抢险保通工作

（一）养护内容划分

农村公路专业养护包括路政、治超管理、公路用地确权、公路巡查、公路清扫、路面坑槽补修、翻浆处治、局部表处、路面中修、大修和桥涵构造物维修等；非专业养护包括路面保洁、路基养护、桥涵及沿线设施的日常维护、绿化护管、除雪防滑等，日常养护实行“定员、定岗、定责”。

（二）养护标准

农村公路养护管理按照《日喀则市交通运输局关于印发〈日喀则市农村公路养护管理实施细则（试行）〉的通知》文件，以及《日喀则市交通运输局关于印发〈日喀则市交通运输局农村公路抢险保通应急预案〉的通知》文件要求严格执行，县交通运输局与定结县措姆折林农村客运有限责任公司每年签订养护目标责任书。

四、管理养护资金保障

农村公路管理养护资金由日常养护、养护工程和抢险保通费等组成。

1.日常养护费用。区、市、县三级财政用于农村公路日常养护补助资金不得低于以下标准：县道及重要专用公路每年每公里10000元，乡道及其他专用公路每年每公里5000元，村道每年每公里3000元。鼓励分段承包、定额包干等模式，吸引沿线群众参与。旅游、厂矿、林场和产业园区等专用公路日常养护维修经费和管理养护工作由受益或使用单位配套和负责。

2020年底全县农村公路总里程515.571公里，其中县道及重要专用公路275.282公里，区市每年每公里8000元计算日常养护补助资金220.2256万元，本级财政每年每公里2000元计算日常养护补助资金55.0564万元；乡道和其他专用公路178.452公里，区市每年每公里4000元计算日常养护补助资金71.3808万元，本级财政每年每公里1000元计算日常养护补助资金17.8452万元；村道57.534公里，区市每年每公里2400元计算日常养护补助资金13.808万元，本级财政每年每公里600元计算日常养护补助资金3.452万元。以上公路养护资金共计需381.768万元，其中区市每年日常养护补助资金305.4144万元，本级财政承担76.3536万元，因定结县财力紧缺，本级财政承担日常养护资金争取逐年增加。

2.养护工程费用。继续执行自治区人民政府对农村公路养护工程的补助政策，补助方式由原来的按里程定额补助（“7351”补助标准）转为按比例补助。按照成品油税费改革新增收入替代原公路养路费部分（包括成品油税费改革转移支付的“替代性返还十增长性补助”）的15%，安排农村公路养护工程补助资金，按照农村公路占比测算，列入下一年度预算，统筹用于农村公路养护工程，不得用于农村公路日常养护。

3.抢险保通费用。农村公路险保通费用由县级人民政府结合实际酌情承担。

4.强化养护资金使用监督管理。公路养护资金要专账管理，专款专用，确保及时到位、足额用于农村公路养护工作，不得挤占、挪用。积极配合审计等部门做好养护资金的审计、检查等工作。县、乡两级人民政府及村民委员会应将农村公路养护资金使用情况对社会公开，并接受社会和群众监督。

5.创新农村公路发展投融资机制。县人民政府要发挥政府资金的引导作用，采取资金补助、先养后补、以奖代补、无偿提供料场等多种方式支持农村公路养护。

6.资金拨付。每年养护之前预付养护资金30%，年中县交通运输局对农村公路养护考核合格后拨付30%，剩余款年终考核通过后40%拨付。

五、养护考核

按照《日喀则市交通运输局关于印发〈日喀则市农村公路养护管理工作考核办法（试行）〉的通知》文件要求，为了切实加强农村公路养护管理，促进路况稳定、确保农村公路完好、干净和畅通。县交通运输局负责日常监管，年终县交通运输局带队，会同县人大办、政协办、财政局、应急管理局、县交警大队和相关乡（镇）人民政府对各路段进行全面养护考核。考核主要内容为：养护质量、养护工程量完成情况、资金使用情况、资料存档和务工人员工资发放等。

六、工作要求

（一）加强组织领导。各乡（镇）、各部门要按照职责分工，将深化农村公路管理养护体制改革作为打赢攻坚战、实施乡村振兴战略、推进农业农村现代化的一线先行工程，同步部署落实。建立健全“县为主体、行业指导、部门协作、社会参与”的养护工作机制，全面落实农村公路养护公司的主体责任，充分发挥生态岗位农村公路养护工人，实行“县、乡（镇）”双重管理的“路长制、护路员”，确保“四好农村路”工作有序高效开展。

（二）强化法治建设。进一步加强农村公路法治体系、加快完善规章制度和技术规范体系，大力提升执法机构能力水平，各村应将农村公路保护列入村规民约，建立“县有路政员、乡有监管员、村有护路员”的农村公路保护队伍。由县交通运输局牵头，联合公安、住建、农牧、水利、旅游等部门，定期开展联合执法宣传，严厉打击破坏、损坏、非法占用、非法利用农村公路及其附属设施的违法行为，严格落实赔偿制度，利用各种有效手段，强化涉路行为的事前、事中、事后监管，全面形成农村公路保护合力。

（三）查处超限运输。加强部门合作，实施联合治超，强化超载超限及改装车辆的专项整治，从源头上遏制超限运输；在农村公路重要节点建立固定治超站点，依法对超限超载运输车辆进行严格查处；加大农村公路流动治超力度，对逃检和绕行的违法车辆进行严厉打击，以延长农村公路使用寿命，保护群众生命财产安全。

（四）整治路域环境。农村公路路容路貌整治，养护过程中生态环境保护工作，扎实开展农村公路路域环境综合整治，组织实施农村公路净化、美化、绿化“三化”工程，深入推进绿色廊道建设，全面清理路域范围内的草堆、粪堆、垃圾堆、非公路标志，具备条件的路段全部实现路田分家、路宅分家、不断推进绿化全覆盖工作，打造标准、规范、舒适、优美的公路环境。

（五）做好宣传引导。各乡（镇）、各部门要大力做好农村公路管理养护体制改革的宣传工作，让广大人民群众了解政策制度，有效发挥乡规民约、村规民约在农村公路管理养护中的积极作用，增强人民群众爱路护路的责任意识，引导人民群众参与到农村公路管理养护工作中来，营造全社会广泛关心支持农村公路管理养护的良好氛围。

定结县实施西藏自治区建档立卡贫困家庭子女接受高等教育实施免费教育补助政策细则

（定结县人民政府党组2021年第11次会议、中共定结县第十届委员会第4次常委会会议研究通过）

第一章　总则

第一条　为持续深入贯彻落实《中共西藏自治区委员会西藏自治区人民政府贯彻落实〈中共中央、国务院关于打赢脱贫攻坚战的决定〉的实施意见》关于“鼓励各地市县本级财政分担贫困农牧民子女上大学的学费，实施建档立卡贫困家庭子女高等教育免费政策（免学费、住宿费、书本费，补助生活费）”精神，进一步加大对建档立卡贫困户大学生资助力度，切实减轻贫困家庭供养大学生的经济负担，巩固“发展教育脱贫一批”工作成果，根据《西藏自治区教育厅西藏自治区财政厅西藏自治区扶贫开发办公室西藏自治区民政厅关于修订印发〈西藏自治区建档立卡贫困家庭子女接受高等教育实施免费教育补助政策管理办法〉的通知》及《日喀则市教育局日喀则市财政局日喀则市扶贫开发办公室日喀则市民政局关于修订印发〈日喀则市实施西藏自治区建档立卡贫困家庭子女接受高等教育实施免费教育补助政策细则〉的通知》精神，修订本细则。

第二条　本细则所称建档立卡贫困家庭（建档立卡贫困户）是指：根据《国务院扶贫办关于印发〈扶贫开发建档立卡工作方案〉的通知》规定，以2013年农民人均纯收入2736元（相当于2010年2300元不变价）的国家农村扶贫标准为识别标准，以农户收入为基本依据，综合考虑住房、教育、健康等情况，通过农户申请、民主评议、公示公告和逐级审核的方式，整户识别的贫困户。

第三条　本细则所称免费教育补助对象是指：定结县户籍在区内外普通高校就读的建档立卡贫困家庭子女在校生。

普通高校是指根据国家有关规定批准设立、实施全日制高等学历教育的普通本科学校、高等职业学校、高等专科学校（含民办）。

根据《西藏自治区人民政府办公厅转发民政厅等部门关于加强农村最低生活保障制度与扶贫开发政策有效衔接实施方案的通知》关于“应扶尽扶、应保尽保。将符合条件的农村低保对象全部纳入建档立卡范围”的精神，结合我区低保、扶贫开发工作实际，将农村低保家庭在校大学生视为“建档立卡大学生”，享受同等待遇。

上述对象以下统称为“建档立卡大学生”：即所有单独持有建档立卡贫困户证、单独持有农村低保证以及同时持有上述双证家庭的在校大学生均享受本政策规定的同等待遇。

第二章　免费补助项目与标准

第四条　对“建档立卡大学生”在校期间按照就读高校收费标准执行免费教育政策，即免除学费、住宿费、书本费，并补助生活费。

其中：生活费补助标准随西藏自治区国家助学金平均标准调整而调整。

第五条　“建档立卡大学生”在校期间不再享受国家助学金，但可按相关规定享受国家奖学金或国家励志（学业）奖学金并获得国家助学贷款、勤工助学岗位等。

第六条　定结县生源考入北京师范大学、华东师范大学、东北师范大学、华中师范大学、陕西师范大学和西南大学6所部属师范大学就读的公费教育师范生，不享受本政策。

符合西藏自治区师范及农牧林水地矿类专业免费教育补助政策条件的“建档立卡大学生”，按照“就高”原则，优先享受本政策，不重复享受西藏自治区师范及农牧林水地矿类专业免费教育补助政策或同类政策。

第三章　经费来源与划拨、发放

第七条　西藏自治区“建档立卡大学生”接受高等教育免费教育补助经费由自治区、市、县（区）三级财政共同承担。

区内高校：自治区财政按照区内高校当年的收费标准（动态调整）对“建档立卡大学生”免除学费、住宿费，并按照国家助学金平均标准补助生活费，书本费按照每生每学年400元标准执行。资金渠道整合高校特困生一次性资助资金、部分师范及农牧林水地矿类专业免费教育资金等，不足部分由自治区财政另行筹措。

区外高校：从2021年秋季学期起，在区外高校就读的“建档立卡大学生”在享受自治区补助的基础上，其学费、住宿费、书本费不足部分根据《日喀则市教育局日喀则市财政局日喀则市扶贫开发办公室日喀则市民政局关于修订印发〈日喀则市实施西藏自治区建档立卡贫困家庭子女接受高等教育实施免费教育补助政策细则〉的通知》要求，由市、县两级按4:6比例承担，县级承担部分由县教育局从定结县“圆梦行动”贫困大学生社会捐助资金中列支。

第八条　县教育局统筹协调本县“建档立卡大学生”信息统计和审核工作。具体流程：乡（镇）一级负责精准统计辖区内“建档立卡大学生”信息（依据《西藏自治区“建档立卡大学生”基本信息采集表》收集整理），于当年9月30日前报送至县教育局；县教育局会同县扶贫办、民政局对人员信息进行审核，出具审核意见后于当年10月15日前上报市教育局。

第九条　县教育局应在精准测算本细则第七条规定的差额资金基础上（测算工作可提前开展）于市级配套资金下达至县财政局30日内完成县级资金配套并兑现给受助对象。

县教育局要确保三级财政配套资金全部到位后一次性兑付，不得分批兑付。因各类因素造成“建档立卡大学生”漏报的，按照谁漏报谁负责的原则，所需资金由相应部门或乡（镇）自行解决。

持有惠农“一卡通”的家庭必须通过惠农“一卡通”兑付。

第十条　以下情形取消受助资格：

（一）休学。自休学当年起取消受助资格（县教育局通过学校出具的“在读证明”进行界定），复学后仍符合条件的继续纳入资助范围；

（二）退学。自退学当年起取消受助资格（县教育局通过学校出具的“在读证明”进行界定）；

（三）其他情形（如开除学籍、意外死亡等）不再继续就读的，自情形发生当年起取消受助资格（县教育局通过学校出具的“在读证明”进行界定）。

第十一条　以下情形不具备自治区、市、县三级受助资格：

（一）通过在职函授等非全日制形式学习的；

（二）通过自学考试、成人高考等招录的。

第十二条　“建档立卡大学生”免费教育补助资金，按照国家规定的高等教育阶段学制年限给予补助（除第十一条情形外）：

（一）三年学制的，财政补助学生三年免费教育补助资金；

（二）四年学制的，财政补助学生四年免费教育补助资金；

（三）五年学制的，财政补助学生五年免费教育补助资金；

（四）执行对口高职“3+2”（中专3年、大专2年）、“1+1”（中专1年、大专1年）、“1+1”（大专2年，其中1年顶岗实习）等培养模式的，分别按照相应的大专学制年限计算免费教育补助资金；

（五）就读预科班的学生，财政补助免费教育补助资金按预科1年及转正后的相应学制年限计算；

（六）如有其他学制，按照国家规定的相应学制计算免费教育补助资金。超过国家规定学制年限的（如学业不达标未在规定时间内完成学业的，即留级生），所超出的学制年限不再计算免费教育补助资金。

（七）按照《中共中央国务院关于打赢脱贫攻坚战的决定》，对已经脱贫的农户，在一定时期内让其继续享受扶贫相关政策，避免出现边脱贫边返贫现象，切实做到“应扶则扶”，已脱贫的建档立卡贫困家庭子女在高校就读期间继续享受本政策。

第四章　日常管理和资金管理

第十三条　教育部门负责政策宣传、组织审核、资金测算、资金划拨和发放、信息报送等。

财政部门负责资金保障及清算；

扶贫部门负责对建档立卡身份进行审核，并对数据精准性负责；

民政部门负责对农村低保身份进行审核，并对数据精准性负责。

第十四条　县教育局要建立完善“建档立卡大学生”资助情况的公示制度，资助名单要在乡（镇）、村两级进行公示，接受群众监督。县教育局要完善“建档立卡大学生”资助档案资料，并将档案资料印发到乡（镇）、村两级，建立县、乡（镇）、村三级资助台账，由乡（镇）扶贫专干将资助信息记入贫困户户档资料。

第十五条　相关部门应进一步加强财务管理，严格执行国家相关财经法规和本细则规定，实行分账核算，专款专用，不得截留、挤占、挪用，或整合至其他资金中使用。对资金兑现不及时等侵占学生利益行为的，按照财经纪律等有关规定严肃处理；涉嫌犯罪的，移交司法机关。同时应接受财政、扶贫、审计、纪检监察及教育主管部门的检查和监督。

相关部门要严格资格审核，严格按照自治区确定的标准及范围执行，严禁突破本细则规定的免费、补助项目及标准，避免陷入“福利陷阱”，防止产生“悬崖效应”。杜绝重复资助和虚报冒领，切实使有限的资助资金精准使用到符合资助条件的学生身上，发挥资金使用效益。

第五章　附则

第十七条　本细则由县教育局、县财政局、县乡村振兴局、县民政局负责解释。

第十八条　凡与本细则规定相冲突的，以本细则为准，自治区有最新要求除外。

第十九条　本细则自2021年秋季学期起实施，本细则施行后，西藏自治区高校特困生一次性资助政策不再单独执行。2019年印发的《定结县教育局定结县财政局定结县扶贫开发办公室定结县民政局关于修订印发〈定结县实施西藏自治区建档立卡贫困家庭子女接受高等教育实施免费教育补助政策细则〉的通知》同时废止。

定结县公务接待管理办法

（定结县人民政府2021年第12次政府党组会议、中共定结县第十届委员会第7次常委会会议研究通过）

第一章 总则

第一条 为进一步规范定结县本级公务接待工作，加强公务接待经费管理，强化预算执行，根据《中华人民共和国预算法》《党政机关国内公务接待管理规定》《西藏自治区公务接待管理办法》《日喀则市公务接待管理办法（试行）》和《财政部办公厅国家机关事务管理局办公室中共中央直属机关事务管理局办公室关于规范差旅伙食费和市内交通费收交管理有关事项的通知》《西藏自治区本级国内公务接待经费管理办法》等有关规定，结合定结县实际，制定本办法。

第二条 本办法适用于定结县各级党政机关、人大常委会机关、行政机关、政协机关、监察机关、审判机关、检察机关、人民团体和参照公务员法管理的事业单位。

第三条 本办法所称公务接待是指工作人员到常驻地以外参会培训、考察调研、执法执勤、检查指导等公务活动。

第四条 公务接待应当坚持有利公务、务实节俭、严格标准、简化礼仪、高效透明、尊重少数民族风俗习惯的原则。

第二章 公务接待范围

第五条 公务接待是指前来本县开展出席会议、考察调研、学习交流、检查指导、请示汇报工作等公务活动时，按规定使用财政性资金进行的接待行为。

第六条 接待中央、自治区、日喀则市、援藏考察团以及兄弟县（区）派出的综合大型工作组，根据派出单位的接待公函（或经电话通知），公务活动需要认真制定接待方案，明确活动地点、活动内容、活动方式、活动路线以及陪同人员、餐饮、住宿、车辆安排，及时向部门分管领导和县主要领导请示汇报，按照规定的接待范围、标准和程序进行接待，提高服务质量，为公务活动提供服务保障。

第七条 属于涉及全县大局工作性质的公务接待，由机关后勤服务中心负责接待相关事宜；属于部门业务性质的公务接待，由各部门按照职责分工自行负责接待工作并协调相关事宜。

第八条 公务接待必须具备派出单位的公函，无公函的公务活动和来访人员一律不得接待，严格按规定审核接待经费开支。不得安排高档菜肴、酒水，严禁提供香烟等用品。

第九条 公务接待程序为，具有部门分管领导和县主要领导签批的公函或电话记录（电话记录以机关后勤服务中心统一制作为标准）抄送机关后勤服务中心，机关后勤服务中心根据工作内容拟接待方案呈报分管领导，接待完成后结算清单上由接待人员、餐厅负责人和陪同领导签字确认。

第三章 经费管理

第十条 经费支出范围及管理原则公务接待经费主要包括住宿费、伙食费、工作餐费、交通费及其他费用（含高寒缺氧地区辅助医疗用品、民族地区礼仪用品等）。公务接待经费管理应遵循“依法合规、勤俭节约、总量控制、超支不补”和逐年缩减的原则。

第十一条 按照接待工作分工，属于正常接待范围的由机关后勤服务中心根据县委、县政府领导的批示精神，制定具体详细的接待方案，严格按照流程逐级报批后，逐一协调落实。

各乡镇公务接待一律安排在乡镇政府（机关）食堂，均供应家常饭菜，以自助餐形式接待。

第十二条 接待对象需接待单位或其他单位协助安排住宿的，应提前告知日住宿费标准，接待单位予以协助安排，住宿费由接待对象承担，回所在单位凭据报销。接待单位不得超标准安排接待住房，不得额外配发洗漱等用品。

第十三条 接待对象原则上自行安排用餐，需接待单位协助安排用餐的，当提前告知日伙食费标准，并主动向伙食提供方交纳伙食费，用餐标准不超过每人每天120元。

第十四条 原则上公务接待一律在县职工食堂安排自助餐。因特殊情况需要在县职工食堂以外的场所安排用餐的，需提前请示分管领导和县主要领导同意，方可安排用餐。

公务接待收费标准为每人每餐10元，相关部门依据公务接待清单上的工作组人数收取餐费并主动向机关后勤服务中心缴纳标准餐费。所收取的费用可用于接待单位同类费用支出或作收入处理。

第十五条 公务接待严格控制陪餐人数，接待对象在10人以内的，陪餐人数不得超过3人；接待对象超过10人的陪餐人数不得超过接待人数的三分之一。如需工作原因其他单位、人员用餐的，请示分管领导和县主要领导同意后备注说明。

第十六条 公务接待中一般不安排工作餐，确因工作需要，可安排工作餐一次，经费从接待经费中列支。工作餐用餐标准按被接待人数核定，每人每次（天）不得超过150元。

第十七条 公务接待单位在规定标准内，可据实凭票报销必要的高寒缺氧地区辅助医疗用品、民族地区礼仪用品等，标准为每人不超过300元。

第十八条 公务接待应严格控制陪同人数，陪同人员的住宿费、伙食费等按照差旅费管理办法执行，由陪同人员所在单位报销。

第四章 报销管理

第十九条 各单位报销接待经费的凭据应包括相关费用票据、派出单位公函和接待清单，涉密公务接待仍须提供派出单位公函，仅作为财务审核参考依据，审核后按照涉密文件有关规定管理。公务接待产生的工作餐、高寒缺氧地区辅助医疗品、民族地区礼仪用品等费用，严格按照开支范围和标准从接待经费中列支。全县各级各单位应严格按规定审核接待经费开支，禁止列支应由接待对象承担的差旅、会议、培训等费用，不得组织旅游和与公务活动无关的参观，不得组织到营业性娱乐、健身场所活动，不得安排专场文艺演出，不得以任何名义赠送礼金、有价证券、纪念品和土特产等。

第二十条 接待单位在收到接待对象交纳的伙食费后，原则上向缴费人开具机关后勤服务中心统一制作的缴费票据，并按有关规定做好账务处理。接待对象取得的交费票据，依照各级各单位自行制定的差旅费管理实施细则予以管理，不作为报销凭据。

第五章 支出责任

第二十一条 禁止在接待经费中列应由接待对象承担的差旅、会议、培训等费用，禁止以举办会议、培训为名列支、转移、隐匿接待经费开支；禁止向下级单位及其他单位、企业、个人转嫁接待费用，禁止在非税收入中违规列支接待费用；禁止借公务接待名义违规列支其他支出。

第六章 监督管理

第二十二条 各单位应当将非涉密接待的项目、内容、人数、经费等情况，按照《西藏自治区预算信息公开暂行办法》有关规定主动公开，接受社会监督，做好舆情引导。监察、巡视、审计等部门依纪依规对公务接待经费使用、管理等情况开展监督检查。发现违反本办法规定的行为，依照《财政违法行为处罚处分条例》等相关规定，追究相关单位和人员的责任，涉嫌犯罪的移交司法机关处理。

第七章　附则

第二十三条　除上述规定的事项外，公务接待活动严格依照《西藏自治区公务接待管理办法》和自治区纪律检查委员会关于严格规范公务接待活动的有关规定执行。

第二十四条　商务接待可参考本办法执行。商务接待是指接待单位在服务经济发展、开展招商引资、参观经营管理现场、交流经贸发展经验、洽谈经贸合作业务等经贸活动中，接待除国家工作人员以外的商务来访人员的接待活动。

第二十五条　全县各级各单位可参照本办法，结合实际，制定公务接待经费管理实施细则。

第二十六条　本办法由中共定结县委办公室、定结县人民政府办公室负责解释。

第二十七条　本办法印发之日起施行，《定结县公务接待管理制度（试行）》同时废止。

统计资料

定结县 2020 年至 2021 年人口、经济状况一览表

表 1　　　　制表单位：定结县统计局　时间：2022 年 5 月 20 日

序号	指标名称	单位	2020 年	2021 年	增速
1	总户数	户	6861	6937	1.11%
2	其中：农业户	户	4050	4122	1.78%
3	牧业户	户	306	308	0.65%
4	小计：（农业户）	户	4356	4430	1.70%
5	总人口	人	24754	24987	0.94%
6	男性	人	12795	12411	-3.00%
7	女性	人	11959	12576	5.16%
8	其中：农牧业人口	人	20007	20199	0.96%
9	人口自然增长率	‰	6.8	6.7	-0.1
10	乡村劳动力资源数	人	12271	12533	2.14%
11	其中：男性	人	6267	6503	3.77%
12	女性	人	6004	6030	0.43%
13	自来水收益村	个	70	70	0.00%
14	通汽车村数	个	70	70	0.00%
15	通电话村数	个	70	70	0.00%
16	通电的村数	个	70	70	0.00%
17	通邮政的村数	个	70	70	0.00%
18	通宽带村	个	70	70	0.00%
19	耕地面积	公顷	2715.73	2944.09	8.41%
20	播种面积	公顷	2673.33	2860.43	7.00%
21	其中：青稞	公顷	1666.67	1641.93	-1.48%
22	小麦	公顷	50.26	31.31	-37.70%
23	豌豆	公顷	131.07	175.29	33.74%
24	油菜	公顷	253.33	353.86	39.68%
25	蔬菜	公顷	126.67	168.6	33.10%
26	青饲料	公顷	400	441.32	10.33%
27	粮油总产量	吨	9445.54	8964.01	-5.10%
28	其中：青稞	吨	7562.5	7345.55	-2.87%
29	小麦	吨	217.5	164.6	-24.32%
30	豌豆	吨	714	599	-16.11%
31	油菜	吨	682.5	663.86	-2.73%
32	蔬菜	吨	2002	2770.22	38.37%

续表1

序号	指标名称	单位	2020 年	2021 年	增速
33	青饲料	吨	4950	3862.55	-21.97%
34	年末牲畜存栏	头（只，匹）	213743	228785	7.04%
35	大畜	头	21482	23211	8.05%
36	其中：黄牛	头	11711	13182	12.56%
37	牦牛	头	5718	6020	5.28%
38	犏牛	头	2149	2144	-0.23%
39	马	匹	1826	1758	-3.72%
40	驴	头	60	72	20.00%
41	小畜	只	192155	205444	6.92%
42	其中：山羊	只	54357	52271	-3.84%
43	绵羊	只	137798	153173	11.16%
44	猪	头	106	130	22.64%
45	肉类总产量	吨	751.11	481.55	-35.89%
46	奶类总产量	吨	873.29	960.76	10.02%
47	其中：牛奶	吨	437.04	330.67	-24.34%
48	皮张	张	38771	28787	-25.75%
49	其中：羊皮	张	35500	26481	-25.41%
50	羊毛产量	吨	87	68.97	-20.72%
51	其中：绵羊毛产量	吨	69.45	54.78	-21.12%
52	牛绒产量	吨	3.04	3.15	3.62%
53	山羊绒产量	吨	4.94	4.04	-18.22%
54	农村经济总收入	万元	40606.89	42702.65	5.16%
55	农村居民人均纯收入	元 / 人	10120	11773	16.33%
56	社会消费品零售总额	万元	13480	14700.6	9.1%
57	固定资产投资完成额	万元	29269	30091	2.81%
59	地方一般公共财政预算收入	万元	1755	1276	-27.29%
58	农林牧总产值（现价）	万元	15062.42	16045.52	6.53%
60	其中：农业	万元	7626.78	8114.03	6.39%
61	牧业	万元	6518.49	6879.93	5.54%
62	林业	万元	420.94	527.3	25.27%
63	农林牧服务业	万元	496.2	524.26	5.65%
64	农林牧增加值（现价）	万元	11048.92	12118.94	9.68%
65	其中：农业	万元	5383.48	5796.76	7.68%
66	林业	万元	343.05	433.55	26.38%
67	牧业	万元	4851.54	5442.46	12.18%
68	农林牧服务业	万元	470.85	446.17	-5.24%
69	全县地区生产总值	亿元	5.5	5.97	6.40%
70	其中：第一产业	亿元	1.06	1.13	2.70%
71	第二产业	亿元	2.01	2.06	0.20%
72	第三产业	亿元	2.19	2.78	13.10%
73	人均 GDP	元	22299	24000	11.77%
74	三次产业结构	%	19：37：44	19：35：46	—

定结县 2021 年农村经济收入分配一览表

表 2　　　　　　　　　　　制表单位：定结县统计局　单位：万元

	合　计	填	表	单	位						
	定结县	江嘎镇	郭加乡	确布乡	扎西岗乡	多布扎乡	定结乡	琼孜乡	萨尔乡	日屋镇	陈塘镇
甲											
农村经济总收入	42702.65	6559.59	1667.92	2824.29	3481.91	3494.56	3289.83	7284.51	6665.32	3372.39	4062.33
一、家庭经营性总收入	27217.99	4487.07	938.54	2041.50	2118.00	1849.47	2035.26	4941.54	4489.08	2061.94	2255.59
（一）第一产业收入	9212.25	845.16	392.88	780.81	868.45	1007.76	369.76	2644.01	1279.89	559.40	464.13
1. 农业收入	3802.91	168.71	134.07	351.44	422.31	149.85	89.01	1516.21	719.28	50.5	201.53
2. 林业收入	1599.44	388.86	111.51	141.13	138.44	111.31	52.91	353.43	74.84	109.9	117.11
3. 牧业收入	3809.90	287.59	147.30	288.24	307.70	746.60	227.84	774.37	485.77	399	145.49
（二）第二产业收入	8593.56	1105.84	125.29	692.56	756.30	407.31	973.76	1521.62	1824.25	533.24	653.39
1. 工业收入	819.50	252.94	0.00	13.80	52.50	117.31	57.56	27.50	89.91	83.24	124.74
2. 建筑业收入	7774.06	852.90	125.29	678.76	703.80	290.00	916.20	1494.12	1734.34	450.00	528.65
（三）第三产业收入	9412.18	2536.07	420.37	568.13	493.25	434.40	691.74	775.91	1384.94	969.30	1138.07
1. 交通运输业收入	2914.30	499.53	59	382.84	285.43	297.50	261.50	136.57	309.90	458.00	150.44
2. 批零、饮食业收入	1669.84	435.04	21.03	65.75	50.18	73.00	61.10	195.04	296.81	295.00	176.89
3. 服务业收入	696.02	206.37	38.94	39.30	21.40	47.60	16.20	108.79	63.40	84.00	70.02
4. 其他收入	4132.02	1395.13	227.81	80.24	136.24	16.30	352.94	335.51	714.83	132.30	740.72
二、工资性收入	5494.83	511.46	179.80	543.25	985.34	550.04	391.78	743.90	995.33	220.00	373.93
三、财产性收入	1029.17	362.38	76.83	11.00	71.75	59.66	21.45	174.00	47.06	100.50	104.54
四、转移性收入	8960.67	1198.68	472.75	228.54	306.82	1035.39	841.34	1425.07	1133.86	989.95	1328.27
农牧民人均可支配收入（元）	13513.00	14388.5	13259.47	11980.91	11897.01	14377.63	12824.91	14411.29	15352.01	13664	11805

说明：农村经济总收入=家庭经营总收入+工资性收入+财产性收入+转移性收入

定结县 2021 年农作物生产情况表

表 3　　　　　　　　　　　制表单位：定结县统计局　时间：2021 年 12 月

指　标	计量单位	代码	填			报			单		位	
甲			合计	江嘎镇	萨尔乡	琼孜乡	定结乡	多布扎乡	扎西岗乡	确布乡	郭加乡	日屋镇	陈塘镇
农作物总播种面积	公顷	01	2860.43	294.84	505.625	473.21	187.4	332.85	510.78	318.1	121.4364	3.57	112.63
一、粮食作物合计	公顷	02	1896.56	235.57	273.545	291.93	101.48	238.47	361.08	230.58	91.5264	—	72.38

续表3

指标	计量单位	代码	填报单位										
其中：夏收谷物	公顷	03	—	—	—	—	—	—	—	—	—	—	—
（1）谷物	公顷	04	1721.27	223.270	247.664	281.930	101.480	238.470	270.160	196.590	89.330	0.000	72.380
1. 稻谷	公顷	05	0.000	—	0	0.00	—	—	—	—	—	—	—
2. 小麦	公顷	06	31.310	3.87	0	—	—	—	—	23.02	—	—	4.42
①春小麦	公顷	07	31.310	3.87	0	—	—	—	—	23.02	—	—	4.42
②冬小麦	公顷	08	0.000	—	0	—	—	—	—	—	—	—	—
3. 玉米	公顷	09	2.530	0.00	0	—	—	—	—	—	—	—	2.53
①其中：杂交玉米	公顷	10	0.000	0.00	0	0.00	—	—	—	—	—	—	—
4. 其他谷物	公顷	11	1687.43	219.40	247.664	281.93	101.48	238.47	270.16	173.57	89.33	—	65.43
其中：青稞	公顷	12	1641.93	219.40	247.664	281.93	101.48	238.47	270.16	173.57	89.33	—	19.93
大麦	公顷	13	0.000	0.00	0	0.00	—	—	—	—	—	—	—
荞麦（鸡爪谷）	公顷	14	45.500	—	—	45.50	—	—	—	—	—	—	45.5
（二）豆类合计	公顷	15	175.287	12.30	25.881	10.00	—	—	90.92	33.99	2.1964	—	—
其中：大豆	公顷	16	0.000	—	0.00	0.00	—	—	—	—	—	—	—
杂豆	公顷	17	0.000	—	0.00	0.00	—	—	—	—	—	—	—
豌豆	公顷	18	175.287	12.30	25.881	10.00	—	—	90.92	33.99	2.1964	—	—
（三）薯类	公顷	19	—	0.00	0.00	0.00	—	—	—	—	—	—	—
其中：马铃薯	公顷	20	—	0.00	0.00	0.00	—	—	—	—	—	—	—
二、油料合计	公顷	21	353.860	33.33	56.23	88.59	42.4	51.2	44.89	19.42	17.80	—	—
其中：花生	公顷	22	—	0.00	0.00	0.00	—	—	—	—	—	—	—
油菜籽	公顷	23	353.860	33.33	56.23	88.59	42.4	51.2	44.89	19.42	17.80	—	—
三、中草药类	公顷	24	0.100	0.00	0.00	—	—	—	—	—	—	—	0.1
四、蔬菜（含菜用瓜）	公顷	25	168.601	15.34	12.46	23.30	9.60	0.48	49.00	15.59	1.71	0.97	40.15
五、瓜果类	公顷	26	—	0.00	0.00	0.00	—	—	—	—	—	—	—
其中：西瓜	公顷	27	—	0.00	0.00	0.00	—	—	—	—	—	—	—
草莓	公顷	28	—	0.00	0.00	0.00	—	—	—	—	—	—	—
六、其他农作物	公顷	29	441.320	10.60	163.39	69.39	33.92	42.7	55.81	52.51	10.40	2.6	—
其中：青饲料	公顷	30	441.320	10.60	163.39	69.39	33.92	42.7	55.81	52.51	10.40	2.6	—
一、粮食作物合计	吨	01	8300.150	1008.70	1070.65	1291.30	504.30	939.15	1458.80	1203.15	530.10	—	294.15
其中：夏收谷物	吨	02	—	—	—	—	—	—	—	—	—	—	—
（1）谷物	吨	03	7701.150	996.10	946.00	1244.50	504.30	939.15	1359.00	969.8	448.30	—	294.15
1. 稻谷	吨	04	—	—	—	—	—	—	—	—	—	—	—
2. 小麦	吨	05	164.600	8.80	0.00	—	—	—	—	70.8	—	—	85.00

续表3

指　标	计量单位	代码	填报单位										
①春小麦	吨	06	164.600	8.80	0.00	—	—	—	—	70.8	—	—	85
②冬小麦	吨	07				—	—	—	—	—	—	—	—
3. 玉米	吨	08	12.000	0.00	0.00	—	—	—	—	—	—	—	12
①其中：杂交玉米	吨	09	—	0.00	0.00	—	—	—	—	—	—	—	—
4. 其他谷物	吨	10	7524.550	987.30	946.00	1244.35	504.30	939.15	1359.00	899	448.30	—	197.15
其中：青稞	吨	11	7345.550	987.30	946.00	1244.35	504.30	939.15	1359.00	899	448.30		18.15
大麦	吨	12	—	0.00	0.00	—	—	—	—	—	—	—	
荞麦（鸡爪谷）	吨	13	179.000	0.00	0.00	—	—	—	—	—	—	—	179.00
（二）豆类合计	吨	14	599.000	12.60	124.65	46.80	—	—	99.80	233.35	81.80	—	—
甲	—	—	—	—	—	—	—	—	—	—	—	—	—
其中：大豆	吨	15	—	—	—	—	—	—	—	—	—	—	—
杂豆	吨	16	—	—	—	—	—	—	—	—	—	—	—
豌豆	吨	17	599.000	12.6	124.65	46.80	—	—	99.80	233.35	81.80	—	—
（三）薯类	吨	18	—	0	0.00	—	—	—	—	—	—	—	—
其中：马铃薯	吨	19	—	0	0.00	—	—	—	—	—	—	—	—
二、油料合计	吨	20	663.860	88	134.80	152.45	47.55	72.20	108.66	28	32.20	—	—
其中：花生	吨	21	—	0	—	—	—	—	—	—	—	—	—
油菜籽	吨	22	663.860	88	134.80	152.45	47.55	72.20	108.66	28	32.20	—	—
三、烟草类	吨	23	0.000	0	—	—	—	—	—	—	—	—	—
四、植物采集	吨	—	0.000	0	—	—	—	—	—	—	—		—
1. 野生药材	公斤	24	9436.640	0	—	—	—	—	—	—	—	1577.39	7859.25
虫草	公斤	25	164.000	0	—	—	—	—	—	—	—	—	164
贝母	公斤	26	825.000	0	—	—	—	—	—	—	—	250	575
天麻	公斤	27	217.050	0	—	—	—	—	—	—	—	—	217.05
雪莲花	公斤	28	1581.390	0	—	—	—	—	—	—	—	773.39	808
红景天	公斤	29	6649.200	0	—	—	—	—	—	—	—	554	6095.2
灵芝	公斤	30	0.000	0	—	—	—	—	—	—	—	—	—
2. 柴草	吨	31	0.000	0	—	—	—	—	—	—	—	—	—
五、蔬菜（含菜用瓜）	吨	32	2770.220	187.840	249.00	610.87	129.11	18.50	650.45	302.00	42.00	3.75	576.70
六、瓜果类	吨	33	—	0	—	—	—	—	—	—	—	—	—
其中：西瓜	吨	34	—	0	—	—	—	—	—	—	—	—	—
草莓	吨	35	—	0	—	—	—	—	—	—	—	—	—
七、其他农作物	吨	36	3862.550	265.35	372.00	458.65	341.20	994.50	628.00	197.9	446.30	158.65	—
其中：青饲料	吨	37	3862.55	265.35	372.00	458.65	341.20	994.50	628.00	197.9	446.30	158.65	—

01 是否边境县：　1 是　2 否　　　　02 经济类型：　1 农业县　2 牧业县　3 半农半牧县

03 是否贫困重庆扶持县：　1 是　2 否　　　　04 是否草原生态保护县　　1 是　2 否

定结县2021年畜牧业主要产品生产情况表

表 4　　　　　　　　　　　　　　　制表单位：定结县统计局　时间：2021年12月

指标	计量单位	代码	合计	江嘎镇	萨尔乡	琼孜乡	定结乡	多布扎乡	扎西岗乡	确布乡	郭加乡	日屋镇	陈塘镇
牲畜总头数	头	01	228785	24964	17874	35938	23092	43598	24527	29814	14203	13396	1379
一、大牲畜	头	02	23211	2569	2899	4123	2138	2526	2224	1917	1052	2761	1002
其中：从事农事劳役的	头	03	3110	170	515	273	205	864	175	102	172	71	563
当年成畜死亡	头	04	881	125	172	75	132	42	132	41	39	86	37
当年生仔畜	头	05	3827	393	421	579	482	342	576	376	142	444	72
1. 牛	头	06	21381	2259	2848	3636	1963	2365	1935	1666	982	2725	1002
能繁殖的母畜	头	07	9363	1019	1125	1516	1220	889	1271	682	419	1066	270
当年购入的牛	头	08	1898	48	923	172	26	119	127	58	22	382	21
当年生仔畜	头	09	3698	357	418	563	472	322	562	366	138	428	72
1—2岁	头	10	2674	85	356	506	472	369	340	60	132	301	53
2—3岁	头	11	2117	219	171	211	241	417	704	6	146	232	15
当年出售的牛	头	12	1359	129	495	28	63	105	126	149	21	210	33
成畜死亡	头	13	785	93	157	68	129	42	103	33	39	84	37
年初存栏数	头	14	19596	2214	2563	3186	1816	2089	1688	1424	937	2405	1274
① 黄牛	头	15	13182	2152	1366	2540	1257	1891	1273	1586	823	118	176
能繁殖的母畜	头	16	6210	999	692	1177	796	580	843	657	360	57	49
当年购入黄牛	头	17	876	48	593	43	20	32	56	58	21	5	
当年生仔畜	头	18	2648	350	314	497	329	224	430	355	111	29	9
1—2岁	头	19	1643	76	221	413	329	221	179	60	122	17	5
2—3岁	头	20	1149	209	93	128	179	86	299	6	134	14	1
当年出售黄牛	头	21	694	93	264	25	31	44	60	149	5	19	4
成畜死亡	头	22	462	89	89	38	73	30	49	33	39	21	1
年初存栏数	头	23	11711	2065	1105	2217	1115	1678	1049	1355	737	135	255
② 良种及改良乳牛	头	24	35	12	—	—	—	—	23	—	—	—	—
能繁殖的母畜	头	25	33	10	—	—	—	—	23	—	—	—	—
当年购入乳牛	头	26	15		—	—	—	—	15	—	—	—	—
当年生仔畜	头	27	3	3	—	—	—	—		—	—	—	—
1—2岁	头	28	8	3	—	—	—	—	5	—	—	—	—
2—3岁	头	29	12	2	—	—	—	—	10	—	—	—	—
当年出售乳牛	头	30	0	—	—	—	—	—	—	—	—	—	—
成畜死亡	头	31	1	1	—	—	—	—	—	—	—	—	—
年初存栏数	头	32	18	10	—	—	—	—	8	—	—	—	—
③ 牦牛	头	33	6020	41	1217	807	389	172	541	—	78	2548	227
能繁殖的母畜	头	34	2233	10	263	183	245	72	367	—	27	968	98
当年购入牦牛	头	35	807	0	252	120	5		40	—	1	370	19
当年生仔畜	头	36	813	4	78	46	79	53	128	—	23	378	24
1—2岁	头	37	699	6	97	60	79	49	111	—	10	269	18
2—3岁	头	38	790	8	54	76	28	34	365	—	8	212	5

续表4

指标	计量单位	代码	合计	江嘎镇	萨尔乡	琼孜乡	定结乡	多布扎乡	扎西岗乡	确布乡	郭加乡	日屋镇	陈塘镇
当年出售牦牛	头	39	514	4	210	2	13	21	56	—	16	183	9
成畜死亡	头	40	209	0	62	22	5	1	46	—	—	55	18
年初存栏数	头	41	5718	43	1342	700	355	180	525	—	104	2210	259
④ 犏牛	头	42	2144	54	265	289	317	302	98	80	81	59	599
能繁殖的母畜	头	43	887	—	170	156	179	123	38	25	32	41	123
当年购入犏牛	头	44	200	—	78	9	1	87	16	—	—	7	2
当年生仔畜	头	45	234	—	26	20	64	45	4	11	4	21	39
1—2 岁	头	46	324	—	38	33	64	99	45	—	—	15	30
2—3 岁	头	47	166	—	24	7	34	52	30	—	4	6	9
当年出售犏牛	头	48	151	32	21	1	19	40	10	—	—	8	20
成畜死亡	头	49	113	3	6	8	51	11	8	—	—	8	18
年初存栏数	头	50	2149	96	116	269	346	231	106	69	96	60	760
2. 马	匹	51	1758	309	51	461	175	161	289	242	70	—	—
能繁殖的母畜	匹	52	561	117	18	167	57	49	98	47	8	—	—
当年购入马	匹	53	21	8	—	4	3	0	4	1	1	—	—
当年生仔畜	匹	54	111	36	3	14	10	20	14	10	4	—	—
1—2 岁	匹	55	91	37	—	13	10	15	13	—	3	—	—
2—3 岁	匹	56	160	46	—	11	14	51	27	—	11	—	—
3—4 岁	匹	57	192	1	5	24	6	70	76	—	10	—	—
当年出售马	匹	58	111	29	47	7	1	—	24	1	2	—	—
成畜死亡	匹	59	89	27	15	7	3	—	29	8	—	—	—
年初存栏数	匹	60	1826	321	110	457	166	141	324	240	67	—	—
3. 驴	头	61	72	1	—	26	—	—	—	9	—	36	—
当年生仔畜	头	62	18	—	—	2	—	—	—	—	—	16	—
当年购入驴	头	63	1	—	—	1	—	—	—	—	—	—	—
1—2 岁	头	64	3	—	—	3	—	—	—	—	—	—	—
2—3 岁	头	65	7	1	—	6	—	—	—	—	—	—	—
当年出售驴	头	66	0	—	—	—	—	—	—	—	—	—	—
成畜死亡	头	67	7	5	—	—	—	—	—	—	—	2	—
年初存栏数	头	68	60	6	—	23	—	—	—	9	—	22	—
4. 骡	头	69	0	—	—	—	—	—	—	—	—	—	—
当年购入骡	头	70	0	—	—	—	—	—	—	—	—	—	—
当年生仔畜	头	71	0	—	—	—	—	—	—	—	—	—	—
1—2 岁	头	72	0	—	—	—	—	—	—	—	—	—	—
2—3 岁	头	73	0	—	—	—	—	—	—	—	—	—	—
3—4 岁	头	74	0	—	—	—	—	—	—	—	—	—	—
当年出售骡	头	75	0	—	—	—	—	—	—	—	—	—	—
成畜死亡	头	76	0	—	—	—	—	—	—	—	—	—	—
年初存栏数	头	77	0	—	—	—	—	—	—	—	—	—	—
二、猪	头	78	130	23	—	2	—	—	—	—	—	—	105

续表4

指标	计量单位	代码	合计	江嘎镇	萨尔乡	琼孜乡	定结乡	多布扎乡	扎西岗乡	确布乡	郭加乡	日屋镇	陈塘镇
其中：藏香猪	头	79	130	23	—	2	—	—	—	—	—	—	105
能繁殖母猪	头	80	68	23	—	1	—	—	—	—	—	—	44
当年购入猪	头	81	81	10	—	2	—	—	—	—	—	—	69
当年生仔畜	头	82	52	19	—	—	—	—	—	—	—	—	33
当年出售猪	头	83	17	10	—	—	—	—	—	—	—	—	7
成畜死亡	头	84	23	5	—	—	—	—	—	—	—	—	18
年初存栏数	头	85	106	9	—	—	—	—	—	—	—	—	97
三、羊	只	86	205444	22372	14975	31813	20954	41072	22303	27897	13151	10635	272
能繁殖母畜	只	87	91461	9993	7861	12095	11601	18440	10582	12546	4742	3452	149
当年购入羊	只	88	8571	1205	3509	944	21	1860	801	123	19	22	67
当年生仔畜	只	89	51941	5212	3608	6432	6829	11367	7961	6213	2849	1405	65
当年出售羊	只	90	16098	2298	3824	2477	961	3337	688	632	657	1207	17
成畜死亡	只	91	6712	375	930	563	1060	1192	944	832	459	327	30
年初存栏数	只	92	192155	22059	15534	31495	19369	34588	18556	25739	12515	11901	399
1. 山羊	只	93	52271	5951	5878	10689	4508	5708	5025	7417	3353	3514	228
能繁殖母畜	只	94	23264	2237	2589	4124	2727	2598	2869	4331	775	874	140
当年购入羊	只	95	3287	211	1122	273	21	1500	104	24	7	2	23
当年生仔畜	只	96	11732	1029	1399	1942	1422	877	1884	2151	496	474	58
当年出售羊	只	97	6567	582	2842	898	336	883	104	346	54	505	17
成畜死亡	只	98	1768	159	184	181	320	128	326	226	126	88	30
年初存栏数	只	99	54357	6605	8159	10835	4469	5318	4688	6855	3210	3819	399
2. 绵羊	只	100	153173	16421	9097	21124	16446	35364	17278	20480	9798	7121	44
能繁殖母畜	只	101	68197	7756	5272	7971	8874	15842	7713	8215	3967	2578	9
当年购入羊	只	102	5284	994	2387	671	—	360	697	99	12	20	44
当年生仔畜	只	103	40209	4183	2209	4490	5407	10490	6077	4062	2353	931	7
当年出售羊	只	104	9531	1716	982	1579	625	2454	584	286	603	702	—
成畜死亡	只	105	4944	216	746	382	740	1064	618	606	333	239	—
年初存栏数	只	106	137798	15454	7375	20660	14900	29270	13868	18884	9305	8082	0
四. 活家禽	只	107	12587	659	574	625	825	781	729	1326	226	—	6842
活鸡	只	108	12578	659	565	625	825	781	729	1326	226	—	6842
其中：肉鸡	只	109	4313	219	62	236	454	137	323	539	63	—	2280
蛋鸡	只	110	8265	440	503	389	371	644	406	787	163	—	4562
鸭	只	111	0	—	—	—	—	—	—	—	—	—	—
鹅	只	112	0	—	—	—	—	—	—	—	—	—	—
五. 禽蛋	吨	113	23.68	1.66	1.34	1.56	0.99	2.35	1.08	2.1	0.43	—	12.17
其中：鸡蛋	吨	114	23.68	1.66	1.34	1.56	0.99	2.35	1.08	2.1	0.43	—	12.17
鸭蛋	吨	115	0	—	—	—	—	—	—	—	—	—	—
鹅蛋	吨	116	0	—	—	—	—	—	—	—	—	—	—
六、当年出售和自宰的肉用猪	头	117	69	—	—	—	—	—	—	—	—	—	69

续表4

指标	计量单位	代码	合计	江嘎镇	萨尔乡	琼孜乡	定结乡	多布扎乡	扎西岗乡	确布乡	郭加乡	日屋镇	陈塘镇
七、当年出售和自宰的肉用牛	头	118	1667	138	404	189	159	18	213	0	55	196	295
八、当年出售和自宰的肉用羊	只	119	24413	3431	2922	4018	3244	2214	3383	2714	1116	1159	212
其中：出售和自宰的肉用绵羊	只	120	15643	2278	1146	2736	2496	1238	2162	1673	936	971	7
出售和自宰的肉用山羊	只	121	8770	1153	1776	1282	748	976	1221	1041	180	188	205
九、当年出售和自宰的活家禽	只	122	1902	6	—	—	—	—	—	—	—	—	1896
其中：活鸡	只	123	1902	6	—	—	—	—	—	—	—	—	1896
鸭	只	124	0	—	—	—	—	—	—	—	—	—	—
十、当年肉类总产量	吨	125	481.96	45.42	74.28	64.62	46.91	30.69	63.51	52.14	18.06	38.74	47.60
1. 当年猪牛羊总产量	吨	126	479.58	45.41	74.28	64.62	46.91	30.69	63.51	52.14	18.06	38.74	45.23
其中：猪肉	吨	127	6.21	—	—	—	—	—	—	—	—	—	6.21
牛肉	吨	128	204.08	11.84	44.44	17.60	15.22	9.53	25.24	12.56	6.05	24.72	36.88
羊肉	吨	129	269.29	33.57	29.84	47.02	31.69	21.16	38.26	39.58	12.01	14.02	2.14
其中：山羊	吨	130	81.51	10.38	16.66	12.82	6.73	8.78	10.99	9.51	1.71	1.88	2.05
绵羊	吨	131	187.37	22.78	13.18	34.20	24.96	12.38	27.27	30.07	10.30	12.14	0.09
2. 家禽肉产量	只	132	2.38	0.01	—	—	—	—	—	—	—	—	2.37
其中：鸡	只	133	2.38	0.01	—	—	—	—	—	—	—	—	2.37
鸭	只	134	0	—	—	—	—	—	—	—	—	—	—
其他	只	135	0	—	—	—	—	—	—	—	—	—	—
十一、奶类产量	吨	136	960.76	84.71	79.38	116.40	124.06	209.34	125.67	118.00	46.93	49.56	6.71
其中：生牛奶产量	吨	137	330.67	19.56	34.28	52.08	38.70	31.73	46.08	53.87	11.32	37.15	5.90
羊奶产量	吨	138	630.09	65.15	45.10	64.32	85.36	177.61	79.59	64.13	35.61	12.41	0.81
十二、羊毛产量	吨	139	68.97	7.52	5.01	13.40	7.03	14.13	6.70	5.97	4.50	4.71	0.00
绵羊毛产量	吨	140	54.78	6.12	3.44	10.11	5.83	12.44	5.60	3.94	3.72	3.58	—
其中：细羊毛	吨	141	0	—	—	—	—	—	—	—	—	—	—
半细羊毛	吨	142	54.78	6.12	3.44	10.11	5.83	12.44	5.60	3.94	3.72	3.58	—
山羊毛	吨	143	14.19	1.40	1.57	3.29	1.20	1.69	1.10	2.03	0.78	1.13	0.00
1. 山羊粗毛产量	吨	144	10.15	1.23	1.12	2.10	0.86	1.21	0.79	1.32	0.71	0.81	—
2. 山羊绒产量	吨	145	4.04	0.17	0.45	1.19	0.34	0.48	0.31	0.71	0.07	0.32	—
十三、牛毛产量	吨	146	0.951	0.001	0.11	0.20	0.05	0.03	0.04	—	0.01	0.25	0.26
十四、牛绒产量	吨	147	3.154	0.004	0.57	0.58	0.21	0.06	0.21	—	0.04	1.43	0.05
十五、牛皮产量	张	148	2306	166	530	209	198	116	276	167	67	271	306
十六、羊皮产量	张	149	26481	3544	3201	4187	3562	2572	3666	3024	1254	1257	214
其中：绵羊皮产量	张	150	17127	2343	1370	2851	2718	1557	2347	1855	1036	1043	7
十七、牛犊皮	张	151	153	8	2	23	87	12	3	5	9	4	—
十八、猾皮	张	152	0	—	—	—	—	—	—	—	—	—	—
十九、羔皮	张	153	1622	380	67	87	429	453	138	26	28	14	—
二十、马鬃	公斤	154	0	—	—	—	—	—	—	—	—	—	—

续表4

指标	计量单位	代码	合计	江嘎镇	萨尔乡	琼孜乡	定结乡	多布扎乡	扎西岗乡	确布乡	郭加乡	日屋镇	陈塘镇
二十一、马尾	公斤	155	0	—	—	—	—	—	—	—	—	—	—
二十二、牛尾	公斤	156	0	—	—	—	—	—	—	—	—	—	—
二十三、牛的种类	头	157	21381	2259	2848	3636	1963	2365	1935	1666	982	2725	1002
1. 肉牛	头	158	19636	2077	2333	3363	1933	2143	1886	1572	673	2654	1002
2. 奶牛	头	159	35	12	—	—	—	—	23	—	—	—	—
3. 役用牛	头	160	1710	170	515	273	30	222	26	94	309	71	—

索 引

说 明

1. 本索引采用主题分析法编制。索引范围包括类目、分目、条目等。“特载”“大事记”“附录”等部类的具体内容未做索引，仅以其部类名称标引。

2. 本索引按主题词首字汉语拼音音序（同音词按音调）排列，即以条目第一字的音序为准，第一字相同则按第二字的音序排列，依此类推。

3. 部类、类目名称用黑体标识。索引款目后的数字表示内容所在的页码，数字后的拉丁字母（a、b、c）表示栏别（即版面的1、2、3栏）。

A

B

C

D

F

G

H

L

M

N

P

Q

R

S

T

W

X

Y

Z